pfeiffer

Zu diesem Buch

»Erzählungen des Selbst«, »Erzählungen des Geschlechts«, »Theorien als Meistererzählungen« und »Varianten der Praxis« nennt der Autor die Hauptkapitel seines Buches über die Rolle des Erzählens in der Psychoanalyse. Die Erzählung des eigenen Lebens oder eines Lebensabschnittes kann nie objektiv sein, immer ist sie Selbstdarstellungswünschen, Selbsttäuschungsabsichten, tiefeingewurzelten Theorien über die eigene Person unterworfen. Erzählung kann selektiv vorgehen, bestimmte Handlungsstränge betonen, andere »vergessen«. Die Fragen nach dem Status und den »Techniken« der Selbst-Erzählung sind so zentral für das Geschehen in der Psychonanalyse, daß es verwundert, wie wenig Aufmerksamkeit ihm bisher geschenkt wurde. Sprachwissenschaften, Biographieforschung, selbst der Arztbericht sind sprachkritisch reflektiert worden, für die Psychoanalyse ist Roy Schafer der Vorreiter. Psychotherapeuten und Psychotherapeutinnen erfahren in seinem Buch – häufig in Form von Fallbeispielen – eine sehr konkrete Hilfestellung für die Einordnung und Bewertung von Patienten-Erzählungen.

Der Autor
Dr. Roy Schafer ist als Lehranalytiker und Supervisor am Zentrum für Psychoanalytische Lehre und Forschung an der Columbia University, New York, tätig.

Roy Schafer

Erzähltes Leben

Narration und Dialog in der Psychoanalyse

J. Pfeiffer Verlag · München

Die amerikanische Originalausgabe ist unter dem Titel »Retelling a Life«erschienen bei Basic Books, A Division of Harper Collins Publishers, New York.

Aus dem Amerikanischen übersetzt von Teresa Junek

Die Deutsche Bibliothek – CIP-Einheitsaufnahme

Schafer, Roy

Erzähltes Leben : Narration und Dialog in der Psychoanalyse /

Roy Schafer. – München : Pfeiffer, 1995

(Reihe Leben lernen ; 97)

ISBN 3-7904-0619-8

NE: GT

Reihe »Leben lernen«
Nr. 97
herausgegeben von Monika Amler und Siegfried Gröninger

Printed in Germany
Satz: PC-Print, München
Druck: G. J. Manz AG, Dillingen
Umschlagentwurf: Michael Berwanger, München
Titelabbildung: Edvard Munch, »Pubertät«

ISBN 3-7904-0619-8

Inhalt

Danksagung

Es ist mir ein Anliegen, hier meiner Dankesschuld gegenüber einigen sehr bedeutenden modernen Denkern Ausdruck zu verleihen, die die Begriffsbildung der psychoanalytischen Interpretation, die in diesem Buch und besonders in Kapitel 9 verwendet wird, tief beeinflußt haben. In alphabetischer Reihenfolge, nicht der Stärke ihres Einflusses nach, sind dies Mikhail Bakhtin, Wayne Booth, Jacques Derrida, Stanley Fish, Michel Foucault, Jürgen Habermas, Frank Kermode, Paul Ricoeur, Gilbert Ryle, Hayden White und Ludwig Wittgenstein.

Ich danke meiner Frau, Dr. Rita V. Frankiel, für ihre engagierte persönliche Unterstützung, ihr Vertrauen und ihre Geduld, ebenso wie für ihre hilfreichen kritischen Bemerkungen bezüglich Umfang, Aufbau und eines großen Teils des Buchinhalts. Ihr das Buch zu widmen ist ein geringer Dank für alles, was sie getan hat.

Außerdem danke ich Jo Ann Miller, meiner Redakteurin, für ihr Interesse und ihre unterstützende Führung. Und ich bin Susan Zurn, Verlegerin, und Debby Manette, Korrektorin, dankbar für ihre erstklassige Unterstützung bei Basic Books, außerdem Barbara B. Frank für ihre Schreibbetreuung, wie ihre Hilfsbereitschaft.

Für Rita

Einleitung

ERZÄHLTES LEBEN beruht auf den Grundlagen meiner Arbeiten über die Handlungssprache (1976, 1978, 1983). Darin führte ich die Handlungssprache als »eine neue Sprache für die Psychoanalyse« ein, die entworfen wurde, um die mechanistische Sprache der Metapsychologie Freuds abzulösen. Die Metapsychologie zeichnet sich durch eine überholte Theorie von der Psyche als seelischem Apparat aus. Doch formt die Sprache der Metapsychologie auch weiterhin einen Großteil des Denkens und viele Ausführungen überwiegend nordamerikanischer traditioneller Freudscher Analytiker.

In der von mir vorgeschlagenen neuen Sprache für die Theorie verwende ich Handlung in dem weiten Sinn, in dem er charakteristischerweise oft in der Philosophie von Geist, Handlung und Ethik verwendet wird. Im weitesten Sinne bezieht sich Handlung auf weit mehr als auf ausdrückliches Verhalten; es bezieht sich nämlich auf alles, wovon man sagen kann, daß Menschen es tun, und in dieser Hinsicht steht es im Gegensatz zu Ereignissen, jenen Geschehnissen, in denen die eigene menschliche Instanz keine feststellbare oder aus dem Kontext ersichtliche relevante Rolle spielt (zum Beispiel bei einem Gewitter oder einem falsch adressierten Brief, den man eine Woche zu spät erhält). Zu den Dingen, die Menschen tun, gehört Wahrnehmen, sich Erinnern, sich etwas Vorstellen, Lieben, Hassen, Fürchten, Abwehren und auf ausdrückliche Handlungen verzichten. In der psychoanalytischen Diskussion wird dabei besonders betont, was die Menschen unbewußt und im Konflikt mit sich selbst tun (phantasieren, sich erinnern, lieben, abwehren und so weiter).

Die subjektive Erfahrung selbst wird als eine Konstruktion des Menschen betrachtet. Erfahrung ist nicht einfach »in der Psyche da« und wartet darauf, durch objektive Introspektion entdeckt und ins Gedächtnis zurückgerufen zu werden. Unterschiedliche Menschen neigen dazu, die Erfahrungen derselben Begebenheit unterschiedlich zu konstruieren, jeder aus seinen eigenen Motiven.

Viele dieser Motive haben ihren Ursprung sehr früh im Leben und rufen daher ursprüngliche Formen emotionaler und kognitiver Erfahrungen hervor. Diese wiederum bleiben unbewußt und üben ihren Einfluß bis in das Erwachsenenleben hinein aus. Sie geben auch den ansonsten standardisierten Reaktionen auf die Konventionen der eigenen Kultur eine individuelle Prägung.

Handlungen werden von einer Person durchgeführt, nicht von einer »Psyche« oder einer »Persönlichkeit« und auch nicht von »Instinkten« oder »Abwehrmechanismen«. Verdrängung zum Beispiel ist die Handlung einer Person, ebenso wie eine wütende Tirade, eine erotische Annäherung an einen anderen Menschen und das Lösen eines Puzzles.

Die Erzählung spielt eine Rolle, sofern wir berücksichtigen, daß, wie die Philosophen sagen, Handlungen nur unter der einen oder anderen Versprachlichung existieren. Das heißt, wir können dieselbe Begebenheit unterschiedlich beschreiben, je nach unseren Absichten, beispielsweise zustimmend oder mißbilligend; je nach unserem Kontext, z.B. ob wir unter Fremden oder Bekannten sind; je nach unserem Abstraktionsniveau, in wieweit wir generelle Kategorien aufstellen oder individualisierte Sichtweisen entwickeln; und nach anderen solchen diskursiven Variablen. Die Handlung des Projizierens kann man, zum Beispiel, unterschiedlich beschreiben, etwa als Abwehr, als einen Bestandteil der Empathie, als Weigerung, Verantwortung zu übernehmen, als eine Verzerrung der Realität, als Selbsttäuschung oder als eine frühe Form, die externe Realität zu definieren. Tatsächlich bedeutet, von »projizieren« zu sprechen, immer eine Handlung unter einer Beschreibung darzustellen; es ist nicht der unmittelbare Bericht einer Tatsache, und die Beschreibung kann unterschiedlich ausfallen.

Im Kontext der narrativen Theorie wird daher betont, daß Handlungen immer von irgend jemandem erzählt werden, und daß jede Erzählung eine mögliche Variante der fraglichen Handlung darstellt. (Man könnte argumentieren, wir könnten niemals zu Recht behaupten, es sei »dieselbe« Handlung, wenn es ausschließlich unterschiedliche Versionen davon gibt; jedoch führt diese Argumentation ein philosophisches Problem in die Erörterung ein, das auf das gegenwärtige Thema keine Auswirkung hat und uns hier somit auch nicht zu kümmern braucht.)

Den Gedanken der narrativen Theorie ziehe ich hier gerade in der Verbindung mit der Unvermeidbarkeit alternativer Beschreibungen heran. Ich verwende den Begriff ganz allgemein und bezeichne als Erzählung alles, was sich als etwas Wiedergegebenes charakterisieren läßt oder als die Darstellung einer Version von einer Handlung. Auch was sich als eine mögliche Version einer Begebenheit oder eines Ereignisses oder einer Episode charakterisieren läßt, fällt darunter, da auch sie immer unter der einen oder anderen Beschreibung dargestellt werden.

In dem hier verwendeten Sinn sind Erzählungen nicht erfundene Geschichten (was man gemeinhin als fiktiv versteht) mit Anfang, Mittelteil und Schluß. Erzählen, etwas schildern, eine Version darlegen, einen Handlungsstrang entwickeln, etwas wiedergeben: Diese und ähnliche Begriffe stellen das Kernvokabular des narrativen Ansatzes dar.

Es ist besonders wichtig hervorzuheben, daß eine Erzählung keine Alternative zu Wahrheit oder Realität bildet; vielmehr ist es ein Modus, in dem subjektive Wahrheit und Realität zwangsläufig dargestellt werden. Wir verfügen nur über Versionen des Wahren und des Realen. Einen sprachlich unmittelbaren, definitiven Zugang zu Wahrheit und Realität kann es nicht geben. So kann es daher auch keine absolute Basis geben, auf der ein Beobachter oder Denker stehen könnte; jeder muß *seine* Erzählung oder Version wählen. Überdies setzt jede Erzählung einen Kontext voraus oder errichtet diesen, und die Sätze jeder beliebigen Darstellung erhalten nur innerhalb ihres Kontexts und durch die mehr oder weniger systematische oder konsistente, dem Zweck entsprechende Verwendung der Sprache ihre volle Bedeutung.

Die Psychoanalyse wird als Dialog durchgeführt. Wie lange der Analytiker auch schweigen mag während er geduldig lauscht und auf geeignete Gelegenheiten wartet, um die Themen unbewußter Konflikte zu definieren, läßt sich der Vorgang dennoch als Dialog charakterisieren, da jede Äußerung und jedes bedeutungsvolle Schweigen des Analytikers im Laufe der Arbeit großes Gewicht erlangt – manchmal ein viel zu großes in Anbetracht des Einflusses starker Übertragungen. In diesem Dialog werden vom Patienten ständig Handlungen und Ereignisse (zum Beispiel traumatische

Begebenheiten) berichtet und früher oder später sowohl vom Analytiker als auch vom Analysanden interpretativ wiedererzählt. Ein Schluß ist somit immer vorläufig und erlaubt weitere Neuerzählungen. In vielen Fällen sind die Mitteilungen nonverbale Inszenierungen: Ein Zeigen, das erst noch in eine Erzählung transformiert werden muß. Oft werden die Reaktionen des Patienten auf die Interventionen des Analytikers selbst als Material betrachtet, das neu erzählt (geklärt, interpretiert) werden muß, damit der Analysand sich weiter auf eine Einsicht hin entwickeln kann. Die Einsicht selbst bezieht sich auf jene Neuerzählungen, in denen die Konstruktion und Rekonstruktion von Erfahrungen und einer entsprechenden aktiven Lebensführung eines Menschen eine förderliche Differenzierung erfahren. Jede Nacherzählung stellt gleichsam die vorausgegangene Erzählung als etwas anderes dar oder, noch wahrscheinlicher, es wird mehr dargestellt als zuvor preisgegeben worden war. Auf diese dialogische Weise ist jede Analyse am Ende gleichbedeutend damit, ein Leben in der Vergangenheit und Gegenwart – und wie es vielleicht in der Zukunft sein wird – neu zu erzählen. Das Leben wird ebenso neuverfaßt wie es mitverfaßt wird.

Die Erzählung hat nicht unbedingt etwas mit Literatur oder bewußten Ausschmückungen zu tun. Obwohl Schriftstellerei (wie das bewußte Aufbauen von Spannung, konventionelle poetische Diktion, auffällige Verwendung von stilistischen Mitteln) ein Aspekt von so mancher Erzählung sein mag, qualifiziert sich ein sogenannter Tatsachenbericht genauso als Erzählung wie eine Schilderung, die von einem gewandten Redner reich ausgeschmückt wiedergegegen wird.

Diese einführenden Bemerkungen deuten nur an – ganz sicher erklären sie nicht umfassend – die narrative und dialogische Annäherung an die Psychoanalyse. Diejenigen Kapitel dieses Buches, die zahlreiche klinische Beispiele enthalten, werden, wie ich hoffe, über viele wichtige Details dieses Ansatzes informieren. Sie sollten dem Leser helfen, die Nützlichkeit narratologischer und dialogischer Erwägungen beim Begreifen der Theorien und der Praxis des Psychoanalytikers klarer zu sehen. Ebenso sollten sie die verschiedenen, oft dramatischen, physischen und psychischen

Phänomene, die sie hervorrufen und für die sie schließlich als Beispiel dienen, klären.
Obwohl die Kapitel dieses Buchs eine Vielzahl von Themen umfassen, können sie in vier Teile untergliedert werden: »Erzählungen des Selbst«, »Erzählungen des Geschlechts«, »Theorien als Meistererzählungen« und »Varianten der Praxis.« Die Teile sind nicht völlig voneinander verschieden; zum Beispiel werden Selbst-Erzählungen im gesamten Werk betrachtet, ebenso wie Varianten der Praxis und der Theorien (Meistererzählungen). Zum Teil stehen die Erörterungen vor schwerwiegenden philosophischen Problemen, wie z. B. die Kenntnis vom Selbst und von den Mitmenschen, die persönliche Identität und die Theoriekonstruktion; zum Teil, und das nicht gerade selten, befassen sie sich ausführlich mit klinischer Beobachtung, Interpretation und Technik.
Mit Bezug auf das Selbst werde ich, nachdem ich Aspekte von Selbst-Erzählungen hinsichtlich des Ziels, des Prozesses und speziell des Endes einer klinischen Analyse eingeführt habe, in Kapitel 2 weiterargumentieren, daß das Selbst für das individuelle Subjekt immer eine narrative Konstruktion ist, die immer für einen fließenden Wandel offen und daher niemals ein für allemal festgelegt ist; eben deshalb kann diese Grundannahme auch auf alle Mitmenschen im Leben einer Person angewendet werden – auf die sogenannten Objekte. Somit ist meine Einstellung zum Selbst, im Gegensatz zu einigen anderen aktuellen und populären Standpunkten, anti-essentialistisch; ich betrachte das Selbst nicht als eine in der Natur gefundene Entität, die für nichtbeteiligte Beobachter zum objektiven Studium zur Verfügung steht. Das Selbst wird durch einen Dialog erzählt, in Worten, Bildern und durch Inszenierungen, und es wird von Beobachtern wiedererzählt, deren narrative Präferenzen und Strategien spezielle Ziele, Werte und Fähigkeiten ausdrücken. Der erste Teil endet sodann mit meiner Betrachtung der narrativen Aspekte der philosophisch heiklen Frage der Selbsttäuschung und damit auch der Abwehr, der Theorien vom multiplen Selbst und anderer Streitpunkte, die für die moderne Ich-Psychologie, die Selbstpsychologie und die Objektbeziehungstheorie von Bedeutung sind.
Im zweiten Teil über das Geschlecht greife ich die inhärent narrative Natur des Geschlechts in fünf unterschiedlichen, wenn auch

verwandten, Kontexten auf: die meist maskuline Voreingenommenheit von Freuds Psychologie der Frau; die sexistische Rhetorik in klinischen Erörterungen von Impotenz und Frigidität und deren Konsequenzen für unsere Vorstellungen von heterosexuellen Beziehungen; die Probleme von Männern und Frauen im Umgang mit Erfolg und Glück; die Probleme von Männern mit Emotionalität; und die störenden Aspekte von Macht und Wut in heterosexuellen Beziehungen. In dem Versuch, die immer wieder betonte Kluft zwischen Feministinnen und Psychoanalytikern zu verringern, hebe ich besonders die Interaktion zwischen sexistischen Faktoren in der gesellschaftlichen Realität und den unbewußten Konflikten und Identifikationen von Frauen hervor, wobei ich mir immer darüber im klaren bin, daß letzteres sich nicht auf Wegen entwickelt, die vollkommen unabhängig von unserer phallozentrischen Gesellschaftsordnung sind. In diesen Kapiteln finden sich auch verstreut klinische Beispiele.

Aspekte des dritten Teils, »Theorien als Meistererzählungen«, sind in den vorangegangenen Teilen vorweggenommen worden; dennoch werden nun grundlegende Erörterungen erstens durch einen Rückblick auf das Vermächtnis Freuds in modernen Begriffen dargestellt; zweitens durch eine Untersuchung der Rolle der Erzählung sowohl in der klinischen als auch in der angewandten psychoanalytischen Interpretation; und drittens durch eine kurze Übersicht der vielen Probleme, denen man bei jeglichem Versuch begegnet, eine gemeinsame Grundlage für die bedeutendsten, miteinander konkurrierenden Schulen psychoanalytischen Denkens zu finden. Die Psychoanalyse erscheint als eine Sammlung von Meistererzählungen, die jeweils spezifische und nicht vergleichbare Handlungsstränge für die interpretative Arbeit des Analytikers diktieren.

Im letzten, stark klinischen Teil, greife ich mit Hilfe detaillierter Beispiele zuerst zahlreiche narrative Aspekte der klinischen Interpretation von Abwehr und Widerstand auf sowie Aspekte der klinischen Verwendung von versprachlichter Lebenserfahrung in Vergangenheit und Gegenwart. Dann, in dem Bemühen, meine Geschichte dessen, was die Psychoanalyse eigentlich »ist«, weiter zu verdeutlichen, greife ich der Reihe nach die Schwierigkeiten,

Ambiguitäten und Grenzen auf, die bei jeder analytischen Ausbildung und dem Versuch auftreten, die Analyse von ihren Imitationen und von der Psychotherapie zu trennen. Nachdem die Psychotherapie nun so mit im Gespräch ist, greife ich als nächstes einige entscheidende dialogische Punkte heraus, die sich auf die Praxis psychoanalytischer Therapie beziehen. Ich schließe diese weitreichende Geschichte der Erzählung in der Psychoanalyse ab, indem ich die »analytische Liebe« erörtere – die sublimierte Liebe des Analytikers zu seinen Patienten, wie sie sich in der analytischen Arbeit selbst ausdrückt. Dabei richte ich mich nach den verschiedenen veröffentlichten Hinweisen von Hans Loewald zu diesem Phänomen.

Einige Kapitel dieses Buchs sind bereits veröffentlicht worden. Aus Gründen der Kohärenz und Konsistenz habe ich dieses früher veröffentlichte Material überarbeitet, in einigen Fällen nur wenig, in anderen jedoch merklich. Dabei habe ich gekürzt, um Wiederholungen zu vermeiden, erklärt, um die Argumentation zu verbessern, Begriffe ausgetauscht, um die Kapitel zu koordinieren, und hervorgehoben, um die Stellungen von Erzählung und Dialog in dem Argument an den Stellen herauszuheben, an denen sie undeutlich geblieben waren oder nur im Vorbeigehen gestreift worden waren.

Mein Ziel war nicht Einheit um jeden Preis; jedoch sehe ich nun, mit dem Vorteil der nachträglichen Einsicht, beträchtlich mehr Kohärenz zwischen diesen Kapiteln als ich beim Verfassen jedes einzelnen von ihnen hätte erkennen können, da sich deren Niederschrift über einige Jahre hinweg erstreckte. Auf die eine oder andere Art handeln diese Teile immer von Interpretationen. Nachdem ich die Interpretation nun in narrativen und dialogischen Begriffen wahrnehme, ist sie immer eine Möglichkeit, entweder etwas zu erzählen, das bisher noch nicht in Worte gefaßt wurde, oder etwas neu zu erzählen, das bereits berichtet worden ist. Insgesamt können wir sagen, daß ein Leben durch den analytischen Dialog heilsam neubearbeitet wird.

Erster Teil

Erzählungen des Selbst

Die Fallstudien, die in diesem Buch geschildert werden, gehen auf lebende Personen zurück; die Namen und Erkennungsmerkmale dieser Personen sind jedoch verändert worden, um ihre Privatsphäre zu schützen. Das Material für einige dieser Beispiele ist von Supervisanden zusammengetragen worden, denen ich für ihren Beitrag und ihre Bereitschaft, zum Schutz der Privatsphäre ihrer Patienten anonym zu bleiben, danke.

1. Kapitel

Selbstsucht, Selbstinteresse und die Beendigung einer Psychoanalyse

Eine hartnäckige und verbreitete Persiflage auf die Psychonalyse besagt, der Analysand sei am Ende der Behandlung ein moralisches Scheusal. Selbstsüchtig bis zum Fallenlassen jeglicher Rücksichtnahme auf Anstand, Takt und Fairneß, frei von Schuld- und Schamgefühlen ob seiner ungezügelten Begierden, streift der Analysand auf der Suche nach Gelegenheiten zur Selbstbehauptung und Selbstoffenbarung durch die Welt; und tut all dies obendrein mit einer eilfertig zur Schau gestellten und gewöhnlich langweilenden, wenn nicht gar abstoßenden Einsicht in das eigene Selbst und das anderer. Mit einem Wort, dieser Mensch ist selbstsüchtig: So selbstsüchtig, daß er andere damit verrückt macht und ihnen auf die Nerven geht. So die Karikatur.

Ein Wörterbuch definiert *»selbstsüchtig«* als *»übermäßig* oder *ausschließlich* mit sich selbst befaßt: *ohne Rücksicht auf andere* auf seinen Vorteil, sein Vergnügen oder sein Wohlergehen bedacht« (Hervorhebungen vom Autor). Ist dies das Ziel der Analytiker? Ist es die Berufung des Analytikers, den Menschen zu helfen, egoistisch zu sein? Ist das Erreichen eines konfliktfreien Egoismus ein Kriterium für den erfolgreichen Abschluß einer Analyse? Das würde doch wohl eher für geistige Armut auf beiden Seiten der Couch sprechen.

Gleich zu Anfang muß gesagt werden, daß diese Persiflage durchaus darauf paßt, wie sich manche Menschen im Dickicht der ambivalenten analytischen Übertragungen benehmen. Manchmal trifft sie auch auf Analysanden zu, die ihre Analyse abgebrochen oder das beendet haben, was sie beziehungsweise ihr Therapeut fälschlich oder anmaßend Analyse oder erfolgreiche Analyse nennen. Darüber hinaus mag diese Karikatur nicht allzusehr danebentreffen bei der Beschreibung mancher Patienten, wie sie zu Beginn ihrer analytischen Behandlung sind und wie sie, vielleicht auch nur in abgeschwächter Form, weiterhin sein werden oder zu sein scheinen, wenn ihre Analyse greifbare Fortschritte macht. Was nicht überraschen sollte, und was nach einiger Überlegung die Karikatur Lügen strafen sollte. Dennoch hält sie sich hartnäckig, und wir müssen uns fragen, weshalb dies so ist.

Analytiker wissen, in welch großem Maße diese gängige Verspottung der Analysanden auf die irrationalen Einstellungen der selbst gar nicht so unschuldigen Zuschauer und Beobachter zurückzuführen ist. Und da sie dies wissen, achten aufmerksame Analytiker besonders gegen Ende einer Therapie auch darauf, wirklich fortgeschrittenen Analysanden zu helfen, den durch diesen Angriff oder eine seiner vielen Varianten ausgeübten Druck zu erkennen und ihm zu widerstehen. Sie tun dies, indem sie weiterhin die Selbsteinsicht fördern – und zwar durch die Analyse der Verleugnungen dessen, womit die Analysanden zu kämpfen haben, sowie ihren regressiven Reaktionen darauf. Diese Förderung der Selbsteinsicht mag damit beginnen, daß man aufgreift, wie ein Analysand seine eigene Fähigkeit verleugnet, den Auslöser des feindseligen Verhaltens oder die Flucht in die Regression zu verstehen; daß es sich um Verleugnungen handelt, wird deutlich durch die Fülle der verfügbaren Anhaltspunkte zu den Ursprüngen der Karikatur. Daß es sich um regressive Verhaltensweisen handelt, wird deutlich, weil die Patienten mehr oder weniger heftig auf Reaktionsmuster zurückgreifen, die im Lauf der Analyse aufgearbeitet oder aufgegeben schienen.

Wir wollen zuerst drei hervorstechende Ursachen für die Entstehung der Karikatur betrachten: Frustration, Neid und eine abwehrbedingte Unsicherheit. Die drei gehen Hand in Hand und bedingen sich in hohem Maße gegenseitig, doch kann man jede zum Zweck der Erklärung einzeln betrachten.

Frustration als Ursprung der Karikatur

Wie Analytiker wissen, werden Analysanden von ihren Lebenspartnern oft in ihrem voranalytischen Charakter- und Verhaltensbild mehr geschätzt. Besonders jene Analysanden, die gehemmt und anspruchslos waren und eine masochistische Haltung zeigten, hatte man deswegen um so lieber. Früher waren sie einmal gute Partner: gute Verlierer, immer bereit zu einem verständnisvollen Blick, einer mitfühlenden Geste und den selbstmitleidigen und bitteren Scherzen, die ein Gefühl der Gemeinsamkeit vermitteln und der passiven Resignation gegenüber einem Leben, das einem wenig bietet und viel vorenthält. Früher einmal waren sie zu den ausdrucksstarken Gesten und Seufzern bereit gewesen, die Wasser auf die Mühlen des Zusammenlebens gießen. Männer wie Frauen haben die typische Rolle Woody Allens mit beachtlichem Geschick gespielt. Nun betrachten verständnislose Freunde, Verwandte und Lebensgefährten diese fortgeschrittenen Analysanden mit einem Gefühl der Frustration, hatten sie sich doch an die zurückhaltenden Mienen ihrer Partner gewöhnt und in ihnen die Opfer spontaner, provozierter oder einfach eingebildeter sadistischer Ausbeutung durch andere gesehen. Es sind die gefangenengleichen Gesichter von Menschen, die das passive und recht verbreitete Ideal verfolgen, unglücklich in Scham, Schuld, Schwäche, hilfloser Wut und Versagen zu leben.
Fortgeschrittene Analysanden haben diese Dynamik bereits verstanden. Sie haben dieses Verständnis vor allem durch die Analyse ihrer eigenen Übertragungen gewonnen, und dieses Verständnis war für alle ihre Fortschritte entscheidend. Nun spielen sie die Opferrolle meist nicht mehr so verführerisch, gewandt oder beharrlich wie zuvor. Sie vermitteln ziemlich durchgängig einen ausgeprägten Sinn für Stolz in Verbindung mit realistischen Persönlichkeitsbeurteilungen und Erwartungen. Außerdem vermitteln sie einen ausgeprägten Sinn für Selbstliebe und Selbstachtung, ohne jedoch ihre Bemühungen um Weiterentwicklung einzustellen. Durch diesen Wandel frustrieren sie andere nicht nur, sondern sie erwecken auch deren Neid.

Neid: die zweite Art von Druck auf fortgeschrittene Analysanden

Hinter der zweiten Art von Druck, dem fortgeschrittene Analysanden widerstehen müssen, steht Neid. Giftiger Neid: Er umgibt die fortgeschrittenen Analysanden wie Giftgas, er äußert sich in kleinen Seitenhieben, in boshaftem und allzu bereitwillig geglaubtem Klatsch über den Analysanden oder den Analytiker oder vielversprechende Lebensumstände und in anderen, ähnlichen Versuchen, das Positive zu zerstören, das die Analysanden gerade erst in sich selbst, in ihren Analytikern und in der Umwelt entdeckt haben. Als Reaktion darauf neigen sie zur Regression und regredieren auch tatsächlich – langsam, schnell, offensichtlich oder ganz subtil. Es ist nicht das erste Mal in ihrem Leben, daß sie so reagieren, und wie früher haben sie das Gefühl, von dieser Flucht in die Defensive hänge ihr Überleben ab. Der wachsame Analytiker greift diesen Wechsel in der Funktionsebene auf, erkennt, daß er überwiegend eine regressive Reaktion auf Neid ist und hilft dabei, die Verbindungen zu aktuellen realen und gedachten Interaktionen mit anderen herauszuarbeiten. Phantasierte Interaktionen müssen in Betracht gezogen werden, da die Furcht vor Neid und andere Abwehrmechanismen im Umgang mit der eigenen inneren Grandiosität sowie der Scham den Analysanden dazu bringen, Neid ebenso wie Frustration und ein Gefühl der Unsicherheit dorthin zu projezieren, wo kaum Unterstützung zu erwarten ist.

In diesem relativ späten Stadium der Analyse wird das, was der Vorstellung des Analysanden entsprungen ist, im analytischen Dialog oft mit zwei Faktoren verknüpft: (1) Mit einflußreichen Vorbildern in der Kindheit von Neidreaktionen der Geschwister, Freunde, Eltern und anderer Personen im unmittelbaren sozialen Umfeld, sowie (2) einem Schuldgefühl aufgrund der eigenen unbewußten, kindlichen, rücksichtslosen Gier und dem grandiosen Konkurrenzdenken des Analysanden, das vielleicht durch vergleichbare Eigenschaften anderer verstärkt wird. Die analytische Arbeit macht überaus deutlich, wie stark der Fortschritt des Analysanden in seiner Umgebung Abwehrhaltungen aus Unsicherheit ebenso wie Frustration und Neid weckt.

Karikatur aus einer abwehrbedingten Unsicherheit heraus

Gut analysierte Menschen werden von anderen als Bedrohung für die defensiven Lösungen erlebt, auf die sie selbst sich gewohnheitsmäßig verlassen. Diese Analysanden unterstützen die vorherrschenden neurotischen Kompromisse nicht mehr durchgängig und billigen weder die bevorzugten, jedoch durch Kompromisse strikt eingegrenzten Vergnügungsmöglichkeiten im Leben ihrer Mitmenschen, noch nehmen sie daran teil. Aus einer abwehrbedingten Unsicherheit heraus erleben diese nun vielleicht den mühsam erworbenen und eingestandenen Stolz der Analysanden ausschließlich als gleichgültigen Egoismus, ihr unverhohlenes Selbstvertrauen nur als gefühllose Zurschaustellung und die ungehindert, wenn auch nicht ausschließlich auf die eigenen Interessen gerichtete Aufmerksamkeit als rücksichtslose Ausbeutung oder ein Sichgehenlassen. Was, werden diese anderen sich dann fragen, ist aus dem Gleichmut dieser Analysanden geworden? Wo ist ihre moralische Verantwortlichkeit geblieben? Haben sie jeglichen Sinn für Anstand verloren? Was ist aus ihrer Freundlichkeit geworden? Warum machen sie nicht einfach weiter wie bisher, um mit den Menschen in ihrer Umgebung auszukommen?

In allen drei Punkten wird das Problem noch dadurch verschärft, daß fortgeschrittene Analysanden möglicherweise einen Punkt erreicht haben, an dem sie nicht mehr aus reiner Not und tiefster Demütigung heraus mit der analytischen Behandlung fortfahren, sondern weil sie selbst die Analyse wollen, wenn auch mit ambivalenten Gefühlen. Soweit sie wirklich weitermachen wollen, wollen sie es, weil sie die analytische Behandlung als Bereicherung ihres Lebens sehen und als Bestärkung in ihren Bemühungen, das gleiche auch in Zukunft für sich zu tun. Sie sehen in der Analyse etwas, das ihre Integration fördert und ihre Zukunftsaussichten verbessert. Nun neigen sie weniger dazu, negativ über Analyse zu denken; in ihrer psychischen Realität ist es weit weniger eine Krücke, eine Falle oder eine lebenslängliche Strafe als eine Erleichterung, eine Chance, eine Autononomiequelle. Schlimmer noch, vom Standpunkt der frustrierten, neidischen, in Abwehrhaltungen gefangenen Mitmenschen aus gesehen, haben fortgeschrittene Analysanden vielleicht sogar die Unverfrorenheit zu sagen, unter dem Strich würden sie die Analyse, wie anstrengend sie auch immer sein möge, sogar genießen! Die Patienten genießen die analytische Behandlung, selbst während ihnen mit der zu erwartenden Mischung aus Vorahnung und Bedauern immer klarer wird, daß die Zeit naht, in der die Fortsetzung der Behandlung nicht mehr in ihrem Selbstinteresse liegen wird. Wie ein Patient bemerkte: »Leichter wird es nicht gerade, aber es wird besser.« Diese Analysanden werden nicht nur als Bedrohung der defensiven Ordnung der Dinge erlebt, sondern der gesellschaftlichen Ordnung im allgemeinen. Man muß sie unbedingt aufhalten!

Die Reaktionen der Analysanden auf das Verhalten ihrer Mitmenschen

Kein Wunder also, daß die Patienten auf die Versuche anderer stoßen, ihre Errungenschaften zunichte zu machen. Ebenfalls kein Wunder ist es, daß sie schmerzhafte Einsamkeit vorausahnen und erleben, wenn sie sich von einem oder gar mehreren wichtigen Menschen in ihrem Leben entfremden und die Beziehung ihnen immer weniger Aufwand wert ist. Sie spüren, wie andere sich von ihnen zurückziehen oder wie sie sich selbst von anderen zurückziehen; wahrscheinlich sogar beides gleichzeitig. Vielleicht wird beiderseits auch eher die Mißbilligung betont als der direkte Rückzug. Unter solchen Umständen müssen die Analysanden den Druck verspüren zu regredieren, wieder dazu gehören zu wollen. Gegen Ende ihrer analytischen Behandlung haben die Analysanden viele Gründe, um Probleme wiederzubeleben, die bereits erfolgreich analysiert wurden. Dennoch ist es zur Vollendung der Analyse wichtig, den Patienten in analytischer Weise zu helfen, sich ihrer Beschwichtigungspolitik anderen gegenüber durch Flucht vor der Weiterentwicklung zu stellen.
Auch nach Ende der Behandlung reagieren ehemalige Analysanden möglicherweise regressiv, wenn sie auf die beschriebenen, Druck ausübenden Verhaltensweisen stoßen. Und sie erkennen

unter Umständen den Zusammenhang nicht so, wie er wirklich ist; teilweise vielleicht aus dem Wunsch, aus anderen Gründen wieder zum Analysanden zu regredieren. Jedenfalls ist es nicht ungewöhnlich, daß ehemalige Patienten zu postanalytischer Beratung zurückkehren, weil früher bereits bewältigte Probleme oder Symptome wieder aufflackern. Bei der Analyse wird wahrscheinlich bald deutlich, daß diese Rückfälle unbewußt dazu entworfen wurden, um andere zu beschwichtigen. Der Analytiker kann in der Vorstellung der Patienten durchaus zu den Menschen gehören, die er glaubt, beschwichtigen zu müssen – der Analytiker, den sie »zurückgelassen« haben, »fallengelassen«, »im Stich gelassen«, »verbraucht«, »genarrt« oder »übertroffen« haben an Jugendlichkeit, Erfolg, Lust oder was nicht sonst noch alles. Schuldgefühle spielen bei dieser Rückkehr vermutlich eine große Rolle. Die weitere Analyse wird vermutlich zeigen, daß das Bedürfnis zur Beschwichtigung dort am größten ist, wo tiefsitzende Verwundbarkeiten existiert haben, nicht einmal so sehr durch die Mitmenschen als durch Schuldgefühle aufgrund eigener besonderer Leistungen und Erfahrungsreichtümer. Übriggebliebene Ängste vor der eigenen Gier, dem Konkurrenzdenken und der eigenen Grandiosität mögen ebenfalls damit zu tun haben. Und einige dieser regredierenden früheren Analysanden fühlen vielleicht eine Art Schuld den ihnen wichtigen Mitmenschen gegenüber, wie man sie wohl als einziger Überlebender einer Katastrophe empfindet (survivor's guilt): Sie sind sich nicht sicher, das Erreichte auch verdient zu haben und befürchten daher, es würde ihnen wieder genommen. In all diesem wird dem Analytiker die Wirkung von Übertragungsresten begegnen, und zwar negativen wie positiven.

Der Augenschein trügt dabei möglicherweise, denn es ist nicht unbedingt richtig, daß der Erfolg der Patienten überwiegend instabil wäre. Aller Wahrscheinlichkeit nach haben ihre Erfolge, ihr Erreichen von höheren Funktions- und Interaktionsebenen mit anderen die Analysanden unerwartet in neue Schwierigkeiten oder neue Varianten alter Schwierigkeiten gebracht. Es kann sich erweisen, daß ihre fortschreitende persönliche Entwicklung nach Beendigung der analytischen Behandlung weitere Symptome von zentralen Kindheitskonflikten und ungelösten Übertragungen hervorgerufen hat. Möglicherweise waren diese Konflikte, wie Freud (1937b) vermutete, während der Hauptphase der Analyse nicht aktiv oder zugänglich genug, um hinreichend durchgearbeitet zu werden. Dennoch wird die postanalytische Arbeit vor allem auf dem Durcharbeiten von früher bereits Erreichtem basieren, da Analytiker heutzutage davon ausgehen, Persönlichkeiten seien nicht so disparat, daß wichtige Probleme während einer längerdauernden Analyse nie in der einen oder anderen Form auftauchten. Bei dieser neuen Konflikterfahrung, auf die man nun gestoßen ist, steht vielleicht eine Eheschließung, eine Scheidung, die Geburt eines Kindes, der Verlust eines geliebten Menschen oder ein großer beruflicher Erfolg im Mittelpunkt. Keines dieser Ereignisse kann völlig von Kindheitsphantasien und deren konflikthaften Aspekten losgelöst werden. Nach der analytischen Klärung des augenblicklichen Drucks werden diese früheren Analysanden vermutlich weiter ihren Weg gehen können, ohne sich einer zweiten, längerdauernden analytischen Behandlung unterziehen zu müssen. Unanalytischer Perfektionismus auf seiten des Analytikers kann jedoch auch anderes gebieten.

Wie dem auch sei, in dem entdeckten und gewachsenen Selbstinteresse der auf das Ende der Analyse zustrebenden Patienten muß man sowohl einen großen Gewinn als auch eine mögliche Quelle neuer Schwierigkeiten sehen. Die neuen Probleme tauchen an der Nahtstelle zwischen inneren Objektbeziehungen und Beziehungen zu den Menschen im sozialen Umfeld auf.

Selbstinteresse gegenüber Selbstsucht

Soweit habe ich mich nur mit der innerpsychischen und zwischenmenschlichen Komplexität des gewachsenen Selbstinteresses von Patienten am Ende ihrer analytischen Behandlung beschäftigt. Ich habe den Begriff *Selbstsucht** in seiner herkömmlichen Bedeutung verwendet, nämlich der des Schützens und Förderns der eigenen Interessen, wie man diese auch definieren mag. Es gibt jedoch noch eine andere Art des Interesses an sich selbst, dem wir uns widmen müssen: Das Interesse am Aufbau, der Erhaltung und der

* Anm. d. Übers.: Der Autor verwendet die Begriffe »self-interest«, das mit Selbstsucht, und »self interest« (ohne Bindestrich), das mit Sebstinteresse übersetzt wurde.

Erweiterung eines Selbst, dem man sich verpflichtet fühlen kann. Dieses Interesse kann sowohl wohlwollend als auch übelwollend oder, wie es oft der Fall ist, eine Mischung aus beidem sein. In der Entwicklung zum Ende der Analyse hin verlagert sich das Hauptgewicht langsam aber sicher zum wohlwollenden Selbstinteresse hin. Im folgenden werde ich die beiden Pole des Selbstinteresses besprechen, dem ich auch einige Fallbeispiele hinzufügen werde. Anschließend werde ich versuchen zu zeigen, daß wohlwollendes Selbstinteresse das Interesse an dem Selbst der Mitmenschen mit einbeziehen sollte.

In mancher Hinsicht verläuft diese Wendung in der Erörterung parallel zu Eriksons Behandlung der Ich-Identitätsbildung (1956); in anderer Hinsicht jedoch, zum Beispiel wenn ich gewisse Aspekte Kleinschen Gedankenguts über die depressive Position und Wiedergutmachung heranziehe und ebenfalls, wenn ich Hartmanns Erörterung über das Überprüfen der inneren Realität einbeziehe, vertrete ich mehr oder minder eine andere Meinung als Erikson. Und wenn ich schließlich das Selbst als eine Art psychoanalytischer Erzählung (narrative) einführe, werde ich von Eriksons im wesentlichen naturalistischen Darstellung der Ich-Identität weit entfernt sein: einer Darstellung, in der die Entwicklung von Identität beschrieben wird als seiner Natur nach objektiv zu beobachten statt als einen Bericht, der von einem Erzähler aus einer bestimmten psychoanalytischen Sichtweise heraus gegeben wird. Vor uns liegt nun die Betrachtung der zwei Arten von Selbstinteresse und eine Erörterung von Fallbeispielen. Am Schluß werde ich eine metatheoretische Sichtweise dieser gesamten Darstellung als psychoanalytische Geschichte oder Erzählung entwikkeln.

Übelwollendes Selbstinteresse

Der beste Ausgangspunkt ist nun, das übelwollende Selbstinteresse ins Zentrum der Aufmerksamkeit zu rücken. Selbstverständlich kennen Analytiker nur zu gut die verschiedenen Formen von Selbstprüfung, die von nagenden Vorwürfen bis zu regelrechter Verfolgung reichen. Typischerweise ist diese erbarmungslose und schmerzhafte Selbstprüfung inhaltlich stereotyp und in ihren Auswirkungen aufsplitternd. Und typischerweise belasten sich die Patienten, die zu diesem nach innen gerichteten, übelwollenden Blick neigen, dann besonders damit, wenn sie wohlwollendes Selbstinteresse zu erfahren oder auszudrücken beginnen. Bei diesen Gelegenheiten verdrehen sie die wohlwollende Erzählung beinahe augenblicklich in neue Angriffe gegen sich selbst und werfen sich beispielsweise Selbstgefälligkeit, übersteigertes Selbstbewußtsein, Angeberei oder zerstörerisches Konkurrenzdenken vor. Mit Hilfe von Projektionen beschuldigen sie vielleicht Menschen aus ihrem Umfeld, sie zu schikanieren. Oder sie provozieren diese möglicherweise gar zu Drangsalierungen, um die eigenen Konflikte völlig nach außen zu verlagern.

Wie weit die Verzerrungen auch gehen mögen, vergessen die Analytiker doch nicht, daß die Patienten zunächst einmal selbst die übelwollenden Kritiker sind. Sie erledigen die Schmutzarbeit grundsätzlich bereits innerpsychisch, entweder indem sie selbst die Stimme gegen sich erheben, oder indem sie Erfahrungen mit feindseligen Introjekten heraufbeschwören, von denen sie haßerfüllt erforscht werden. Diese Patienten werden ein Ja nicht als Antwort gelten lassen. Sie sagen zum Beispiel Dinge wie: »Ich möchte meinem guten Gefühl nicht nachgeben«, »Heute macht es mir Schwierigkeiten, mich bedrückt zu fühlen«, und mit einem scheinbaren Versprecher, »Man muß lernen, das Gute zusammen mit dem Schlechten anzunehmen.« In diesen Fällen ergreift das Selbst nicht Partei für seinen besten, sondern für seinen problematischsten Teil.

Der Aufbau eines Selbst ist durchweg begrenzt und verzerrt, wenn er mit einer übelwollenden Haltung angegangen wird. Ein Selbstquäler entwickelt einseitige, oft groteske Phantasien über das Selbst, die jedoch als Berichte von unanfechtbarer Realitätsprüfung dargeboten werden. Sollte der Analytiker versehentlich versuchen, diesen Berichten zu widersprechen, wird er aller Wahrscheinlichkeit nach mißtrauisch, wenn nicht gar verächtlich betrachtet werden. Wie negativ dieses Selbstporträt auch ausfallen mag, drückt es doch anhaltendes Selbstinteresse aus; für die Analyse ist es nicht hilfreich, dieses Material nur als Ausdruck von Problemen mit der Selbstachtung oder als Fixierung auf passives

Leiden oder ähnliches zu sehen. Jene Gesichtspunkte haben ihren eigenen wichtigen Platz in der Analyse, doch dürfen sie nicht den Raum beanspruchen, der von der Erkenntnis einer übelwollenden Form von Selbstinteresse eingenommen wird.
Die folgenden Fallbeispiele zeigen unterschiedliche Arten von übelwollendem Selbstinteresse, und einige lassen auch im Verlauf der Analyse den Übergang zu wohlwollendem Selbstinteresse erkennen. Zum Zweck der Erläuterung stelle ich diese Fallbeispiele überwiegend als eingleisigen Handlungsstrang dessen dar, was uns hier interessiert; selbstverständlich wurden in jedem Fall durchweg viele andere Handlungsstränge festgestellt und herausgearbeitet.

Fallbeispiele:
Nach fünf Jahren Behandlung berichtete eine junge Frau, sie fange an, sich wirklich im Spiegel zu betrachten, um zu erkennen, wie sie aussehe. Und was sie entdeckte, gefiel ihr. Nicht daß sie zuvor kein Selbstbild gehabt hätte; sie hatte sich nur eher als häßlich empfunden. Dieses übelwollende Phantasiegebilde wurde nicht mehr bestätigt, als sie sich realistisch zu betrachten begann. Und diese neue Sichtweise stimmte damit überein, wie ihre Freunde sie schon immer gesehen hatten. Auch dem Analytiker schien es, daß die extreme Häßlichkeit, die die Patientin sich zugeschrieben hatte, einer normalen Realitätsprüfung nicht standhalten konnte. Entsprechend der Analyse schien ein großer Teil der früheren Selbst-Erzählungen (self-narratives) der Patientin als eine ihrer archaischen Abwehrmaßnahmen gegen Intimität benutzt worden zu sein; dies war ein Element der masochistischen Strategie, die sie in ihren frühesten Jahren entwickelt und seitdem aufrechterhalten hatte. Zuvor hatte sie nicht gewagt, diese Selbst-Erzählung mit den üblichen Mitteln zu hinterfragen und entsprechend zu ändern. Sie besaß kein realistisch überprüftes Selbst und herzlich wenig wohlwollendes Selbstinteresse; in ihrer psychischen Realität konnte sie sich beides nicht leisten.
Wie man in einem Fall wie diesem erwarten konnte, war die Analysandin mit Eltern aufgewachsen, die aufgrund ihrer eigenen, offensichtlich ernstlich konfliktbeladenen Existenz kein objektives

und verständnisvolles Interesse an dem leiblichen und seelischen Kind genommen hatten, das sie gewesen und zum größten Teil auch geblieben war, sowohl in der psychischen Realität der Eltern als auch in ihrer eigenen. Sie sah sich selbst mit den Augen der Eltern. Einen gütigen elterlichen Spiegel hatte sie nicht erlebt – nur die ablehnenden und kritischen Vorurteile ihrer Eltern, den Vergleich zwischen dem, was sie war und wie sie hätte sein sollen und wie zu sein ihr nicht gelang, nur die elterlichen fixierten und destruktiven Ideale von lustfeindlicher Anpassung und Fehlerlosigkeit waren ihr vorgehalten worden. Die Eltern hatten niemals die vorurteilsfreien, spiegelnden, wohlwollend interessierten Fragen gestellt: Mit welchem Charakter haben wir es zu tun? Wie können wir ehrlich darauf reagieren? Wie können wir das Kind fördern? Das Interesse der Eltern am Selbst ihrer Tochter war übelwollend. So jedenfalls war die lebenslange Erfahrung, die diese junge Frau über einen langen Zeitraum hinweg in ihrer analytischen Behandlung berichtete. Wie übertrieben der Bericht von ihrer Vergangenheit auch sein mochte – und es waren später wichtige Änderungen erforderlich (siehe unten) –, diese schmerzlichen Einzelheiten waren gut belegt, und sie übten bis in die Gegenwart hinein maßgeblichen Einfluß auf die Entwicklung der jungen Frau aus.
In ihrem Bestreben, die Abwesenheit von wohlwollendem elterlichen Interesse und daraus folgendem Selbstinteresse zu kompensieren, hatte diese junge Frau versucht, ein öffentliches Erscheinungsbild der Makellosigkeit und Unerreichbarkeit aufzubauen. Ihr subjektiver Erfolg bei diesen Anstrengungen war begrenzt, doch hielt sie das nicht davon ab, beharrlich damit fortzufahren. Demgemäß hatte sie spiegelnde und fürsorgliche Reaktionen der anderen verhindert; sie hatte das Problem, sich von desinteressierten Mitmenschen umgeben zu erleben, fortbestehen lassen. Der Analytiker seinerseits hatte konsequentes analytisches Interesse an ihr gezeigt durch sorgfältige und sorgende Aufmerksamkeit gegenüber den Darstellungen, die in ihre Übertragungen einflossen; diese Darstellungen schlossen viel Widerstand und viel Affektverlagerung in die Belastungen und Widerwärtigkeiten des täglichen Lebens der Patientin außerhalb der analytischen Behandlung ein. Soweit wie möglich hatte der Analytiker vermieden, ihr unanalyti-

sches Interesse zu zeigen, beispielsweise in Form deutlicher, gesellschaftlich üblicher Beteuerungen. Im Lauf der Zeit schien sein analytisches Interesse in Verbindung mit den dadurch ermöglichten, geeigneten Interpretationen der Patientin dazu zu verhelfen, mäßigende Veränderungen auszulösen in den Überichverboten, die sie sich auferlegt hatte, den schädigenden Idealen, die sie hochgehalten hatte, und dem unbewußt sexualisierten Schmerz, der beteiligt gewesen war.

Die Patientin zeigte diese Veränderungen, indem sie sich für ein eigenes, lebensfähiges Selbst zu interessieren begann. Dies sollte ein Selbst sein, das Bedürfnisse, Lust, Empfindsamkeit, Individualität und die Vorzüge von Attraktivität, Intelligenz, Großzügigkeit und anderer solcher wohlwollend gedachter Eigenschaften umfaßte, Eigenschaften, die zu betrachten und auszuleben eine Freude ist, wenn die damit verbundene Gefahr und Verzweiflung erst einmal besiegt sind. Es war bemerkenswert, daß diese Ausflüge in wohlwollendes Selbstinteresse in den Sitzungen von gewisser sexueller Erregung begleitet wurde, und daß diese Erregung die junge Frau regelmäßig ängstigte und eine Regression auslöste. Meiner analytischen Erfahrung nach begleitet sexuelle Erregung oft ausdrückliche und neue Selbstbejahung, und oft scheint sie auch der Grund für ein augenblickliches Zurückschrecken zu sein; meiner Meinung nach schrickt der Patient zurück, weil er die sexuelle Erregung oder das Gefühl des Lebendigseins auf diese Weise selbst übelwollend als etwas betrachtet, das verdammt und unterdrückt werden muß.

Gleichzeitig begann die Patientin, sich für das tatsächliche, höchst konfliktbeladene und schmerzverursachende Selbst ihrer Eltern zu interessieren. Manchmal erlaubte sie sich in ihren analytischen Sitzungen sogar, sich in die Eltern hineinzuversetzen; das Einfühlungsvermögen schien echt genug, da es erlebt wurde, ohne ihre Wut und Entbehrungsgefühle zu bagatellisieren oder zu verleugnen. Erst dann wagte die junge Frau, einen Blick in einen wirklichen Spiegel zu werfen, wenn auch nur kurz und ängstlich; das soll heißen, sie begann sich zu gestatten, mit echter Neugier und sogar einigem Mitgefühl einen Blick auf das psychische Erleben anderer zu werfen zu derselben Zeit, in der sie begann, ihr eigenes psychisches Erleben und ihr Gesicht als dessen sichtbaren Ausdruck tiefer und einfühlender zu betrachten.

Fallbeispiele:
Das nächste Beispiel ist das einer Frau, die, obwohl sie von allen in ihrem Fachgebiet als außergewöhnlich begabt geschätzt wurde, keine Möglichkeit sah, sich diesem Urteil anzuschließen. Sie war mit einer nebelhaft wirkenden Mutter aufgewachsen – sozusagen einem blinden Spiegel – und hatte daher keine angemessene Grundlage für ein wohlwollend bestätigendes Selbstinteresse aufgebaut. Dieser stark vereinfachende Kausalzusammenhang schien überzeugend zu sein, war jedoch nur ein Faktor, der zu ihren Problemen beitrug; der endgültige Bericht über den Ursprung ihrer Probleme, der im Verlauf der analytischen Behandlung entwickelt wurde, war weit komplexer als das. Wie gewöhnlich in solchen Fällen handelte es sich nicht nur um die Frage mangelnden Selbstinteresses; da sie sich selbst nicht als Gegenstand des Interesses gefühlt hatte, hatte sie Verbote gegen bestätigendes Selbstinteresse entwickelt. Sich wohlwollendes Interesse zu wünschen war schlecht, und es zu empfinden war ebenfalls schlecht.
Diese wichtige Konsequenz ist ein weiteres Beispiel dafür, wie Kinder, die unter widrigen Entwicklungsbedingungen aufwachsen, aufgrund ihrer Entbehrungen und Traumata ernste moralische Selbstverurteilung aufbauen und damit eine aktive Rolle bei der Organisation von depressiven und masochistischen Haltungen spielen und bei den kompensatorischen grandiosen Neigungen, die oft Hand in Hand damit gehen.
Da wohlwollendes Selbstinteresse sowohl schlecht als auch gefährlich geworden war, mußte diese Analysandin durch die Achtung, die man ihr gegenwärtig entgegenbrachte, bewußt verwirrt und gequält sein. Sie beteuerte, nicht zu wissen, was die ganze Aufregung solle. Lob konnte sie nur mit einem Schulterzucken abtun und Gründe auflisten, weshalb sie Kritik verdiente oder zumindest überhaupt keine Reaktion. So konnte sie nur mit Angst und Schuldgefühlen auf den Beifall reagieren, den sie erhielt. Diese negativen Reaktionen fanden nicht nur an der Oberfläche statt; sie reichten tief in das Innerste der Analysandin – ohne jedoch gänz-

lich die latente kompensatorische Grandiosität zu ersetzen, die ebenfalls Teil ihres Wesens geworden war. Als sie auf das Ende der analytischen Behandlung zuging, war sie in der Lage, all dieses Übelwollen merklich zu mildern und ihre unterschwellige Zurückhaltung zu verringern.

Fallbeispiele:
Ein dritter Patient berichtete, daß er jeden Morgen beim Blick in den Spiegel einen Schock bekam und versucht war, sich voll Abscheu abzuwenden. Er sah nicht das Abbild des gutaussehenden und fähigen Mannes, der er nach üblichen Maßstäben war. Wir können sagen, daß er genaugenommen nicht sich selbst oder sein Selbst und, in diesem Sinne, eigentlich überhaupt kein Spiegelbild sah. Statt zu schauen, spielte er die bestürzte Reaktion seiner Mutter auf seine Geburt und auf seine Anwesenheit in ihrem Leben nach. Und indem er sich von seinem Spiegelbild zurückzog, zog er sich, unter anderem, aus ihrem Leben zurück – auf symbolische Art starb er willfährig, beging unterwürfig Selbstmord. Im späteren Verlauf der Behandlung, vor allem als Folge der Analyse der entsprechenden Übertragungen, konnte er wohlwollendes Selbstinteresse dulden; von da an war er in der Lage, einen unabhängigen Bericht über das Versagen seiner Mutter als Mutter zu geben und konnte von diesem Punkt aus fortschreiten zu der bewußten Erfahrung einer Mischung aus Hilfsbereitschaft, Schuldgefühlen und überwältigenden Reaktionen, mit der er als Kind auf ihr Versagen reagiert hatte und in gewisser Hinsicht immer noch reagierte. Früher hatte er nicht ertragen können, dieses Verhalten zu erkennen und zu verarbeiten und dadurch fähig zu werden, wirklich zu schauen und zu sehen. Früher mußte er der Versager sein, nicht sie. Schauen und Sehen waren mit einem Tabu belegt.

Fallbeispiele:
In den Worten eines vierten Patienten – Worte, die auszusprechen er erst spät in seiner analytischen Behandlung fähig war – »Ich mußte ein bewegliches Ziel werden, ein Chamäleon, ein Nichts; wenn ich mich auch nur mir selbst gegenüber enthüllt hätte, hätte man mich umgebracht oder ich hätte sie umgebracht. So bin ich

etwas Breiförmiges geworden; ich hatte keinerlei Grenzen.« Mit »sie« bezog er sich auf die äußerst drangsalierenden und nachlässigen Personen aus dem sozialen Umfeld seiner Kindheit, doch ebenso stark, wie durch seine Übertragungen deutlich wurde, auf die verinnerlichten Versionen dieser Personen, die in ihrer Destruktivität stark vergrößert worden waren und seiner Vorstellung nach in den Schatten seines Innenlebens lauerten.

Obwohl Analytiker die zerstörerischen Folgen elterlichen Versagens nicht bagatellisieren, erkennen sie doch, daß sie nicht hoffen können, die sich darstellenden Probleme herauszuarbeiten, wenn sie sich nicht auch aufmerksam den vielen Arten widmen, in denen die Analysanden, bereits als Kinder, echtes Versagen zu verursachen begannen oder es in der Phantasie hervorhoben. Auch müssen die Analytiker wachsam bleiben gegenüber den vielen Arten, auf die diese Patienten sich an die problematischen Konsequenzen dieser echten und geprüften Versagensweisen klammern und die vielen Arten, auf die sie diese ständig im Gefühlsleben, wenn nicht sogar in der Wirklichkeit neu erschaffen. Sie stellen diese unbewußt beharrliche, herausfordernde und erfindungsreiche ständige Wiederholung in den Mittelpunkt. Ebenso rücken sie die verschleierte Neigung zu und den widersprüchlichen Ausdruck von haßerfüllten, ängstlichen, schamhaften, schuldbewußten und einsiedlerischen Verhaltensweisen ins Zentrum ihrer Aufmerksamkeit. Zusätzlich richten sie den Blick darauf, wie ihre Patienten Passivität in Aktivität verwandeln, indem sie sich mit den echten und den gedachten Angreifern identifizieren. So schaffen sie den Boden, auf dem sie den sich in der Innenwelt immerwährend fortsetzenden Kampf des übelwollenden Selbstinteresses gegen das Positive interpretieren können. Wohlwollen, so will es scheinen, war zum Feind geworden.

In dieser komplexen Situation stehen die Analytiker bedenklichen technischen Problemen gegenüber. Große Teile der vorhandenen Lehrbücher über Technik widmen sich genau diesen Problemen, wenn auch oft in anderen Worten. Ich werde nicht versuchen, hier auch nur einen kurzen Überblick zu geben; eine grundlegende Warnung werde ich jedoch aussprechen: Wohlwollendes analytisches Selbstinteresse kann bewußt und unbewußt vorgetäuscht werden, und es kann den Analytiker einige Zeit kosten, bis er Pseudointeresse aus Abwehr oder das Gehabe eines falschen Selbst überwunden hat. Die Schmerzen von tiefsitzenden Schuldgefühlen und Depression fangen an, als mächtiges Abschreckungsmittel zu wirken, sobald ein Patient die ersten schwachen Regungen eines wohlwollenden Selbstinteresses verspürt. Manche Analysanden werden dann recht raffiniert darin, den Analytiker an der Nase herumzuführen, indem sie scheinbar aufrichtig und vorankommend »in Analyse« sind.

In manchen Fällen wird der Analytiker vielleicht sogar zu einem Teil des Problems, indem er sich zu bereitwillig von der Show des Patienten täuschen läßt. Der Analytiker handelt so möglicherweise aus seinen eigenen Ängsten vor der Begegnung mit den äußerst schmerzhaften, ursprünglich depressiven Episoden heraus, die der Patient durchleben muß, um sich wirklich ehrlich zu beteiligen. Die Tatsache, daß der Patient zum Ende der Behandlung hin den Anschein von wohlwollendem Fortschritt inszeniert, mag eine Entschädigungsgeste sein, die aus genau jenen tiefsitzenden, nicht analysierten depressiven Problemen stammt. Mit anderen Worten, teilweise agiert ein Analysand in der Übertragung einen schuldbewußten Versuch, die Wirkungen der Zerstörungswut aufzuheben, ohne sich den zerstörerischen Wünschen und Phantasien selbst zu stellen. Die Kleinsche Analyse kann uns in diesem Zusammenhang vieles lehren, und ich werde darüber im folgenden einige Bemerkungen machen.

Wohlwollendes Interesse an anderen Menschen

Dieser Teil der Erörterung dreht sich um zwei Fragen: Sollte die Vorstellung von wohlwollendem Selbstinteresse das wohlwollende Interesse an den Mitmenschen einschließen? Und ist es nur eine Frage von aufgeklärter Selbstsucht – Selbstsucht im engen, herkömmlichen Sinn –, sich für seine Mitmenschen zu interessieren, das heißt, die anderen zu behandeln, wie man gern möchte, daß sie einen selbst behandeln; oder in anderen Worten, Kompromisse auszuhandeln, bei denen keiner zu kurz kommt?

Kompromisse haben in der Tat ihren Platz im Leben, und nach einer hilfreich verlaufenen Analyse wird der Analysand kaum mit Scham oder Schuldgefühlen reagieren, wenn er stillschweigend einige solche Anpassungen im Zusammenhang gewöhnlichen aufgeklärten Selbstinteresses vornimmt. Doch würde man zu viel aus der Geschichte menschlicher Angelegenheiten ausklammern, wenn man einen Bericht über zwischenmenschliche Beziehungen nur in Begriffen eines narzißtischen Nützlichkeitsdenkens abgeben würde. Insbesondere würde dieser Bericht die Analyse dessen unentwickelt lassen, was diese Kompromisse zustande kommen läßt und damit auch, was einige von ihnen verbindlich, belebend und erfolgreich macht und andere ungeordnet, ermüdend und zum Scheitern verurteilt bleiben läßt.

Die Beweise, die sich zum Ende einer analytischen Behandlung hin häufen, legen eine bejahende Antwort auf meine erste Frage nahe. Wohlwollendes Selbstinteresse geht Hand in Hand mit dem Interesse an anderen Menschen. Zum Behandlungsende hin berichten Patienten immer häufiger, daß sie mit den Eltern und anderen Erfahrungen gemacht hätten, die ihnen zeigten, daß es eine unerwartete oder nicht erinnerte gute Seite (in jeder beliebigen Bedeutung des Wortes *gut*) an diesen anderen Menschen und in den Gefühlen des Analysanden zu diesen anderen gab. Berichte dieser Art fielen sogar in dem ersten und extremen Fall, den ich weiter oben skizziert habe, ins Auge – im Fall der jungen Frau, die sich beharrlich für häßlich hielt. Im späteren Verlauf ihrer Behandlung begann sie, die Handlungen der Menschen aus ihrem Umfeld, die sie zuvor unbeirrbar als kalt, ichbezogen, konkurrierend oder zerstörerisch dargestellt hatte, anders zu schildern. Sie fingen an, der Patientin wohlwollendes Interesse, Toleranz und Zufriedenheit mit ihr zu zeigen. Manchmal halfen sie ihr sogar aus: Der Vater eher auf die herkömmliche »väterliche« Art und die Mutter, warm und sogar mädchenhaft, eher auf die herkömmliche »mütterliche« Art. Sie versuchten, ihrer Tochter im Beruf zu helfen, sie in Fragen der Garderobe, Eheschließung und des Vergnügens zu beraten, ihr auf recht nette Art zu Hilfe zu kommen, wenn sich eine Krise anbahnte. Sie zeigten Mitleid. Sie, die zuvor auf Monologe oder Stummsein beschränkt waren, traten in einen Dialog ein. Sie riefen an und sie schrieben. Sie tauschten Vertraulichkeiten aus. Nicht immer natürlich, nicht unbedingt regelmäßig, und auch nicht immer erfolgreich, da sie immer noch deutlich tiefsitzende und herausfordernde Ambivalenz zeigten. Dennoch agierten sie differenziert genug, um Differenzierungen anzustoßen.

Normalerweise scheinen nicht nur die Analysanden ihre Mitmenschen weniger verzerrt darzustellen. Ebenso scheinen die anderen nicht ausschließlich aus eigenen Gründen angefangen zu haben, sich anders zu verhalten. Nach analytischer Untersuchung stellt sich häufig heraus, daß das Verhalten des Patienten ein wichtiger Anreiz zu diesen Veränderungen gewesen ist. Und obwohl die Patienten voll Angst handeln und auf die positiven Ergebnisse reagieren, spielen sie eine bedeutende Rolle beim Zustandebringen dieser neuen Freuden. Es wird offensichtlich, daß die Patienten auf ihre Eltern und Mitmenschen anders zugehen: Sie zeigen Interesse, Voraussicht und Planung, Beständigkeit, Aufgeschlossenheit und Verständnis. Die Patienten lassen sich nicht mehr so leicht durch anfänglich negative Reaktionen abschrecken. Sie ziehen sich nicht mehr so rasch zurück oder brechen einen Streit vom Zaun, ebensowenig wie sie Auseinandersetzungen provozieren, um die Möglichkeiten für Gefühle, Enthüllungen, Umarmungen, Entschuldigungen und Dankbarkeit zu unterbinden. Mehr als ein Patient hat schon gesagt: »Ich war fähig, sie mich lieben zu lassen.«

Während sich diese modifizierten Darstellungen der Beziehungen entwickeln, spüren die Analytiker, wie Eltern, Geschwister und Freunde »ausgegraben« oder neu entdeckt und Familien langsam wieder vereint werden. Manche Patienten scheinen sich emotional sogar in das Kontrollzentrum ihrer Familie zu bewegen, während sie zur selben Zeit das Gefühl haben, sich dennoch wieder als Kind umsorgen lassen zu können oder, soweit sie sich erinnern, zum erstenmal überhaupt Kind sein zu können. Obendrein können sie all dies zulassen, ohne die Zerbrechlichkeit und die latent vorhandene Feindseligkeit zu leugnen, die die Familie weiterhin durchdringt.

Um es deutlicher auszudrücken: Die Patienten, die es sich scheinbar zum ersten Mal gestatten, zum Kind zu werden, tun dies vielleicht tatsächlich zum dritten Mal; das erste Mal war vermutlich in der nicht erinnerten Vorgeschichte und das zweite Mal bestimmt während früherer Entwicklungen in der Übertragung. Doch selbst der Rahmen der Vorgeschichte beginnt sich vielleicht zu ändern, da diese Patienten oft anfangen, parallele Erinnerungen an früheres positives Verhalten dieser wichtigen Mitmenschen und ihrer selbst aufzubringen. In einem früheren Stadium der Analyse waren diese Erinnerungen aus sehr früher Zeit entweder überhaupt nicht vorhanden oder sie waren nicht in ausreichender Menge oder Deutlichkeit vorhanden, um sie zu verwenden, die wiederholt einseitigen Schilderungen der Mitmenschen analytisch zu hinterfragen. Zum Teil betrachten die Analysanden frühere Interaktionen jetzt in einem neuen Licht und in einer abgerundeteren Art und Weise; dieser Wandel der Perspektive sollte als eine weitere Form der Genesung von der Vergangenheit gelten.

So wird zum Ende der analytischen Behandlung hin die Lebensgeschichte manchmal dramatisch revidiert. Leere Stellen werden gefüllt, stürmisches Wetter wird teilweise durch sonniges ersetzt, und die Temperatur steigt von unter dem Gefrierpunkt wenigstens bis zu dem Punkt, ab dem das Eis zu tauen beginnt. Man hat das Gefühl, der Frühling (Wiedergeburt, Jugend, erste Liebe) liegt in der Luft. Vom Standpunkt wohlwollenden Interesses aus können die Analytiker sagen, daß die Patienten in diesen Fällen nun anderen gegenüber wohlwollend genug sind, um ihnen zu gestatten oder sie sogar zu ermuntern, ihrerseits wohlwollend zu sein; zumindest hören diese Mitmenschen auf mit ihrem übelwollenden Interesse, was im subjektiven Erleben der Patienten keinen geringen Gewinn bedeutet. Ein Analysand hat es so ausgedrückt: »Ich sehe jetzt, wenn ich mehr gebe, bekomme ich auch mehr.« Dabei machte er deutlich, daß er nicht so sehr von einem Handel der Vergnügungen sprach als vielmehr von einem erweiterten Sinn für Möglichkeiten, sich wechselseitig bei der Weiterentwicklung des Selbst zu unterstützen.

Wir können sagen, daß die Analysanden anderen helfen, sich besser zu fühlen und sich besser zu verhalten und sich bei ihrem besseren Verhalten besser zu fühlen. Und all dies ist in der Schmiede der Analyse von Übertragungen möglich gemacht worden; dort müssen all die Veränderungen in jeder möglichen Form herausgehämmert werden, wobei diese Form nicht notwendigerweise diejenige sein muß, die eine Wiederbelebung der Beziehungen mit anderen Menschen kennzeichnet. Ich betone die größere Geschwindigkeit, mit der diese Veränderungen in vielen Fällen zum Ende der analytischen Behandlung hin stattfinden, doch will ich damit nicht andeuten, daß Veränderungen dieser Art bis dahin in jeder sich zufriedenstellend entwickelnden analytischen Behandlung völlig fehlen würden.

Die Wurzeln wohlwollenden Selbstinteresses in der depressiven Position

Ich wende mich nun dem letzten Teil meiner Erörterung über das wohlwollende Selbstinteresse zu: Dessen Grundlagen in der depressiven Position, wie sie in der Kleinschen Psychoanalyse (M. Klein, 1964; siehe auch Segal, 1964) beschrieben werden. An diesem Punkt spitzen die Verwicklungen sich zu; man erkennt, daß das Wohlwollen in eigenen Konflikten wurzelt.

Die Psyche kleiner Kinder müssen wir uns vorstellen als von ängstigenden und Gewissensbisse hervorrufenden destruktiven Vorstellungen beherrscht und nicht dazu fähig, diese auf der Grundlage einer gut entwickelten Realitätsprüfung und eines durchwegs reifen Feedbacks des sozialen Umfelds von der gewöhnlichen Realität zu unterscheiden. Daher drängt es Kinder so sehr nach einer Wiedergutmachung für ihre Destruktivität; wahrscheinlich muß Wiedergutmachung insbesondere in bezug auf die Mutter geleistet werden, obwohl sie selbstverständlich auch viele andere einschließen kann. Dieser Drang zur Wiedergutmachung ist nicht nur einfach eine Phase der frühen Kindheit; vielmehr fließt er in unsere edelsten und reifsten Leistungen auf dem Gebiet der zwischenmenschlichen Beziehungen und in unsere sämtlichen kulturellen Errungenschaften ein. Ferner kann man annehmen, wenn man die Errichtung gewisser Abwehrstrategien als notwendigen Teil des zivilisierten Lebens voraussetzt, daß dieser Drang zur Wiedergutmachung auch die Entwicklung angemessener Abwehrmechanismen fördert.

Wenn die Bereitschaft zur Wiedergutmachung gut in den Charakter eines Menschen integriert ist, gewinnt er dadurch Selbstwertgefühl. Der Kern dieses Wertgefühls scheint jedoch nicht allein von dieser Entwicklung herzurühren; in bedeutendem Ausmaß hat es seinen Ursprung in verinnerlichter guter elterlicher Umsorgung und den freudigen und erfreulichen Reaktionen des Kindes darauf. Gemeinsam stellen diese wiedergutmachenden und identifikatorischen Elemente ein Gegenmittel gegen die Gifte Gier, Undankbarkeit und Furcht dar, die die Menschen ansonsten von Kindheit an durchdringen würden.

Ich habe bereits erwähnt, daß Analytiker in ihren Patienten häufig einen erbitterten Kampf dagegen beobachten, diesem Wertgefühl in ihren Beziehungen irgendeinen Spielraum zu gestatten. Besonders erkennen sie das in der Übertragung. Die Analysanden klammern sich an Haß und Mißtrauen (in grundlegender Hinsicht geschildert als die paranoid-schizoide Position in der Kleinschen Denkweise). Sie beharren, es sei nur realistisch, sich auf Zurückhaltung und kühl kalkuliertes Handeln zu beschränken. Sie rationalisieren Gier, die Ausnutzung anderer und Undankbarkeit und glauben, wenn sie von dieser Taktik abwichen, würden sie sklavisch und mehr denn je das Opfer anderer und wahrscheinlich sogar melancholisch depressiv. Da sie fürchten, Schafe zu sein, legen sie das Kleid des Wolfs an. Später jedoch, wenn die Patienten Fortschritte in der analytischen Behandlung machen, ändern sie ihren Kurs möglicherweise und sagen über andere, in den Worten eines Analysanden: »Sie wollen Freunde sein, und jetzt lasse ich es zu; ich lasse mich von ihnen in meinen Gefühlen begleiten, und versuche nicht, sie auf die eine oder andere Art zu verändern. Das ist besser für uns alle.« Eine weitere Analysandin sagte etwas Ähnliches: »Ich empfinde mehr Verantwortung und weniger Schuldgefühle. Vorher habe ich mich mehr wie ein Kind gefühlt. Jetzt gibt Henry mir ein gutes Gefühl wegen der Empfindungen, die ich in ihm wecke. Ich schließe mich nicht mehr ein wie früher, als ich glaubte, es wäre zuviel für mich. Und das finde ich wundervoll.«

Es sind jedoch nicht nur die Kleinianer so sehr mit der Innenwelt befaßt. Nur haben sie ihre eigene reichhaltige und nützliche Art, sie in Begriffe zu fassen. Ich-psychologische Analytiker haben diese Welt nicht aus dem Blick verloren. In dieser Hinsicht beziehe ich mich auf die Betonung, die Heinz Hartmann (1956) auf das Überprüfen der inneren Realität gelegt hat. Hartmann versuchte, von einem Ich-psychologischen Standpunkt aus ein angemessenes Konzept der Realitätsprüfung zu entwickeln. Er argumentierte, ein wesentlicher Bestandteil der Ich-orientierten analytischen Arbeit läge darin, die innengerichteten Aspekte der Realitätsprüfung ebenso zu erweitern wie die außengerichteten. Eine der Früchte, die das Überprüfen der inneren Realität trägt, ist im Kontext meiner Erörterung die Erkenntnis, daß diese Realität ein wiedergutmachendes Wertgefühl enthält und daß es einen Menschen verkrüppelt oder verarmt, den Ausdruck dieses Wertgefühls entweder zu leugnen oder zu vermeiden, es trotz deutlichen Erscheinens in den Mitmenschen zu entdecken – vorausgesetzt es ist vorhanden.

Außerdem läßt die Überprüfung der inneren Realität offensichtlich werden, daß die Patienten außer dem Drang zur Wiedergutmachung auch mächtige Identifikationen mit den Eltern und deren Stellvertretern als ihrer mehr oder weniger idealisierten Versorger in der frühen Kindheit aufgebaut haben. Nachdem diese Identifikationen Bausteine beim Aufbau der Persönlichkeit waren, kann ihr Ausdruck nur mit sehr hohen persönlichen Kosten unterdrückt werden. Im Verlauf der analytischen Behandlung kann es sehr gut geschehen, daß zuerst die Übertragung erschlossen werden muß für das Wohlwollen und für die entsprechende Rückgewinnung von wichtigen, bisher jedoch unterdrückten frühkindlichen Erinnerungen an die »gute« Seite des eigenen Selbst und des Selbst anderer; erst dann wird es möglich, positive kindliche Identifikationen zu erkennen, zu tolerieren, auszudrücken und zu integrieren.

Denn diese Aspekte der inneren Realität nicht länger strikt zu bekämpfen, bringt mit sich, daß man sie ohne große Ambivalenz auslebt und dies selbst dann weiterhin tut, wenn die Reaktionen darauf viel zu wünschen übriglassen. Wohlwollen wird, wie wir wissen, nicht immer belohnt, wie Patienten am Ende ihrer Behandlung wiederholt entdecken oder wiederentdecken. Dennoch ist in vielen Fällen den Analysanden in dem Ausmaß, in dem andere widersprüchliche Haltungen durchgearbeitet und andere Aspekte des Selbstinteresses befreit worden sind, klargeworden, daß die kritische Bereitschaft zur Wiedergutmachung und Integration von gefürchteten Identifikationen keine große Gefahr mit sich bringt, von sklavischer Gesinnung, übertriebenem und selbstschädigendem Altruismus, reiner Boshaftigkeit oder tiefer Depression »ergriffen« zu werden. Und so sind die Patienten bereit, eine zweite Anstrengung zu unternehmen, wenn die ersten, wohlwollenden Handlungen zurückgewiesen werden oder keine Wirkung zeigen; oft bringt der zweite oder vielleicht sogar erst der dritte Anlauf das gewünschte Ergebnis. Anhaltende Realitätsprüfung des anderen Selbst bringt das vorhandene Wertgefühl zutage, so, wie es nun einmal ist.

Schrittweise setzt sich die Erkenntnis durch, daß es zu echtem Selbstinteresse eines wohlwollenden Interesses sowohl am Selbstinteresse als auch an der Selbstsucht der Mitmenschen bedarf. Es setzt voraus, Mitgefühl mit ihnen zu haben, sich an ihnen zu erfreuen, sie zu achten und zu schützen und ihnen das Ausmaß an Interesse und Dankbarkeit entgegenzubringen, das ihnen zusteht, statt ihnen nur Frustration, Neid und eine Abwehrhaltung aus Unsicherheit heraus zu zeigen. In manchen Fällen allerdings kann und wird deutlich werden, daß trotz der eifrigsten Bemühungen um wichtige Mitmenschen (Ehepartner, Eltern, alte Freunde) die Kosten, um die eine oder andere Beziehung positiv zu erhalten, zu hoch sind. Wenn alle Mühe schließlich vergeblich scheint, wird es der beste Weg sein, diese Beziehung drastisch einzuschränken oder zu beenden.

Wenn das Ende der analytischen Behandlung näherrückt, werden die eben von mir beschriebenen Veränderungen in der Übertragung besonders auffällig. Die Patienten werden zu immer zuverlässigeren Mitarbeitern und gelegentlich sogar zu guten Supervisoren – das heißt, Klienten, die nicht regredieren, wenn der Analytiker sich nicht angemessen verhalten zu haben scheint. Statt dessen finden solche Patienten häufig einen Weg, der weder zu undurchsichtig noch selbstverletzend ist, um dem Analytiker zu zeigen, was die analytische Arbeit im einen oder anderen Augenblick stört. Wie erwähnt bekunden die Analysanden in der Endphase ihrer Behandlung meist auch eine gleichbleibende und recht entspannte Aufmerksamkeit gegenüber der analytischen Behandlung und zeigen tiefes Interesse daran. Oft verhalten sie sich anerkennend, dankbar oder freudig erregt, ohne nennenswerte Angst oder Schuldgefühle und ohne übertriebene Sorge, gefällig zu sein – und all dies möglicherweise ohne, falls nötig, auf den Ausdruck von weiteren bedrückenden, uralten feindseligen und sexuellen Tendenzen zu verzichten.

Obwohl konkurrierendes, neidisches, besitzergreifendes und erotisches Interesse am Analytiker während der gesamten analytischen Behandlung immer wieder zutage tritt, werden diese Erscheinungsformen meist wesentlich beherrschter, und die Patienten untergraben den intensiven und wohlwollend gemeinschaftlichen Geist nicht, der gewöhnlich die Endphase einer analytischen Behandlung charakterisiert.

Dieses reife Selbstinteresse wird ganz am Ende einer heilsamen analytischen Behandlung offensichtlich, wenn fortgeschrittene Analysanden sich lachend oder weinend oder lachend und weinend verabschieden. Sie sind nun nicht nur von einer besseren und zutreffenderen Sammlung der Handlungsstränge überzeugt, mit denen man von einem vergangenen Leben, einschließlich einem vergangenen analytischen Leben, berichten kann, sondern sie sind überzeugt, daß es bessere und der Wahrheit näherkommende Handlungsstränge gibt, mit denen man in Zukunft ein Leben unter seinen Mitmenschen organisieren und führen kann. Die Patienten erkennen die Untrennbarkeit von Selbstsucht und Selbstinteresse ebenso wie die Untrennbarkeit beider vom Interesse an der Selbstsucht und dem Selbstinteresse der Mitmenschen. Es wird größtenteils nicht mehr nützlich oder notwendig scheinen, weiterhin von sich selbst und anderen zu sagen oder anzudeuten: »Mir ist es gleich«, »Ich wage es nicht«, und »Es hat keinen Sinn, es zu versuchen«, ebenso wie »Dir ist es gleich«, »Du wagst es nicht«, und »Du versuchst es nicht.« Es gibt andere und bessere Geschichten über menschliche Beziehungen zu entwerfen und zu erzählen.

2. Kapitel

Erzählungen des Selbst

Der Konzeption des Selbst kann man sich von zwei Seiten nähern: als bedeutendes Problem für den Theorieaufbau der Psychoanalyse und als wesentlichen Bestandteil der Selbst-Psychologie des alltäglichen Lebens. Hier werde ich versuchen zu zeigen, daß die Begriffe und die Ergebnisse dieser beiden Ansätze nicht so unterschiedlich sein müssen, wie man erwarten könnte. Das heißt, man kann aufzeigen, wieviel die theoretische Psychologie des Selbst mit der Alltagspsychologie des Selbst gemein hat, wie sie sich in der Alltagssprache ausdrückt, die der Analytiker von der Couch hört. Im besonderen kann man beide Ansätze als die Deutung von Erzählungen beschreiben. Grossman (1982) hat, wie man erwähnen sollte, einige dieser Probleme unter dem Aspekt der individuellen *Phantasie* eines Selbst und individuellen *Theorie* eines Selbst aufgegriffen und betrachtete beide Aspekte in Hinsicht auf die psychoanalytischen Theorien des Selbst.

Das Selbst im zeitgenössischen psychoanalytischen Denken

Das Selbst ist zum bekanntesten Ausdruck der modernen, innovativen psychoanalytischen Darstellungen der menschlichen Entwicklung und des menschlichen Handelns geworden. Gewöhnlich wird das Selbst in diesen Berichten als handelnde Instanz dargestellt: Es ist der Ursprung von Motivation und Initiative; es ist ein »self-starter«, der Urheber einer Handlung; es ist die erste Person singular, das indikative Subjekt, das heißt, das »ich« von »ich komme«, »ich gehe«, »ich will«, »ich will nicht«, »ich weiß«, »ich möchte wissen« und »ich erkläre ausdrücklich!« Dies ist das Selbst, das sich zur Schau stellt und sich verbirgt und Betrachtungen seiner selbst lieben oder verabscheuen kann.

Es gibt noch mehr zu der üblichen Darstellung dieses handelnden Selbst zu sagen. Das Selbst erscheint in diesen Abhandlungen als das Subjekt der Erfahrung: Es gestaltet eine auf Erfahrungen aufgebaute Welt und ist an dieser beteiligt; es ist das Selbst des Geschmacks und der Werte, des Eindrucks und der emotionalen Richtung; es ist das sexuelle Selbst, das private Selbst, das geschwächte Selbst und das körperliche Selbst.

Überdies ist dieses ausgesprochen aktive Selbst der zentral organisierte und organisierende wesentliche Bestandteil des einzelnen, den man als strukturiertes psychologisches Wesen betrachtet. In dieser Hinsicht ist das Selbst die Einheit, die innere Natur, der existentielle Kern, die *Gestalt* und der überragende Geist im Leben eines Menschen.

In unserer Zeit hat dieses Selbst oder haben einige ausgewählte Varianten davon viele Namen erhalten: das Selbst und das Selbst-System von Sullivan (1940), das handelnde Selbst von Rado (1956), das wahre Selbst von Winnicott (1958) und das kohärente oder Kern-Selbst von Kohut (1977). Außerdem ist es noch das übergeordnete Selbst von Kernberg (1982) und das Selbst als Handelnder des Philosophen Macmurray (1957).

Gleichzeitig ist dieses Selbst jedoch nicht immer und nicht ausschließlich aktiv. Es ist genauso auch als Objekt denn als Subjekt von Handlungen und Erfahrungen dargestellt worden. Und oft, wie in reflexiven Ausdrucksweisen, erscheint dieses Selbst als Objekt seiner eigenen Handlung und Erfahrung, wenn wir beispielsweise von Selbstwahrnehmung und Selbstachtung sprechen. Außerdem ist das Selbst als Objekt nicht nur eine reagierende Instanz oder eine wahrgenommene Instanz; es ist auch die Gesamtheit der Selbstrepräsentanzen. Das heißt, es ist die Kernsubstanz von allen Vorstellungen, die ein Mensch von sich hat, das Selbstkonzept oder Selbstbild. In dieser Vermischung von Instanz und Substanz liegt, glaube ich, eine ernste Überfrachtung der Konzeption des Selbst und möglicherweise auch eine theoretische Inkohä-

renz (Schafer, 1976, 1978). Trotz alledem behauptet die moderne Theorie, daß das Objekt-Selbst von inneren und äußeren Reizen beeinflußt wird, und als Ergebnis dieser Beeinflussung können sowohl das funktionelle Selbst als auch die Selbstrepräsentanz fragmentiert, verkümmert, übersteigert, bedrückt und so weiter sein.
Sogar in einem kurzen und unvollständigen Überblick über das Selbst im zeitgenössischen psychoanalytischen Denken, und mehr soll dieser Teil des Kapitels nicht sein, sollte man erwähnen, daß dieses Selbst auch, zumindest andeutungsweise, als Kraft dargestellt wurde. Zum einen ähnelt diese Kraft sehr einem instinktiven Trieb, dessen Ziel die volle Individualität oder Selbstverwirklichung ist; zum anderen gleicht diese Kraft sehr stark einem Wachstumsprinzip, das mit Freuds (1911b) Lustprinzip wetteifert oder es ersetzt. Wie ich glaube, steht dieses offensichtlich teleologische Selbstprinzip oder dieser Selbsttrieb im Mittelpunkt von Kohuts (1977) Psychologie des Selbst; es spielt dort eine ebenso grundlegende Rolle bei den Erläuterungen zu Psychopathologie und Behandlung wie bei den Erläuterungen zu normaler Entwicklung und Persönlichkeitsorganisation. Und ich glaube, in Erik Eriksons (1950, 1956) »ground plan« der Entwicklung und dessen besonderer Manifestation in einem nahen Verwandten des Selbst, nämlich der Ich-Identität, läßt sich ein ähnlicher teleologischer Vorstoß entdecken.
Um die Einführung der Begriffe für eine erzählerische Darstellung des Selbst fortzusetzen, werde ich zunächst das Selbst als aktiv handelnde Instanz und anschließend das erfahrende Selbst erörtern.

Das Selbst als Handelnder

Jede psychologische Theorie basiert auf der Darstellung des Menschen als Urheber oder Handelnder in grundlegender Art und Weise und in bedeutendem Ausmaß (Schafer, 1976, 1978, 1983). Selbst eine extreme Theorie der tabula rasa muß eine Erklärung beinhalten, wie die Person, die von der sie umgebenden Welt und von körperlichen Prozessen geprägt wurde, ihrerseits zum Gestalter des eigenen Lebens wird. Selbst wenn diese Person möglicherweise ein sich wiederholender und zu einem Großteil vorprogrammierter Gestalter ist, kann sie dies doch nicht ausschließlich sein, denn kein einziges Programm läßt sich auf alles gleichermaßen anwenden. Die Person muß auswählen und organisieren, um die Wirklichkeit auf die eine oder andere anpassungsfähige Art oder die eine oder andere nicht anpassungsfähige Art zu deuten. Ganz gewiß muß man den Theoretiker, der neue Ideen über die Humanpsychologie geltend macht, als auswählenden und organisierenden Handelnden betrachten.

Ein Gestalter des eigenen Lebens ist jemand, der Erfahrungen erarbeitet. Erfahrung wird gesammelt oder gemacht; man begegnet ihr nicht, man entdeckt oder betrachtet sie nicht, es sei denn bei nachfolgender Reflexion. Selbst die Idee von Erfahrung als etwas, das durch das introspektive Subjekt zutage gefördert wird, führt ein aktiv sich selbst beobachtendes Subjekt ein, einen Handelnden, der sich mit einigen bestimmten Tätigkeiten befaßt, und damit jemanden, der auf unterschiedliche Weise und aus unterschiedlichen Gründen sich selbst beobachten kann (Grossman, 1967). Das introspektive Subjekt holt aus der Fülle möglicher Erfahrungen das heraus, was gewünscht wird; in einem Fall mögen dies Sinneseindrücke sein, in einem anderen ein Selbst oder, wie es häufiger der Fall ist, eine Reihe von »Selbsten.« Introspektion findet kein aufbereitetes Material vor. Entwicklungstheorien können es aus diesen Gründen nicht vermeiden, Schilderungen der verschiedensten Arten anzubieten, in denen Erfahrung gestaltet wird, während Weiterentwicklungen im kognitiven und psychosexuellen Funktionieren des Kindes und Erwachsenen stattfinden. Analytiker bezeichnen dies als Phasenspezifität.

All das hat mit dem Selbst zu tun, denn indem psychologische Theorien des Selbst notwendigerweise einen Handelnden voraussetzen, setzen sie gewöhnlich die handelnde Instanz mit Individualität gleich. Diese Theorien sprechen dann davon, was das Selbst tut. Das ist durchaus ein zulässiger Zug im Spiel der Theoriekonstruktion. Nachdem man Handlungsinstanz und Individualität auf dieselbe Stufe gestellt hat, muß man sich allerdings mit mindestens zwei neuen Problemen auseinandersetzen.

Selbst oder Person?

Die erste Schwierigkeit ist es, zu erklären, welchen Vorteil es bringt, zu sagen, das Selbst würde handeln und nicht die Person. Und weshalb sollte man über die Aktivität mit einigem Abstand von der Person sprechen – von ihm oder von ihr oder, was das betrifft, von Ihnen oder von mir? Gibt es vielleicht ein fehlgeleitetes Bedürfnis auf seiten des Theoretikers, der Diskussion einen Anschein von Distanz zu verleihen, einen Anschein, der sie wissenschaftlich legitimiert oder klinisch objektiv erscheinen läßt? Ist es nachweislich glaubwürdiger oder heuristischer, zu sagen, ein Selbst kann organisieren und organisiert werden, als zu sagen, eine Person kann es?

Doch wahrscheinlich steht nicht das Image von wissenschaftlicher Distanz und klinischer Objektivität auf dem Spiel; wahrscheinlich ist es ein kulturell verstärktes Bedürfnis, in unserer Psyche einen außerhalb der Persönlichkeit liegenden Ursprung für eine agierende Instanz und damit eine verborgen passive Haltung zum Leben beibehalten zu können. Obwohl das Selbst, das von der Person abgehoben wird, nicht gerade eine Seele oder ein Gott ist, kann man es doch als eine Idee betrachten, die in gewisser Weise an einer persönlichen Instanz festhält, die die meisten von uns mit Seele und göttlicher Erscheinung in Verbindung bringen. Das ist so, weil die *Person* in angemessenen Schilderungen menschlichen Handelns neben dem Selbst als notwendige aktivierende Gestalt beibehalten wird.

Die psychologischen Theorien über das Selbst erhalten die Person auf diese Weise. Sie neigen dazu, das »ich« – das Indikativpronomen erste Person singular – vom Selbst zu befreien, um die Theorien funktionieren zu lassen; denn das »ich« ist der informative Beweis seines eigenen Selbst und die Quelle für die Daten des Theoretikers. Zum Vergleich, als Freud von der psychischen Struktur sprach, fand er es dennoch nötig, sich auf die Person oder das Subjekt zu beziehen, denn die Strukturtheorie konnte nicht die ganze Arbeit leisten; sie brauchte ein psychologisches Wesen, das hinter ihr stand und sie mit einschloß, und dieses Wesen ist das, was ich die Person nenne. In »Das Ich und das Es« (1923a), zum Beispiel, führte Freud die Person durch offenkundige Personifikation des Ich ein (siehe zum Beispiel S. 58).

Verdoppeln und Vervielfachen des Selbst

Für eine psychologische Theorie, die die Handlungsinstanz eher in das Selbst als in die Person setzt, folgt das zweite Problem dem ersten auf dem Fuße. Wenn der Theoretiker mit dem ersten Problem fertig zu werden versucht, indem er sich bemüht, das »ich« dem Selbst einzuverleiben, dann muß er dieses Selbst als selbstgestaltend, selbsterhaltend, selbständig und selbstbewertend bezeichnen. Das bedeutet, daß diese Theorie sowohl auf das Selbst als mentalen Antrieb als auch auf das Selbst als mentalem Inhalt festgelegt ist, oder auf das Selbst als Subjekt und Objekt gleichzeitig – und somit auf ein Selbst, das sich selbst beinhaltet. Damit tritt zumindest eine Verdopplung des Selbst ein. Diese Verdopplung ist ein Merkmal von Kohuts (1977) Psychologie des Selbst: Das Kohutsche Selbst ist nicht nur ein erfahrendes Selbst, sondern obendrein ein »center of initiative«, das im allgemeinen Selbsterfahrung sowie im besonderen Selbstachtung aufbaut und wiederherstellt. Um das Vorhandensein der vielen verschiedenen Tendenzen im Leben eines jeden Menschen zu begründen, muß der Selbstpsychologe obendrein früher oder später, und mehr oder weniger offiziell, das Vorhandensein von verschiedenen Unterformen des Selbst (subselves) vorschlagen (zum Beispiel das grandiose Selbst, das echte und das falsche Selbst). Jede dieser Unterformen des Selbst muß man mehr oder weniger als unabhängig handelnd betrachten, während sie doch gleichzeitig immer noch als Teil des einen Grundselbst gesehen werden müssen.

Was folgt aus diesem Verdoppeln und Vervielfachen des Selbst? Am Ende scheinen wir ein Bewußtsein zu besitzen, das sich sowohl *innerhalb* als auch *außerhalb* seiner eigenen Grenzen befindet und das unzählige kleine Bewußtseinsformen enthält, die sich *in* sich selbst befinden und gleichzeitig das Bewußtsein selbst *sind.* Diese eigenartige Wendung in der Theorie des Selbst ist ein Zeichen dafür, daß sie in ernsten Schwierigkeiten steckt. Sie ist fließend, wenn nicht sogar geschwächt. Im Gegensatz dazu ist es weniger künstlich distanziert und möglicherweise theoretisch und wissenschaftlich weniger anspruchsvoll, einfach in Begriffen von Personen zu denken, die die verschiedenen Formen ihres empirischen Selbst im täglichen Leben und in ihrer Alltagssprache konstruieren und verändern. Dann wird jede Person als Erzähler der Formen seines Selbsts betrachtet statt als »nicht-euklidischer« Behälter von Selbst-Gebilden. Im nächsten Abschnitt hoffe ich, den Standpunkt einer erzählerischen Betrachtungsweise des Selbst zu stärken.

Das erfahrende Selbst

Ich beginne mit einem Rätsel und meiner Lösung dazu. Das Rätsel ähnelt dem Suchbild, bei dem man in einer Landschaftsskizze nach versteckten Gesichtern sucht. Hier ist das Rätsel: Wie viele Formen und wie viele Arten des Selbst werden in der folgenden Schilderung genannt oder vorausgesetzt? Ein männlicher Analysand sagt zu seinem Analytiker: »Ich habe zu meinem Freund gesagt, daß ich mich jedesmal mit Vorwürfen bombardiere, wenn ich mich beim Übertreiben erwische, weil ich nie die Wahrheit über mich sage, so daß ich mich innerlich schließlich ganz scheußlich fühle. Und obwohl ich mir sage: Ich soll damit aufhören, an mir ist mehr dran als das, es ist wichtig für mich, ehrlich zu sein, bewerfe ich mich immer wieder mit Schmutz.«
Ich zähle acht Formen des Selbst von fünf unterschiedlichen Typen. Das erste Selbst ist das Selbst des Analysanden, der mit seinem Analytiker spricht, und das zweite Selbst ist das gesellige Selbst, das sich mit einem Freund unterhalten hat. Diese beiden Formen des Selbst sind sich ähnlich, sind jedoch nicht identisch insofern, als sich Selbstorganisation und Selbstdarstellung bekanntlich bis zu einem gewissen Grad verändern je nach der Situation, in der ein Mensch sich befindet, und in vielerlei Hinsicht unterscheidet sich die analytische Behandlungssituation erheblich von jeder anderen im Leben. Als drittes Selbst zähle ich das sich bombardierende Selbst; als viertes das herabgesetzte Selbst, das übertreibt; und als fünftes das übertriebene Selbst selbst. Das sechste ist das wahrheitsliebende Selbst, das der Mann zu sein anstrebt; das siebte, der vermittelnde Ratgeber des bombardierenden Selbsts, das Selbst, das rät, mit den Vorwürfen aufzuhören; und das achte ist das verteidigte Selbst, das mit den versöhnlichen Zügen. Was die Typen angeht, so ist zu finden, was als tatsächli-

ches Selbst dargestellt wird (sei es nun übertrieben, getadelt oder verteidigt), das ideale Selbst (wahrheitsliebend), das Selbst als Ort (das mit dem scheußlichen Inneren und das, das mit Schmutz beworfen werden kann), das Selbst als Handelnder oder Subjekt (der Erzähler, der Bombardierer, der Strebende und der Ratgeber) und das Selbst als Objekt (das Selbst, das beobachtet, bewertet, getadelt und verteidigt wird).

Mit meiner Antwort auf dieses Rätsel führe ich erneut meine These ein, daß es nützlich ist, das Selbst in erzählerischen Begriffen zu sehen. Ich schlage vor, das erfahrende Selbst des Patienten als eine Reihe unterschiedlicher Erzählungen zu betrachten, die anscheinend von und über ein Ensemble unterschiedlicher »Selbste« erzählt werden. Und doch, wie der Traum, den nur einer träumt, wird die ganze Geschichte von einem Erzähler erzählt. Hier unterstützt nichts die weitverbreitete Illusion, daß es ein einzelnes Selbst-Gebilde gibt, das jeder Mensch besitzt und erfährt, ein Selbst-Gebilde, das sozusagen draußen in der Natur ist, wo man es objektiv beobachten, klinisch analysieren und dann zusammenfassen und in eine fachliche Definition zwängen könnte – als könnte man humpty dumpty* wieder zusammensetzen. Ob das Ausgangsmaterial nun in Reimform, kurz und niedlich ist wie humpty dumpty, oder in Prosaform, lang und kompliziert wie der größte Teil des analytischen Materials, von uns Analytikern kann man sagen, wir hätten ständig mit Selbst-Erzählungen zu tun – das heißt, mitsamt aller Handlungsstränge, die in der klinischen Arbeit immer wieder auftauchen – wie die Handlungsstränge des leeren Selbst, des falschen Selbst, des geheimen Selbst und so weiter.

Selbst-Erzählungen

Zuerst muß ich hervorheben, daß es durchaus mit der Umgangssprache vereinbar ist, von Selbst-Erzählungen zu sprechen. In der Umgangssprache beziehen wir uns auf uns selbst oder auf das Selbst eines anderen in unterschiedlicher Weise, abhängig von den

* Etwas Zerbrechliches. das nach seiner Zerstörung nicht wiederhergestellt werden kann. Der Name stammt aus einem englischen Kinderreim und bezieht sich dort auf ein Ei.

verschiedenen Blickwinkeln, die wir zu verschiedenen Zeiten und in verschiedenen emotionalen Zusammenhängen einnehmen. Stillschweigend wird akzeptiert, daß es außer für gewisse rhetorische Zwecke nicht nur eine Möglichkeit gibt, um auszudrücken »wie etwas ist«. In meinem Rätsel zum Beispiel ist es völlig akzeptabel, anscheinend eine Geschichte zu erzählen, die ein Selbst enthält, das nie die Wahrheit sagt und ein weiteres, das von anderen und schätzenswerteren Zügen gekennzeichnet ist, innerhalb dessen sich das Selbst befindet, das übertreibt. Es wird als selbstverständlich angesehen, als allgemein üblich, unter der Voraussetzung zu kommunizieren, daß eine Person ein Selbst nur *erzählen* oder ihm als etwas *Erzähltem* begegnen kann, gleich ob in der Rolle des Beobachters oder des Beobachteten (Schafer, 1983). Oder die Person kann, je nachdem, von mehr als einem Selbst erzählen. Das sogenannte Selbst existiert in Versionen, nur in Versionen, und gewöhnlich in mehreren gleichzeitig.

Zum Beispiel bedeutet die Aussage: »Ich habe mir gesagt, ich soll jetzt endlich anfangen«, die Geschichte eines Selbst mit zwei Rollen zu erzählen, mit einem mahnenden Selbst und einem ermahnten, oder vielleicht sogar mit drei Rollen, wenn wir den implizierten Autor mit einbeziehen, der von der Ermahnung erzählt. Die Aussage: »Tief in ihm drinnen steckt ein grandioses Selbst«, bedeutet ebenfalls, eine Geschichte über zwei Formen des Selbst zu erzählen, dieses Mal über ein Selbst, das in einem anderen enthalten ist. Und wenn man sich an die Stirn greift, nachdem man einen Fehler gemacht hat, heißt das, die Bestrafung eines stummen Selbst darzustellen. Dieses letzte Beispiel macht auch deutlich, daß einige dieser Versionen des Selbst nonverbal sind. Das bedeutet, es sind Versionen, die durch ausdrucksvolle Gesten oder Lebensstil gezeigt, statt in Worten erzählt werden; jedoch kann man Zeigen oder Darstellen als eine Form des Erzählens betrachten, so daß es gerechtfertigt ist, nonverbale Äußerungen als Selbst-Erzählungen in einer anderen Form als unserer üblichen Sprache zu behandeln, sagen wir, als Scharade der Selbst-Erzählungen.

Der Vorstellung den Nimbus zu nehmen, wie ich es getan habe, daß die persönliche Erfahrung ein einziges Selbst-Gebilde offenbare und die Theorie dieses Selbst enthalten müsse, heißt weder, alle Selbst-Erzählungen seien von Natur aus instabil und widersprüchlich; noch wird damit behauptet, alle diese Erzählungen befänden sich auf derselben Ebene; noch bedeutet es, der Inhalt dieser Erzählungen befasse sich nur mit ewig Veränderlichem oder Chaos. Viele unserer Handlungen kann man unumstritten als differenziert, integriert und stabil darstellen, und diese Darstellungen enthalten vielleicht sogar selbst diese ordnenden und beständig machenden Züge. In vielen Fällen sind Selbst-Erzählungen so eindrucksvoll stabil in Aufbau und Inhalt und anderen so deutlich übergeordnet, daß es eine Angelegenheit einfacher Beobachtung zu sein scheint, zu sagen, es muß da eine psychische Struktur geben, oder was wir sehen, muß eine psychische Struktur sein. Wir spüren, irgendwo müssen da Schrauben und Muttern oder ein guter, starker Kleber sein, um dies möglich zu machen. Wenn wir so reagieren, folgen wir allerdings, wie ich zu bedenken geben muß, der guten alten Mär vom anfänglichen Chaos: Dieses Chaos ist das Neugeborene, das nur mit einem Es ausgestattet das Leben beginnt, der brodelnde Kessel voller instinktiver Triebe, die durch psychische Strukturen gezügelt und in Schach gehalten werden müssen. Es ist nicht die Schilderung eines vorangepaßten Neugeborenen in einer Welt vorbereiteter Menschen und Gegenstände, dabei scheint diese Schilderung heute weit angemessener, um zu beschreiben, wie wir das Menschsein und dessen Entwicklung begreifen.

Außerdem können wir oft durch das Studium der Entwicklung und durch analytische Rekonstruktion auf eindrucksvolle Weise den Anspruch erheben, eine fortschreitende Differenzierung, Integration, Stabilisierung und hierarchische Anordnung der Geschichten des Selbst aufzuspüren.

Gleichzeitig muß jedoch auch gesagt werden, daß wir anscheinend im täglichen Leben einen übertriebenen Eindruck von einzigartigen und gleichbleibenden Selbst-Gebilden gewonnen haben. Dies ist eine Folge unserer unüberlegten Haltung gegenüber der allgemein übermäßigen Verwendung des Pronomens der ersten Person singular und reflexiver Begriffe wie Selbstachtung und Selbstkontrolle in unserer Alltagssprache. Auch gewinnen wir durch die kulturell oder sprachlich fest begründete Möglichkeit der Erzählung, die uns das Selbst als Handelnden verfügbar macht, die scheinbar empirische Überzeugung, wir besäßen ein einheitliches und dauerhaftes Selbst, das direkt, ohne die Vermittlung durch Sprache und Geschichte erfahrbar wäre. Ausdrücke wie »sei ganz du selbst« und »geteiltes Selbst« sind Beispiele dafür, was ich meine. Unsere Alltagssprache ermächtigt uns, von einzelnen, stabilen Selbst-Gebilden zu denken und zu sprechen. Und daher wollen wir aufbegehren, das Selbst sei gar keine Angelegenheit der Sprache, der Theorie und der erzählerischen Vermittlung: Das Selbst ist etwas, das wir aus erster Hand kennen; es ist (in einem herrlich vagen Ausdruck) das Selbstempfinden, das Selbst, das wir in unseren Knochen (instinktiv) spüren. Ich erlaube mir zu bemerken, daß die Erwiderung, »etwas in seinen Knochen spüren« durchaus heißt, bei einer weiteren guten alten Mär Zuflucht zu nehmen, nämlich der des wissenden Körpers oder der des Körpers als Geist; das »Selbstempfinden« entkommt dem Netz des Erzählens nicht.

Zusätzlich sind vom Standpunkt des Psychoanalytikers noch mehr und unterschiedlich ausgedrückte empirische Formen des Selbst zu berücksichtigen als meine erste Auflösung des Rätsels vermuten ließ. Dabei habe ich mich nur auf Formen des Selbst bezogen, die im Augenblick bewußt oder vorbewußt verfügbar zu sein scheinen. Jedoch unbewußt könnte man den Analysanden in meinem Rätsel auch als jemanden betrachten, der *in der Übertragung* ein hilfloses Selbst erfährt und dem Analytiker schildert – das heißt, das Kind-Selbst, das seine Angelegenheiten nicht selbst regeln kann und sich daher hilfesuchend an eine Vaterfigur wenden muß. Außerdem kann die Aussage des Rätsels den Analytiker darauf hinweisen, daß der Sprecher unbewußt unter anderen, empirischen Formen des Selbst, ein grausames und totalitäres moralisches Selbst unterhält, ein grandioses Selbst ohne Fehl und Tadel sowie ein anales Selbst, das trotzig durch Lügen Unordnung stiftet.

Ich habe nur einige der Schilderungen beim Namen genannt, mit denen der bekümmerte Analysand die Geschichte seines Selbst nacherzählt hat und die der Analytiker vielleicht in Form von Interpretationen herausarbeiten muß. Sogar das, was ich sein tatsächliches Selbst genannt habe, muß möglicherweise neu erzählt werden. Zum Beispiel könnte sich für diesen Analysanden herausstellen, daß sein tatsächliches Selbst sehr wenig zum Übertreiben neigt; er bringt in seinen Sitzungen keinerlei eindrucksvollen analytischen Beweis, daß er in bemerkenswertem Maße übertreiben würde; und das Hauptproblem könnte sein, daß er die Darstellung eines berechtigterweise stolzen, tatsächlichen Selbst aus Angst vor dem Neid anderer unterdrückt und durch die nicht überzeugende, defensive Darstellung eines abscheulichen Prahlers ersetzt hat. Das Selbst, von dem behauptet wird, man fühle es in den Knochen, könnte unmöglich all diese empirischen Formen des Selbst umfassen, selbst wenn es denken könnte; ebensowenig wie das »Selbstempfinden« sie alle umfassen könnte.

An diesem Punkt könnten wir fragen, ob wir nicht im Interesse unserer eigenen mentalen Sicherheit dieses Gewimmel erzählter Formen des Selbst meiden sollten, in dem wir leicht verlorengehen oder zertrampelt werden könnten. Sollten wir uns statt dessen nicht unter nur wenige, wohlanständige Kategorien des Selbst mischen? Meine Antwort lautet, erstens haben wir tatsächlich übergeordnete Kategorien des Selbst zur Verfügung, wie das tatsächliche Selbst und das ideale Selbst (Schafer, 1967). Zweitens sollten wir darauf achtgeben, im Aufbau der Erfahrungen einer jeden Person nicht die starke Vermehrung von »Selbsten« aus den Augen zu verlieren, damit wir nicht anfangen, unsere übergeordneten Kategorien mit Gebilden zu verwechseln, die in der Natur entdeckt und ohne erzählerische Vermittlung beobachtet werden können. Im Prinzip kann man der Anzahl empirischer Selbstkonstruktionen keine Grenze setzen, so daß es gewinnbringend wäre, sie in dem einen oder anderen Untersuchungszusammenhang zu diskutieren. Wir können kaum sagen, wir hätten bereits genügend Begriffe, um die Interpretationsarbeit zu bewältigen. Denn das würde bedeuten, den Weg zu neuen Ansätzen und zu neuen Phänomenen, die durch diese Ansätze verfügbar würden, zu versperren. Wie ich im Zusammenhang mit den Phantasien Gefangener (1983) argumentiert habe, sollte jeder Vorschlag auf diesem Gebiet auf seine Vorzüge hin beurteilt werden.

Handlungsstränge (Storylines)

Obwohl ich auf die Handlungsstränge von Selbst-Erzählungen angespielt habe, habe ich weder versucht, sie zu definieren, noch Beispiele dafür angeführt. In diesem Zusammenhang dürften wir jedoch nicht nur fragen: »Was ist ein Handlungsstrang?« Sondern wir müssen auch fragen: »Wie ist der Bezug des Handlungsstrangs zu Selbstdarstellung, Phantasie und Metapher, drei anscheinend zusammengehörige Begriffe, die im analytischen Gedankengut offensichtlich eine mehr oder minder gesicherte Stellung einnehmen oder zumindest geläufig sind?« Um diese Fragen dreht sich der nächste Abschnitt meiner Argumentation.

Erstens also, was ist ein Handlungsstrang? Mit »Handlungsstrang« meine ich alles, was dazu verwendet werden kann, eine Reihe von Richtlinien und Beschränkungen zum Erzählen einer Geschichte aufzustellen, der man aller Gewohnheit nach bestätigen würde, einen gewissen allgemeinen Inhalt zu haben. Diese Richtlinien und Beschränkungen können in einem oder mehreren Symbolen, Gleichnissen, Bildern oder Themen, einer oder mehreren Metaphern oder dramatischen Szenen oder einer Verknüpfung aller ihren Ursprung haben. Dieser Handlungsstrang dient als Werkzeug, um Möglichkeiten auszuarbeiten, andere Geschichten in seinen Begriffen nachzuerzählen, und macht es den Erzählern somit möglich, sowohl viele Varianten dessen zu entwickeln, was üblicherweise als ein und dieselbe Grundgeschichte angesehen wird, als auch – durch Reduktion – glaubwürdige Wiederholungen dieser Varianten aus scheinbar unterschiedlichem Erzählmaterial zu gestalten. In einer Hinsicht haben wir zum Beispiel die Handlungsstränge von Gefangensein, Wiedergeburt und Odyssee, die im Laufe analytischer Arbeit häufig herausgearbeitet werden.

Nehmen wir zum Beispiel den Fall an, daß wir Wiedergeburt als Handlungsstrang verwenden: Der Analytiker versteht wohl die Anspielungen eines Patienten auf neues Wachstum, neue Anfänge, glühende Kohlen unter der Asche, Auftauchen aus dem Wasser, Wiederbelebung und so weiter als Anspielungen auf eine Wiedergeburt. In anderen Fällen arbeitet der Analytiker Erzählungen von ödipalem Sieg und ödipaler Niederlage und von Masochismus her-

aus: Wenn der ödipale Handlungsstrang verwendet wird, interpretiert der Analytiker vielleicht eine negative therapeutische Reaktion teilweise als ängstlichen Rückzug vor einem ödipalen Sieg und teilweise als Wechsel zur negativ-ödipalen Position. Im Gegensatz dazu interpretiert der Analytiker, wenn der masochistische Handlungsstrang verwendet wird, eine negative therapeutische Reaktion vielleicht teilweise als Anzeichen für einen mächtigen Widerwillen dagegen, bevorzugte Formen konflikthafter und schmerzhafter Befriedigung aufzugeben, und teilweise als Bemühung um die Schmerz verursachende, möglichst sadistische Reaktion auf die Vernichtung der eigenen, therapeutischen Hoffnungen.
Mit dieser oberflächlichen Darstellung der Konzeption vom Handlungsstrang wollen wir den Handlungsstrang nun der Selbstrepräsentanz, der unbewußten Phantasie und der Metapher gegenüberstellen und ihn damit vergleichen. Auf diese Art hoffe ich klarzumachen, was ich meine, wenn ich von den Handlungssträngen der Selbst-Erzählungen spreche, und weshalb ich dem Handlungsstrang eine so zentrale Stellung einräume.

Selbstrepräsentanz

Die Selbstrepräsentanz ist eine Konzeption mit komplexer Vergangenheit und anerkannter Stellung in der Psychonanalyse. Als eine ihrer bedeutendsten Bestandteile soll die Konzeption der Selbstrepräsentanz die Annahme oder Erkenntnis des Schreibers bekanntgeben, daß das Selbst, wie das Objekt, nur durch mehr oder weniger individuelle, teilweise oder vollständige Versionen desselben erkennbar ist. Diese Versionen findet oder definiert der Analytiker in der psychischen Realität des Patienten, und möglicherweise haben sie wenig mit üblichen oder vermeintlich wahren Versionen des Selbst zu tun.
An den Konzeptionen des Handlungsstrangs und der Selbstrepräsentanz ist nichts, was sich gegenseitig ausschließen würde. Die Konzeption des Handlungsstrangs kann man jedoch als die umfassendere von beiden ansehen. Und zwar, weil einzelne Darstellungen in der Praxis nicht als statische und isolierte mentale Inhalte identifiziert und analysiert werden können. Eher geht man thematisch an sie heran, das heißt, man behandelt sie insofern als bedeut-

sam, als sie tatsächliche oder potentielle Rollen in den elementaren Geschichten des Selbst spielen. Zum Beispiel beinhaltet der Handlungsstrang des Gefangenen eine stattliche Reihe nicht unbedingt krasser Selbstrepräsentanzen als beraubt, eingeengt oder bestraft; gleichzeitig beinhaltet er eine stattliche Reihe mehr oder minder subtiler Repräsentanzen anderer Menschen wie Richter, Wärter oder Mitgefangener. Aufgabe der Interpretation ist es, zu zeigen, daß das die Repräsentanzen sind, die deutlicher zu definieren und in eine thematisch einheitliche Wiedergabe der verschiedenen Assoziationen des Analysanden zu bringen sind. In diesem Licht betrachtet, zieht der Handlungsstrang wichtige Aspekte davon zusammen, wie Selbstrepräsentanz – und auch Objektrepräsentanzen – in Begriffe gefaßt werden, und arbeitet sie heraus.

Unbewußte Phantasie

Die unbewußte Phantasie ist eine weitere Konzeption mit komplexer psychoanalytischer Geschichte und anerkannter Stellung. Arlow (1969a, 1969b) hat sich dem Gedanken des grundlegenden Handlungsstrangs in zwei Erörterungen weitgehend genähert, die in der modernen Literatur Freudscher Prägung Standardwerke zum Thema der unbewußten Phantasie geworden zu sein scheinen. Er hat Notiz vom Aspekt der unbewußten Phantasien genommen, den er »Handlungslinie« (plot line) nannte. Allerdings befaßte Arlow sich nicht, wie ich heute, mit der Ausarbeitung eines erzählerischen Ansatzes für psychoanalytische Themen. Er bezog sich auf diese Handlungslinien, wie zum Beispiel Dornröschen, auf eine Art, die begrifflich der Phantasie untergeordnet war, und er hat den Ausdruck plot line nur flüchtig in einer Fußnote (1969b, S. 47) erwähnt; offensichtlich war er mit der Ausarbeitung eines anderen Beitrags befaßt.

Wie ich die Sache sehe, müssen wir über den Gedanken hinausgehen, daß von einer Phantasie zu sprechen bedeute, wir bezögen uns auf einen Geistesinhalt, der durch einen Handlungsstrang in ein System gebracht sei; wir müssen ebenfalls festhalten, daß der Begriff Handlungsstrang eine offensichtlich stärkere generative Bedeutung hat als die in einer Handlung zusammengefaßte Phantasie, da der Handlungsstrang in die Zukunft reicht oder Zukünftiges erwartet. Auf dieser Basis kann der Handlungsstrang die vielfältigen Varianten der Grundgeschichten leichter umfassen als wir üblicherweise im täglichen Leben und in der analytischen Arbeit erkennen. Auch Märchen haben viele Varianten: tatsächlich haben sie so viele, daß oft unklar ist, von welchem Punkt an wir nicht mehr überzeugend oder überzeugt von einer bestimmten Geschichte als einer ungewöhnlichen Variante der gleichen Grundgeschichte sprechen dürfen (Smith, 1980). Dasselbe gilt für jede der zuvor von mir erwähnten Handlungsstränge: die Odyssee, zum Beispiel, die viele Varianten umfassen kann, hat den generativen Vorteil und zugleich den Nachteil unklarer äußerer Grenzen. In der Praxis kann es unklar werden, wann der Analytiker äußerst verschiedenartiges Material in den gleichen Handlungsstrang preßt.

Metapher

Habe ich die ganze Zeit bereits von Metapher und damit von der metaphorischen Konnotation gesprochen (Lakoff und Johnson, 1980)? Die metaphorische Konnotation wird beispielhaft dargestellt durch die typische räumliche Metapher: »Gut ist oben.« Diese Metapher schließt ein, daß Intelligenz, guter Geschmack und Reichtum unter anderen Attributen »oben« sind, während Dummheit, Vulgarität und Armut »unten« sind. Dies sind insofern Konnotationen, als im Gespräch Übereinstimmung und Klarheit angestrebt werden. So ist zum Beispiel sehr intelligent »hoch«-intelligent. Diese wenigen Bemerkungen über Metapher und Konnotation scheinen darauf hinzudeuten, daß der Begriff Metapher dasselbe ausdrückt wie der Begriff Handlungsstrang.
Wieder scheint es mir jedoch, daß Handlungsstrang der umfassendere Begriff von beiden ist. Wie ich zuvor schon bemerkt habe, kann eine Metapher vielleicht einen Handlungsstrang einführen, und was man die Enthüllung einer Metapher nennt, gleicht in vielerlei Hinsicht dem Ausbreiten der Arten von Geschichte, wie die Metapher sie mit sich bringt. Zum Beispiel zieht das Bild »Analyse ist die Hölle« nach sich, daß der Analytiker als Teufel erfahren wird. Die Aufmerksamkeit, die der Analytiker den Abweichungen vom Normalfall entgegenbringt, werden als Schüren des Höllen-

feuers erlebt. Vielleicht in Analogie mit »Krieg ist die Hölle« wird die Disziplin des Analytikers mit Sherman, der zum Meer marschiert, verglichen. Der Streß des analytischen Behandlungsprozesses wird zur Strafe für begangene Sünden und so weiter. Es gilt als vereinbart, daß das erwiesenermaßen metaphorische »Analyse ist die Hölle« verwendet werden soll als eine Reihe verborgener Anleitungen oder Regeln zum Erzählen bestimmter Geschichten darüber, wie es ist, in analytischer Behandlung zu sein. Analytiker, die einen Kern-Konflikt durcharbeiten können, der seine Wurzeln in der Kindheit hat, zeigen, daß sie die erzählerischen Regeln der Metapher verstehen; sie zeigen es durch ihr gleichbleibendes Gespür für Relevanz, während sie offenbar verschiedenartigen Mitteilungen lauschen.

Ein klinisches Beispiel:
Es gibt viele Wege, Kindern Handlungsstränge zu vermitteln, mit denen sie Selbst-Erzählungen und gleichzeitig ihre Mitmenschen betreffende Erzählungen aufbauen können. Wie dynamisch die Inhalte dieser Übermittlungen sind, ist dem Analytiker bestens bekannt, doch da dieser Inhalt gewöhnlich nicht in erzählerische Begriffe gefaßt wurde, möchte ich gern ein klinisches Beispiel von folgenreichen Handlungssträngen darstellen und es mit dem Thema Kindheitserinnerungen in Verbindung bringen.
Das Beispiel handelt von einer erfolgreichen, hart arbeitenden, lieblosen Karrierefrau in den Vierzigern, einmal geschieden, der es nie gelungen war, eine dauerhafte, vertrauliche und befriedigende Beziehung mit einem adäquaten und selbstbewußten Mann aufzubauen. Von frühester Kindheit an war sie von ihrer Mutter eindringlich davor gewarnt worden, sich von einem Mann abhängig zu machen. Diese Warnung kann man auch so darstellen, daß dieser Frau dadurch eine Anzahl zusammenhängender Handlungsstränge vermittelt worden ist, von denen ich nur einige hier erwähnen will.
Man hat ihr vermittelt, es sei ihr Schicksal, als Mädchen und Frau gegenüber jedem Mann, mit dem sie sich auf eine tiefe Beziehung einließe, bis zur Hilflosigkeit verletzlich zu sein; ferner, daß es die einzige Möglichkeit sei, merkliche Stärke und Würde aufrechtzu-

erhalten, sich jeglicher heterosexueller Liebe zu entziehen. Somit wurde ihr beigebracht, ein heterosexuelles weibliches Selbst sei ein schwaches und entwürdigtes Selbst und, außerdem, ihren Vater zu lieben würde bedeuten, sich für dieses Schicksal anfällig zu machen. Ganz allgemein ausgedrückt war sie dazu bestimmt, in einer Welt voll mächtiger, gefährlicher und jedenfalls nicht vertrauenswürdiger Männer zu leben. Obwohl diese Frau ihre Heterosexualität durchaus nicht völlig ablehnte, hatte sie wiederholt viele Varianten dieses Ensembles von Handlungssträngen in ihren Beziehungen entwickelt und realisiert. Schließlich hat sie es auch in der Übertragung auf ihren männlichen Analytiker getan. Penisbewunderung und -neid, Phantasien von Kastration und einem verborgenen Penis sowie Themen der Urszene waren in die grimmigen Geschichten ihres Lebens eingewoben, die sie sowohl mühsam herausarbeitete als auch darstellte.

Bevor ich fortfahre, möchte ich klarstellen, daß ich nicht sagen will, ihre Eltern und andere aus ihrem sozialen Umfeld wären die einzigen Vermittler von Handlungssträngen für ihr Leben gewesen. Wie ich bereits erwähnt habe, gehen Analytiker davon aus, daß das Kind vom Beginn subjektiver Erfahrung an ebenfalls ein Geschichtenerzähler ist. Da gibt es zum Beispiel den Handlungsstrang: »Ich hatte einmal einen Penis und habe ihn verloren.« Der übliche analytische Begriff für derartige Deutungen aus der Kindheit ist Phantasie. Ich habe behauptet, eine Phantasie sei eine Geschichte, und Kinder erfinden Geschichten, in die eingewoben ist, was man ihnen gesagt hat und was sie sich vorstellen. An diesem Punkt ist analytisch nichts Neues, außer meiner Betonung des Erzählerischen. Und dann ist da natürlich immer noch unsere Kultur mit ihrem Vorrat an etablierten Handlungssträngen.

Um zu der Analysandin zurückzukehren: Eine zusätzliche und ergänzende Last war ihr im Jugendalter und den ersten Jahren des Erwachsenseins aufgebürdet worden durch den ausdrücklichen Rat ihres Vaters, niemals Kinder zu bekommen. Damit billigte und verstärkte er ihre eigene, von Schuld- und Angstgefühlen sowie Gefühlen der Niederlage begleitete Darstellung der ödipalen Romanze ihrer Kindheit. Diese Romanze beinhaltete wie üblich den Wunsch, das Kind ihres Vaters zu gebären. Somit wurde sie auch von seiten ihres Vaters gedrängt, ihre heterosexuelle Weiblichkeit abzulehnen. Größtenteils mußte sie Geschichten über die Ehe entwerfen als etwas, das höchst begrenzte Aussichten auf Befriedigung und Erfüllung versprach; selbst in der normalen ehelichen Form, einer verlagerten und gereiften Form der ödipalen Liebe, gab es nur wenig, worauf zu hoffen sich lohnte. Außerdem mußte die Warnung des Vaters unweigerlich dem Handlungsstrang der Patientin Gewicht verleihen, sie sei ein ungewolltes und lästiges Kind, das irgendwie für das Unglück seiner Eltern und deren mangelnde Erfüllung verantwortlich war. Wie zu erwarten war, verwendete sie diese Selbst-Erzählung wiederholt in ihrer Übertragung und entwickelte sie weiter. Die Wiederholungen begannen zum Beispiel bereits während ihrer ersten Sitzungen, als sie darauf bestand, jeden Besuch sofort zu bezahlen. Wie sich herausstellte, tat sie dies, um dem Analytiker keine finanzielle Last zu sein, und in den Begriffen des Handlungsstrangs von der gefährlichen Abhängigkeit von Männern, um dem Analytiker auf keinen Fall etwas schuldig zu bleiben. Der Handlungsstrang, nach dem sie agierte, lautete wie folgt: Die einzig gute Frau ist ein guter Mann; genauer gesagt, ein harter Mann in Frauenkleidung, der sich nur auf sich selbst verläßt. Tatsächlich sagte sie, indem sie immer gleich bezahlte: »Das ist die Geschichte meines Lebens.« Diese Darstellung beinhaltete einige andere bedeutende Handlungsstränge, wie jene, die in die Analität hineinspielten, sich mit sozialem Status befaßten, und so weiter.

Mit der Zusammenfassung einiger Aspekte dieser Analyse verfolge ich vor allem eine theoretische Klarstellung und weniger eine Revision der dynamischen Variablen, die der Analytiker gewohnheitsmäßig heranzieht, um klinische Phänomene zu verstehen. Mein theoretisches Argument lautet, daß man die sogenannten Selbstkonzepte, Selbstbilder, Selbstdarstellungen oder, allgemeiner ausgedrückt, das sogenannte Selbst, als eine Reihe erzählerischer Strategien oder Handlungsstränge betrachten kann, denen jeder Mensch folgt in dem Versuch, eine emotional zusammenhängende Darstellung seines Lebens unter anderen Menschen zu entwickeln. Wir organisieren unsere vergangenen und gegenwärtigen Erfahrungen auf erzählerische Weise.

Meiner Auffassung nach wird diese Perspektive der Erfahrung als einem Gestalten von Erzählungen in Freuds Schlußbemerkungen seines 1899 entstandenen Aufsatzes »Über Deckerinnerungen« angedeutet. Dort hat Freud eine Bemerkung zu der »Eigentümlichkeit der Kinderszenen« gemacht, in denen das Kind als außenstehender Beobachter von Szenen geschildert wird, an denen es betroffener Teilnehmer ist. Daraufhin nahm Freud diese Eigentümlichkeit als »Beweis dafür, daß der ursprüngliche Eindruck eine Überarbeitung erfahren hat« und kam bald zu dem Schluß:
»Durch solche Einsicht verringert sich in unserer Schätzung der Abstand zwischen den Deckerinnerungen und den übrigen Erinnerungen aus der Kindheit. Vielleicht ist es überhaupt zweifelhaft, ob wir bewußte Erinnerungen *aus* der Kindheit haben, oder nicht vielmehr bloß *an* die Kindheit. Unsere Kindheitserinnerungen zeigen uns die ersten Lebensjahre, nicht wie sie waren, sondern wie sie späteren Erweckungszeiten erschienen sind. Zu diesen Zeiten der Erweckung sind die Kindheitserinnerungen nicht, wie man zu sagen gewohnt ist, *aufgetaucht,* sondern sie sind damals *gebildet* worden, und eine Reihe von Motiven, denen die Absicht historischer Treue fern liegt, hat diese Bildung sowie die Auswahl der Erinnerungen mitbeeinflußt.« (S. 553 f., Sigmund Freud, Gesammelte Werke, Bd. XVIII, Fischer Verlag 1968)

Weiterhin glaube ich, daß Freud auf die Ansicht hinweisen wollte, die später von Ernst Kris (1956b) in Ich-psychologischen Begriffen entwickelt wurde, und die ich nun in erzählerischen Begriffen entfalte, nämlich daß eine theoretische Klarstellung dieser Art in der Praxis *tatsächlich* einen Unterschied ausmacht. Sie ermuntert den Analytiker, sich bewußt zu sein, wie sinnvoll es sein kann, sich dem Material einer Lebensgeschichte, mit dem man arbeitet, als einer Reihe von Erzählungen und Nacherzählungen zu nähern, die im Laufe der Entwicklung entworfen und überarbeitet werden – und dies sogar während der Dauer der analytischen Behandlung selbst. In diesem Licht kann man das, was wir freie Assoziation nennen, als das Hervorbringen von Stückchen und Teilchen oder sogar größeren Brocken von Lebensgeschichten neu benennen, die im Hier und Jetzt der analytischen Beziehung aufgebaut und in Beziehung gesetzt werden.

In den Begriffen der Erinnerung ausgedrückt, sagte Freud: »Das Material an Erinnerungsspuren, aus dem sie [die Deckerinnerung] geschmiedet wurde, blieb uns in seiner ursprünglichen Form unbekannt.« (1899, S. 553). Ich möchte hinzufügen, daß wir gut daran tun, das Material als etwas anzunehmen, das zunächst einmal in erzählerischer Form *psychisches* Material geworden ist, wie rudimentär die Erzählung auch sein mag. In anderen Worten, die klinischen Fragen, die wir auf das von der Couch Gehörte anwenden, sind diese: Von welcher Geschichte ist dies nun ein Teil oder eine Variante, und für welche weiteren Geschichten hat sie als Handlungsstrang gedient oder dient ihr jetzt als solcher? In bezug auf das Selbst, stellen sich die Fragen: Welche Geschichten des Selbst werden jetzt angedeutet oder aufgedeckt oder sind im Begriff, entwickelt oder überarbeitet zu werden, und zu welchem Zweck?

3. Kapitel

Selbsttäuschung, Abwehr und Erzählung

Selbsttäuschung und Abwehr

Die Analytiker der Freudschen Schule haben den Gedanken der Selbsttäuschung nicht als ein Problem eingeführt, mit dem sie sich befassen müßten. Sie stellen die Selbsttäuschung in ihren formalen Lehrsätzen nicht in den Mittelpunkt und erwähnen sie in ihren informalen Erörterungen theoretischer und klinischer Themen nicht gerade häufig. Gelegentlich allerdings treten doch Varianten der Selbsttäuschung im klinischen Dialog zutage – zum Beispiel, wenn der Patient zu seinem Analytiker sagt: »Mein Verstand hat mir einen Streich gespielt«, und wenn der Analytiker zum Patienten sagt: »Da machen Sie sich aber etwas vor.«

Üblicherweise greifen Analytiker die Phänomene, die diesen Selbsttäuschung ausdrückenden Redewendungen zugrunde liegen, unter der Überschrift *Abwehr* auf. Der Gedanke der Abwehr ist jedoch nicht einfach und unkompliziert. Er ist in dem komplizierten Fachvokabular verankert, das Freud unter dem Namen Metapsychologie eingeführt hat. Folglich ist es notwendig sowohl die Stellung der Abwehr im traditionellen analytischen Diskurs als auch die Annahmen, die ihr diese Stellung sichern, ziemlich ausführlich zu besprechen, bevor wir die Selbsttäuschung als eine Erzählung in Betracht ziehen können. Und diese Besprechung verlangt eine vergleichende Erörterung der Abwehr in den mechanistischen Begriffen von Freuds Metapsychologie und den nicht mechanistischen Begriffen der Handlungssprache. Um dieses Kapitel im Kontext der täglichen Praxis des Analytikers anzusiedeln, beziehe ich mich häufig auf klinische Probleme, Verfahren und

Mehrdeutigkeiten; in der Praxis sind die Grundlagen für das psychoanalytische Verständnis der Abwehr auch gelegt worden. Gleichzeitig jedoch erfordert die Komplexität der abstrakten Probleme, mit denen wir uns befassen wollen, eine wohlüberlegte, formalistische, nicht überstürzte Darstellungsweise, ebenso wie eine gewisse Vertrautheit mit der Argumentation von Kapitel 2.

Psychoanalytiker der Freudschen Schule greifen Abwehrmaßnahmen unter zweierlei Überschriften auf. Die erste sind die Abwehrmechanismen. Hierin enthalten sind zum Beispiel Verdrängung, Projektion und Reaktionsbildung. Die zweite ist Abwehr beziehungsweise Abwehrausmaß, -durchführung oder -funktion, Begriffe, die eine praktisch grenzenlose Anzahl von Handlungen bedeuten können. Und von jeder kann man nach geeigneter klinischer Untersuchung behaupten, sie sei an der Abwehr beteiligt. Hierin enthalten sind zum Beispiel altruistische Selbstaufgabe als Abwehr von Gier und Neid, Feindseligkeit als Abwehr von klammernder Abhängigkeit, und klammernde Abhängigkeit als Abwehr von Feindseligkeit. Grenzen werden dem, was unter dieser Bedeutung von Abwehr zusammengefaßt werden kann, nur vom Erfindungsreichtum des Patienten sowie dem Wahrnehmungsvermögen und der Erzählungsgabe des Analytikers gesetzt.

Wenn die Bezeichnung *Abwehr* richtig angewendet wird, wird der Anspruch erhoben, daß das Subjekt – sagen wir einmal, eine Frau – in irgendeiner Hinsicht (die vom Analytiker gewöhnlich nicht definiert oder spezifiziert wird) sowohl weiß als auch nicht weiß, daß sie etwas sieht, erinnert, wünscht, glaubt oder fühlt, von dem sie glaubt, es würde sie in irgendeine gefährliche Situation X bringen. Wir können ihr keine Abwehr zuschreiben, ohne ihr (in gewissem Sinne) das Wissen zuzuschreiben, daß es eine Gefahr gibt, gegen die sie sich verteidigen muß. Ferner wird nicht nur angenommen, das Subjekt glaube, daß es wegen X in Gefahr sei oder kommen könne; es wird ebenfalls angenommen, daß es unbewußt an diese Bedrohung glaubt und sie unbewußt abwehrt. Demnach kann man nicht von ihm erwarten, jene Handlungen oder Handlungsänderungen (einschließlich von Erlebnisrekonstruktionen) als abwehrend zu erklären, derer es sich in diesem Zusammenhang bewußt ist, wie zum Beispiel einer impulsiven Geste der Großzügigkeit oder das Unterdrücken von emotionaler Ansprechbarkeit. So oder so wird es diese Handlungen und Handlungsänderungen auf eine Art beschreiben, die ihre abwehrende Verwendung und Bedeutung verschleiert oder leugnet.

Freud hat (1926) dargelegt, was er als die vier Hauptgefahrensituationen der frühen Kindheit erachtete: Verlust des Liebesobjekts, Verlust der Liebe dieses Objekts, Kastration, und Überich-Verdammung und -Strafe. Er schlug vor, daß in der psychischen Realität, wo alle Gedanken oder Vorstellungen vom Subjekt als wirklich oder tatsächlich angenommen werden, diese Gefahren die Prototypen aller späteren Gefahren sind (sogar der des Todes). Das bedeutet, alle späteren Gefahren werden in der psychischen Realität als Ableitungen dieser frühen Gefahren betrachtet und sind potentiell und zweckdienlich durch Interpretation auf sie zurückzuführen. In Freuds Begriffen: wenn der Teil des »psychischen Apparats«, den er das Ich nannte, unbewußt erkennt, daß eine dieser Gefahrensituationen oder eine ihrer Ableitungen sich entwickelt, dann reagiert er mit Angst. Unter gewöhnlichen Umständen verwendet das Ich die erste Phase dieser Angstreaktion als Signal für drohende oder größer werdende Gefahr und zieht einen oder mehrere Abwehrmechanismen oder Abwehrmaßnahmen gegen diese Gefahr oder ihre Folgen heran. Einerseits unternimmt das Ich diese Abwehrbewegung, um das Zustandekommen der Gefahrensituation in voller Kraft zu verhindern (zum Beispiel unterdrückt es gewisse Phantasien, um »unmoralische« sexuelle Neigungen im Zaum zu halten). Andererseits zielt das Ich darauf ab, eine panische Auflösung seiner eigenen Organisation abzuwenden. Die grundlegenden Phasen dieses Abwehrprozesses laufen unbewußt ab, ebenso wie seine wesentlichen Bestandteile unbewußt wirksam sind.

Diese Darstellungen von Abwehr erfordern vom Subjekt, daß es sich bezüglich der gefährlichen Sachlage X (mindestens) zweimal täuscht: (1) Es gelingt ihm irgendwie, alles oder einen Teil dessen, was es unbewußt weiß und glaubt, nicht bewußt zu wissen; (2) es gelingt ihm irgendwie, nicht bewußt zu wissen, daß und wie es diese Trennung zwischen Wissen und Nichtwissen bewerkstelligt. Zum Beispiel schreibt es durch unbewußtes Anwenden des Projektionsmechanismus einen eigenen unannehmbaren feindlichen Impuls jemand anderem zu. In einem anderen abwehrenden Kontext sucht es vielleicht bei irgendeiner der zahllosen Abwehrmaßnahmen Zuflucht, die es dem Subjekt ermöglichen, sein Wissen von X zu blockieren, davon abzulenken, es zu entstellen oder zu verschleiern. Zum Beispiel könnte das Subjekt durch abwehrend übertriebene Zuversicht, Fröhlichkeit und Initiative sowohl sich selbst als auch die von ihm erlebte Situation in den glühendsten Farben schildern. Dadurch vermeidet es das Subjekt, sein Leben bewußt in dem überaus trüben Licht der tiefen und chronisch passiv-depressiven Stimmung zu erleben, von der es sich ständig bedroht fühlt. Und damit diese List erfolgreich sein kann, muß es diese Abwehrmaßnahme unbewußt vornehmen. Um erfolgreich zu sein, muß die Täuschung fehlerlos sein.

Von diesem Punkt an werde ich voraussetzen, daß Psychoanalytiker, wenn sie sich auf Abwehr beziehen, sich ebenso (unter anderem) auf multiple selbsttäuschende Handlungen beziehen, die unbewußt durchgeführt werden. Doch wann, weshalb und wie sie sich auf Abwehr beziehen, muß noch näher erläutert werden.

Abwehr: einige Unterschiede, Einschränkungen und sorgfältige Überlegungen

Freuds Metapsychologie

Immer daran interessiert, ein Modell der Psyche zu entwickeln, das die psychoanalytischen Phänomene erklären hilft, hat Freud (1915a) auf verschiedene Arten diese abwehrende Spaltung zwischen Wissen und Nichtwissen in den seelischen Prozessen des Subjekts zu erklären versucht. (Weil er sich nicht mit allen Phänomenen auseinandergesetzt hat, die heute von den Analytikern definiert werden und mit denen sie sich auseinandersetzen, sind seine Erörterungen nicht immer so genau und umfassend, wie man es heute verlangen würde. Dementsprechend sind sie nicht mehr so maßgebend wie früher.) Seine gesamten Erklärungen waren im Grunde insofern unpsychologisch, als er sie auf seine mechanistisch-energetische Metapsychologie stützte. Das heißt, er stützte seine Erklärungen auf Verschiebungen, Aufstauungen und Aufwendungen von unmeßbaren und qualitativ unterschiedlichen psychischen Energien (Libido, Aggression, Aufmerksamkeitsbesetzung) und auf andere Faktoren, die Überbleibsel seines früheren, neurologisch entworfenen »Projekts« (Gill, 1976) waren. Zusätzlich waren diese energetischen Erklärungen auf die eine oder andere Art redundant oder unbegründet (G. Klein, 1975). Später unternahmen andere Analytiker, darunter Hartmann (1964), Kris (1975), Jacobson (1964) und Rapaport (1967) bemerkenswerte Anstrengungen, in Freuds metapsychologische Fußstapfen zu treten. Ungeachtet dieser Bemühungen befaßt sich der typische Analytiker Freudscher Schule in seiner täglichen Praxis nicht mit Fragen wie: »Wie ist es möglich, daß jemand etwas gleichzeitig wissen und nicht wissen kann?« und »Wie ist es möglich, etwas abzuwehren, ohne zu wissen, daß man dies tut?« Er setzt einfach als selbstverständlich voraus, daß diese Spaltung unbewußt vorzunehmen möglich sei und sie in dem Gehörten und Gesehenen seiner klinischen Arbeit wahrscheinlich gegenwärtig ist. Er sucht keine philosophisch gesichterte Erklärung der Abwehr, und er rechtfertigt sich nicht, weil er sich ohne diese Erklärung zufriedengibt. Er versucht das Auftreten von Abwehrvorgängen festzustellen; er versucht deren Ursprünge, Zeitpunkt des Auftretens und ihre Gründe oder »Determinanten« zu untersuchen; und in seinen eigenen Überlegungen versucht er wahrscheinlich, all die beteiligten »Mechanismen« einzuordnen. All dies tut er, um so genau wie möglich die Konflikte, die selbsttäuschende Handlungen nötig machen, die Kompromißbildungen oder Lösungsversuche, die auf selbsttäuschenden Handlungen beruhen, sowie die der Abwehr dienende Rigidität des Charakters zu deuten, die zu therapeutischen Zwecken sowohl erklärt als auch modifiziert werden müssen.

Wunschdenken

Der Analytiker unterscheidet zwischen der Abwehr von X und einfachem Wunschdenken mit dem Ziel, etwas Wünschenswertes Y solle Wirklichkeit werden. Bei einfachem Wunschdenken (zum Beispiel in dem vermutlich einfachen Fall der Idealisierung eines Elternteil durch ein sehr kleines Kind), wird vom Subjekt angenommen, es sei völlig unwissend, daß etwas anderes als Y der Fall sein könnte. Nichts deutet darauf hin, das Subjekt könnte versuchen, irgendeine andere, unbewußt bekannte Darstellung der Dinge (das gefährliche X) nicht zuzulassen wegen der schrecklichen Angst, die es bei bewußtem Erkennen, daß der Fall X eingetreten ist oder einzutreten droht, erfahren würde.

Häufig folgt der Analytiker allerdings zwei anderen Interpretationsmöglichkeiten des Wunschdenkens. Die erste ist, es würde komplexe Formen von Wunschdenken geben, wie sie bei dem Abwehrmechanismus der Verleugnung verwendet werden (zum Beispiel in einer späteren Phase der Idealisierung, wenn das Kind die Eltern aus einer Abwehrhaltung heraus idealisiert, um die Unsicherheit nicht erfahren zu müssen, die es bei Erkennen seiner relativen Hilflosigkeit und ihrer Mängel erfährt). Die zweite ist, daß es komplexe Formen der Unwissenheit gibt, wie die Angst des Subjekts vor dem Herausfinden gewisser Dinge (zum Beispiel erhält das Subjekt sich aktiv die Unwissenheit über Familiengeheimnisse, eine Unwissenheit, die nicht selten ausschließlich durch die klinische Analyse von angstbegründeten Situationsvermeidungen und sowohl von Lücken als auch von Widersprüchen in der Erinnerung aufgelöst wird). Somit ist der moderne Analytiker bei der Arbeit mit erwachsenen Patienten gewöhnlich skeptisch gegenüber dem Gedanken des einfachen oder nicht abwehrenden, konfliktfreien Wunschdenkens. In Einklang mit der Grundannahme, Psychoanalyse sei eine Konfliktpsychologie, suchen sie routinemäßig nach Anzeichen von Abwehr oder Selbsttäuschung, und gewöhnlich werden sie von den Ergebnissen auch nicht enttäuscht (Fenichel [1941], A. Freud [1936], Schafer [1968c]).

Abwehrmechanismen

Mit der möglichen Ausnahme der Verdrängung werden die Abwehrmechanismen nicht als von Natur aus und ausschließlich zur Abwehr angelegt betrachtet. Projektion und Introjektion zum Beispiel, von denen man glaubt, daß sie in gewissen Formen der Psychopathologie als maligne Abwehrmechanismen wirksam sind, werden ebenfalls als Funktionen dargestellt, die in dem höchst adaptiven Prozeß der Empathie eine zentrale Rolle spielen. Selbst

wenn man Verdrängung nie völlig ohne abwehrende Benutzung und Konsequenzen sieht, kann man sie doch gelegentlich als Hilfsmittel zur Erreichung von Zielen interpretieren, die nicht ausschließlich defensiv sind. Zum Beispiel kann die Verdrängung einem kleinen Kind helfen, sonst unerträgliche Bedingungen tapfer zu ertragen. Später im Leben wird diese Verwendung der Verdrängung vielleicht durch Rekonstruktion während einer analytischen Behandlung nachgewiesen, Rekonstruktionen, denen zufolge das »Vergessen« von psychischen Wunden und deren Ursachen der einzige Weg schien, um unerträglich schmerzvolle Phasen, Situationen und Beziehungen in der Kindheit zu ertragen. Wenn über Verdrängung in Zusammenhängen dieser Art berichtet wird, wird sie als Hilfsmittel zur Anpassung beziehungsweise als Anpassungsprozeß dargestellt; der Analytiker kann dann ziemlich sicher erwarten, daß ein plötzliches Fallenlassen, Nachlassen oder Versagen spezifischer Verdrängungen traumatisch sein könnte oder eine Traumatisierung zur Folge hätte. In seiner psychischen Realität scheint der Patient diese Modifikationen von Verdrängungen in genau diesem Licht zu sehen und wird daher auf die vorsichtigste oder abwehrendste Art und Weise an die analytische Behandlung herangehen.
Es ist sinnlos, jede einzelne der unzähligen Handlungen, die zur Abwehr benutzt werden können – wie zum Beispiel altruistisch, klammernd oder feindselig zu sein – als von Natur aus oder ausschließlich zur Abwehr bestimmt zu klassifizieren.

Selbsttäuschung

Selbsttäuschung braucht nicht mit dem mechanistischen Konzept in Verbindung gebracht werden, nur weil sie mit Abwehr in Zusammenhang steht. Wenn man von Abwehr spricht, ist es nicht nötig, den Begriff *Mechanismus* überhaupt heranzuziehen. Nicht mechanistisch gesprochen, eine sprachliche Alternative, die von immer mehr Analytikern gewählt wird, sobald sie das Modell eines »psychischen Apparates« ablegen, kann man die Sache genausogut so ausdrücken: In anscheinend gefährlichen Zeiten, und um fähig zu sein, weniger ängstlich und in einer weniger eingeschränkten oder schädigenden Weise zu funktionieren, wird das

Subjekt (nicht das Ich) darauf abzielen, subjektive Gefühle der Sicherheit und des Vertrauens zu entwickeln oder wiederherzustellen, indem es gedankliche Formen und Inhalte anwendet, die dazu dienen, bedrohliche Vorstellungen von der augenblicklichen Sachlage sowie bedrohliche Entwicklungen, oder beides, in weniger bedrohliche zu verwandeln. Dies tritt auf in Fällen von Verleugnungen, Idealisierungen und Reaktionsbildungen. Hier wird das Subjekt sich selbst täuschen.

Statt weniger ängstlich zu handeln, kann eine Person natürlich auch abwehrend handeln, um weniger schuldbewußt, beschämt oder deprimiert oder auf eine andere Art weniger schmerzlich und restriktiv zu funktionieren. Diese Varianten in der vorgetäuschten Stimmung und im Handeln verändern nicht die Kriterien dafür, in welche Begriffe Abwehrhandlungen am besten zu fassen sind.

Abwehr durch den Analysanden

Abwehr ist natürlich Abwehr *durch* (defense by) ebenso wie Abwehr *von* (defense against). Alles bisher Erwähnte über die Typen und Fälle der Abwehr und Abwehrmechanismen deutet auf die oft verwirrende Vielfalt der Faktoren hin, die der Analytiker in Betracht ziehen muß. Auf einer höheren Stufe der Abstraktion wird die Abwehr, mechanistisch betrachtet, durch das metapsychologische »Ich« oder, nicht mechanistisch betrachtet, *durch* die Person oder den Handelnden eingeleitet.

Abwehr des Ichs

Abwehr bedeutet ebenfalls Abwehr *von* etwas (defense of). Der traditionelle Analytiker Freudscher Schule betrachtet die Abwehr als Abwehr des Ichs, des anpassungsfähigen »Organs« oder der anpassungsfähigen »Struktur« der Psyche. Es gibt viele Aspekte der Abwehr des Ichs, und welche dieser Aspekte der Analytiker heraushebt, hängt von dem spezifischen intersystemischen oder intrasystemischen Problem ab, das er in den Vordergrund stellt. Probleme in der Beziehung des Ichs zum Es drehen sich um intersystemische Grenzen; konkret drehen sie sich um den Schutz der Ichfunktionen gegen die Gefahren der Überbetonung von Sexualität und Aggression. Die Funktion der Wahrnehmung könnte man zum Beispiel als übermäßig sexualisiert betrachten (von den Sexualtrieben des Es überflutet), wenn sie zur Erreichung voyeuristischer Ziele eingesetzt wird. Genauso kann man von der Erinnerung sagen, sie überbetone die Aggression (von den Aggressionstrieben des Es überflutet), wenn die Fehler und Irrtümer der Mitmenschen unnachgiebig und gnadenlos aufgelistet und wiederholt werden. Selbsttäuschung kann stillschweigend in diesen intersystemischen interpretierenden Zusammenhang geraten, wenn zum Beispiel, obwohl die Person abwehrend bewußt glaubt, sie lese nur zum Zweck der Bildung, der Analytiker interpretieren kann, sie lese ebenfalls aus sexuellen Gründen, vielleicht sogar hauptsächlich, um sich in einen sexuell erregten Zustand zu versetzen. In einem anderen Fall liest sie vielleicht nicht nur zu Bildungszwecken, wie sie bewußt behauptet, sondern auch und unbewußt aus aggressiven Gründen, vielleicht vor allem, um gewisse familiäre oder gesellschaftliche Gepflogenheiten zu verletzen oder zu zerstören, oder um eine »vernichtende« Kritik über einen verhaßten Rivalen vorzubereiten.

Probleme in den Beziehungen des metapsychologischen Ichs mit dem Überich und dem Ichideal drehen sich darum, die Notwendigkeit zur Selbstbestrafung zu verringern, Mitmenschen gegenüber Genugtuung zu leisten und sich vom Verlust der Selbstachtung zu erholen. Und all dies scheint eine Reaktion der Person auf schmerzliche Erfahrungen von Schuld und Scham zu sein oder ein Ausdruck derselben. Selbsttäuschung gerät in diesen intersystemischen Zusammenhang, wenn man zum Beispiel beim Lesen, vorgeblich aus Gründen des Vergnügens, Wettbewerbs oder Vorteils, interpretieren kann, es werde zumindest teilweise als unbewußt durchgeführter, schwerwiegender Akt der Selbstbestrafung oder Buße durchgeführt (zum Beispiel um auf gewisse gesellschaftliche oder erotische Vergnügungen zu verzichten).

In der metapsychologisch begründeten Strukturtheorie der Psychoanalyse hat das Ich ebenfalls organisatorische oder intrasystemische Probleme mit sich selbst, und auch in diesem Zusammenhang benutzt es Abwehrmaßnahmen. Man kann sogar von ihm sagen, es beschäftige sich mit Abwehr der Abwehr, wie im Falle einer bewußten Pollyanna-Haltung der Verleugnung, die ein projizierend paranoides Mißtrauen anderen gegenüber abwehrt. Analytiker erörtern diese Konflikthandlungen gewöhnlich als eine Widerspiegelung der Probleme des Ichs, sowohl die eigene Organisation gegenüber potentiellen traumatischen Bedrohungen aus der Umgebung aufrechtzuerhalten, als auch die Schwierigkeiten zu lösen, die von Natur aus mit der Koordination oder Verschmelzung der vielfältigen Ziele, Funktionen und Inhalte des Ichs verbunden sind. Vielfältige intrasystemische Schwierigkeiten sind beispielsweise sich gegenüberstehende und sich auflösende Widersprüche zwischen Überzeugungen, Werten und persönlicher Loyalität. Selbsttäuschung kann zum Beispiel die Form annehmen, daß man sich als interessierter an gesellschaftlichen Beziehungen darstellt als man durch seine Handlungen tatsächlich demonstriert, wie beispielsweise wenn man trotz reichlicher Gelegenheiten nichts mit anderen, vorgeblich interessanten oder angenehmen Leuten unternimmt.

Eine vollständige Analyse bedeutender klinischer Phänomene muß ebenfalls einen Hinweis auf all die intersystemischen und intrasystemischen Probleme enthalten, die gerade besprochen worden sind. Analytiker sprechen in dieser Hinsicht von multipler Funktion (Waelder, 1930) und Kompromißbildung (Freud, 1899). Typischerweise richten sie die Aufmerksamkeit immer wieder auf eine Reihe solcher Probleme, bis sie zufrieden sind, daß sie zusammen mit dem Analysanden die nötigen Einsichten heraus- und durchgearbeitet haben.

Herauszuheben, daß Abwehr die Verteidigung *von* etwas bedeutet, heißt teilweise, wieder auf den adaptiven Aspekt von selbsttäuschenden Handlungen hinzuweisen. Man darf in diesem Zusammenhang jedoch nicht vergessen, daß das, was ein Patient adaptiv verteidigt, nicht unbedingt mit einer herkömmlichen Verwendung des Begriffs *adaptiv* übereinstimmen muß. Zum Beispiel hält ein Analysand vielleicht in scheinbar nicht adaptiver Weise an der rosigen Sicht einer schrecklichen beruflichen Situation fest; erst nach der Analyse wird der Analytiker in der Lage sein, den adaptiven Aspekt dieser rosigen Sicht zu begreifen (zum Beispiel ermöglicht sie es dem Patienten, zur Arbeit zu gehen). Der Analytiker verwendet Adaption nicht in der Bedeutung von herkömmlicher Anpassung oder Konformität (Hartmann, 1953). Er meint etwas, das näher an sozialisierte Überlebenswerte herankommt und an die Mittel-zum-Zweck Beziehungen, die diese Werte mit enthalten und zu deren Unterstützung sie verwendet werden, von denen jeder oder alle höchst individualistisch oder traditionell mißbilligt sein können.

Ziele der psychoanalytischen Interpretation

Analytiker gehen von der Annahme aus, je verzweifelter die Umstände sind, unter denen eine Abwehrhandlung eingeleitet wird, desto rigider werden die Abwehrreaktionen eingesetzt. Unter weniger extremen Bedingungen, wenn die Abwehr weniger rigid aufrechterhalten werden muß, weil aus geringerer Verzweiflung heraus Zuflucht zu ihr genommen wird, kann sie manchmal sogar vom Subjekt selbst abgeschwächt werden. Zum Beispiel könnte die Person in entsprechendem Zusammenhang feststellen, daß sie ihren Neid auf einen starken Rivalen rationalisiert, indem sie denkt, sie verleihe nur einem Gefühl für Schicklichkeit Ausdruck. Dann kann sie diese Abwehrreaktion bremsen. In einem anderen Zusammenhang könnte sie sich beruhigen, nachdem sie aufgebracht gewesen war, und erkennen, daß sie sich aus verletztem Stolz heraus so angestrengt, ja sogar tyrannisch bemüht hatte, an anderen herumzunörgeln, um sie zu demütigen und somit, wie sie hoffte, ihre eigene Selbstachtung wiederherzustellen. Daraufhin könnte das Subjekt mit größerer Stabilität seinen üblichen, toleranteren und weniger selbsttäuschenden Standpunkt wieder einnehmen.

Unter den vielen möglichen Leistungen der psychoanalytischen Interpretation, bereitet sie den Analysanden darauf vor oder unterstützt ihn dabei, sich selbst unabhängig und regelmäßig zu korrigieren oder weniger zu täuschen. Durch Interpretation wird die Verzweiflung in den prototypischen Gefahrensituationen der Kindheit verringert, in deren Denkkategorien die Person unbewußt weiterhin ihre Erfahrungen gestaltet. Die psychoanalytische Interpretation macht sie auch mit ihrem charakteristischen, zuvor unbewußt angewandten Repertoire an Abwehrhandlungen sowie deren Entwicklungsgeschichte und Phantasieinhalt vertraut. Die

Psychoanalytische Interpretation tut dies, um der Person zu helfen, die Anzeichen zu erkennen, wenn sie sich bedroht fühlt und bereits damit beginnt, abwehrend zu reagieren in einer Weise, die sie sich nun sicher nicht mehr wünscht. Und die Interpretation verringert die multiplen, mehr oder weniger irrationalen Ziele und Gefühlshaltungen, die im Lauf der Zeit von diesen Abwehrhandlungen unterstützt wurden, eine Entwicklung, die sie noch unentbehrlicher wirken ließ als sie ursprünglich zu sein schien. (Dies geschieht zum Beispiel, wenn das Bedürfnis, gefällig zu sein, durch eine abwehrende Reaktionsbildung gegenüber Feindschaft im Lauf der Zeit auch andere, schlecht angepaßt restriktive Funktionen wirkungsvoll unterstützt, wie etwa Aufmerksamkeit und Sympathie zu gewinnen, indem man sich in übermäßig nachgiebiger oder »rückgratloser« Art darstellt oder seine Angelegenheiten entsprechend betreibt.)

Selbsttäuschung und Erzählung

In der Abwehr beschränkt sich das Subjekt auf das, was bewußt dargestellt und erfahren werden kann und schließt damit den bedrohlichen Inhalt X aus seiner Vorstellung aus von ... von was? Seinem Selbst? Seiner Persönlichkeit? Seinem Ich? Seinem Wesen? Seinem Bewußtsein? Eine einzige, richtige und ausschließliche Antwort auf diese Frage gibt es nicht. Jede der von mir vorgeschlagenen Antworten ist zulässig, jede deckt ein etwas unterschiedliches Spektrum von Phänomenen ab, und jede hat in dem einen oder anderen philosophischen, literarischen oder psychologischen System von Vermutungen und Gedanken ihre Verwendungen gefunden.

In den vorangehenden Teilen dieses Kapitels habe ich versucht, der Berechtigung meiner Behauptung Geltung zu verschaffen, daß man zu psychoanalytischen Zwecken das als Abwehr, Wunscherfüllung, Strafe und Anpassung bezeichnen kann, was man herkömmlich als ein und dieselbe Handlung darstellen würde. Die zu verwendende Bezeichnung sollte von den Zielen des analytischen Beobachters abhängen sowie von dem Kontext der Methode und der Bedeutungszuschreibung, die durch diese Ziele oder im Einklang damit eingeführt wurden. Betrachten wir zum Beispiel die Verdrängung, die das Subjekt anscheinend befähigt hat, schreckliche Ereignisse in seiner Kindheit zu ertragen. *Im Kontext der sozialen Entwicklung* könnte man sagen, diese Verdrängung war zu jener Zeit und unter jenen Umständen eine wesentliche Anpassungshilfe. Dann wird Verdrängung nicht nur als Abwehr, sondern ebenfalls als Anpassungsprozeß dargestellt. Im Gegensatz dazu möchte der Analytiker später *in einem klinischen Kontext*, wenn die Eignung dieses Opfers für eine psychoanalytische Behandlung beurteilt werden soll, die gegenwärtige, pathologische Rigidität und den Umfang der abwehrenden Verdrängung hervorheben, die einmal diesen psychologischen Überlebenswert hatte. Dann stellt der Analytiker diese Verdrängung vielleicht in erster Linie als äußerst teuer erkaufte und einschränkende Abwehr dar.

Ich wende den bekannten Lehrsatz an, daß kein einziger Zweck einer Handlung als unwiderruflich, maßgeblich, ausschließlich oder endgültig dargestellt werden kann. Erzählerischen Vorrang gibt man vielleicht der besonderen Schilderung einer Handlung erst, nachdem ein Zusammenhang von Zielen, Überzeugungen, Umständen und Handlungsweisen sorgfältig auseinandergeklaubt wurde, oder wenn es wenigstens reichlich Grund gibt zu der Annahme, der Zuhörer oder Leser würde diesen Zusammenhang sehr gut kennen. Wie eine Handlung geschildert wird, hängt davon ab, wie man sie darlegen möchte. Keine Handlung kann verständlich oder zweckdienlich dargestellt werden, wenn sie nicht in Zusammenhang mit einer impliziten oder expliziten Erzählung steht. Der erzählerische Kontext hilft dem Leser, die angewandte Schilderungsweise zu verstehen, während die Schilderung gleichzeitig der weiteren Entwicklung und Überzeugungskraft der erzählerischen Darstellung dient. Diese Art von wechselseitiger Interaktion zwischen dem Ganzen und seinen Teilen scheint informative oder klärende Verständigung zu beinhalten.

Man könnte einwerfen, es sei inkohärent, auf »*eine* Handlung« oder »dieselbe Handlung« in verschiedenen Beschreibungen zu verweisen, da unterschiedliche Beschreibungen doch auch unterschiedliche Handlungen darstellten. Der Ausdruck »dieselbe

Handlung« verliert damit alle Bedeutung oder alle Macht, das Gesagte einzukreisen oder nachzuprüfen. Man kann jedoch geltend machen, dieser Einwurf berücksichtige nicht die Tatsache, daß wir uns, um uns überhaupt zu verständigen, im Hinblick auf Gleichheit oder Identität behelfsmäßig an Gewohnheitsregeln halten. Die Gewohnheitsregeln liefern uns kürzeste Darstellungen von Handlungen – zum Beispiel Küssen oder Schlagen. Eine solche Kurzdarstellung ermöglicht den Anfang einer Antwort auf die Frage: »Worüber reden wir denn überhaupt?« Es ist nur ein Anfang insofern als die Kurzdarstellung keinen ausführlichen und ausgearbeiteten Zusammenhang liefert, in dem man die Handlung in irgendeiner brauchbaren Art und Weise betrachten kann. Zusammenhänge für Handlungsbeschreibungen werden aufgebaut mit einer Betonung auf Motivation, praktischen Folgen, ethischer Bedeutung, geschichtlichem Umstand oder was sonst noch Kurzdarstellungen für unser Interesse ansprechend machen könnte. Die Bedeutung eines solchen Zusammenhangs leitet sich seinerseits wiederum von noch größeren Zusammenhängen ab; abhängig davon, was für Erkundigungen eingezogen werden, müssen diese größeren Zusammenhänge möglicherweise definiert werden. Die Grenzen dieser Zusammenhänge sind bis ins Endlose verschiebbar.

Ich behaupte nicht, daß die Kurzdarstellung nicht selbst erzählerisch begriffen wird, denn selbst eine höchst knappe Beschreibung einer Handlung kann man als Ausdruck einer Wahlmöglichkeit betrachten, die mit einem verborgenen Erzählungsaufbau übereinstimmt. Dennoch verbleibt es uns, in jedem Fall einer Kurzdarstellung zu fragen: Als was sollen wir es sehen und warum? Die regulativen und generativen Einflüsse der Beschreibung sind minimal. Uns bleiben viele Abstufungen von Freiheit – wenn auch unter den vorherrschenden Bedingungen nicht die totale Freiheit. Es gibt Einschränkungen, obwohl die psychoanalytische sowie einige andere Interpretationsarten in den Geisteswissenschaften aufzeigen, daß diese Einschränkungen weit weniger sind als es dem durchschnittlichen Erzähler lieb wäre. Zum Beispiel könnte man manches Küssen als Angriff wiedererzählen, der einem Schlagen sehr nahekommt, ebenso wie man manches Schlagen als sadistische Form des Liebens wiedererzählen kann, das einem Küssen sehr nahekommt.

Kurz gesagt behaupte ich also – vorläufig und immer offen für kritische Überprüfung und Überarbeitung –, daß wir von unterschiedlichen Beschreibungen derselben Handlung sprechen können, obwohl wir nur mit den unterschiedlichen Varianten dieser Handlung arbeiten und im Prinzip niemals zu der Handlung selbst gelangen können. (Das ist richtig mit Ausnahme für gewisse gewohnheitsmäßig akzeptierte Kurzdarstellungen, über deren Erzählbarkeit nachzudenken nicht zur Sache gehört.)

Um nun zur Abwehr zurückzukehren: Kein Beispiel einer Handlung ist daher in der Darstellung darauf beschränkt, nur (1) eine Abwehrhandlung – oder selbsttäuschend zu sein. Im Prinzip ist es immer möglich, und vielleicht auch zutreffender, sie ebenfalls darzustellen als: (2) eine oder mehrere Wunscherfüllungen, (3) einen oder mehrere Anpassungsversuche, (4) eine oder mehrere Bestrafungen, (5) jede beliebige Kombination oder jeder Kompromiß aus den vier Möglichkeiten, (6) jede andere Beschreibung dieser Möglichkeiten, Kombinationen oder Kompromisse und (7) jede andere Beschreibung der Abwehr oder einer selbsttäuschenden Handlung (zum Beispiel kann man unter gewissen Umständen eine abwehrende Reaktionsbildung auch als Fall von abwehrender Identifikation darstellen).

Auch geben wir aus gewissen erzählerischen Gründen vielleicht eine Darstellung von der Handlung, die weniger beinhaltet als wir einbringen könnten. Zum Beispiel sind die Darstellungen, die von Analytikern in ihren Niederschriften festgehalten werden, nicht immer so umfassend wie sie es sein könnten, weil eine Handlung vielleicht nur zur Beschreibung einer besonderen Abwehrhaltung oder eines besonderen Wunsches eingehend betrachtet wird. Daß viele von Freuds Beispielen zur Wunscherfüllung in Träumen von dieser freiwillig vereinfachten Art sind, kann leicht aus dem Gegensatz zwischen ihnen und den Beispielen der vielschichtigen Behandlung von Träumen gefolgert werden, wie er sie in seiner Arbeit mit Dora (1905a) verwendete, einer Arbeit, mit der er sich etwa in derselben Zeit befaßte, in der er auch sein Traumbuch schrieb (1900). In einem Erzählzusammenhang war er einfach, in einem anderen hingegen komplex; tatsächlich gibt es sogar in der »Traumdeutung« selbst eine beachtliche Spannweite an Komplexität. Eine ähnliche Spannweite der Komplexität charakterisiert die Interventionen und die schriftlich festgehaltenen Beispiele eines jeden *fähigen* klinischen Analytikers.

Da soviel Beschreiben, Berichten und Erklären davon abhängt, welche Darstellungsart von der Handlung gewünscht wird, kann man das Thema Abwehr und damit die Selbsttäuschung mitten im interessanten und sinnträchtigen Reich der Erzählung ansiedeln. In diesem erzählerischen Reich werden andere Fragen gestellt als in Freuds mechanistischem und objektivistischem metapsychologischen Reich. Nun wird, gewöhnlich auf versteckte Art, gefragt: Was für eine Geschichte will ich als Beobachter erzählen? Was für eine Geschichte bin ich nun verpflichtet zu erzählen (vorausgesetzt, ich habe mich gleichzeitig darauf festgelegt, eine folgerichtige und verständliche Darstellung zu liefern), nachdem ich angefangen habe, einen klinischen oder theoretischen Bericht um eine spezielle Beschreibung herum zu organisieren, das heißt, als mein angedeuteter Handlungsstrang? Zum Beispiel wird, wenn man die Beschreibung *Abwehr* verwendet, ein kriegsähnlicher Handlungsstrang eingeführt, und im Interesse der erzählerischen Folgerichtigkeit und Verständlichkeit legt sich der Autor fest, diesem Handlungsstrang zu folgen. Begriffe wie *»Abwehr«,* Abwendung, Angriff, Infiltration, Durchbruch, Zusammenbruch, Verstärkung und Wiederaufbau können verwendet werden: Das sind Begriffe, die in den herkömmlichen psychoanalytischen Erörterungen der Abwehr eine herausragende Rolle gespielt haben, und von denen man insgesamt sagen kann, daß sie eine Folge von demselben kriegslustigen Handlungsstrang sind und von ihm reguliert werden. An anderer Stelle (siehe zum Beispiel Kapitel 14), habe ich versucht zu zeigen, daß der Begriff *Widerstand* (ein enger Verwandter der Abwehr) eine Festlegung auf denselben feindseligen Handlungsstrang einführt und daß er die technisch wünschenswerten unvoreingenommenen und bestätigenden Aspekte der psychoanalytischen Praxis entstellen oder beschränken kann.

In Kapitel 2 habe ich bereits ausgeführt, daß der Begriff »Handlungsstrang« der »Metapher« vorzuziehen ist, ebenso wie dem Enthüllen einer Metapher oder dem Auflösen metaphorischer Erfordernisse, weil er meiner Einschätzung nach über offensichtlichere generative und regulative Begriffsinhalte verfügt. Der Begriff Handlungsstrang deutet darauf hin, daß es einige Varianten der Geschichte gibt, die man aktualisieren kann, vorausgesetzt der Geschichtenerzähler beachtet nur genügend der herkömmlichen Einschränkungen (folgt dem »Strang«). Diese herkömmlichen Einschränkungen sind normalerweise nicht übertrieben einschränkend, doch gibt es in der Regel einen Punkt, an dem aufmerksame Leser oder Zuhörer sich zu fragen beginnen, ob nun vielleicht eine andere Geschichte erzählt wird; zum Beispiel wird man eine folgerichtige Betonung von Erfahrungen entspannten Vergnügens im Zusammenhang mit einer Darstellung von Abwehr für eine Änderung der Geschichte halten, wenn nicht klargemacht wird, daß und wie dieses entspannte Vergnügen für die Geschichte der Abwehr von Bedeutung ist.

Den Begriff »Handlungsstrang« zu bevorzugen bringt außerdem keine Vernachlässigung oder Ausschließung der Metapher mit sich. Zusammen mit Thema, Vorstellungsbild, dramatischer Szene und ausdrucksstarken Gesten ist Metapher als eine der Möglichkeiten zur Einführung eines Handlungsstrangs zu betrachten, und zwar eine unentwickelte oder nur angedeutete Möglichkeit. Die Enthüllung einer Metapher oder das Herausarbeiten ihrer Implikationen sollte als das Deutlichmachen ihrer Hintergründe und die Definition ihrer erzählerischen Konsequenzen betrachtet werden.

Folglich kann man Selbsttäuschung als eine begriffliche Beschreibung betrachten, die von der Weiterentwicklung zweier verbundener Handlungsstränge herkommt: vom *»Selbst«* und von *»Täuschung«*. Als nächstes gebe ich eine Darstellung der Probleme, die von dieser Verbindung von Handlungssträngen hervorgerufen werden sowie von deren generativem Potential und regulativen Wirkungen.

Der Handlungsstrang des Selbst

Wir wollen die strittigen Punkte zuerst von der Seite des Handlungsstrangs des *Selbst* betrachten. Nachdem wir davon ausgegangen sind, daß Selbsttäuschung bedeutet, der Handlungsstrang sei so angelegt, daß das Selbst sich selbst belüge, stoßen wir auf die-

selben Probleme wie in den Darstellungen des mechanistischen Ichs, das, wenn es etwas abwehrt, sich selbst zu täuschen scheint und, was in Freuds (1926) Darstellung gleichermaßen eigenartig ist, daß es dies tut, nachdem es sich selbst mit Angstimpulsen signalisiert hat, Abwehr (Täuschung) sei angebracht. Freud bemerkte, die Täuschung des Ichs werde unbewußt ausgeführt. Als er diese Gedanken entwickelte, schien er zu argumentieren, daß dieser unbewußte Aspekt der Täuschung sowohl eine notwendige Schlußfolgerung aus analytischen »Daten« sei (Analysanden geben keinerlei Anzeichen, etwas von ihrem abwehrenden Verhalten zu wissen) als auch eine Forderung des gesunden Menschenverstands (eine Täuschung kann nicht gelingen, wenn man weiß, daß es eine Täuschung ist). In seinen Studien zur Abwehr unterbreitete Freud den Gedanken, daß er auf eine weitere Form des Unbewußten gestoßen sei, das heißt, einem Unbewußten, das *nicht* verdrängt worden war (1923a). Mit diesem Vorschlag versuchte Freud jene unendliche, sich rückwärts bewegende Erklärung zu vermeiden, nach der es eine Abwehr der Abwehr der Abwehr ad infinitum geben müßte. Doch indem er eine weitere Form des Unbewußten in sein Modell einführte durch die Annahme, eine unbewußte Gruppe mentaler Funktionen könne eine andere solche Gruppe täuschen, etablierte er eine weitere Form des Geistes in dem metapsychologischen mentalen Apparat. So hat, wenigstens in dieser Hinsicht, eine multiple Ich-Erzählung den Platz der Geschichte des Ichs, das sich selbst täuscht, eingenommen.
Eine Variante dieses zweiten Bewußtseins oder dieses zweiten Ichs taucht im Handlungsstrang der *Selbst*täuschung auf. Nicht daß wir gezwungen wären, die seltsame und zwangsläufig nicht überzeugende Geschichte zu erzählen, in der das Selbst sich selbst täuscht; statt dessen müssen wir die Geschichte von einem Selbst erzählen, das ein anderes Selbst täuscht. Selbsttäuschung ist ein Ereignis in einer Erzählung, in die ein multiples Selbst eingeführt wurde. In dieser multiplen Selbst-Erzählung müssen wir jedes Selbst als fähig ansehen, autonom zu handeln, und wenigstens ein Selbst als fähig, im verborgenen zu handeln. Eine solche Geschichte kann man ungefähr auf dieselbe Art erzählen wie die Geschichte einer Person, die eine andere täuscht. Damit unterscheidet sich die

Darstellung: »Ich habe mir etwas vorgemacht« nur wenig von: »Er hat mir etwas vorgemacht.« Die generativen und regulativen Rollen des Handlungsstrangs sind dieselben. Ob in die Geschichte nun eine oder mehrere Personen eingeführt werden, sollte ihre Entwicklung nicht beeinflussen. Man braucht nur ein Selbst-Paar, das entweder einer Person gehört oder zweien, von denen jedes Selbst seine eigenen Fähigkeiten, Antriebe und Motive hat. Wenn eine Person wenigstens zwei »Selbste« haben kann oder hat, kann die Geschichte von der Selbsttäuschung ungehindert fortgeführt werden. Dann muß nur ein anderes Bewußtsein – tatsächlich ein multiples Bewußtsein – in diese Geschichte eingeführt werden. Und es kann nicht in Frage gestellt werden, daß nur eine Person das Subjekt dieser Geschichte ist; das philosophische Problem, wie sich die Identität einer Person aufbaut, wird nicht gestellt (genausowenig wird es natürlich gelöst).

Wie ich zuvor bereits argumentiert habe, gibt es viele Selbst-Erzählungen, und viele Formen des Selbst sind nach den Geschichten benannt worden, in denen sie auftreten sollen. Es gibt das wahre Selbst, das falsche Selbst, das kohärente Selbst, das fragmentierte Selbst, das öffentliche Selbst, das geheime Selbst, das sexuelle Selbst, das ideale Selbst und so weiter. Außerdem gibt es ein implizites multiples Selbst in den Begriffen Selbstkontrolle, Selbstliebe, Selbsthaß, Selbstachtung und so weiter (Schafer, 1978). Man denke zum Beispiel nur einmal über das multiple Selbst (einschließlich dem Selbst des Sprechenden) in den folgenden Ausdrücken nach: »Diesen Kampf gegen mich habe ich gewonnen«; »Meine Gefühle haben mich überschwemmt wie eine riesige Woge«; »Ich kann mir nicht verzeihen, mich so aufgespielt zu haben.«

Müssen wir multiple Selbst-Erzählungen ablehnen? Gibt es irgendeinen zwingenden Grund, weshalb man psychologische Erzählungen, die ein sich vermehrendes Selbst einführen, nicht gelten lassen sollte? Das Kriterium der Ökonomie hilft einem nicht, den multiplen Selbst-Erzählungen Grenzen zu setzen oder diese ganz auszuschließen, da dieses Kriterium in der Anwendung immer trügerischer ist, als es zunächst scheinen mag. Einfach nur weniger »Selbste« oder nur ein Selbst zu postulieren, genügt für einen ökonomischen Umgang nicht, da es dann notwendig werden könnte, viele zusätzlichen Annahmen zu machen, um das kleinere Ensemble von Charakteren unterzubringen. War Freud wirklich »sparsam«, als er den problematischen Gedanken vom Ich heranzog, das sich selbst Angstsignale schickt, um die Angst im Ich zu lokalisieren?

Auf den Einwand, multiple Selbst-Erzählungen würden etwas wie ein dämonologisches Modell zur Erklärung menschlichen Verhaltens einführen, kann man erwidern, daß es zur Zeit noch keine andere zufriedenstellende Möglichkeit zu geben scheint, um dem folgenden Rechnung zu tragen: (1) Darstellungen von einer multiplen Persönlichkeit, in denen eine Persönlichkeit die andere beobachtet, jedoch nicht umgekehrt; (2) Darstellungen von posthypnotischer Suggestion, in denen das Subjekt handelt, als würde es ein zweites, abgesondertes Selbst aufrechterhalten, das sich unabhängig den Suggestionen des Hypnotiseurs fügt; (3) Darstellungen der subjektiven Erfahrung von Introjekten, das heißt, Figuren, die in der »Innenwelt« des Subjekts zu sein scheinen und es zu beobachten, zu beurteilen und anderweitig zu beeinflussen scheinen (zum Beispiel eine bewußt erlebte, mütterliche Figur, die als unabhängige peinigende oder bestätigende Präsenz wirksam zu sein scheint); (4) Darstellungen von Spaltungen, die besonders in sogenannten Borderline-Persönlichkeiten deutlich hervortreten sollen, denen zufolge es ein abgesondertes und totalistisches »gutes« oder »böses« Selbst gibt, das um positive und negative Affekte herum organisiert ist und entsprechende »gute« und »böse« andere oder »Objekte« (Kernberg, 1975) hat und, in Kohuts (1977) selbstpsychologischer Theorie, anscheinend sogar autonome Unterformen des Selbst (subselves) wie das »grandiose Selbst«. Wir haben bisher keine Möglichkeit gefunden, diese Darstellungen so zu erörtern, daß die Verwendung von manifesten und latenten multiplen Selbst-Erzählungen völlig vermieden werden könnte. Auf dieser Basis entwickeln wir weiterhin Geschichten mit einem multiplen Selbst, ob uns dies nun paßt oder nicht. Meiner Meinung nach wäre es nützlicher, diese »Phänomene« unter der Beschreibung von komplexen Erzählungen zu betrachten, und außerdem sollten wir die oft lästigen Konsequenzen einer Verwendung des multiplen Selbst-Handlungsstrangs (Thalberg, 1977) nicht länger ignorieren.

Die Dinge werden nicht einfacher, wenn man den alternativen Handlungsstrang mit einem einzigen Selbst betrachtet. Einige Probleme entstehen aus einem Mißverständnis. Die Analytiker, die auf der Existenz von *nur* einem einzigen Selbst beharren, erkennen bezeichnenderweise ebensowenig wie jene, die Darstellungen eines multiplen Selbst verwenden, daß sie eine erzählerische Wahl treffen. Folglich haben ihre Darstellungen von einem Selbst, das einfach *gefunden* wird, einen naiv empirischen Stil. Sie scheinen das Selbst als ein konkretes, mentales Gebilde anzunehmen. Nach diesem monistischen Standpunkt kann es nur ein Selbst (oder ein Bewußtsein oder ein Ich etc.) pro Person geben. Nur eines ist nachweisbar, und nur eines existiert. Das Selbst ist keine von Beobachtern gestaltete Konstruktion – das heißt, eine Möglichkeit, von mentalen und verhaltensmäßigen Handlungen zu erzählen; es ist ein Gebilde in der Natur, das der objektive oder »empathische« Beobachter direkt beobachten kann. Dieser Beobachter kann auch das Subjekt, dessen Selbst es ist, selbst sein. Diese a priorische Darstellung ist holistisch. Sie führt eine Erzählung von grundlegender mentaler Einheitlichkeit ein. Charakteristischerweise bringt diese Erzählung die progressive Differenzierung und Integration (außer unter pathologischen Umständen) dieses einen Gebildes ein, und ebenso dessen regressive Fragmentierung und Fluidität unter Streßbedingungen. Zusätzlich wird dieses Gebilde dargestellt als etwas, das seine Identität über einen längeren Zeitraum hinweg beibehält, obwohl jedes seiner Elemente sich verändern kann. Und angeblich ist es dazu fähig, seine reife Identität wiederzuerlangen, nachdem es sie durch streßbedingte Regression verloren hat.

In der Geschichte des psychologischen Studiums des Menschen sind die Möglichkeiten und Vorteile dieser holistischen Geschichte ausführlich entwickelt worden (Werner und Kaplan, 1963). Wahrscheinlich ist sie bis heute die vorherrschende Erzählform in der Psychologie. Die Geschichte ist sehr gut dokumentiert. Weil sie so bekannt ist, sind wir gewöhnlich nicht darauf vorbereitet, sie als Geschichte zu erkennen. Wir sehen sie nicht einfach automatisch als Möglichkeit, von Persönlichkeitsentwicklung und Handlung zu erzählen. Andere Möglichkeiten, von Entwicklung und

Handlung zu erzählen, wie die des multiplen Selbst, werden zur Seite geschoben. Die Sätze: »Ich bin heute nicht ganz ich selbst«, oder: »Sei ganz du selbst«, werden nur als Ausdrucksweisen angesehen. Entweder werden die Darstellungen der multiplen Persönlichkeit, der posthypnotischen Suggestion usw. ignoriert, oder umständliche monistische Varianten davon müssen entwickelt werden, um mit der Theorie im Einklang zu bleiben.

Ich selbst (1976, 1978, 1983) habe das sich (oft im verborgenen) vermehrende Selbst mißbilligt, bevor ich die Konsequenzen des Standpunkts erkannt habe, daß wir es immer und ausschließlich mit impliziten oder expliziten erzählerischen Darstellungen der Realität zu tun haben und niemals mit der wahren und einzigen Realität. Ich sah diese Vermehrung nicht nur als theoretisch lästig an; ich sah sie ebenfalls als einen Fall von zu Abwehrzwecken bestrittener Handlung und ein Einbeziehen des Phänomens in die Theorie, das eben diese Theorie zu erklären beabsichtigt. Ich bevorzugte die monistische Erzählung.

Ich ziehe die monistische Erzählung immer noch vor, und das größtenteils aus denselben Gründen. Jedoch ist der Handlungsstrang, den ich bevorzuge, nicht der eines Selbst oder eines Bewußtseins, sondern der *einer Person* als handelnde Instanz. Und ich schlage vor, diese Person als einen Erzähler zu betrachten, das heißt als jemanden, der unter anderen bemerkenswerten Handlungen vom Selbst erzählt. Eine Person erzählt zahlreiche Selbstformen, sowohl um wünschenswerte (nicht unbedingt »glückliche«, aber wenigstens durch Abwehr sichere) Versionen ihrer Handlungen und der Handlungen anderer zu entwickeln, als auch um in Einklang mit diesen Selbstformen zu handeln. In dieser Darstellung gibt es kein Selbst, das irgend etwas tut. Statt dessen gibt es eine Person, die Geschichten vom einzelnen Selbst, vom multiplen Selbst, von Selbstfragmenten und verschiedenen anderen Arten von »Selbsten« erzählt, einschließlich eines *täuschenden* und eines *getäuschten Selbst*. Der Erzähler kann natürlich Selbstformen und Selbstzustände dieser Art seinen Mitmenschen zuschreiben, und die Mitmenschen können (und werden) mit diesen in Wechselbeziehung stehen.

Dieses Programm der einzigen Person scheint einen wichtigen heuristischen Vorteil gegenüber dem Programm des multiplen

Selbst zu haben. Die Erzählung mit einem multiplen Selbst erlaubt dem Erzähler-Theoretiker immer, einige wichtige theoretische Probleme zu umgehen, indem er ein weiteres Selbst in das Ensemble der Charaktere einführt; dasselbe pflegten Instinkttheoretiker zu tun, wenn sie ihren Listen von Instinkten neue hinzufügten, um schwierige Phänomene zu bewältigen. Diese Improvisationen aus dem Stegreif bieten wenig Aussicht auf einen fundierten Dialog über Selbst-psychologische »Phänomene.« Obendrein führt die einfache Entscheidung für ein multiples Selbst all die fruchtlosen Probleme ein, wie diese offiziell anerkannten Selbstformen in eine stabile, hierarchisch organisierte Struktur einzuordnen sind. Diese Struktur müßte von einem Super-Selbst kontrolliert oder reguliert werden, nachdem die gebührende Anerkennung auf gemeinhin akzeptierte Darstellungen von groß angelegten Zusammenhängen und die Folgerichtigkeit der Funktionen ausgedehnt wurde. So kehrt das konkretisierte monistische Selbst durch die Hintertür zurück, und wir werden Zeugen, wie die gesamte Unternehmung zusammenbricht.

Um alles noch einmal zusammenzufassen, Selbsttäuschung ist nur ein Beispiel für eine ganze Reihe von problematischen Ideen, die durch Selbsttheorien oder großartige Selbst-Erzählungen eingeführt werden. Es ist von Vorteil, Selbsttäuschung als eine Geschichte zu betrachten, die von den Menschen erzählt wird, um sich selbst und andere als ihre eigenen Betrogenen darzustellen, oder um eine psychoanalytische Interpretation durchzuführen. In dieser Geschichte machen mehr als ein Selbst die Person aus. Die Geschichte der Selbsttäuschung stimmt überein mit zahllosen anderen herkömmlichen Geschichten mit mehreren Formen des Selbst, die immer von Eltern, Freunden, Lehrern, Dichtern, Philosophen, Psychologen, Analytikern usw. erzählt werden. Durch allgemeine Übereinkunft ist es eine Geschichte, die »funktioniert«: Man kann sich damit wirkungsvoll verständigen, und sie hilft, Erfahrung zu konstruieren. Aber sie ist nur eine Variante.

Für diejenigen, die diese Variante des multiplen Selbst nicht akzeptieren ist das kritische Problem nicht, eine definitive, mutmaßlich nicht-erzählerische Darstellung dessen, was Selbsttäuschung *ist*, einzuführen. Sondern es sollten die Ursprünge, die Anlässe, die Gründe und die Konsequenzen der Vielzahl von Selbst-Erzählungen untersucht werden, die in Verbindung mit dem Studium dessen, was scheinbar Spaltungen zwischen Wissen / Nichtwissen und entsprechende Selbsterfahrungsberichte sind, formuliert werden. Auf dieser Basis betrachtet der Analytiker das Ensemble der Selbst-Charaktere in den Darstellungen einer Handlung entsprechend dem Ensemble der Charaktere in einem Traum; Nach der Analyse wird dieses Ensemble von Traumcharakteren als partielle Varianten des Selbst wiedererzählt: das Selbst im Begehren; das Selbst, das zu Gericht sitzt; das Selbst als Kind; das Selbst als das andere Geschlecht, usw.

Der Handlungsstrang der Täuschung

Wir wollen den folgenden Fall als Beispiel nehmen, anhand dessen wir eine Untersuchung des Handlungsstrangs der Täuschung vornehmen: Nach allen gebräuchlichen Maßstäben hat S. M., ein Lehrer, Freude daran, seine Schüler regelmäßig grausam zu behandeln; das heißt, er ist ein sadistischer Lehrer. Er allerdings glaubt seine Schüler fair, sachlich, professionell zu behandeln, und der Gedanke schmerzt ihn, er könnte jemals in seiner Rolle als Lehrer etwas tun müssen, das einer seiner Schüler als grausam empfinden oder ein Zeuge im Klassenzimmer als grausam ansehen würde. Sein Vergnügen sei, behauptet er, ein engagierter Lehrer zu sein. Gewiß würde ein gewöhnlicher Beobachter dazu neigen, zu sagen, S. M. täusche sich selbst. Ist die Diskrepanz der Darstellungen nicht offensichtlich? Wie kann S. M. das nicht erkennen?
Die Zuschreibung einer Täuschung basiert jedoch auf einer Reihe von nicht festgesetzten Annahmen, Interpretationen und offenkundigen Behauptungen. Diese Täuschung ist weit davon entfernt, die unvermittelte Wahrnehmung eines »objektiven« Beobachters von S. M.s »wirklichem« Verhalten zu sein, sondern ist eine ziemlich komplizierte Konstruktion.
Die Konstruktion beginnt mit der Annahme, daß es eine allgemeine Übereinstimmung von informierten und kompetenten Beobachtern gibt (oder diese jederzeit nachgewiesen werden könnte) über den Sachverhalt, daß S. M. seine Schüler sadistisch behandle. Es wird vorausgesetzt, daß eine traditionelle Beschreibung dieser Art von Verhalten auf seiten eines Lehrer existiert, die haargenau

auf S. M.s Verhalten paßt; die Konsequenz dieser übereinstimmenden Gültigkeitserklärung ist, daß eine sadistische Darstellung richtig oder angemessen ist, während eine andere falsch oder unangemessen ist. Sie anders zu schildern würde den uns allen gemeinsamen Sinn für gesellschaftliche Zusammenhänge und die alltägliche Realität verletzen. Die Beweislast liegt nicht bei uns.
Mit der Annahme, daß S. M. diese traditionelle Darstellung kennt oder dazu in der Lage ist, sie in anderen Situationen angemessen anzuwenden, ja sie tatsächlich so verwendet, vielleicht in bezug auf die Handlungen anderer Lehrer oder anderer Autoritätspersonen oder sogar seiner eigenen Handlungen außerhalb des Klassenzimmers, wird die Konstruktion weitergeführt. Außerdem wird angenommen, S.M. wüßte unbewußt, daß die sadistische Darstellung auf sein Verhalten im Klassenzimmer paßt und daß er dieses Wissen sich selbst gegenüber nicht bewußt eingestehen will. Wir gehen von diesen Annahmen aus, wenn wir in Besitz von genügend »Beweisen« der folgenden Art sind (zusätzlich zu S. M.s widersprüchlicher oder zusammenhangloser Verwendung von »sadistisch«). Auf die geringste Andeutung hin, er sei seinen Schülern gegenüber sadistisch, reagiert er überheftig: Er beteuert seine wohlmeinenden Absichten häufiger, gereizter, ängstlicher oder verzweifelter als man erwarten würde. Auch ist er unzugänglich für eine rationale Konfrontation durch andere, die besagt, daß eine herkömmliche Beschreibung auf sein Verhalten passe, die er in anderen Zusammenhängen akzeptiere. Ferner benimmt er sich auffällig frustriert oder anderweitig bekümmert, wenn die Umstände eine weitergehende grausame Behandlung seiner Schüler und das Vergnügen, das er daraus zieht, verhindern. Er übertreibt, untertreibt, vergißt, zieht voreilige Schlüsse, widerspricht sich auf eine Weise, die nicht typisch für ihn ist, wenn er Rechenschaft über die relevanten Situationen und Handlungen ablegen soll. Eine psychoanalytische Untersuchung seiner Lebensgeschichte, Phantasien, Träume, seines Verhaltens in der Liebe usw. bestätigen zwingend »sadistische Neigungen« als die Beschreibung, die auf sein Persönlichkeitsbild am ehesten paßt. Diese Art von »Beweisen« hofft der Psychoanalytiker zu finden, um es zu rechtfertigen, wenn er einigen Menschen bemerkenswerten Sadismus und dementsprechende

Abwehrmaßnahmen (und Selbsttäuschungen) zuschreibt. In S. M.s Fall kann der Analytiker dann sagen, S. M. habe Interesse daran, sich nicht so zu sehen, wie er ist (nämlich sadistisch) und latent selbst zu sein glaubt; er muß sich selbst etwas vormachen.

Uns kann nicht entgehen, wie sehr diese Sicherheit zu erlangen und diese Zuschreibung durchzuführen davon abhängt, ob der Beobachter herkömmliche Beschreibungen, Interpretationen und Ableitungen aus Zusammenhängen einhält, sowie davon, daß die eine Darstellung auf die Begriffe einer anderen reduziert wird. Insbesondere müssen Urteile gefällt werden über Typ und Grad von Widerspruchsfreiheit, Kompetenz, Überreaktion, Unzugänglichkeit, Frustration usw. Dann ist weiterhin zu beurteilen, welche Darstellungen angemessen eine Lebensgeschichte und einen Persönlichkeitsaufbau vermitteln und zusätzliche Urteile, inwieweit spezielle Darstellungen von Ereignissen zu diesen allgemeinen passen und wie gut sie dies relativ zu alternativen psychoanalytischen Darstellungen gesehen tun. Der Beweis besteht nicht aus einfachen, erzählerisch unmittelbaren, objektiven Tatsachen. Was Beweis genannt wird ist, wie jeder andere Beweis, theoriebeladen. Er wird konstruiert in jenem unsicheren Bereich zwischen dem, was vorgefunden wird und dem, was neu geschaffen wird, und dieser »Beweis« wird verwendet, um Schlußfolgerungen zu stützen, die unreflektiert als logisch, sachlich und schlüssig angesehen werden.

Zwei weitere weitreichende Annahmen wirken beim Aufbau der Geschichte von der Täuschung mit: Erstens werden Individuen am liebsten als natürliche und vorrangige Wahrheitssucher betrachtet; zweitens bemühen sie sich in erster Linie bewußt um die Wahrheitssuche. Freud (1911b) hat jedoch andere Vermutungen angestellt. Er nahm an, Befriedigung (das Lustprinzip) sei natürlich und vorrangig, während die Wahrheitssuche (das Realitätsprinzip) nicht nur zweitrangig, sondern schwierig zu erlangen und durchzuhalten und offensichtlich nur ein Kompromiß mit bitterer Notwendigkeit sei; dieser Kompromiß würde eingegangen, um soviel Befriedigung zu garantieren, wie mit der Sicherheit oder, in extremen Fällen, dem Überleben vereinbar sei. Freud (1915a) nahm weiterhin an, unbewußte mentale Prozesse – flüssig, konkret, unlogisch, sehnsüchtig, zeitlos, widersprüchlich – seien vorrangig, während bewußte, rationale mentale Prozesse nicht nur zweitrangig, sondern normalerweise auch nur die bruchstückhaften Ergebnisse von selektiver Verstärkung und Aufmerksamkeit seien. Gewiß sind bewußte geistige Prozesse an sich nicht die besten Führer, um in den maßgeblichen Merkmalen der kognitiven und emotionalen Entwicklung eines Menschen und dessen gegenwärtigem Funktionieren Sinn zu finden. Somit war für Freud nicht die Erklärung von sozialer und persönlicher Inkohärenz das Problem, sondern wie das Erlangen von sozialisierten, objektiven und kohärenten mentalen Prozessen zu erklären ist. Nach seiner Darstellung steht das sprunghafte Wunschdenken am Anfang; wir geben es nie völlig auf; wir arbeiten raffinierte Kompromisse aus, einschließlich vor allem jener, die uns in der abgeleiteten Form sozialer Konformität und Übereinkunft mit all dem versorgen, wonach wir uns als Kinder so inbrünstig gesehnt hatten, wie einen sicheren und befriedigenden Platz in einer sicheren und befriedigenden Familie.

Für Freud war Täuschung also nicht der bevorzugte Handlungsstrang der persönlichen Entwicklung und des alltäglichen Funktionierens. Seine Geschichte reicht vom nicht wahrheitsgemäßen, unbewußten Es zum rationalen, realistischen bewußten Ich. Im Gegensatz dazu scheint die Geschichte der Selbsttäuschung die Geschichte eines rationalen, realistischen bewußten Ichs zu sein, das irgendwie seine Souveränität verliert.

Wer die Täuschungsgeschichte erzählt, ignoriert die Verfügbarkeit von mehr als einer Gewohnheitsregel, um eine Situation oder einen Handlungsverlauf zu beschreiben oder zu erklären. Er ignoriert ebenfalls, wie die einen verfügbaren Gewohnheitsregeln manchen anderen widersprechen, ähnlich den Sprichwörtern, die recht gut zuzutreffen scheinen, solange man sie einzeln nimmt, doch nicht mehr zuverlässig wirken, sobald man sie mit anderen paarweise anordnet, die ihnen mehr oder weniger widersprechen. Obendrein ist es ziemlich schwer, zu einem umfassenden Konsens in menschlichen Angelegenheiten zu kommen, es sei denn, der strittige Punkt wäre so unpersönlich und den Konventionen unterworfen, daß er irrelevant, trivial und uninteressant ist. Ferner ändern sich die Konventionen mit der Zeit, und was wir als wünschenswerte soziale Veränderung sehen, kommt oft von großen Brüchen mit der Konvention. Wir dürfen uns nicht unkritisch auf die Konvention und auf Gültigkeitserklärungen verlassen, die nur auf mündlicher Übereinkunft beruhen, wenn wir Behauptungen darüber aufstellen wollen, was real oder wahr sei.

Mit diesem Wissen ausgestattet, wollen wir zu S. M. zurückkehren. Wenn wir äußern, S. M. behandle seine Schüler grausam, um Lust daraus zu ziehen, leiten wir den Aufbau einer Geschichte ein, die von vielen anderen abhängt. Eine von diesen Geschichte ist die, es gäbe eine überwältigende Koalition von echten und gedachten Zeugen, die S. M.s Verhalten als sadistisch und selbsttäuschend bezeichnen würden. Diese Koalition würde übereinstimmend urteilen, S. M.s Verhalten erfülle genügend Kriterien einer sadistischen sowie einer selbsttäuschenden Handlung, um wenig Raum für Zweifel zu lassen. Ferner würde die Koalition sowohl die Vorstellung zurückweisen, S. M. begreife unmotiviert und inkompetent nicht das Wesentliche, als auch die, er befände sich sicher auf dem Boden einer anderen herkömmlichen Darstellung, wie der, daß er aus seinen Schülern das Beste herauszuholen versuche, indem er einen hohen Standard an Leistung und Anstand aufrechterhalte und strikt durchsetze, ohne sich von dem jugendlichen und manipulativen Geheule und Protestgeschrei davon abbringen zu lassen, und so weiter. Die Analytiker weigern sich, einzugestehen, daß sie möglicherweise Werturteile fällen, die ins Reich legitimer und konkurrierender Erziehungspsychologien und -philosophien gehören. Doch stützen sie sich bei ihren Argumenten auf Tatsachen oder auf bevorzugte Handlungsstränge?

Ich schlage hier die Antwort vor, daß es die Handlungsstränge sind, die die Tatsachen des Falls begründen; welche dieser Tatsachen sollen als bedeutungsvoll angesehen werden (zum Beispiel als Beweis für Sadismus) und wie sollen diese Tatsachen in einer Darstellung der fraglichen Situationen und Handlungen festgelegt werden? Wie das Selbst kann man auch die Täuschung als Handlungsstrang verstehen, und es ist nützlich, dies zu tun. Selbsttäuschung kann man adäquat als die komplexe und koordinierte Ausarbeitung zweier Handlungsstränge ansehen. Der Fall S. M. könnte auch anders erzählt werden, was oft auch getan wird. Aufgrund von Mehrdeutigkeiten auf der ganzen Linie ist es zwar nicht leicht, allerdings jedoch auch nicht unmöglich, alternativen, nicht sadistischen Varianten des Falls Glauben zu schenken.

Ich behaupte nicht, daß die eine Darstellung genauso akzeptabel sei wie jede andere. Vielmehr schlage ich folgendes vor – wenn wir von wahren und unwahren Handlungsdarstellungen sprechen, stellen wir uns in eine Matrix von Erzählungen, zu deren Überprüfung die Möglichkeiten immer offenstehen, sowohl in bezug auf ihre vorkritischen Annahmen und Werte, als auch ihrer Nützlichkeit in dem einen oder anderen Projekt. Einige Varianten der Darstellung von S. M.s Verhalten, wie zum Beispiel die, er sei vollkommen tolerant, würden sich so weit von den Gepflogenheiten und der üblichen Verwendung im gesellschaftlichen oder klinischen Gespräch entfernen, daß sie von Anfang an zum Scheitern verurteilt wären, außer möglicherweise, wenn sie mit offensichtlicher Ironie gestaltet würden. Von diesen Varianten sagen wir, sie sind in jeder verständlichen Darlegung unwahr, unangemessen oder unlogisch. Einige Darstellungen wird man als besser oder näher an der Wahrheit finden als andere aufgrund dessen, daß sie ein höheres Maß an Konsistenz, Kohärenz, Verständlichkeit und gesundem Menschenverstand zeigen als die anderen. Doch in den komplexen Fällen, die für uns am meisten von Interesse sind, können wir nicht auf unanfechtbare, umfassende Beweise zählen, und wir greifen auf rhetorische, ethische und ästhetische Überzeugungskraft zurück oder unterwerfen uns ihr, um zu entscheiden, was besser oder am besten sei. So jedenfalls wird hier die Darstellung verwendet, wie Erzählungen von Handlungen aufgebaut und benutzt werden.

Zusammenfassung und Schlußfolgerungen

Der Analytiker befaßt sich bei seiner Arbeit intensiv mit der Abwehr. Da die Abwehr selbsttäuschende Handlungen bedingt, hat er viel zu dem Wann, dem Warum und den verschiedenen Formen und Transformationen dieser Handlungen zu sagen. Nichts davon gibt ihm allerdings außerhalb eines erzählerischen Entwurfs eine Basis, um etwas zur Beantwortung der Frage beizutragen, wie es überhaupt erst einmal möglich ist, daß jemand sich selbst täuscht. Selbsttäuschung selbst ist die Beschreibung einer Handlung, die eine explizite oder implizite Erzählung einleitet; die Selbsttäuschung legt einen komplexen Handlungsstrang mit einem multiplen interagierenden Selbst an. Wie die Selbsttäuschung kann auch die Abwehr dazu verwendet werden, einen Handlungsstrang anzulegen. Somit steht sie als ein Begriff, der sich sowohl einer Variante mentaler Entwicklung und Funktion anpaßt, als auch gewisse Arten der Aufrechterhaltung und Weiterführung dieser Version vorschreibt, der Überprüfung offen. Ich habe die widersprüchlichen Varianten der Abwehr in Freuds mechanistischer Metapsychologie und meiner Handlungssprache aufgezeigt. Das habe ich getan, um meine These zu untermauern, wonach es erhellend sein kann, sich der Selbsttäuschung in erzählerischen Begriffen zu nähern; das bedeutet, einen Handlungsstrang zunächst auszuwählen und zu beobachten, welche Einschränkungen die Selbsttäuschung auf die Arbeit des Erzählers ausübt, wobei die Konventionen mitgedacht werden müssen, innerhalb derer diese Täuschungen dargestellt werden.

Zweiter Teil

Erzählungen des Geschlechts

4. Kapitel

Probleme in Freuds Psychologie der Frau

Prolog – 1991

Bis auf ein paar geringfügige Änderungen habe ich Kapitel 4 in seinem ursprünglichen Zustand von 1974 belassen. Der Leser, der sich aufmerksam mit meinem Hauptargument für eine erzählerische Perspektive in der psychoanalytischen Theorie und Praxis in Teil 1 (und ebenso in den Teilen 3 und 4) beschäftigt hat, wird ohne weiteres erkennen, wie der Wortschatz der Erzählung an den Schlüsselstellen in die Debatte eingebracht werden kann. Im Gegensatz dazu habe ich Kapitel 5 über Impotenz und Frigidität (ursprünglich 1978 geschrieben) überarbeitet, um es mit meiner gegenwärtigen Perspektive der Erzählung mehr in Einklang zu bringen. Kapitel 5 sollte dem Leser helfen, den Unterschied besser einzuschätzen, den meine Perspektive im Hinblick auf Fluß und Wirkung meiner Erörterungen über das Geschlecht ausmacht. In den Kapiteln 6, 7 und 8 stehen eher erzählerische Erwägungen im Vordergrund.

Die psychoanalytische Ich-Psychologie hat als ihr besonderes Studienobjekt die ganze Person in ihrer Entwicklung und ihrem Leben in einer komplexen Welt eingeführt. Längst ist die Psychoanalyse nicht mehr nur eine Theorie von instinktgeplagten Organismen, turbulenten unbewußten Triebkräften und ähnlichem. Alle Aspekte der Entwicklung müssen als zutiefst beeinflußt vom Lernen in einem Kontext von Objektbeziehungen gesehen werden, die einerseits biologisch lebenswichtig und gelenkt, andererseits aber kulturell geprägt und historisch konditioniert sind. Analytiker betonen ebenso die klinischen wie auch die theoretischen

Gefahren für das psychoanalytische Verständnis, die eine einfache und unmittelbare Reduzierung des manifesten Inhalts auf infantile Triebkräfte darstellt.

Auf dieser Grundlage hat die Ich-Psychologie geholfen, einen lebhaften, beiderseitigen Austausch zwischen der Psychoanalyse und der modernen Biologie, Psychologie, Anthropologie, Geschichte, Sprachwissenschaft, Philosophie, Ästhetik und anderen Disziplinen aufzubauen. Mit gerechtfertigter Vorsicht hat die Psychoanalyse begonnen, sich in der Geschichte der Ideen, von der sie selbst natürlich ein bedeutungsvoller Teil ist, freier zu bewegen. Und innerhalb der Geschichte der Ideen geschieht es früher oder später, daß gut eingeführte Antworten einmal ein neues Konzept benötigen oder durch neue Antworten ersetzt werden müssen, die formuliert werden, um sich mit anderen und vielleicht sogar besseren Fragen auseinanderzusetzen.

Folglich werden Psychoanalytiker, die die Ich-Psychologie wirklich schätzen, die aktuelle weitreichende Diskussion über die Darstellung, Entstellung und Ausbeutung der Frau in unserer Gesellschaft nicht mit einem Schulterzucken abtun. In dieser Diskussion werden fundamentale Freudsche Lehrsätze zur psychologischen Entwicklung von allen Seiten in Frage gestellt, während das gesamte psychoanalytische Unternehmen in weiten Teilen als das Kind und nun der Diener einer männlich dominierten, bourgeoisen Sozialordnung diskreditiert wird. Diese Kritik einfach als militante Rationalisierungen des Penisneids zu interpretieren, der von neurotischen Frauen und deren männlichen Protagonisten an den Tag gelegt wird, ist ein krasses Beispiel für Reduktionismus und intellektuellen Isolationismus und ist gleichbedeutend damit, diese Diskussion schulterzuckend abzutun. Eine Diskussion, die, wie man bemerken sollte, die vorgeblich verzerrte Entwicklung von Männern genauso betrifft wie die von Frauen. Analytiker sollten bereit sein, sowohl die Konzeption als auch die Rolle des Penisneids in der weiblichen Entwicklung neu zu überdenken. Und das ist möglich, ohne viele Erkenntnisse, die seine psychologische Bedeutung betreffen, fallenlassen oder bagatellisieren zu müssen.

Ich möchte hier einige Probleme ins Zentrum der Aufmerksamkeit rücken, die Freuds theoretische Verallgemeinerungen in

bezug auf die Entwicklung und Eigentümlichkeiten der Frau angehen. Diese Verallgemeinerungen haben typische Konflikte und typische rationale und irrationale Lösungsversuche zum Thema. Sie sind somit natürlich bis heute von unschätzbarem Wert, und zwar sowohl für das Verständnis der vielfältigen weiblichen Entwicklungsmöglichkeiten als auch, durch die klinische Psychoanalyse, für die merkliche Milderung neurotischer Störungen in den verschiedensten Fällen. Dennoch gibt es Probleme, und um diesen beizukommen, habe ich die Art und Weise, in der Freud in diesem Zusammenhang seine Theorien aufgestellt hat, in den Brennpunkt der Aufmerksamkeit gerückt. Ich untersuche die Logik und die innere Folgerichtigkeit seiner Ideen; ich versuche, die Vorurteile, die bei der Begründung der Theorie mit eingeflossen sind, die empirischen Beweise, mit denen sie sich befaßt, und die Regeln, nach denen diese Beweise eingeführt wurden, voneinander zu trennen. Obendrein versuche ich, die Verwirrungen, die zwischen diesen drei Bestandteilen der Theorie bestehen, zu identifizieren. Es sind diese theoretischen Partikel und Widersprüchlichkeiten, die bestimmen, *was* über das Geschlecht erklärt wird, *wie* diese Tatsachen miteinander in Zusammenhang stehen, und ob und wo sachliche Fehler und Fehldeutungen bei der Interpretation auftreten.
Es ist durchaus zulässig, die Erörterung anfangs allein auf Freud zu beschränken. Ein Grund dafür ist, daß sich viel der gegenwärtigen Kritik besonders gegen Freud richtet und sich stark auf angeblich repräsentative Zitate aus seinen Werken stützt. Ein weiterer Grund dafür ist: Obwohl Freuds psychoanalytische Nachfolger viele bedeutende theoretische und begriffliche Fortschritte gemacht haben, sind seine Grundannahmen – ja, der ganze Modus seiner Gedankengänge – in der modernen Psychoanalyse immer noch sehr präsent. Folglich können wir uns auf Freud konzentrieren, ohne völlig ahistorisch zu sein. Gleichzeitig dürfen wir jedoch nicht vergessen, daß Freud selbst im Lauf der Jahre viele seiner Gedanken abgeändert hat. Daher müssen wir fragen, ob er nicht auch seine Psychologie der Frau abgeändert hat.
Wie es scheint, hat er dies tatsächlich getan. Er hat letztendlich nicht nur betont, wie wenig er die weibliche Entwicklung im Grunde verstanden habe (1931, 1933); sondern er begann auch,

zusammen mit den Modifikationen zum Penisneid, den bedeutenden und fortgesetzten Einfluß der aktiven, präödipalen Bindung des Mädchens an die Mutter hervorzuheben. Doch dieser Wandel war bei Freud nicht durchgängig, denn in seinen abschließenden Erörterungen über dieses Thema (1937b, 1940), kehrte er im großen und ganzen zu seinem früheren, einfacheren und patriarchalen Standpunkt (1923b, 1925) zurück. Um es klar und deutlich auszudrücken, ist dies der Standpunkt, durch den Freuds Lehrsätze zu besagen scheinen, daß die weibliche Entwicklung sowohl zweitklassig als auch zweitrangig sei: zweitklassig in der Erfahrung des Mädchens und der Frau, und zweitrangig in der Beurteilung der patriarchalen Wortführer der Zivilisation im allgemeinen. Nie hat Freud in dieser Hinsicht einen grundlegenden Wandel vollzogen und diesen fundiert. Aus dieser Tatsache erwachsen so viele Probleme in der Psychologie der Frau.
Ich werde einige wichtige und repräsentative Probleme unter drei Überschriften erörtern: »Das Problem der Moral und Objektivität der Frau«, »Das Problem der vernachlässigten präphallischen Entwicklung«, und »Das Problem der Benennung.«

Das Problem der Moral und Objektivität der Frau

Aus welchem Grund, wenn er überhaupt einen hatte, könnte Freud die Frau als weniger moralisch charakterisiert haben als den Mann? Denken Sie doch einmal über seine Aussage nach:
»... daß das Niveau des sittlich Normalen für das Weib ein anderes wird. Das Über-Ich wird niemals so unerbittlich, so unpersönlich, so unabhängig von seinen affektiven Ursprüngen, wie wir es vom Manne fordern ...
daß es weniger Rechtsgefühl zeigt als der Mann, weniger Neigung zur Unterwerfung unter die großen Notwendigkeiten des Lebens, sich öfter in seinen Entscheidungen von zärtlichen und feindseligen Gefühlen leiten läßt, fänden in der oben abgeleiteten Modifikation der Über-Ichbildung eine ausreichende Begründung« (1925, S. 257–258).

Der Freud, der diese Passage geschrieben hat, war sich sehr wohl bewußt, daß viele oder sogar die meisten Männer erhebliche Mängel hinsichtlich ihrer konventionellen, moralischen Rechtschaffenheit aufweisen. Er sah es an ihrem Privatleben: Man denke an die Männer in dem Fall Dora (1905a). Er erkannte es an ihrem Berufsleben: Man betrachte die skandalöse Behandlung, die Freud durch seine Kollegen im Bereich der Medizin und der Psychiatrie erfuhr. Und er erkannte es im Leben der Männer als Bürger: Man erinnere sich seiner düsteren Bemerkungen über den Ersten Weltkrieg (1915d). Mehr als einmal hat er seiner niedrigen Einschätzung von der Moral der meisten Menschen in der ihm bekannten Welt recht deutlich Ausdruck verliehen. Folglich kann er seine Verallgemeinerungen über die Moral der Frau nicht der Moral der *meisten* Männer gegenübergestellt haben, zumindest nicht in *dieser* Bedeutung des Wortes *Moral.* Was aber hat er dann getan?

In einer Hinsicht schien er sich auf eine bestimmte Eigenschaft zu beziehen, nämlich der moralischen Starrheit, die mehr Männern eigen ist als Frauen. Es schien ihm, daß Männer sich wesentlich weniger leicht in ihrem moralischen Standpunkt durch Appelle an das Gefühl oder sogenannte subjektive Eindrücke erschüttern lassen als Frauen. Männer schienen unbeirrbarer abstrakte und sogenannte objektive Prinzipien zu bejahen und daran festzuhalten. Obwohl man wirkungsvoll argumentieren könnte, daß der Gedanke dieses quantitativen Geschlechtsunterschieds auf einer Auswahl an Kriterien beruht, die zugunsten des Mannes voreingenommen sind und daher mehr oder weniger von falschen Voraussetzungen ausgehen würde, werde ich diesen Punkt vorerst außer acht lassen, um mich eng an Freuds expliziten Gedankengang zu halten. Und ich werde einräumen, *wenn auch nur um einer kritischen Analyse willen,* daß dieser Unterschied real ist.

Als Kliniker würden die meisten Psychoanalytiker, glaube ich, aus der »Tatsache« dieses quantitativen Unterschieds ableiten, daß Männer einfach eine größere Kapazität zur Isolierung von Affekten aufweisen. Wie viele andere, so hat auch Freud angenommen, man würde hysterischen Neigungen häufiger bei Frauen und zwanghaften Neigungen bei Männern begegnen, und er hat die Isolierung von Affekten als einen eigenartig zwanghaften Mechanismus beschrieben (1926). Aus Freuds Verallgemeinerungen scheint somit zu folgen, daß zwanghafte Naturen moralischer seien als hysterische. Aber diese Schlußfolgerung ergibt aus zweierlei Gründen keinen Sinn. Erstens: obwohl Zwanghafte sich zumindest in gewissen Aspekten ihrer Moral von Hysterischen unterscheiden, ist es dennoch sinnlos zu behaupten, man könnte solche Unterschiede auf einer einzigen oder überhaupt irgendeiner Skala messen, da es hierbei nicht um meßbare Größen geht; Zwänge und Hysterie sind Reaktionsweisen oder Einstellungs- und Verhaltenskonfigurationen. Statt einer Quantitätsbestimmung würden wir also nur ein Werturteil in der Verkleidung eines empirischen Vergleichs durchsetzen. Offensichtlich folgte Freud dem konventionellen patriarchalischen Ansatz seiner Zeit und hat *in diesem Sinne* Werte und Beobachtungen verwechselt. (In einem anderen, hier irrelevanten Sinn, gibt es keine wertfreien Beobachtungen.)

Zusätzlich zu diesem logischen Einwand gegen einen unterscheidenden Vergleich muß ein psychoanalytischer Einwand erhoben werden. Selbst in der Annahme, diese Isolierung und diese Starrheit seien echte spezifische Unterschiede, könnte ein Psychoanalytiker niemals eine zwanghafte Moral als eindeutig oder beständig akzeptieren. Und zwar deshalb, weil sich die zwanghafte Moral auf eine Reaktionsbildung gegen anal-sadistische Tendenzen gründet, auf Intellektualisierung, auf irrationale und heftige unbewußte Schuldgefühle und auf eine Menge abwegiger Unmoral, für die ständig Buße getan werden muß oder die auf »magische« Weise ungeschehen gemacht werden soll. Obendrein dienen zwanghafte Tendenzen zu übertriebener Gewissenhaftigkeit als unbewußtes Äquivalent zu Masturbation und Folterung. Das zwanghafte Modell ist, gemäß psychoanalytischem Verständnis, ein wirklich schlechtes Modell für Moralität. Und wenn man für mildere und neutralisiertere Varianten dieser Moralität argumentieren wollte, hieße das, sie immer noch mit milderen und neutralisierteren Varianten der hysterischen Moralität vergleichen zu müssen; somit würden sich die anderen, eben von mir ausgeführten Probleme immer noch stellen. Der Vorwurf des Reduktionismus oder des genetischen Irrtums müßte entweder gegen *beide oder gegen keine* dieser Rückschlüsse auf infantile psychosexuelle Prototypen der Moral erhoben werden.

Bis jetzt scheint Freuds quantitativer Vergleich zwischen der männlichen und weiblichen Moral nicht standhalten zu können. Dann wollen wir ihn nun einmal aus einer anderen Sicht betrachten. Freud schien außerdem anzunehmen, es sei ein Zeichen für eine stärkere Moral, an einmal angenommenen moralischen Standpunkten ungeachtet der Konsequenzen für persönliche Beziehungen festzuhalten, und daß Männer in dieser Hinsicht die Frauen deutlich überträfen. Es gibt zusätzliche Gründe, diese Interpretation Freuds in Erwägung zu ziehen: Er hielt den Liebesverlust für die vorherrschende Gefahrensituation im Leben der Frau, während im Leben des Mannes die Kastration die Hauptgefahrensituation sei (1926); und da Kastrationsangst eine viel stärker narzißstisch abgelöste Sorge ist als die Furcht vor Liebesverlust, da sie weiter vom unmittelbaren Auf und Ab der Liebesbeziehungen entfernt ist, stellt sie eine unpersönlichere Grundlage für die moralische Aktivität dar. In Freuds endgültiger Entwicklungstheorie ist diese Kastrationsangst der Hauptansporn für Entsagungen und Identifikationen, die maßgeblich für die Organisation des Überichs zuständig sind (1923a). Freud kam zu dem Schluß, daß Mädchen, da sie sich ja bereits kastriert glauben, dieser Ansporn, den die Jungen haben, um moralisch zu werden, fehle, und sie folglich Trost und die Wiederherstellung ihrer Selbstachtung darin suchen, von Männern geliebt zu werden und Babys von ihnen zu empfangen (1925).

In diesem Zusammenhang hat Freud offensichtlich zwei Faktoren falsch eingeschätzt. Der eine ist die Rolle, die das Vorbild der aktiven, nährenden Mutter in der Entwicklung des Mädchens spielt; einer Mutter, die ihre eigenen Quellen von Stolz, Anstand und Trost hat. Der andere Faktor ist eine Vielzahl an positiven Rückmeldungen aus der Umwelt, die für die Mädchen und Frauen eine wichtige Rolle spielen. Freuds Aufmerksamkeit war auf die entscheidende Rolle gerichtet, die eine Reihe von unbewußten Gleichungen in der Entwicklung des Mädchens spielen: Mein verlorener Penis = Vaters tatsächlicher Penis = das Baby, das ich vom Penis meines Vaters geschenkt bekommen will.

Freuds Schlußfolgerung scheint zwingend. Nicht nur sehnt sich die Frau unbewußt danach, geliebt zu werden, danach, daß ein Mann in sie eindringt und sie schwängert, sondern sie unterwirft ihre Moral auch noch bereitwillig der Erfüllung dieser Sehnsüchte. Ihre Furcht vor Ablehnung gewinnt oft die Oberhand über ihren, soweit vorhandenen, unabhängigen Sinn dafür, was für sie selbst und andere richtig ist. Kein Freudscher Psychoanalytiker würde die Anwendbarkeit dieser Lehrsätze auf weite Teile der entscheidenden Probleme leugnen, die in der Analyse durch die typisch neurotischen Frauen unserer Kultur präsentiert werden. Doch sicherlich würden dieselben Analytiker ebenfalls bestätigen, daß, was immer die Kastrationsangst des Mannes auch mit der Strukturierung des Überichs zu tun haben mag, diese Angst typischerweise so ungelöst, so anhaltend und so intensiv ist, daß sie den Mann unaufhörlich dazu anstiftet, die konventionelle Moral zu verletzen, und zwar oft sogar in ungeheuerlicher Weise. Folglich muß Freud vor allem Männer im Sinn gehabt haben, als er davor warnte, den Grad der wirklichen Überichbildung beim Menschen im allgemeinen zu überschätzen.
Über Überich-Moral gibt es noch mehr zu sagen. Für Freud ist das unbewußte infantile Überich die Basis der individuellen Moral und begründet deren Charakter. Bezüglich der Entwicklung galt sein unmittelbares Interesse bei der Ausarbeitung seiner Theorie vom Überich der Darstellung, wie und weshalb das Inzesttabu aufgebaut und gesichert wird. Er hat sich nicht ausdrücklich der Konzeption von realitätsangepaßten, organisierten, anpassungsfähigen Moralkodizes gewidmet; später hat Hartmann dies getan (1960). Viele Stellen in seinem Werk deuten jedoch darauf hin, daß Freud in dieser Richtung durchaus feste Vorstellungen hatte. Diese Vorstellungen werden auch in dem Diktum angedeutet, das Freud laut Hartmann gern zitiert hat: Was Moral ist, sei selbstverständlich. Doch in seinem psychoanalytischen Werk hat er nicht, wie er es besser hätte tun sollen, scharf zwischen Überich und Moralkodex getrennt.
Allgemein ausgedrückt sind die Konsequenzen, die aus dieser Unterscheidung folgen, nicht genügend gewürdigt worden. Eine dieser Konsequenzen ist die radikale Änderung unserer Vorstellung

vom Überich. Denn nun sind wir fähig zu erkennen, daß das Überich nicht unbedingt gleichbedeutend ist mit Moral, ebensowenig wie die Moral allein aus dem Überich erwachsen kann, da das Überich eine fanatische, irrationale, größtenteils unbewußte Kontrollinstanz ist, die sich gegen das Selbst richtet und die ausgelöst wird durch Wünsche und Taten, die einen in archaisch vorgestellte, infantile Gefahrensituationen zu bringen drohen. Wie Freud es beschrieben hat, ist das unbewußte Überich zum größten Teil ein dämonischer Aspekt des Geistes* , und als er die Theorie davon entwickelte, war sie nichts anderes als sein Todestrieb eingeschlossen in eine psychische Struktur (1923a, 1930). Der Sinn von Freuds Schlußfolgerung ist, daß es unter anderem ein Ziel der therapeutischen Analyse sei, den Einfluß des Überichs auf die Ich-Funktion zu reduzieren (1933); damit hat er jedoch keinerlei Reduzierung der Moralität gemeint.
Diese strenge Überich-Autorität erzwingt im allgemeinen die respektvolle Befolgung gewisser fundamentaler persönlicher, familiärer und gesellschaftlicher Tabus. In dieser Hinsicht ist es eine Reihe mächtiger, gesellschaftlich orientierter ursprünglicher Verbote und Selbstbestrafungstaktiken. Ebenso hat Freud jedoch veranschaulicht, wie eben diese innere Autorität zerstörerisch auf die Leistungen der Menschen, ihre Liebe und sogar ihre Moralkodizes wirken kann, da sie, wie jede harte und tyrannische Autorität, ständig zu Rebellion, Haß und Selbstzerstörung anregt. In seinen Extremen kann das Überich die Menschen sogar zu Kriminellen machen. Was das Überich letztendlich zur Moral beiträgt, verlangt erhebliche Milderung, bevor diese Moral gesichert sein kann, und das Überich kann sich ganz gewiß nicht selbst mildern; es kann von seinem Sein und seinen gefühlsmäßigen Ursprüngen nicht unabhängig werden.

* Ich sage, das unbewußte Überich ist *größtenteils* dämonisch, da Freud ebenfalls auf einen gütigen, liebenden Aspekt des Überichs hingewiesen hat (Schafer, 1960). Doch auch dieser Aspekt ist archaisch in seinen magischen, grandiosen und absoluten Eigenschaften und kann daher nicht mit einem Moralkodex gleichbedeutend sein; wie der strafende Aspekt kann er nur einen Teil der Geschichte dieses Kodex ausmachen.

Daraus folgt, Freud könnte aus seiner psychosexuellen Entwicklungstheorie womöglich genau die falsche Schlußfolgerung gezogen haben. Wenn ein Mädchen aufgrund seiner anderen Konstellation bezüglich einer Kastration nicht das unnachgiebige Überich entwickelt wie ein Junge, dann könnte es zumindest in dieser Hinsicht besser als ein Junge dazu geeignet sein, einen vorurteilsfreien, realistischen Moralkodex zu entwickeln, der sich hauptsächlich der Aufgabe widmet, eine konventionelle Form des zivilisierten Umgangs der Menschen miteinander zu schaffen. Dies ist möglicherweise die Wahrheit und die Basis für eine weitere, ebenso weitverbreitete Ansicht über die Frau, die Freud in diesem Zusammenhang mißachtet hat: die Frau als Wächterin des zivilisierten Benehmens und der Moral. Ich will hier nicht für oder gegen die logische Unausweichlichkeit oder empirische Wahrheit dieser beiden oder irgendeiner anderen Schlußfolgerung argumentieren. Bevor wir dies tun könnten, müßten wir verschiedene Typen oder Stile von Moralkodizes überprüfen – Annahmen, Artikulation, Flexibilität, Umfang und Anwendungsbereiche eines jeden – und das würde bedeuten, qualitative Unterschiede als genau solche zu untersuchen. Außerdem müßten wir die Entwicklungsreihen bei einer Lockerung anfangs strenger Überich-Verhaltensweisen mit einem sich trotz anfänglich ungenügender Überichbildung festigenden Moralkodex vergleichen. Aus klinischer Sicht betrachtet der Analytiker beide Reihen. Wahrscheinlich könnte ein einziger Faktor oder eine einzige Beschreibung diesbezüglich gar nicht die ganze Wahrheit ausdrücken. Wir müssen also sowohl mit Freuds Einschätzung der Moral von Mann und Frau als auch mit seiner Annahme, daß der Analytiker in dieser Hinsicht messen und generalisieren könne, unzufrieden bleiben.

Können wir mit Freuds verwandtem Standpunkt zufrieden sein, die Frau habe einen weniger objektiven, klaren und scharfen Verstand als der Mann (1920b)? Hier deutete Freud an, daß Frauen neben einer geringeren Überich-Entwicklung eine geringere Ich-Entwicklung als Männer zeigten (obwohl er, als er das 1920 behauptet hat, seine Strukturtheorie noch nicht formuliert hatte; aber man beachte auch seine Abhandlung von 1931). Die Herleitung dieser Verallgemeinerung ist dieselbe, wie ich sie schon bei der Freudschen Beurteilung der weiblichen Moral vorgestellt habe: Kurz, der Entwicklungsanreiz eines bereits kastrierten Wesens sei schwächer als der eines Wesens, das die Kastration fürchtet; das hieße jedoch, zu behaupten, die Kastrationsangst sei, zur Überich-Entwicklung ebenso wie zur Ich-Entwicklung, der größte Ansporn von allen.

Wenn wir nun *vorläufig* zustimmen würden, daß es in der Ich-Entwicklung Geschlechtsunterschiede gäbe oder geben könnte, wie sollten wir diese deuten? Wie schon im Fall der Moral behaupte ich, daß es sich hier um nicht meßbare Unterschiede im Entwicklungsgrad handelt. Sicherlich kann man den Entwicklungsgrad einzelner Fertigkeiten oder Funktionen gemäß der Anwendungsregeln spezieller Skalen messen, um spezielle Leistungen mit standardisierten Methoden deutlich zu machen. Und ganz sicher kann man zwanglose Schätzungen der hier beschriebenen Art vornehmen, sozusagen mit bloßem Auge. Doch insgesamt betrachtet wären solche Unterschiede zwischen den Ich-Funktionen von Mann und Frau, wie auch immer sie ausfallen würden, qualitativer Art, die eher mit Funktions*weisen* übereinstimmen würden als mit der *Menge.* Im Gegensatz zu Freuds Ansicht kann es keine endgültige Antwort auf die Frage geben, ob die eine Funktionsweise der anderen überlegen ist, da diese Frage nur in einem Wertekontext sinnvoll ist. Man kann Erscheinungsformen einer Funktion beschreiben, und verschiedene Erscheinungsformen gegenüberstellen, jedoch nur ein als selbstverständlich angesehenes patriarchalisches Wertsystem konnte zu Freuds unqualifizierter Behauptung führen, Frauen zeigten eine relative geistige Inkompetenz.

Ferner führt dies zu Widersprüchen, die beachtet werden müssen. Wenn Frauen zum Beispiel, wie Freud glaubte, intuitiver und in sehr viel stärkerem Maße empathisch sind als Männer, zeigen sie damit nicht eine andere *Art* von scharfem Verstand? Der Unterschied würde dann überhaupt nicht mehr in der Schärfe liegen, sondern in der Wertschätzung des Urteilenden. Obendrein schwebt über all diesen Erwägungen die Hauptfrage, ob oder in welcher Hinsicht diese Unterschiede überhaupt existieren und, falls das so ist, ob sie unvermeidbar oder erzwungen sind oder zu-

mindest überbetont werden durch unterschiedliche Erziehungsmethoden für Jungen und Mädchen in einer und für eine phallozentrische Welt.
Außerdem bleibt die schwierige Frage nach den großen individuellen Unterschieden *innerhalb* der Geschlechter bestehen.
Hierbei sollte ich hervorheben, daß Freuds feministische Kritiker in einem fundamentalen Sinn Freud sogar sehr nahe sind. Freud stellte die Welt ebenfalls als phallozentrisch dar, auch wenn er dabei die Welt im Sinn hatte, wie sie in der psychischen Realität existiert, während seine Kritiker sich auf die tatsächliche formative und normative Umwelt beziehen. Na, und wenn schon? Die vorrangige und enorme Bedeutung der psychischen Realität können wir ohne weiteres einräumen. Dann würden wir von ihr erwarten, daß sie das Verständnis der sozialen Realität formt, einen bedeutenden Teil der sozialen Realität ausmacht, der wir in Form von anderen Menschen begegnen und, historisch gesehen, einen Großteil des Inhalts und der Organisation der sozialen Realität bestimmt – und an all diese Punkte müssen echte Anpassungen vorgenommen werden. Folglich würde die sexuelle Identität des Kindes durch diese »komplementären Reihen« innerer und äußerer Einflüsse definiert, die Freud regelmäßig in seinen Lehrsätzen zur Entwicklung angeführt hat. Eine einseitige Betrachtungsweise der Realität kann einer näheren Untersuchung einfach nicht standhalten.
Zusätzlich stützte Freud seine endgültige Theorie vom Ich und der Angst stark auf den Gedanken einer längeren Hilflosigkeit des Kindes und der daraus folgenden Bedeutung der Umwelt, sowohl der Umwelt, wie sie wirklich ist als auch der, wie sie in der psychischen Realität erlebt wird; dieser Gedanke zieht die Erkenntnis nach sich, daß sich äußere Realität und psychische Realität gegenseitig formen. In diesem Licht kann man Freuds nachdenklichere feministische Kritiker als jemanden ansehen, der die folgenden Fragen bezüglich der sexuellen Identität erforscht: In welchem Ausmaß formt gesellschaftliche Indoktrination die psychische Realität und reguliert die Entwicklung von Fähigkeiten, Einstellungen sowie Vorstellungen und Werten von sich selbst im Verhältnis zu anderen? Und wie werden solche gesellschaftlichen Einflüsse durch Rollen in der Familie, durch Schulerziehung und

durch die Gegebenheiten des späteren Lebens vermittelt, ebenso wie durch anatomisch-physiologische Unterschiede zwischen den Geschlechtern? Diese Fragen sind den Freudschen Untersuchungen nicht fremd, besonders wenn sie von Ich-psychologisch orientierten Überlegungen beseelt sind. Problematisch dabei ist das patriarchale Vorurteil in der Freudschen Begriffsbildung und Wertung, ein Vorurteil, das männliche und weibliche Rollenmodelle beinhaltet, die in unserer Gesellschaft für selbstverständlich gehalten werden.

In einigen frühen und einleuchtenden Freudschen Abhandlungen zur weiblichen Sexualität stellte Karen Horney (1924, 1926, 1932, 1933) patriarchale Vorurteile in der damals existierenden psychoanalytischen Literatur über das Thema der Geschlechter fest. Allerdings setzte ihre Denkweise – die des autoritativen Wissenschaftlers, der die Merkmale einer Spezies definitiv niederlegen will – die patriarchalische Tradition fort, weitreichende Verallgemeinerungen über die Geschlechter zu formulieren. Diese ist ganz anders als die nichtpatriarchalische Denkart, jene aufregende und sinnträchtige Mischung aus Beobachtung, Eindruck, Entdeckung, Bestürzung und Zurückhaltung, der wir in Freuds Fallstudien und klinischen Abhandlungen begegnen, jenem Teil von Freuds Werk, das er, patriarchalisch, nur als seine »Romane« oder vorläufige wissenschaftliche Daten anzusehen schien (in seinen eigenen Worten könnte ich auch sagen, die weibliche Seite seiner Arbeit). Hier kann ich nur noch auf den Gedanken anspielen, daß phallische Prototypen und Werte in traditionell anerkannten Wissensformen, die von vielen Frauen und Männer gleichermaßen angewendet werden, eine bedeutende Rolle spielen.

Wir müssen zu der Schlußfolgerung gelangen, daß Freuds Beurteilung der weiblichen Moral und Objektivität sowohl logisch als auch empirisch unhaltbar ist. Zu einem großen Teil sind diese Einschätzungen ein Spiegel konventioneller patriarchalischer Werte und Urteile, die als objektive, kulturfreie wissenschaftliche Beobachtungen mißdeutet wurden.

Das Problem der vernachlässigten präphallischen Entwicklung

Da Freud versucht hat, Persönlichkeitsmerkmale und Probleme der Frau überwiegend in Begriffen der phallischen Phase zu ergründen, hat er es versäumt, der präphallischen Entwicklung entsprechende Beachtung zu schenken. Bevor man zum eigentlichen Problem kommt, ist es notwendig, dieses Problem in eine theoretische Perspektive zu bringen. Dementsprechend werde ich zunächst einige Hauptcharakteristika der Freudschen Theoriebildung ausführlich erörtern, die zu erklären scheinen, weshalb er einen derart großen Teil seiner psychosexuellen Entwicklungstheorie auf anatomische Genitalfaktoren stützte.

Die Tatsache, daß Freud sich für seine Psychologie an ein biologisches, evolutionäres Modell gehalten hat (Schafer, 1970b), ließ ihn beim Aufstellen seiner Theorie, und damit bei seinen vergleichenden Betrachtungen von Mann und Frau, die präphallische Entwicklung vernachlässigen. Sein Modell verlangt eine teleologische Auffassung über die Fortpflanzung unserer Spezies (siehe zum Beispiel Freud, 1933, S. 131). Das heißt, es setzt die Annahme voraus, daß jeder einzelne Mensch dazu bestimmt ist, ein Glied in der Kette des Überlebens zu sein. Und diese Annahme beinhaltet zwangsläufig, daß die genitale Sexualität der Höhepunkt der psychosexuellen Entwicklung sei. Dieser Gedanke wiederum beinhaltet zwangsläufig, daß alles andere ein Entwicklungshindernis ist und daher, im Sinne der sogenannten natürlichen Ordnung der Dinge, unnatürlich, defekt oder abnormal sein muß. Folglich gehört prägenitale Lust, da sie nicht der Fortpflanzung dient, im Sexualleben des Erwachsenen bestenfalls ins Vorspiel; ansonsten sind es Perversionen. Und Homosexualität, die gleichermaßen nicht der Fortpflanzung dient, wird nicht als Alternative zur genitalen Heterosexualität angesehen, sondern als sogenannte Inversion. In dieser gesamten Denkrichtung erkennt man deutlich die Wirkung eines verborgenen aber machtvollen *evolutionären Wertsystems.* Gemäß dieses Wertsystems hat die Natur ihren Fortpflanzungsplan, und es ist besser (gesünder, normaler) für den Menschen, »natürlich« zu sein und sich der »natürlichen Ordnung« nicht zu widersetzen. Diese Lehrsätze sind jedoch nicht neutral.

Hier ist eine der großen Ironien in der Geschichte der Psychoanalyse: Selbst nachdem Freud den Gedanken eines Selbsterhaltungstriebs aufgegeben hatte und ganz allgemein weniger Gewicht auf seine Vorstellungen von speziellen instinktiven Trieben legte, dachte er dennoch in mancher Hinsicht in eine ähnliche Richtung weiter und widersprach dadurch seinen bedeutenden klinischen Beobachtungen und Schlußfolgerungen. Im klinischen Kontext war er bereits früh, nämlich in seinen »Drei Abhandlungen zur Sexualtheorie« (1905b), zu der Erkenntnis gekommen, daß genitale Heterosexualität eine schwierige, unvollkommene und mehr oder weniger prekäre Leistung sei, und daß dies so sei, weil sie sowohl eine psychologische Aufgabe als auch eine biologische Eventualität sei. Die Biologie liefert hauptsächlich die Reize, vor allem die eindringlichen, lustvollen und potentiell schmerzhaften Reize der körperlichen Bedürfnisse und der Sinneszonen; es ist die Erfahrung der menschlichen Bezogenheit, die spezielle Ziele und Objekte definiert und hervorhebt. Die Erlangung des Genitalprimats hängt daher sehr stark davon ab, ob ein Kind gewisse Lektionen über sexuelle Lust und Gefahr lernt und eine Art sowie ein Maß entwickelt, diese beiden zu beherrschen. Wegen der Unreife des Kinds wird dieses Lernen und Streben nach Beherrschung viele animistische, unlogische, unrealistische und symbolische infantile mentale Prozesse nach sich ziehen; diese Prozesse, die von den revisionistischen Schulen der Kulturanalyse gewöhnlich mißachtet oder unterschätzt werden, gehören zu den phasenspezifischen Merkmalen der frühen psychosexuellen Entwicklung. Und dieses Lernen steht sehr stark unter dem Einfluß körperlicher Erfahrung in Verbindung mit der Anwesenheit einer Pflegeperson. Wie unreif es auch sein mag, es *ist* Lernen.

In Wirklichkeit hatte Freud gezeigt, daß es für den Menschen in keiner Weise unumgänglich ist, die Spezies fortzupflanzen. Und das war wirklich eine revolutionäre Entdeckung! Da wir nur Gesellschaften kennen, die dank verschiedener Kombinationen aus Notwendigkeit und Tradition darauf abgestimmt sind, Kinder hervorzubringen, neigen wir dazu, die Fortpflanzung selbstverständlich als einen zentralen und unvermeidlichen Aspekt des Menschen anzusehen, wie für andere Tiere auch. Es muß an diesem Punkt nicht darüber diskutiert werden, daß der Mensch sich in entscheidenden Punkten grundlegend von anderen Tieren unterscheidet. Und es sind gerade Freuds klinische Beiträge gewesen, die es ermöglicht haben, zu erkennen, auf wie viele Arten und wie beharrlich die Gesellschaft ihre Nachkommen von Kindheit an zu zeugungsfähigen männlichen und fruchtbaren weiblichen Rollen hinlenkt. Wie unvollkommen dies auch sein mag, wir bereiten in unserer Gesellschaft die Kinder ständig darauf vor, Väter und Mütter in Kernfamilien zu werden. Freud hat ebenfalls gezeigt und besonders hervorgehoben, daß diese Indoktrination sich vom Standpunkt des Kindes aus auf dessen eigene Wünsche, die fruchtbare Rolle zu übernehmen, auswirkt und zu einem Großteil auch in diesem Sinne verstanden wird; hierbei handelt es sich um Wünsche, die auf Identifikationen, Rivalität, Liebe, infantile Phantasien, sinnlichem Begehren des Kindes beruhen sowie auf anderen Variablen, die aus der klinischen Arbeit bekannt sind. Doch haben die Mitglieder unserer Gesellschaft kein Vertrauen darauf, daß die eigenen Zeugungswünsche des Kindes sich letztendlich selbst ihr eigenes Primat aufbauen würden oder könnten; und so planen wir implizit und explizit die psychosexuelle Entwicklung des Kindes. Wir bemühen uns, Männer und Frauen hervorzubringen, die ebenfalls danach streben, Kinder in Kernfamilien zu haben, und die ihrerseits wieder ihre Kinder darauf vorbereiten, dieses Muster fortzuführen und es für gut und natürlich zu halten, dies zu tun und so zu leben.

Obwohl es fruchtlos ist, darüber zu spekulieren, wie sich Kinder entwickeln würden, wenn sie sich in dieser Hinsicht selbst überlassen blieben, so können wir doch die Stellung des Lernens in der fortpflanzungsorientierten Genitalität erwägen, da es andere und reale Arten von Kontrollsituationen gibt. Zum Beispiel beobachten wir in unserer Gesellschaft oft Kinder und Erwachsene, die von ihren Eltern indoktriniert wurden, andere Idealvorstellungen von Geschlechterrollen als die traditionellen fortpflanzungsorientierten zu vertreten. Dies sind die psychologisch maskulinisierten Töchter und psychologisch feminierten Söhne. Obendrein ist

Fortpflanzung keine unvermeidliche Konsequenz der Lust an sexueller Erregung und am Orgasmus; ebensowenig ist heterosexueller Genitalverkehr der einzige Weg zu dieser Lust.
Überlegungen dieser Art heben die zentrale Stellung des Lernens innerhalb der Bewegung des Menschen in Richtung auf die Fortpflanzung hervor. Folglich brauchen wir gar keinen sich selbst verwirklichenden instinktiven Trieb zur Fortpflanzung der Spezies anzunehmen und sollten dies auch nicht tun. Ebensowenig ist es logisch, zu argumentieren, ein solcher Trieb müsse wirksam sein, auch wenn er für unsere Isolierungsversuche nicht zugänglich ist und seine Wirkung sich nicht untersuchen läßt; wenn man ihn nicht untersuchen kann, haben wir auch kein Recht, von seiner Existenz zu sprechen oder, wie Freud es getan hat, ihn in die Grundlagen unserer Entwicklungstheorien einzubauen. Daß er in vorläufigen oder informellen Spekulationen einen Platz haben könnte, die dann vielleicht zu einer bedeutsamen Entdeckung führen, ist eine völlig andere Sache. Logische Probleme in der psychoanalytischen Theorie habe ich an anderer Stelle erörtert (1972, 1973a, 1973b).
Schließlich muß im Hinblick auf *nicht erlernte* Einflüsse auf die psychosexuelle Identität bemerkt werden, daß Freud seine Verweise auf konstitutionelle Unterschiede in der Stärke von Maskulinität und Femininität niemals wirklich in seine psychologischen Lehrsätze über die sexuelle Entwicklung integriert hat. Ferner hat er nicht dargelegt – in der Tat konnte er es gar nicht –, daß er diesen Unterschieden regelmäßig bei den Neurotikern, mit denen er arbeitete, begegnet wäre. Er nahm die Existenz dieser Unterschiede nur an.
Somit ist eine weitreichende Konsequenz aus Freuds Entdeckungen, daß psychoanalytische Erklärungen nicht länger irgendeinen natürlichen oder zuvor festgelegten Höhepunkt menschlicher psychosexueller Entwicklung voraussetzen dürfen. Eine weitere Konsequenz, eine logische Folge aus der ersten, ist, daß andere psychosexuelle Ergebnisse als die reproduktive Genitalität *nur vom Standpunkt der Werte und der damit verbundenen Praktiken der Kindererziehung aus, die den herrschenden Mitgliedern einer Gesellschaft gemeinsam sind,* Krankheiten und Entwicklungshinder-

nisse genannt werden können. Wenn wir von Perversionen, Inversionen und deren Heilung reden, operieren wir im Bereich der gesellschaftlichen Wertsysteme, die sich auf als selbstverständlich angesehene evolutionäre Pflichten beziehen; wir bewegen uns nicht im Bereich biologischer Notwendigkeit, psychobiologischer Störung oder eines wertfreien Empirismus. Es gibt keine nachgewiesene Beziehung zwischen diesen Wertsystemen und psychoanalytischen Einsichten, obwohl es zwischen diesen Wertsystemen, der Religion oder anderen existentiellen Alternativen eine Beziehung geben könnte. Natürlich soll nichts von alledem leugnen, daß die klinische Psychoanalyse tiefgehende und schmerzliche Konflikte auf diesen Gebieten um ein Vielfaches verringern kann und dies oft auch tut, oder daß es nicht legitim oder unvermeidlich sein kann, Krankheit vom Standpunkt der Wertsysteme aus zu definieren. Doch der Analytiker sollte wissen, was er tut oder tun könnte. Man kann das Argument weiterführen, indem man hervorhebt, wie sehr Freud uns geholfen hat, den gesellschaftlich weitverbreiteten, starken Abscheu gegen sogenannte sexuelle Abweichler sowie deren Herabsetzung und Verfolgung zu verstehen. Er hat gezeigt, daß sich diese heftigen Reaktionen auf drei Faktoren gründen: Eine gewisse Unsicherheit in der eigenen heterosexuellen Genitalität, die die meisten nichtabweichenden Menschen befällt; eine mehr oder weniger große Furcht, die jenen Menschen gemeinsam ist, welche sich Befriedigungsweisen hingeben, die ihre heterosexuelle Genitalität widerlegen würden; und eine gewisse Bereitschaft ihrerseits, dieses unterdrückte Begehren auf andere zu projizieren und es dann zu verfolgen. Diese *Unsicherheit* drückt verschiedene unbewußte Fixierungen an und Regression zu dem eigenen homosexuellen und prägenitalen Begehren aus, und diese Drohung und *Verfolgung* spiegeln den heftigen, teilweise verinnerlichten gesellschaftlichen Druck wider, der gegen die etwaige Übernahme dieser abweichenden Sexualrollen ausgeübt wird. Dieser Druck hat die archaischen Phantasien des Kindes von Lust, Zerstörung, Kastration, Verlust des Selbst und anderer sowie Verlust von Liebe und Sicherheit natürlich beeinflußt; und er ist von diesen Phantasien her verstanden worden und hat einen Großteil seiner weitreichenden Macht aus ihnen gewonnen.

Auf derselben Linie hat uns Freud geholfen, die vielen heuchlerischen moralistischen Einstellungen unserer Gesellschaft gegenüber jeder Art von Lust sowie ihren gewöhnlich überaus einschränkenden Sinn für Anstand, besonders in Hinblick auf die Sexualität, zu durchschauen und darüber hinauszublicken. Doch dieses Verständnis der sexuellen Entwicklung und der sexuellen Einstellungen muß auf dem Lehrsatz beruhen, daß menschliche Sexualität in der Tat *Psycho*sexualität ist. Der Begriff der Psychosexualität schließt eine Sexualität der blinden Instinkte, die in der Fortpflanzung der Spezies bei nichtmenschlichen Organismen gipfelt, aus (obwohl sogar für diese Organismen diese einfache Aussage nicht wirklich akzeptabel ist); und es schließt eine Sexualität, die nur aus erotischen Techniken und orgasmischer Potenz besteht, ebenfalls aus. Psychosexualität bedeutet mentale Sexualität, das heißt, eine Sexualität der Bedeutungen und persönlichen Beziehungen, die reale und imaginäre Erfahrungen und Situationen in einer sozialen Welt entwickelt haben und um diese herum organisiert worden sind.
Freud mißachtete diese Konsequenz seiner eigenen, revolutionären klinischen Entdeckung. Er beharrte auf dem biologischen, evolutionären Modell und Wertsystem. So wie dieses Beharren seine metapsychologische Theoriebildung durcheinanderbrachte (Schafer, 1976), hat es auch seine klinische Sicht der Entwicklung vor der phallischen Phase eingeschränkt; dadurch wurde die Entwicklung einer wirklich zufriedenstellenden Entwicklungspsychologie für Mädchen – ebenso wie für Jungen – ziemlich beeinträchtigt. Die Tatsache, daß Psychoanalytiker in der Folge Freuds dazu neigen, diese frühen Phasen als genitale und *prä*ödipale Phasen zu betrachten und sie auch so zu nennen, verrät erhebliche Vorurteile und Beschränktheit im traditionellen Denken.
In seinen wichtigsten systematischen Erklärungen hat Freud wiederholt darauf hingewiesen, daß die mentale Entwicklung beginnen und sich herauskristallisieren würde, wenn die Zeit des Ödipuskomplex zu Ende gehe. Dies sei auch die Zeit, in der definitiv die Grundlagen zu einer fortpflanzungsorientierten Genitalität gelegt würden. Zum Beispiel sprach Freud vom Ich als von einem vor dieser Zeit bestenfalls rudimentären Organ. Auch schien er die

einflußreichen Phantasien von verinnerlichten Elternfiguren und anderen »Präsenzen« zu unterschätzen, die während der ganz frühen Jahre im Überfluß vorhanden zu sein und auch danach noch in gewissem Umfang fortzubestehen scheinen. Ferner vertrat Freud die Ansicht, daß während der Auflösung des Ödipuskomplexes nicht nur die Überich-Struktur, sondern auch das strukturierte und strukturierende Ich aufgebaut würde (1923a); denn erst dann würde das Ich aufgrund seiner neuen Identifizierung und der desexualisierten Energie, die ihm nun für sublimierte Handlungen zur Verfügung stünden, anfangen, als organisierte, unabhängige und einflußreiche Instanz zu funktionieren.

In seiner Strukturtheorie der mentalen Entwicklung lieferte Freud keine völlig adäquate und integrierte Behandlung des Spracherwerbs, der Gewohnheitsbildung, des oralen und analen Phantasielebens, der Narzißmuskonsolidierung, der rudimentären Charakterbildung und vieler anderer früher Faktoren an. Trotz seiner ungeheuren Entdeckungen in bezug auf eben diese präphallischen Faktoren stellte Freud dennoch Phallus, ödipale Phantasien, Kastrationsangst und Fortpflanzung in den Mittelpunkt seiner Entwicklungstheorie. Und doch können wir die Entwicklung der phallischen Phase und des Ödipus-Komplexes sowie die Möglichkeit dieser beiden, zu irgendeiner Lösung zu kommen, nur auf der Grundlage einer beachtlichen präphallischen Ich-Entwicklung zu begreifen beginnen (Schafer, 1968b).

Diese Konzentration auf die elementare fortpflanzungsorientierte Geschlechtlichkeit erklärt einige Unzulänglichkeiten von Freuds Psychologie der Frau. Der wesentliche Punkt läßt sich herausarbeiten, indem man darüber nachdenkt, daß Freud die katastrophale Reaktion des Mädchens auf die Entdeckung des anatomischen Geschlechtsunterschieds und seine daraufhin im Grunde unversöhnliche neidische Einstellung für ziemlich selbstverständlich gehalten hat. Freud interessierte sich erstaunlich wenig für den Hintergrund dieser Reaktionen. Er hat (wie es scheint, fast im Vorbeigehen) auf die von anderen vorgebrachten, spekulativen Gedanken verwiesen, das Mädchen würde deshalb so katastrophal reagieren, weil es durch den vorangegangenen Verlust von Brust und Fäkalien schon entsprechend vorbereitet war; ansonsten gab er keine weiteren Erklärungen. Im Hinblick auf die Gefahrensituationen von Liebesverlust und dem Verlust des Liebesobjekts, die der Zeit der Kastrationsängste vorausgehen, blieben Freuds Kommentare ähnlich schematisch sowie isoliert von Betrachtungen zu einer so intensiven Reaktion des Mädchens auf den anatomischen Unterschied.

Demselben Problem begegnen wir sogar in Freuds wichtigsten Revisionsbemühungen von 1931 und 1933. Obwohl er dort die Aktivitäten des prägenitalen Mädchens, seine »sexuelle Verführung« durch die Pflegehandlungen der Mutter, die natürliche Ambivalenz des Mädchens gegenüber seiner Mutter und seinen Kampf mit ihr um Masturbation betonte, stellte er diese Variablen nicht als Grundlagen für den Kastrationsschock dar. Diese Variablen blieben isoliert. Bald würden sie vom Beginn der »weiblichen (Phase), für die es (das Mädchen) *biologisch bestimmt* ist« (1933, S. 127, Hervorhebung vom Autor) verdrängt. Hierin gibt es also keinen Sinn für eine Kontinuität der Entwicklung.

Um nur noch ein weiteres Problem zu erwähnen: Freud hat zu rasch den Ausdruck *Penisneid* favorisiert für eine ganze Reihe von Gefühlen, Wünschen und Phantasien, von denen der Penisneid schließlich nur ein Teil ist, wenn auch oft ein höchst intensiver und einflußreicher. Hier kann der Einfluß von Freuds Phallozentrismus kaum noch übersehen werden.

Insofern als es das Merkmal psychoanalytischer Untersuchungen und besonders der Freudschen Denkweise ist, im Interesse eines größtmöglichen Verständnisses der Besonderheit einer Reaktion von einem Individuum unter speziellen Umständen nachdrücklich immer weiter zu fragen, vor allem wenn diese Reaktionen intensiv, aufwühlend, zutiefst prägend und fortdauernd von großem Einfluß sind, ist es desto bemerkenswerter, daß Freud an diesem Punkt praktisch keine weiteren Fragen stellte. Es scheint fast so, als wäre es ausreichend zu wissen, daß Mädchen annehmen, sie wären ebenso phallisch wie Jungen und daß sie ebenso aktive wie passive Ziele verfolgen bis zu dem entsetzlichen Zeitpunkt der Enthüllung, Demütigung und des Neids. Aber es ist *nicht* ausreichend. Der psychoanalytische Kliniker muß ebenso wie der Theoretiker neugierig bleiben und muß daher weiterfragen: Weshalb ist das Mädchen so gedemütigt und neidisch? Demütigung und Neid werden durch die Tatsache, daß es einfach nur den Unterschied sieht, nicht erklärt; ebensowenig werden sie davon erklärt, daß es zuvor fraglos der Annahme war, es und der Junge wären anatomisch gleich.

Wenn wir auch nur anfangen wollten, diese Frage zufriedenstellend zu beantworten, müßten wir davon ausgehen, es wäre dem Mädchen bereits vor der Zeit der Demütigung und des Neids ungeheuer wichtig gewesen, daß es zwischen ihm und Jungen keinen Unterschied geben sollte. Und diese Annahme vorauszusetzen bedeutet, direkt in der Mitte der sogenannten prägenitalen mentalen Entwicklung zu landen. An diesem Punkt kann die phasische Lokalisierung auf gar keinen Fall mehr so *prä*genital wirken. Tatsächlich argumentiere ich, daß wir gar keine einfache, selbstverständliche *Schocktheorie* von der Demütigung und dem daraus folgenden Penisneid haben können. Wenn das Mädchen auf diese Art reagiert, deutet alles darauf hin, daß es bereits stark in einen genitalen Vergleich und genitale Unversehrtheit investiert hat und sich Sorgen darum macht. Freuds durchweg begrenzte Sichtweise dieser Entwicklungen zeigt sich deutlich in der Art, wie er das anfangs »unschlüssige und wenig interessierte« Verhalten des Jungen der Reaktion des Mädchens gegenüberstellt, als es mit dem anatomischen Unterschied fertig werden muß: »Sie ist im Nu fertig mit ihrem Urteil und ihrem Entschluß. Sie hat es (den Penis) gesehen, weiß, daß sie es nicht hat und will es haben« (1925, S. 24, Bd. XIV).

Aber das Problem der Bereitschaft zum Kastrationsschock ist nicht die ganze Schwierigkeit. Auf der Suche nach einer genauen Erklärung muß der Psychoanalytiker ebenso nach der offensichtlichen Unsicherheit in der Selbstachtung des Mädchens angesichts der genitalen Entdeckung fragen, wie und wann auch immer sie gemacht wird. In der Tat wird diese Unsicherheit in Freuds Theorie als so groß dargestellt, daß der Zusammenbruch der Selbstachtung im Kontext der Kastrationsphantasie als entscheidender und andauernder Einfluß auf die gesamte mentale Entwicklung und Organisation der Frau betrachtet wird. Wie Freud es sehr viel später ausdrücken sollte, war der Penisneid der »gewachsene Fels«

ihrer neurotischen Probleme (1937b). Doch wieder, wo bleiben Freuds Fragen? Schließlich ist er derjenige gewesen, der uns beigebracht hat, wie man durch Psychoanalyse den historischen Hintergrund und die komplexe Determination des psychologischen Traumas nachweist.*

Selbst nachdem man Zugeständnisse im Hinblick auf eine notwendige Zurückhaltung bei Spekulationen gemacht hat, kann immer noch argumentiert werden, daß Freud zumindest logisch und methodologisch in der Lage war, die Fragen nach der Bereitschaft des Mädchens zu Demütigung und Neid sowie nach der Unsicherheit seiner Selbstachtung zu stellen. Die Antworten, zu denen ich später noch mehr zu sagen habe, würden sich um die Beziehung des Mädchens zu seiner Mutter während seiner ersten Lebensjahre drehen, und sie würden die tiefgreifende Bedeutung dieser Beziehung für das ganze restliche Leben der Tochter nachweisen – wie auch für das Leben des Sohnes. *Daß Freud diese Fragen nicht stellte, scheint zu einem Großteil der Ausdruck seiner Konzentration auf die Fortpflanzungsorgane zu sein, die aus seiner Bindung an ein evolutionäres Modell und Wertsystem und aus patriarchalischen Vorurteilen folgte.* Freud vernachlässigte in beachtlichem Maße zwei zusammenhängende psychologische Variablen, nämlich einerseits die Manifestation des Bewußtseins vor der phallischen Phase und dem Ödipuskomplex, und andererseits die mächtige Rolle, die das Lernen bei der Entwicklung von sexuellen Einstellungen, Rollen und subjektiver Erfahrung spielt. Die Anatomie war zu Freuds Schicksal geworden, und zwar weit mehr, als das eigentlich der Fall hätte sein dürfen.

Anatomie und Fortpflanzung, und Anatomie und Bewußtsein: Die Verbindungsglieder waren geschmiedet. Obwohl Freud sich der frühen mentalen Funktionen deutlich bewußt war, entwickelte

* Methodologisch gesehen war es *in der Zeit, in der Freud geschrieben hat,* klug von ihm, nicht zu eindringlich zu fragen. Er warnte davor, Lehrsätze bezüglich der mentalen Prozesse während der frühesten Entwicklungsphasen zu formulieren, da die relevanten Daten aus der klinischen Arbeit bestenfalls höchst flüchtig, fragmentarisch und widersprüchlich wären, und seine Lehrsätze bezüglich der Entwicklung wurden primär durch die eigentliche analytische Arbeit formuliert und getestet (1931).

er kein *psychologisches* Verfahren, sie zu berücksichtigen. Größtenteils biologisierte er die frühen mentalen Prozesse, indem er sie den Instinkten, der instinktiven Energie, instinktiven Prozessen und Prinzipien wie dem Lustprinzip, dem primären Prozeß und dem Wiederholungszwang zuschrieb; und er betrachtete jeden dieser Instinkte, instinktiven Prozesse und Prinzipien als etwas, das seine eigenen Ziele auf seine eigene Art zu befriedigen sucht. Damit anthropomorphisierte er sie, das heißt, er führte psychologische Lehrsätze durch die Hintertür der Biologie wieder ein (Grossman und Simon, 1969; Schafer, 1976).

Eine psychologische Betrachtungsweise der präphallischen Periode muß die primäre, bewußtseinsbildende, ganz besonders intensive und komplexe körperliche und letztendlich unzerstörbare Beziehung des Mädchens zu seiner Mutter in den Mittelpunkt stellen. Freud befaßte sich jedoch größtenteils damit, die Abkehr des Mädchens von seiner Mutter hin zum Vater als Liebhaber und Erzeuger der Kinder des Mädchens zu erklären. Bei diesen Bemühungen stellte er das Mädchen dar, als hätte es sich einfach gegen seine Mutter gestellt und damit gegen seine eigene, auf Identifikation gegründete aktive Orientierung und seine Klitoris. Doch, um mit den psychoanalytischen Lehrsätzen und Befunden in Einklang zu stehen, muß man das Mädchen und später die Frau als jemanden sehen, der eine zutiefst einflußreiche, weiterhin intensive und aktive Beziehung nicht nur zu seiner tatsächlichen Mutter hat, sondern auch zu dem Bild von seiner Mutter und ihrer imaginären Präsenz, und mit seiner eigenen Identifikation mit dieser Mutter; so muß man das Mädchen bzw. die Frau auch als jemanden sehen, der die Klitoris als einen festen Bestandteil seiner Sexualität annimmt. Wie groß die narzißtische Verletzlichkeit des Mädchens zur Zeit des Kastrationsschocks auch sein mag, sie hätte ihre Geschichte und würde ihre Bedeutung in dieser Matrix finden. Obwohl Freud sich dieser Konsequenz in einigen seiner späteren Abhandlungen näherte, hat er sie dennoch nie erreicht.

Daß Freuds Interpretationenen seiner Untersuchungen auf Werturteilen beruhen, zeigt sich des weiteren bei seiner eingeschränkten Behandlung des Problems der Übertragungsanalyse. Typischerweise deutete er die beobachtete Übertragung, als würde sie in der frühen Kindheit nur auf der ambivalenten Bindung zum Vater beruhen. Selbst in seiner Abhandlung von 1931, in der er seine Psychologie der Frau neu überdachte und die Bedeutung der prägenitalen Beziehung zur Mutter zu betonen begann, spielte er darauf an, daß es vor allem *weibliche* Analytiker wären, welche die frühe Beziehung des Kindes zur Mutter herausarbeiten würden. Damit vernachlässigte er auch weiterhin die essentielle androgyne Rolle des Psychoanalytikers in der Übertragung; was für den männlichen Analytiker in diesem zentralen Aspekt seiner Arbeit bedeutet, seine weibliche genauso wie seine männliche Identität einzubringen. Es gibt wenig Beweise dafür, daß Freud auf mütterliche Übertragungen auf den männlichen Analytiker geachtet hätte oder sie Eindruck bei ihm hinterlassen hätten – so wie er natürlich auch mütterliche Gegenübertragungen auf seiten des männlichen Analytikers völlig unbeachtet ließ.

Es ist nicht falsch zu behaupten, Freud habe dazu geneigt, die Bisexualität zu vernachlässigen, obwohl der Gedanke daran und dahingehend relevante Beobachtungen in seiner Entwicklungstheorie zentrale Elemente darstellen. Diese Vernachlässigung zeigt sich nicht nur in seinen Erörterungen der Übertragung, sondern auch in denen des Widerstands, der Ich- und Überich-Bildung, wie auch in anderen ähnlichen Themen (Schafer, 1976). Er konzentrierte sich derart intensiv und extensiv auf die Position des Vaters, daß es seine Wahrnehmung vom Status der Mutter in der Familie und damit auch ihren Stand in seiner Theorie vehement behinderte. Wieder war es für seine Entwicklungstheorie das Wichtigste, das Mädchen *feminin* und willig sein zu lassen, Liebe und Babys *passiv* von einem aktiven Mann zu empfangen, um damit die Fortpflanzung der Spezies weiterzuführen. Und dafür glaubte Freud eine fortwährende phallische Perspektive zu benötigen. Doch diese Perspektive ist nicht einmal umfassend genug für seine eigenen psychoanalytischen Entdeckungen.

Das Problem der Benennung

Nun müssen wir abwägen, wie sich solche Bezeichnungen wie feminin, passiv und aktiv in beschreibenden und erklärenden Lehrsätzen verhalten. Das ist das Problem der Benennung.
Etwas zu bezeichnen bedeutet auch, etwas zu schaffen und zu verstärken. Indem man sich Worte, die Benennungen sind, ausdenkt und zuweist, erschafft man Wesen und Erfahrungsformen und hebt somit bestimmte subjektive Erfahrungen hervor. Benennungen machen Ereignisse, Situationen und Beziehungen dem psychologischen Leben verfügbar beziehungsweise nicht verfügbar, die ansonsten vielleicht kognitiv unbestimmt geblieben wären. Folglich wird, ob etwas ein Beispiel für Maskulinität oder Femininität, Aktivität oder Passivität, Aggression oder Masochismus, Dominanz oder Unterwerfung, etwas völlig anderes oder überhaupt nichts ist, davon abhängen, ob wir es konsequent so oder so benennen, beziehungsweise es auf Dauer überhaupt nicht benennen und damit seine Existenz nicht darstellen und nicht billigen. Entsprechend üben wir in dem Ausmaß, in dem wir solche Bezeichnungen wie zum Beispiel Femininität und Passivität verbinden oder gleichstellen, einen tiefgreifenden und dauerhaft prägenden Einfluß darauf aus, was es bedeutet, als feminin oder als passiv bezeichnet zu werden. Logischerweise gibt es keine richtige Antwort auf die Fragen, was maskulin, feminin, aktiv und passiv wirklich ist. Es gibt keine vorbegrifflichen Tatsachen, die man entdecken und ins Feld führen könnte. Nur lockere Konventionen gibt es, um die Verwendungen und Gruppierungen der fraglichen Worte zu regeln. Und diese Konventionen müssen, wie alles andere auch, Werte manifestieren.
Zum Beispiel mischen wir in unserer Gesellschaft oft Worte, die sich auf soziale Werte wie Status und sogenannte gute Erziehung beziehen mit Worten, die sich auf die sexuelle Identität beziehen. Eine Dame im Sinne einer feinen Dame zu sein und feminin zu sein, kann man als Äquivalente einsetzen, mit der Folge, daß man von einer Frau, die sich nicht damenhaft benimmt, entsprechend einer bestimmten Bedeutung dieses Wortes behaupten kann, sie sei nicht feminin. In diesem Fall könnte nicht feminin bedeuten,

ungeschliffen, laut, gesellschaftlich zu vorwitzig, sexuell zu abenteuerlustig, intellektuell zu ernsthaft, kosmetisch zu nachlässig oder aufdringlich zu sein. Von einer Frau zu sagen, sie sei nicht feminin, ist daher oft eine Möglichkeit auszudrücken, daß sie sich nicht benimmt oder aussieht wie eine Frau sich benehmen oder aussehen »sollte.« Ein zusätzlicher Teil dieser dürftigen Lektion ist der unausgesprochene Gedanke: »Sie ist schlecht.« Auf diese Weise werden verbale Konventionen, die Werturteile erfüllen, als einfache und unzweideutige Tatsachen ausgegeben – und so auch von den Kindern gelernt (Hartmann, 1960).

Klinische Psychoanalytiker haben viel Gelegenheit dazu, die störenden Einflüsse von kulturellen, familiären und individuellen Konventionen hinsichtlich der wertenden Benutzung von Worten oder Benennungen und von ihren Gruppierungen und Gleichstellungen, besonders was Worte angeht, die sich auf sexuelle Identität, Aggression und persönlichen Wert beziehen, zu beobachten und zu modifizieren.

In diesem dritten und letzten (und allzu kurzen) Teil meiner Erörterung konzentriere ich mich auf ein strategisches Problem der Benennung: Wie Freud die Worte *aktiv* und *passiv* in bezug zu den Worten *maskulin* und *feminin* verwendet hat. Freud zeigte in dieser Hinsicht ein gewisses Bewußtsein – er verwendete und erfand verbale Konventionen. An einer Stelle schrieb er: »Das Männliche faßt das Subjekt, die Aktivität und den Besitz des Penis zusammen, das Weibliche setzt das Objekt und die Passivität fort.« (1923b, Bd. XIII, S. 298). An anderer Stelle schrieb er: »Wir heißen alles, was stark und aktiv ist, männlich, was schwach und passiv ist, weiblich.« (1940, Bd. XVII, S. 115). Abgesehen von seiner Bezugnahme auf den Penis – die in der ersten Aussage fehl am Platz ist, da es sich eher um einen empirischen denn einen definierenden Lehrsatz handelt –, schien Freud zu wissen, daß er keine empirischen Erklärungen dazu abgab, wie Frauen wirklich und notwendigerweise wären. An vielen Stellen bestand er sogar darauf, daß es Frauen der unterschiedlichsten Arten gäbe, ebenso wie Männer. Er wollte nur eine geeignete Rubrik für so persönliche Charakteristika wie Schwäche und Passivität. Die Benennungen, die er wählte, waren maskulin und feminin (oder männlich und

weiblich), und somit ist eine Frau innerhalb dieser verbalen Gepflogenheit in dem Ausmaß maskulin, wie sie aktiv und stark ist, und so weiter (siehe zum Beispiel 1933, S. 114–117).
Wie auch immer unsere Kritik an dieser Wahl von Benennungen lauten mag, zum Beispiel, daß so die Herabsetzung der Frau sowohl angedeutet als auch durchgesetzt würde, scheint es dennoch, als wäre Freud logisch vorgegangen. Tatsächlich hat er jedoch wiederholt den Zusammenhang verloren und hat Definition nicht von Beobachtung trennen können. Freuds logische Differenziertheit hielt ihn nicht davon ab, alle möglichen herkömmlichen patriarchalischen Behauptungen darüber zu machen, wie Frauen tatsächlich seien und sein sollten (zum Beispiel unterwürfig unter die Autorität ihres Gatten). Solche Aussagen lassen darauf schließen, daß alle »richtigen« Antworten zur sexuellen Identität von einem Paar biologischer Prinzipien diktiert werden – dem maskulinen und dem femininen. Freuds wiederholte Bemerkungen über die konstitutionelle Stärke von Maskulinität und Femininität offenbaren, daß dies so ist.
Dieselbe Verwirrung kann man in Freuds Kapitel mit der Überschrift »Über die weibliche Sexualität« (1933) aufspüren. Was maskulin und was feminin war, schien ihm ebenso selbstverständlich zu sein wie was moralisch und objektiv war. Sein Bemühen um eine exakte Definition unterlag seiner Selbstzufriedenheit. Für Freud umfaßte der Begriff feminin somit alles Passive, Unterwürfige und Masochistische; er bezeichnete das willige Objekt der biologisch natürlichen sexuellen und aggressiven Aktivität des Mannes. Diese These muß Freud als eine wissenschaftliche Methode erschienen sein, um die Erhaltung der Art zu garantieren. Im Rückblick können wir erkennen, daß sie jedenfalls der Erhaltung der patriarchalischen Gesellschaftsordnung diente, die Freud, zumindest in seinen Theorien, unkritisch als Realität anzusehen schien. Um es anders auszudrücken, Freud nahm an, es gäbe normative Verbindungen zwischen einerseits weiblich-feminin-passiv-unterwürfig-masochistisch und andererseits männlich-maskulin-aktiv-dominant-aggressiv. Wenn dies so wäre, würde eine Änderung jedes einzelnen dieser Begriffe notwendigerweise eine Änderung aller anderen, damit verbundenen bedingen.

Bei dem Versuch, zu erklären, wie Frauen so werden wie sie angeblich sind, vor allem hinsichtlich ihrer Bemühungen, den Penisneid aufzulösen, machte Freud durchaus einige fundamentale und großartige Entdeckungen. Dennoch ging er mindestens zweimal von unterschiedlich falschen Voraussetzungen aus. Das eine war seine Voraussetzung, daß Frauen tatsächlich *grundlegend* passiv, unterwürfig und masochistisch wären. Die andere war seine Voraussetzung, daß es ihr psychobiologisches *Schicksal* sei, so zu werden, wie sie seiner Aussage nach waren. Folglich arbeitete er mit einer vereinfachten Sicht der Frau und schenkte den Fragen kaum Aufmerksamkeit, ob und in welchem Ausmaß Mädchen ständig von den Mitgliedern einer Gesellschaft, die unbewußt, wenn nicht gar bewußt, diesem Ergebnis verpflichtet sind, dazu verführt und verlockt werden, »so« zu sein.

Ein Großteil der Debatte dreht sich um die Bedeutung des Begriffs passiv. Für Freud ist Masochismus die passive Ergänzung zu sadistischer Aggression; Unterwerfung ist die passive Ergänzung zu Dominanz; geliebt werden zu Lieben; angesehen werden zu Ansehen; schwanger zu sein zu Schwängern (siehe zum Beispiel Freud, 1915b). Wenn sich all diese Passivitäten zu Femininität summieren, dann sollten wir uns besser im klaren darüber sein, wie Freud das Wort *passiv* verwendete. Die Schwierigkeit dabei ist, daß Freud dieses Wort nicht klar oder konsequent verwendet hat. Gelegentlich hat er sich sogar selbst widersprochen. Erstens hat er phänomenologische Passivität mit der Passivität in den Augen des psychoanalytischen Verhaltensbeobachters verwechselt (Schafer, 1968a).

Ein deutliches Beispiel aus der Psychoanalyse ist die sogenannte Schicksalsneurose, in der sich eine Person phänomenologisch wiederholt als unglückliches passives Opfer der Umstände erlebt. Gleichzeitig sieht der psychoanalytische Verhaltensbeobachter die betreffende Person als jemanden, der sein Mißgeschick selbst aktiv herbeiführt, sagen wir einmal als symbolische Kastration für inzestuöse Wünsche oder als Verzichtleistungen, die eine Strafe für unbewußte ödipale Triumphe darstellen.

Zweitens vernachlässigte Freud, als er die Passivität der Frau verallgemeinerte, solche Faktoren wie die unbewußte Identifikation mit dem Partner in jeder bedeutenden Beziehung. Und dabei war Freud derjenige, der durch seine psychoanalytische Methode die Bedeutung dieser Faktoren erst nachwies. In diesem Zusammenhang begreift man zum Beispiel den Masochisten als jemanden, der sich unbewußt mit dem sadistischen Partner identifiziert und dadurch auch stellvertretend dessen Aktivität genießt. Dem muß ich hinzufügen, daß moralische Masochisten in gewissem Maß die Mißhandlungen, die sie passiv zu erleiden scheinen, nicht nur aktiv suchen und provozieren, sondern ihr Leiden auch dazu benutzen, andere zu quälen.

Drittens demonstrierte Freud wiederholt, wie außergewöhnlich fein und komplex das Zusammenspiel von aktiven und passiven Themen im Leben eines jeden Menschen sein kann. Aus dieser Tatsache folgt, daß einseitige oder einfache Charakterisierungen irgendeines bestimmten Projekts als aktiv oder passiv kaum mehr Sinn ergeben, nachdem man die Person und Situation erst einmal gut genug kennt. Und doch ließ Freud sich nicht davon abhalten, auf der Grundlage eben solcher stark vereinfachender Charakterisierungen zu verallgemeinern. Wieder handelte er nicht in Übereinstimmung mit seinen eigenen Entdeckungen und seinen Begriffsverhältnissen.

Vielleicht ist es das Elementarste bei der Analyse von Benennungsproblemen, daß die Entscheidung, Verhaltensweisen oder Ziele oder Einstellungen als etwas Aktives oder Passives zu bezeichnen, in den kritischen Fällen meist der Entscheidung entspricht, von einem Glas Wasser zu sagen, es sei halb voll oder halb leer. Zum Beispiel muß ein Exhibitionist, um sich zur Schau zu stellen, ein reales oder imaginäres Publikum finden, was bedeutet, er muß aktiv sein; und er muß sich anschauen lassen, was bedeutet, passiv zu sein. Ein anderes Beispiel: Geliebt zu werden heißt, passiv zu sein, und doch gibt es so viele Wege, sich liebenswert zu machen und Liebe zu erhalten, die alle unterschiedliche Formen von Aktivität darstellen. Noch ein weiteres Beispiel: Dringt der Penis in die Vagina ein oder empfängt die Vagina den Penis? Hierbei sollte ich hervorheben, daß Freud direkt nach dem Satz, den ich bereits weiter oben in diesem Abschnitt zitiert habe, in dem Freud Subjekt, Aktivität und Penisbesitz als Inbegriffe der Männlichkeit klassifizierte, fortfuhr: »Die Vagina wird ... nun als Herberge des Penis geschätzt; sie tritt das Erbe des Mutterleibes an.« (1923b, S. 298). Kann eine menschliche Herberge passiv sein? Kann ein Mutterleib passiv sein? Wenn wir es vom Standpunkt einer zwischenmenschlichen Beziehung aus betrachten, welches der richtige ist, müssen wir fragen, ob es irgendeinen Sinn ergibt, von einer Frau, die sich auf Geschlechtsverkehr einläßt, zu sagen, sie sei nur passiv, und ob es Sinn ergibt, von einer sorgenden Mutter zu sagen, sie sei nur passiv. Obwohl Freud diese letzte Frage gestellt hat (1933, S. 115), hat er daraus keine Konsequenzen für seine allgemeine Theorie gezogen.

Freuds mangelnde Bereitschaft, weitreichender über Mütter nachzudenken, wird, wie bereits oben bemerkt, darin offenkundig, wie wenig er sich direkt über sie und die Beziehungen zu ihnen geäußert hat, und wie wenig er folglich darüber geäußert hat, wie diese in der Übertragung, im Widerstand und in der Bildung des Ich- und Überich-Systems in Erscheinung treten. Außerdem zeigte er in seinem Werk praktisch kein anhaltendes Interesse an ihrer subjektiven Erfahrung – außer an ihren negativen Gefühlen gegenüber ihrer eigenen Weiblichkeit, ihrem Wert und ihren kompensatorischen Sehnsüchten, geliebt und geschwängert zu werden, vor allem natürlich mit Söhnen. Folglich beschäftigte Freud sich mit den femininen Tendenzen im Mann hauptsächlich vom Standpunkt der zwei Faktoren Kastration und »passive« Homosexualität aus, und er unterließ es, tiefgreifend und systematisch zu erwägen, was es sonst noch mit sich bringen könnte, in unserer Gesellschaft eine Frau zu sein und wie eine Frau zu fühlen, und wie es unter anderen Bedingungen anders sein könnte. Es scheint, als hätte er den Sohn, den Vater und den Kastraten in sich selbst und anderen Männern gekannt, nicht jedoch die Tochter, die Mutter und die Frau.

Um zu der Vorstellung einer feinen Dame zurückzukehren: Es gibt ein viktorianisches Gebot, daß in sexuellen Beziehungen »eine Dame sich nicht bewegt.« Der moderne Psychoanalytiker muß diese Rolle nicht als Passivität erkennen, sondern als eine verzweifelte Form von Aktivität: eine drastische Hemmung verlangte, diese inaktive Rolle zu spielen. Das Hemmen mag unbewußt ausgeführt und von bewußter Abscheu ergänzt werden, und das Fundament zu diesem Verhalten würde in der frühen Kindheit gelegt werden müssen, aber dennoch ist es Aktivität, zumindest ebensosehr wie alles andere auch. Besonders von Freud haben wir viel über diese unbewußte Aktivität gelernt. Doch obwohl Freud als Kliniker immer gegenüber den vielen Formen, die unbewußte Aktivität im Leben der Frau annehmen kann, wachsam war, nannte der Theoretiker Freud, als er sich mit der Entwicklung sexueller Identität befaßte, diese Hemmung Passivität und machte sie zum Kern der Weiblichkeit.

Abschließende Bemerkungen

Freud arbeitete innerhalb einer biologisch-medizinischen Tradition des neunzehnten Jahrhunderts, für die er nicht verantwortlich war. Er wandte die Konventionen, die diese Tradition ausmachten, nur an und erweiterte sie. Diese Tradition war gekennzeichnet von einer Verschmelzung mechanistischer und evolutionärer Denkweisen und patriarchalischer Selbstzufriedenheit. Sie gründete sich auf bestehende Prinzipien der Natur, wie Aktivität–Passivität und Maskulinität–Femininität und andere weitgehende Verallgemeinerungen, die dazu bestimmt waren, die Natur in den Griff zu bekommen. Zudem war es Tradition, an die Vorstellung eines wertfreien Empirismus zu glauben und auf die Leistungen des ausgesprochen objektiven Wissenschaftlers stolz zu sein. Somit war diese Tradition philosophisch zu unreif, um das anzuerkennen, was heute zum Glück eingeführt ist: die pluralistischen, relativistischen, linguistischen und unvermeidbar wertenden Aspekte der unterschiedlichen Formen von Wissen. Betrachtet man das Werk Freuds mit Blick auf diese Übermacht, ist es jedoch nur um so eindrucksvoller. Dennoch sind wir in diesem geschichtlichen Augenblick dazu verpflichtet, die problematischen Aspekte und Einschränkungen der Beiträge Freuds zur Psychologie der Frau zu erkennen und zu klären. Es gäbe noch so viel zu diesem Thema zu sagen, ebenso wie zu dem damit zusammenhängenden Thema der Angst, die den Mann zeit seines Lebens verfolgt und sowohl seine Beziehungen zu Frauen als auch die zu anderen Männern durchdringt: die Angst, selbst zweitklassig und zweitrangig zu sein.

5. Kapitel

Die phallozentrische Erzählung von Impotenz und Frigidität

Impotenz und Frigidität, seien sie nun wirklich, eingebildet oder befürchtet, sind zwei der verbreitetsten und beständigsten Probleme von Mann und Frau. Und es gibt kaum ein anderes menschliches Anliegen, das so von irrationalem Denken durchdrungen ist. In der Regel werden Impotenz und Frigidität als das schlimmste Versagen überhaupt angesehen. Die Achtung der eigenen Person und die anderer hängt in prekärer Weise von der sexuellen Leistung sowie deren zugedachter Bedeutung ab. Einige Betroffene, die im Schatten dieser Sorgen leben, vermeiden verzweifelt jeglichen Geschlechtsverkehr und vielleicht sogar gesellschaftliche Beziehungen, während viele andere sich selbst oder der Welt immer wieder genauso verzweifelt beweisen müssen, daß sie weder impotent noch frigide sind, und auch gar keinen Grund haben, sich davor fürchten zu müssen. An diesen Sorgen in bezug auf Impotenz und Frigidität zerbrechen sogar gleichgeschlechtliche Freundschaften, und zwar aus Scham, Prahlerei, Konkurrenzdenken und glatter Unehrlichkeit, zu denen diese normalerweise Anlaß geben. Überdies manifestieren Männer wie Frauen diese sexuellen Probleme durch Verschiebung in viele andere Lebensbereiche wie körperliche, berufliche, intellektuelle und gesellschaftliche Fitness und Wertmaßstäbe. Obwohl diese Bereiche weit von dem der Sexualität entfernt scheinen, sind sie unbewußt mehr oder weniger mit sexueller Bedeutung behaftet. Schließlich bleiben nur noch wenige Lebensbereiche übrig, die nicht unbewußt, wenn nicht gar bewußt, von diesen Sorgen heimgesucht werden.

Psychoanalytiker haben einiges über direkte und verlagerte Ausdrucksformen dieser wirklichen, imaginären und antizipierten

Störungen gelernt. Die fraglichen Phänomene auch nur zu beschreiben und zusammenzufassen, was über sie in Erfahrung gebracht wurde, würde ganze Buchreihen erfordern. Und dies nicht nur, weil es so viel zu beschreiben gäbe, sondern auch weil sich die Psychoanalytiker nicht einigen können, was man denn nun als vordringlichstes beschreiben und erklären solle und wie das geschehen solle. Da ich jedoch etwas anderes im Sinne habe als das, widme ich den ersten, einführenden Teil dieses Kapitels nur einigen fest etablierten deskriptiven und erklärenden Hauptpunkten.

Hauptsächlich möchte ich in diesem Kapitel aufzeigen, wie man einen Phallozentrismus schon in der Art und Weise erkennen kann, in der Beobachter ihre Erzählungen, die das fragliche Phänomen definieren und beurteilen sollen, üblicherweise konstruieren. Diese Erzählungen führen diskriminierende Beschreibungen persönlicher Handlungsweisen ein, die mit den traditionellen sexistischen Vorstellungen konform gehen; was es bedeutet, ein Mann oder eine Frau zu sein, oder was die Unterschiede zwischen dem Maskulinen und dem Femininen sind. Auf diese Weise beeinflussen sie unsere Beobachtungen der Sexualität von Anfang an, da unsere Wahrnehmung niemals von unseren Haupterzählungen getrennt sein kann.

Es würde jedoch den Umfang dieses Kapitels sprengen, sich auch mit anderen sexuellen Beziehungen als der heterosexuellen zu befassen.

Psychische Impotenz und Frigidität

Man gewinnt nichts für den gegenwärtigen Zweck, wenn man sich mit strikten klinischen oder deskriptiven Definitionen von Impotenz und Frigidität abquält; ein einzelner Versuch kann nie erfolgreich sein, weil die erzählerischen Möglichkeiten, die diese Definitionen liefern, viel zu zahlreich sind. Aus bestimmten Gründen, die noch deutlich werden, ist es jedoch wichtig zu verhindern, daß Voraussetzungen für Fähigkeiten, Kapazitäten, Leistungen, Erfolg und Versagen in unsere Definitionen einbezogen werden.

In der Hauptsache bezieht *Impotenz* sich auf eine zeitweise oder völlig fehlende Peniserektion oder eine fehlende Ejakulation, während der Mann anscheinend versucht, den heterosexuellen Akt vollständig durchzuführen. Etwas großzügiger verwendet kann sich der Begriff *Impotenz* auch auf frühzeitige oder minimale Ejakulation sowie auf eine teilweise Erektion beziehen. Dahingehend betrachtet, scheint die Vorstellung eines gewissen Grades an Impotenz begrifflich durchaus angemessen zu sein. Die Fälle von Impotenz mit einer klaren organischen Ätiologie sollen uns hier nicht weiter interessieren.

Freud verwendete den Begriff *psychische Impotenz*, um alle Fälle mit psychologischem Ursprung abzudecken, aber auch und vielleicht sogar vor allem im engeren Sinne, um die wesentlich häufigeren Fälle *selektiver* Impotenz abzudecken. Selektive Impotenz bezieht sich auf die Männer, die den Sexualakt nur mit einem bestimmten Frauentyp durchführen können; gewöhnlich handelt es sich hierbei um »gefallene« Frauen, denen gegenüber der Mann zärtliche, liebevolle und respektvolle Gefühle ausklammern kann. Über diese Männer hat Freud (1912a, S. 183) gesagt: »Das Liebesleben ... bleibt ... gespalten ... Wo sie lieben, begehren sie nicht, und wo sie begehren, können sie nicht lieben.« Die selektive Impotenz ist die Form, der man in der klinischen Praxis am häufigsten begegnet, besonders wenn man die Tatsache berücksichtigt, daß sie als periodisches Phänomen ebenso häufig in bezug auf eine bestimmte Frau beobachtet wird, vielleicht die Ehefrau des Mannes, wie in bezug auf einen Frauentyp.

Im allgemeinen Sprachgebrauch bezieht sich die *Frigidität* bei der Frau auf fehlendes sexuelles Begehren, mangelnde Leidenschaft und geringfügige Lust am sexuellen Verkehr; der Begriff kann auch bewußte Abneigung gegen den Geschlechtsakt beinhalten. Wir können von Frigiditäts*graden* sprechen. Den Schwierigkeiten des Mannes mit Erektion und Ejakulation entsprechen die vaginale Enge und Trockenheit der Frau, die ihre sexuelle Erregung weiter mindern und ihre Abneigung gegen den Akt steigern, da sie während des Verkehrs gewöhnlich Schmerz und Angst vor Schmerz hervorrufen. Manche verwenden den Begriff *Frigidität* für das vollständige Fehlen eines Orgasmus. Was Freud über psychologische Impotenz im engeren Sinn berichtete, läßt sich mit entsprechenden Änderungen auch auf Frigidität anwenden: Psychologische Frigidität bezieht sich gewöhnlich auf selektive Frigidität, ob nun gegenüber einem bestimmten Typ von Mann oder gegenüber einem bestimmten Mann zu verschiedenen Zeiten. Wenn nicht anderswo, zeigt sich diese Selektivität am ehesten in der erregten und orgasmischen Masturbation, die von sonst frigiden Frauen oft praktiziert wird.

Freud (1910b; 1912a, S. 183) beobachtete an der eingeschränkten sexuellen Aktivität des selektiv impotenten Mannes folgendes: »Sie ist launenhaft, leicht zu stören, in der Ausführung oft unvollständig, wenig genußreich.« Die eingeschränkte Sexualität der selektiv frigiden Frau zeigt dieselben Merkmale.

Durch die Untersuchungen Freuds und vieler Analytikergenerationen nach ihm ist nachgewiesen, daß eine Vielzahl an Faktoren berücksichtigt werden muß, bevor man behaupten kann, individuelle Fälle von Impotenz und Frigidität erklären zu können. Es gibt keine einzelne, einfache, kausale Erklärung und auch keine einzelne, einfache Darstellung der Gründe. Tatsächlich kann man sogar sagen, es gibt keinen einzigen wichtigen Aspekt der persönlichen Entwicklung und Existenz, der nicht als Bedingung oder Grund für diese Störungen vorkommen könnte. An erster Stelle unter den von Freud hervorgehobenen Faktoren steht die unbewußt aufrechterhaltene inzestuöse Bedeutung des Geschlechtsakts. In Fällen von Impotenz und Frigidität ist diese Bedeutung verstärkt und wird unverhältnismäßig bedrohlich empfunden; der Betroffene versucht damit fertig zu werden, indem er seine liebevollen und erotischen Gefühle aufspaltet und die letzteren ausschließlich auf »in Schande lebende« oder anderweitig ungeeignete Personen richtet. Für den Mann gibt es unter anderem den unbewußt störenden Einfluß der Kastrationsangst verbunden mit einer ödipalen Rivalität gegenüber seinem Vater. Und für die Frau gib es zusätzlich die unbewußt angenommene, beschämende Tatsache ihrer Kastration, die Mischung aus Sehnsucht und Bitterkeit, die durch ihre frustrierten Wünsche hervorgerufen wird, die Kinder ihres Vaters zu gebären und ihre neidische, habgierige oder zerstörerische Haltung gegenüber dem Penis ihres Partners.

Ferner wird der störende Einfluß einer übertriebenen, unbewußt aufrechterhaltenen homosexuellen Bindung an den Elternteil gleichen Geschlechts – der inverse oder negative Ödipuskomplex –

oft in heterosexuelle Beziehungen hineingetragen und macht sich auch in dieser Hinsicht bedrohlich und unbefriedigend bemerkbar. Eine Spaltung kann ebensogut durch spezielle Ängste hinsichtlich der sogenannten voyeuristischen und exhibitionistischen Aspekte sexueller Intimität hervorgerufen werden. Diese Aspekte haben ihren Ursprung gewöhnlich in kindlichen Beobachtungen oder Vorstellungen der Urszene, das heißt der elterlichen Vereinigung. Sie beinhalten wahrscheinlich Furcht oder Scham davor, sexuelle Erregung zu zeigen oder zu sehen sowie vor dem eingebildeten Schaden und dem bedrohlichen Potential der weiblichen Genitalien.

Heute erkennen Psychoanalytiker mehr denn je, daß zusätzlich zu ödipalen und genitalen Einflüssen auch *präödipale* oder *prägenitale* Einflüsse im heterosexuellen Leben eines Mannes oder einer Frau in bedeutendem Maße wirksam werden. Und zwar bis zu einem Grad, in dem das Präödipale zum Störfaktor werden kann (nicht werden muß), wenn eine Person zum Beispiel den Geschlechtsakt unbewußt als verschlingend und verfolgend oder exkrementartig schmutzig und zerstörerisch ansieht. Die Spaltung kann auch durch eine imaginäre, nicht akzeptable Notwendigkeit von Grausamkeit und Leiden in der sexuellen Aktivität bewirkt werden. Die Sexualstörung dient dann möglicherweise dazu, den Partner zu schützen und Schuldgefühle abzuwenden. Verwirrung verbunden mit den frühen und instabilen Phasen der Differenzierung des Selbst (oder des Ichs) von den Mitmenschen des sozialen Umfelds kann einen Menschen befürchten lassen, er könnte sowohl das Selbst als auch die Welt durch wachsende Intimität, steigende sexuelle Erregung und einen Orgasmus verlieren.

Von Fall zu Fall schreiben Analytiker diesen und anderen, gewöhnlich unbewußt wirksamen Faktoren unterschiedlich starke Bedeutung zu. In einigen Fällen mögen manche dieser Faktoren vorhanden sein, ohne einen offensichtlichen Bruch in der sexuellen Leistungsfähigkeit und ohne mangelnde Befriedigung hervorzurufen. Tatsächlich findet man sogar oft vor, daß für gewisse Menschen einige der meist zerstörerischen Faktoren ein notwendiger Bestandteil der sexuellen Leistung und Befriedigung sind. In manchen dieser Fälle, wie zum Beispiel wenn inszenierte Grausamkeit und Leiden im Spiel sind, spricht der Analytiker von Perversionen. Freud zählte diese sogenannten perversen Merkmale zu den vielen »Liebesbedingungen« und ordnete sie damit derselben Gruppe zu wie das Spalten von Gefühlen und Personen, das ich weiter oben erwähnt habe. In diesen Fällen bekommt der Analytiker wahrscheinlich Gelegenheit, Darstellungen von Impotenz und Frigidität auch in anderen Lebensbereichen als dem direkt sexuellen zu interpretieren. Häufiger allerdings ist der Fall, daß diese »perversen« Merkmale nur unbewußt ausgearbeitete und abgelehnte Phantasien bleiben und mehr als Störung des sexuellen Friedens auftreten statt als offenkundige »Liebesbedingungen«; gleichzeitig stören sie vielleicht den Frieden bei der Arbeit und in anderen Lebensbereichen eines Menschen. In vielen Fällen kann der Analytiker ein ganzes Netz von Interpretationen dieser bewußt abgelehnten perversen Phantasien weben und auf diesem Wege gute Fortschritte erzielen. Er kommt vor allem dann bei der Reduzierung und Eliminierung sowohl von direkter Impotenz und Frigidität als auch verlagerten oder symbolischen Varianten davon in der Arbeit und anderswo voran, wenn sie in der Übertragung sichtbar werden.

Bevor ich diesen einführenden Überblick abschließe, muß ich noch zwei weitere Bereiche bekannter Beobachtungen erwähnen. Erstens vollziehen viele Männer und Frauen den Geschlechtsakt mittels bewußter Phantasien, die sie während seiner Durchführung entwerfen. Typischerweise drehen sich diese Phantasien um einen anderen als den tatsächlichen Partner, und manchmal schließen sie sogar auch oder statt dessen das eigene Selbst aus. Außerdem werden in diesen Phantasien oft Beziehungen dargestellt, die nichts mit geschlechtlicher Vereinigung zu tun haben und nach üblichen Maßstäben vielleicht nicht einmal sexuell sind; bedrohliche oder abenteuerliche Interaktionen oder Situationen dienen zum Beispiel diesem Zweck. Und die Phantasie während einer heterosexuellen Aktivität kann durchaus homosexuell sein. Zu einer Phantasie als Bedingung für körperliche Liebe Zuflucht zu nehmen ist so weitverbreitet, daß ich zögere, davon als von etwas zu sprechen, das Impotenz oder Frigidität nur verbirgt. Doch in der Psychoanalyse ist das hypothetische Ideal gewöhnlich das völlige Aufgehen in der augenblicklichen persönlichen Beziehung – das heißt, in den tatsächlichen erotischen und liebevollen Interaktionen, durch die sie sich manifestiert. Das meint der Psychoanalytiker mit *Genitalität.* Mit Bezug auf das Ideal der Genitalität ist daher Geschlechtsverkehr, der auf bewußten Phantasien gründet, näher an Masturbation anzusiedeln als an liebenden sexuellen Beziehungen und kann somit Impotenz und Frigidität in beträchtlichem Ausmaß maskieren. Ebenso von diesem Ideal entfernt sind die vielen Fälle sexuellen Verkehrs, die einfach nicht sehr befriedigend sind; es ist nicht ungewöhnlich für Männer und Frauen, sich kurz nach »Vollendung« dieser sexuellen Akte sexuell angespannt zu fühlen und zu masturbieren, als müßten sie ihre Bedingungen für das Lieben nach dem Akt in der Isolation der Phantasie finden anstatt in der körperlichen Nähe während des Akts.

Der zweite Zusatz ist folgender: Bei näherer Analyse stellt man oft fest, daß auch die Handlungen des Partners bei Impotenz oder Frigidität eine Schlüsselrolle spielen. Man kann dort zum Beispiel einen subtil vermittelten Mangel an Leidenschaft oder Zärtlichkeit oder irgendeine Abneigung oder Wut finden. Doch wird der Analytiker nicht aufhören, weiter Fragen zu stellen, wenn es erst einmal triftige Gründe dafür gibt, die Existenz eines solchen Störfaktors anzunehmen. Der Analytiker wird versuchen zu verstehen, weshalb der Analysand einen solchen Sexualpartner gewählt hat und bei ihm geblieben ist, oder weshalb er oder sie es unterlassen hat, Schritte zu einer Verbesserung der Situation zu unternehmen, oder weshalb dieser Patient die Provokationen seines Partners nicht einmal bewußt bemerkt hat.

Beziehungen dieser Art sind unbewußt von vielerlei Bedeutungen erfüllt; normalerweise dienen sie einem bestimmten Zweck und sind nicht einfach nur »Pech« in der Partnerwahl. In den Fällen, in denen dies zutrifft, implizieren die Handlungen des Sexualpartners die eigene Wahl. Schließlich gehören in der Regel zwei dazu, um ein chronisches Sexualproblem zu schaffen. Letztendlich wird jedoch nicht das offensichtliche Verhalten des Partners als solches entscheidend sein, sondern die Art, wie es auf die unbewußt aufrechterhaltenen infantilen Imagos paßt und diese bestätigt, wie zum Beispiel das Imago der verlassenden Mutter oder des verbietenden Vaters. In diesem Licht betrachtet kann man das Sexualproblem in einer Beziehung als einen Weg zum zentralen und uralten Konflikt des Individuums ansehen; und diesem Weg mit der unschätzbaren Hilfe der Übertragungs-Analyse zu folgen, wird zu einer Linderung dieses Problems beitragen. Und dies nicht zuletzt deshalb, weil sie auf einer aufrichtigen, wiederholten Prüfung der lebenslangen menschlichen Zwangslage dieser Person beruhen wird, und nicht auf einer rein technischen Verhaltensregulierung des Sexualverhaltens, wie sie vielleicht durch eine Sexualberatung bewirkt würde.

Phallozentrische Erzählungen von sexueller Leistung

Die umfassenden Bedeutungen der Worte *Impotenz* und *Frigidität* machen klar, daß in unserem Denken über heterosexuelle Aktivität eine maskuline Vorstellung von Heterosexualität eingebaut ist. »Impotenz« bedeutet das Fehlen von Stärke, Kraft, Trieb oder Macht; es ist ein Wort, mit dem man besonders gut eine handelnde Person beschreiben kann. »Frigidität« bedeutet extreme Kälte; es ist ein Wort, mit dem sich besonders gut ein Milieu beschreiben läßt. Zusammengenommen ziehen diese Worte die Behauptung nach sich, daß in sexuellen Beziehungen ein Mann in einem Milieu handelt. Es gibt implizit nur einen Handelnden. Obwohl man von einem Milieu behaupten kann, es habe Wirkungen, kann man doch nicht von ihm behaupten, es würde handeln. Nur Personen handeln. Aus diesem Begriffspaar folgt, daß die Frau von Natur aus ein inaktives oder passives Objekt sei: Ist sie frigide, so ist sie ein ungeeignetes Objekt; ist sie jedoch leidenschaftlich, ist sie ein geeignetes. Stärke, Kraft, Trieb oder Macht gibt es nicht für sie, ebensowenig wie Vorsatz, Initiative, Interaktion und Kontrolle. Und in demselben Stil werden die Eigenschaften eines Milieus als dem Wesen des Mannes fremd betrachtet. Die Worte begründen eine Fülle möglicher Handlungsstränge, die alle von Phallozentrismus durchdrungen sind.

Von den verschiedenen Möglichkeiten, die mir offenstehen, um diese phallozentrische Geschichte zu erzählen, habe ich die Figur-

Grund Terminologie der Wahrnehmungsorganisation gewählt. Der konventionellen Terminologie für sexuelle Leistungen zufolge ist der Mann – besonders sein Penis – die Figur im Geschlechtsakt; die Frau – besonders ihre Vagina – ist der Grund. In Figur-Grund-Beziehungen ist es immer der Grund, der die Figur hervorhebt und nie umgekehrt. Die Figur verleiht dem Grund einige Eigenschaften; zum Beispiel wird ein grauer Grund visuell weißer, wenn er eine sehr dunkle Figur enthält und wird schwärzer, wenn er eine sehr helle Figur enthält. Man könnte aber auch sagen, der Grund verleiht der Figur einige Eigenschaften; zum Beispiel läßt ein dunkler Grund eine helle Figur weißer wirken und ein heller Grund läßt eine helle Figur dunkler wirken. Obwohl der Einfluß von Figur und Grund aufeinander durchaus reziprok ist, beseitigt diese Reziprozität doch nicht die Tatsache, daß das eine die Figur und das andere der Grund ist.

Entsprechend der Haupterzählung, die durch die Worte *Impotenz* und *Frigidität* eingeführt wird, kann ein Mann eine Frau sexuell erregen, ohne sie als Figur im Geschlechtsakt zur Geltung kommen zu lassen, und ganz gewiß nicht als die Figur des Akts. Statt dessen hat er die Temperatur seines Milieus verändert, und eben diese Veränderung hebt ihn durch seine gesteigerte und bestätigte Potenz um so mehr als Figur hervor. In der klinischen Arbeit wird oft beobachtet, daß das ängstliche Bemühungen eines Mannes, seine Partnerin zum Orgasmus zu bringen, weniger mit seiner Sorge um sie als Person zu tun hat als mit einer selbst-zentrierten Bestätigung, daß er eine potente Figur bzw. ein potenter Handelnder ist, der an einem Objekt handelt. Manchmal benutzen Männer auch eine Schwängerung dazu, sich auf diese Art ihrer selbst zu versichern.

Die Figur hat eine Definition, Grenzen, Artikulation, Struktur, Prominenz und Einfluß; und als solche wird sie gesehen; sie ist, was angeschaut wird; sie zeigt sich selbst, indem sie hervortritt; an sie erinnert man sich. Der Grund oder das Milieu ist amorph, grenzenlos, unartikuliert, unstrukturiert; es wird nur durch das gesehen, was es für die oder mit der Figur tut; es ist nicht um seiner selbst willen notwendig; es ist bescheiden, zurücktretend, anonym, zurück- oder hintangesetzt; man erinnert sich nicht daran, zumindest nicht um seiner selbst willen. Virginia Woolfs Gedanken gingen in eine ähnliche Richtung, als sie die Frau mit einem schmeichelnden Spiegel verglich, der den Mann vorteilhaft zur Geltung bringt. Vom Standpunkt des Schreibens aus gesehen, ist die Frau die Seite, auf die der Mann die Geschichte seiner Macht schreibt. So, behauptet die phallozentrische Geschichte, ist das Wesen der Frau, und so soll es sein, wenn sie feminin sein will; damit entspricht diese Geschichte ziemlich genau den sich ergänzenden Begriffen *Milieu, Objekt* und *Grund.*

Diese sexistische Vorstellung wird von den meisten Männern und Frauen geteilt, und sie beinhaltet auch einen Großteil der konventionellen Mutterrolle. Typischerweise ist der männliche Chauvinismus oder Phallozentrismus die Vorbedingung für beide Geschlechter, wenn auch nicht in jeder Beziehung auf die gleiche Weise. Wenn ich sage *sexistisch,* beziehe ich mich daher nicht ausschließlich auf den Mann, ebensowenig wie ich mich nur auf deren gröbste Ausdrucksformen beziehe. An anderer Stelle (siehe Kapitel 4) habe ich bereits versucht aufzuzeigen, wie das sexistische Denken Freuds seine Formulierungen ansonsten tiefgehender, wenn auch parteiischer Einsichten in die weibliche Psychologie zum Schlechteren beeinflußt hat.

Der Grund empfängt die Figur und nimmt sie auf; die Figur nimmt den Grund in Besitz. Die Frau empfängt den Mann, der in sie eindringt. Dem Kind wird zum Beispiel gesagt, Papa pflanzt seinen Samen in Mama. Der Mann hat einen Sexualtrieb; die Frau hat sexuelles Begehren. Folglich kann eine Frau, die sich die Vorrechte der Figur in deren konventioneller Beschreibung aneignet, erwarten, von anderen als aggressiv maskulin, männerfeindlich oder mit ihnen konkurrierend angesehen zu werden. In der psychoanalytischen Arbeit beobachten wir oft, daß eine Frau dieser Art *tatsächlich* versucht, unbewußt und *teilweise,* den herrschenden Mann zu entthronen, selbst Mann zu sein und, präziser ausgedrückt, symbolisch selbst einen Penis zu erwerben, indem sie ihn dem Mann wegnimmt. Einem bekannten klinischen Beispiel für das Ergreifen des herkömmlich männlichen Vorrechts begegnet man in der sexuell verführerischen, exhibitionistischen aber frigiden Frau, die ihren Körper und dessen deutliche Geschlechtsmerkmale sowie dessen Einfluß unbewußt und völlig mit dem Phallus gleichsetzt. Für sie ist die Erregung des Mannes der Grund zu ihrer Figur.

Phantasien der vagina dentata und des Phallus als Brust

Die Phantasie der vagina dentata – des verstümmelnden, kastrierenden, verschlingenden vaginalen Mundes –, die von Mann und Frau gleichermaßen geteilt wird, spielt häufig eine wichtige Rolle bei Impotenz und Frigidität. Im Falle des Mannes ist die Phantasie, von dieser Vagina entmannt zu werden, zu einem Großteil die sehnsüchtige Projektion seines Wunsches: sich in eine Frau zu verwandeln, *denn auch Männer beneiden Frauen.* In der Phantasie wird das furchteinflößende weibliche Organ ihm antun, was er sich insgeheim wünscht, selbst wenn er es gleichzeitig fürchtet. In einem anderen Fall kann die Phantasie der vagina dentata dem Mann die Möglichkeit bieten, sich regressiv in das erdachte elementare Milieu zurückzuziehen: den Leib der Mutter oder die postnatale, prägenitale Konfiguration von Umarmung und Schoß, nährender Brust und lächelndem Gesicht. In solchen Phantasien hofft der Mann, mit dem Grund zu verschmelzen und eins mit dem passiven Objekt zu werden. Dadurch würde er nur noch durch oder in einem unbegrenzten anderen existieren; man würde nicht länger von ihm erwarten, eine eigenständige Person zu sein oder sich mit einer anderen eigenständigen Figur auseinanderzusetzen. Niemals wieder wäre er allein. Vielleicht würde er dadurch auch jene brutale *Vernichtung* der Frau als Person vermeiden, die er unbewußt für die Konsequenz davon hält, sich in der sexuellen Beziehung als eine raubgierige Figur zu erleben.

Auf seiten der Frau ist die Vagina-dentata-Phantasie eine typische Entsprechung zu der unbewußt aufrechterhaltenen Phantasie, ihr sei Unrecht geschehen und sie sei gedemütigt worden, indem ihr ein eigener Penis vorenthalten oder ihr genommen wurde und ihrer entsprechenden Übernahme einer neidischen, rivalisierenden, kastrierenden Haltung gegenüber dem phallischen, raubgierigen Mann. Mit in dieser Orientierung auf Vergeltung enthalten ist ihr Wunsch, eine selbstbewußte Figur oder eine Handelnde zu sein oder wieder zu werden. Die Analytiker sind sich oft uneins über den Rang, welchen sie Penis und Macht zuweisen wollen. Als selbstbewußte Figur hätte sie Definition, Struktur, Sichtbarkeit und Macht; sie würde als Person gelten. Gleichzeitig jedoch, in einer jener unbewußten konfliktreichen oder paradoxen Handlungen, kann die »Bewaffnung« der Vagina ebensogut eine regressive Bewegung implizieren, speziell eine Rückkehr zu der Rolle des beißenden Kindes an der Brust.

Die Brust tritt auf folgende Weise in diese Phantasie ein: Psychoanalytiker haben eine weitverbreitete, wenn nicht gar universelle Phantasie definiert, in der Penis und Brust unbewußt gleichgestellt werden; demnach entsprechen sich Samen und Milch. Diese Gleichstellungen sind besonders hervorstechend bei der Analyse jener Menschen, die ihr sexuelles Interesse auf Fellatio-Phantasien und Praktiken gerichtet haben, gleich, ob sie diese übererregt, angewidert oder eher paralysiert gestalten. Manches Würgen und Erbrechen psychischen Ursprungs kann teilweise auf konfliktbeladene und unbewußte Beschäftigung eines Menschen mit diesen Phantasien zurückgeführt werden.

Diese Gleichstellung von Brust und Penis besagt, daß der Schatten der Mutter auf den Penis und den Mann, dessen Organ er ist, gefallen ist; dementsprechend ist der Geschlechtsakt unbewußt ebenso oral wie genital. Die Gleichstellung von Brust und Penis unterhöhlt die Vorstellung ein wenig, Sexismus und Phallozentrismus seien Synonyme, da die körperliche An- bzw. Abwesenheit des Penis als Penis nun nur noch einen Teil der Geschichte ausmacht. Psychoanalytiker würden generell zustimmen, daß die Brust-Penis-Gleichstellung dem Einfluß der Mutter, die notwendigerweise sowohl nährt als auch nimmt, ein dauerhaftes Denkmal setzt. Aus diesem Grund kann man über Figur-Grund-Beziehungen sagen, daß sie an der Brust beginnen und dort auch in beträchtlichem Ausmaß bleiben. Die Verleugnung dieser prägenitalen Grundlage dient dem Abwehrbedürfnis beider Geschlechter, und sie hat meiner Meinung nach auch schon den abwehrenden und konformistischen Bedürfnissen vieler Psychoanalytiker beiderlei Geschlechts gedient. Zu diesem Punkt werde ich in Kürze zurückkehren.

In einem seiner letzten wichtigen Beiträge zum Thema Weiblichkeit, erkannte Freud (1933) letztendlich doch noch den dauerhaften Vorrang dieser mütterlichen Figur im Leben einer Frau an. Jedoch tat er dies nur sehr eingeschränkt: Er führte viele der Schwierigkeiten, die Frauen mit ihren Ehemännern haben, darauf zurück, daß sie in die ehelichen Beziehungen ungelöste Schwierigkeiten mit ihrer Mutter einbringen; sie haben sich nicht nur mit ihrer geplagten Mutter identifiziert, sondern sie setzen unbewußt auch ihre Ehemänner an die Stelle unbefriedigender Mütter. Sie bauen Mutterübertragungen zu ihren Ehemännern auf. Hätte Freud die Sache allgemeiner betrachtet, hätte er daraufhin vielleicht das positive Potential eben dieser Übertragung hervorheben können. Eine Frau kann in ihrem Ehemann ebenso eine gute Mutter wie einen guten Mann und Vater finden, was auch oft geschieht, und hat dann in diesem Ausmaß eine reichere und befriedigendere Beziehung zu ihm. Wenn wir einen Schritt weiter in diese Erzählrichtung gehen, können wir sagen, die integrierte und ausgewogene Identifikation eines Mannes mit dem Imago der guten Mutter trägt zur Wärme, Großzügigkeit und Stabilität seiner heterosexuellen Beziehungen bei; das Ziel einer solchen weiblichen Identifikation bei einem Mann ist durchaus keine Selbst-Kastrierung.

Der Sexismus, sei er nun offenkundig oder unbewußt versteckt, versagt Mann und Frau jedoch diese Einsichten und Gelegenheiten. Und noch stärker verleugnet er das positive väterliche Potential in einer Frau, das darin liegt, in der Beziehung zu einem Mann die Figur zu sein. Auf diesen Faktor gibt es in der psychoanalytischen Literatur wenig oder gar keine Hinweise. Die meisten Analytiker scheinen damit zufrieden zu sein, bei der Vorstellung der phallischen Frau als *Frau* stehenzubleiben; sie betrachten diese imaginäre Figur vorwiegend in bezug auf die Kastrationsangst; sie verweilen bei dem unbewußten Bedürfnis der Menschen, sich zu versichern, daß es keinen anatomischen Unterschied zwischen den Geschlechtern gäbe und somit keine gedachte Kastration zu befürchten und kein irreparabler genitaler Schaden oder keine genitale Deprivation zu verkraften wäre. So nützlich diese Sichtweise in vielen Fällen auch sein mag, ist sie doch zu eng insofern sie die Vorstellung nicht mit einschließt, daß eine phallische Frau in gleicher Weise die phantasierte und wahrgenommene väterliche Potenz, Autorität und Persönlichkeit beinhaltet. Soweit die Aktivität und Autorität einer Frau unbewußt als maskulin oder phallisch porträtiert wird, impliziert sie eben auch die Handlungpotenz des Vaters. In bezug auf diese Potenz mag ein Mann unbewußt passiv, zum Objekt gemacht und feminisiert werden, doch er könnte genausogut väterlich darin unterstützt werden, männlich zu sein. Beides sind hohe Ziele für den Mann, die er ebensosehr ersehnt wie er sich vor ihnen fürchtet.

Die Unterwerfung der Mutter

Die Bedeutung der infantilen Phantasien von der phallischen und väterlichen Mutter und der vagina dentata darf bei den Überlegungen zu Impotenz und Frigidität nicht unterschätzt werden. Von gleicher Wichtigkeit ist der wechselseitige Neid unter den Geschlechtern mit dem einhergehenden Wunsch nach oder der Furcht vor dem imaginären kastrierten Zustand. Diese widersprüchlichen Repräsentanzen und Orientierungen durchziehen das unbewußte Phantasieleben. Doch die früheste, prägenitale Phase der psychologischen Entwicklung bringt noch andere große Schwierigkeiten mit sich, die zu den persönlichen und gesellschaftlichen Problemen beitragen, mit denen wir uns hier befassen. Ein besonders wichtiger Punkt ist die schwierige, aufreibende und instabile Differenzierung des eigenen Selbst als einer aktiven Figur – eine Person – in Beziehung zu der versorgenden und entsetzlich mächtigen Mutterfigur. Bei einer rekonstruierenden Analyse von Träumen und Übertragungen, die parallel zu psychoanalytischen Beobachtungen von Kindern verläuft, scheint es, daß das kleine Kind sich den Individuationsverlust wie ein gieriges Verschlingen oder Vernichten vorstellt, das entweder von der Mutter oder ihr gegenüber ausgeübt wird. Es ist eine Phantasie, die paradoxerweise sowohl mit freudiger Erregung als auch mit schauderndem Entsetzen erlebt wird – ebenso wie die Kastrationsphantasie.
Dieser archaisch vorgestellte Kampf um und gegen die Individuation scheint ein lebenslanger Prozeß zu bleiben. Obwohl manche

Menschen diesen Kampf auffälliger, unvorhersehbarer und ängstlicher führen als andere, muß man die Tatsache des Kampfes immer berücksichtigen, wenn man sich um ein Verständnis der Probleme bei der Geschlechtsidentifikation und deren Rolle in den Geschlechterbeziehungen bemüht.

Bei den Mädchen gibt es das später auftauchende Problem – das erste, das in der psychoanalytischen Interpretation fest etabliert wurde – des Kampfes, den sie ängstlich und voller Schuldgefühle gegen ihre rivalisierende ödipale Identifikation mit der Mutter kämpfen; dies ist die Identifikation, durch die ein Mädchen unbewußt – oft jedoch auch bewußt – hofft, beim Vater den Platz der Mutter einnehmen zu können. Dieses spätere Problem erscheint im Fall des Jungen in einem anderen Licht. Für ihn ist es notwendig, die ödipale Mutter zu entwerten. Denn das ist eine der Möglichkeiten, seinen Wunsch zu entkräften, sie für sich zu gewinnen und seine Furcht zu besänftigen, er wäre der Aufgabe, sie für sich zu gewinnen oder sie sexuell zu befriedigen, nicht gewachsen. Für Jungen und Mädchen erscheint die Mutter sowohl in der präödipalen als auch in der ödipalen Erfahrung gleichermaßen als riesengroße Figur, mit der sie kämpfen und mit der sie sich einigen müssen. Als Virginia Woolf in *»Ein Zimmer für sich allein«* (1924) über die Probleme einer Schrifststellerin sprach, erkannte sie dieses Phänomen, als sie schrieb: *»Eine schreibende Frau denkt durch ihre Mütter zurück.«* Sie hätte nicht unrecht gehabt, wenn sie dasselbe auch über den Mann gesagt hätte, und das nicht nur in bezug auf das Schreiben, da die Mutter das Essen, Ankleiden, Lieben, Lektionen erteilen und so fort anhaltend beeinflußt.

Ein wichtiger Ausgangspunkt beim Betrachten analytischer Daten ist der, von dem aus man den Kampf der sich entwickelnden Person um Individuation und um ein unabhängiges Gefühl von Adäquatheit, Ganzheit, Sicherheit, Macht und Wert direkt betrachten kann. In diesem Kampf scheint es dem Kind, daß die imposante Figur der Mutter, die der Hauptvertreter des Weiblichen ist, klein und nichtig gemacht werden muß, um sie zu unterwerfen oder fügsam zu machen. Sie muß zurückgewiesen, herabgesetzt, separiert oder bewußt ignoriert werden. Hier ist also eine Reihe von mächtigen, unbewußt aufrechterhaltenen Gründen, weshalb so-

wohl Männer als auch Frauen später dazu bereit sind, an der gesellschaftlich verstärkten Diskriminierung von Frauen teilzunehmen oder sie zumindest passiv zu billigen. Aus denselben Gründen muß diese Figur jedoch auch beschützt oder mit besonderer Sorgfalt intakt gehalten werden – oft durch Idealisierung, oft durch Versklavung der eigenen Person.
Kritiker unserer sexistischen Gesellschaft finden viele Beweise für ihren Standpunkt in der Tatsache, daß sich viele oder die meisten Mütter diesem Stand der Dinge mehr oder weniger angepaßt haben. Dies sind Frauen, die bewußt alle eigenen Bestrebungen aufgegeben haben, ausgenommen derer, als vorteilhafter Grund oder schmeichelnder Spiegel für ihre Ehemänner und Kinder zu dienen; sie vernachlässigen ihre eigenen andersartigen Fähigkeiten und Möglichkeiten; sie sind desillusionierte und abschreckende Figuren, die zu ihrer Selbstachtung eine defensive Idealisierung ihrer selbst und sklavische Bindungen an sie brauchen. Viele nachdenkliche junge Frauen verachten heute ihre traditionell sexistischen Mütter und Frauen dieses Typs. Die Töchter betrachten die Mütter als in die Häuslichkeit verbannte Ehefrauen. Sie sind, sogar mehr unbewußt als bewußt, beunruhigt über ihre unvermeidliche und andauernde Identifikation mit diesen Müttern. Obwohl sie verzweifelt versuchen, dieser Identifikation zu entfliehen, sie zu leugnen oder auszulöschen, sind die Anstrengungen so allumfassend, daß die Frauen zwangsläufig scheitern müssen und eher eine radikale Diskontinuität ihres Selbstempfindens erreichen. Darüber hinaus können sie die volle Bedeutung dieses Desidentifikationsversuchs gar nicht begreifen, wenn sie nicht die auf die Kindheit zurückgehenden Probleme der Individuation von der archaischen Mutter-Figur und die Errichtung einer Beziehung mit ihr, die sich zwischen zwei Personen abspielt, berücksichtigen. Außerdem müssen sie an die Probleme denken, die sich durch die ödipale und die desillusionierende Mutter-Imago späterer Phasen in ihrer psychosexuellen Entwicklung ergeben, und sie müssen zusätzlich erkennen, was sie durch die Identifikation mit ihrer Mutter gewonnen haben und was sie daran immer noch schätzen bzw. schätzen können.
Somit wird die Mutter, auch wenn sie eine demoralisierende Figur ist, dennoch als mächtige Präsenz im Leben der Frau aufrechter-

halten. Die Mutter ist eine Figur, mit der eine Frau in ihrer subjektiven inneren Welt rechnen muß. Bei der Unterwerfung der Frau spielen alle Frauen eine Rolle, die weit komplexer ist als die gesellschaftlicher Verstärkung zum männlichen Vorteil, wie sie in einfachen feministischen Theorien erscheint. Zugleich ist die Unterwerfung der Frau die Unterwerfung der mächtigen Mutter-Figur der Kindheit. Unbewußt kann es scheinen, daß das Leben einer Frau (oder eines Mannes) von dieser Unterwerfung abhängt, und die gesellschaftliche Welt scheint so organisiert, daß sie dieser Vorstellung Rückhalt gewährt. Und als Wiedergutmachung wird dieser Unterwerfung der Mutter-Figur der Anschein von Verehrung verliehen.
Es ist nicht sexistisch, so wie manche radikalen Feministinnen behaupten, diese Einblicke in die Beziehung zwischen den Geschlechtern zu eröffnen und damit zu arbeiten. Es ist sexistisch, darauf zu bestehen, daß die zersetzende Dramatisierung und Vermehrung dieser bekannten Phantasien insgesamt unveränderlich sei, das heißt, daß sie einfach und völlig in die menschliche Entwicklung eingebaut wäre und nichts mit einer gesellschaftlichen Realität zu tun hätte, die sie auf zahllose Arten ermuntert und verstärkt, und zwar auch zum männlichen Vorteil. Es ist sexistisch zu glauben, ein Mädchen würde sich von Natur aus ständig völlig minderwertig fühlen und neidisch sein, nur weil es keinen Penis hat. Es ist sexistisch zu sagen, nichts könnte gegen die verstärkende gesellschaftliche Realität getan werden, und noch sexistischer, darauf zu bestehen, daß nichts dagegen getan werden sollte. Jene Feministinnen, die dieselben entwicklungs- und gesellschaftsbedingten Unterschiede machen wie ich – und von diesen Feministinnen gibt es einige –, sind, glaube ich, besser dazu in der Lage, sowohl die gesellschaftlichen als auch die therapeutischen Probleme anzupacken, da sie den inneren und äußeren Feind genauer kennen.

Die ganze Person

Um die Erzählung weiterentwickeln zu können, müssen wir als nächstes überlegen, was es überhaupt bedeutet, eine ganze Person zu sein. Was macht also, vom Standpunkt der erzählerischen Handlung aus, eine Person ganz? Ich beziehe mich jetzt auf eine ideale Definition und gebe zu, daß wir uns im Leben unseren Idealen bestenfalls zeitweise annähern. Eine der Früchte effektiver persönlicher Psychoanalyse ist, daß der Analysand dieses Ideal bestätigt und ihm in seinem durchschnittlichen Leben näherkommt als vor der Analyse.

Ein ganzer Mensch ist einer, der handelt, ein Handelnder. Ein ganzer Mensch handelt wissentlich ohne tiefgreifende Vorbehalte gegen die Tatsache des Handelns und handelt so mit Präsenz, persönlicher Autorität, und ohne ängstlich ernste Dementis einzuführen – wie beispielsweise der Behauptung, von Naturgewalten, von der Psyche oder von einem abgespaltenen Selbst passiv getrieben zu werden. In sexuellen Beziehungen wie auch sonst übernimmt eine ganze Person die Rolle des Handelnden, wobei sie sich gleichzeitig weigert, dem Sexualpartner eine eigene Persönlichkeit abzusprechen, und akzeptiert es einfach als psychologische Tatsache des Lebens, daß *es in einer Beziehung nicht nur eine ganze Person geben kann*. Im Gegensatz dazu opfern diejenigen, die sich extremen Omnipotenzphantasien hingeben, wie paranoide Patienten, implizit ihre eigene persönliche Ganzheit und sprechen diese Ganzheit gleichzeitig anderen ab. Ein völliger Egozentriker unternimmt denselben zweischneidigen Angriff gegen sich selbst und andere.

Die persönliche Ganzheit anderer zu garantieren bringt es mit sich, daß eine Person ihrerseit bereit ist, gegenüber den anderen bei zahllosen Gelegenheiten als Objekt, Grund oder Milieu zu dienen, da den anderen ebenfalls Raum gegeben werden muß, *ihre* persönliche Instanz und Ganzheit zu üben und zu bestätigen. Ein gutes Gespräch veranschaulicht, was ich meine: Kann es ein gutes Gespräch geben, wenn nur eine Person mit Worten, Lauten und Gesten kommuniziert? Hier begegnen wir dem Phänomen der *reversiblen* Figur-Grund-Beziehung (der Nekersche Würfel, der Pokal von Rubin usw.), und kommen zum Problem der Änderung der Begriffe, in denen wir die Beziehungen zwischen den Geschlechtern verstehen.

Wir wissen, daß eine stürmische Rebellion die Bedingungen eines Autoritätsproblems nicht verändert; die Bedingungen bleiben dieselben, nur haben sie nun ein Minuszeichen vor sich. Ebensowenig ändert eine starre Rollenumkehrung die Bedingungen eines Problems. Der Geizkragen, der zum Verschwender wird, die Maus, die zum Löwen wird, die homosexuelle Frau, die stereotyp männlicher handelt als die meisten Männer und der homosexuelle Mann, der stereotyp weiblicher handelt als die meisten Frauen: Keiner von diesen hat die Bedingungen des Problems verändert; jeder versucht zu erreichen, was in der psychoanalytischen Diskussion eine Veränderung des Inhalts ohne eine Veränderung der Struktur genannt wird. Ein Flick-flack ist nur eine Veränderung des Inhalts; er akzeptiert die Struktur der Dinge so, wie sie ist. Moneten, Majestät oder Macho bleiben die wichtigen Strukturfaktoren. Analytiker haben gelernt, solchen Veränderungen gegenüber wachsam zu sein, wenn sie, was oft geschieht, beobachten, wie Analysanden abrupt und dramatisch ihre charakteristischen manifesten Handlungsmuster ändern.

Traditionell wird ein fundamentaler Wandel der Bedingungen, durch die ein Problem definiert ist, Strukturwandel genannt. Im Hinblick auf den Sexismus ist die erforderliche Veränderung der Bedingungen nicht darauf beschränkt, einfach durch bewußten Entschluß zu ändern, was als *maskulin* und *feminin* oder *aktiv* und *passiv* bezeichnet werden soll; ebensowenig ist sie darauf beschränkt, bewußt die Vorrechte der beiden Geschlechter neu zu verteilen. Die Durchsetzungskraft der Veränderungen in beiderlei Hinsicht, obwohl wichtig und möglich, hängt von einem notwendigen und konsequenten Wandel in der Vorstellung von einer ganzen Person ab, die reversible Figur-Grund-Beziehungen mit anderen als Mit-Handelnden eingehen kann.

Eine ganze Person erlaubt die Reversibilität auf relativ konfliktfreie Art und Weise. Der Mann oder die Frau unterläßt es, darauf zu bestehen, nur Handelnder oder nur Objekt, nur Figur oder Grund, nur aktiv oder passiv, nur maskulin oder feminin zu sein, wie es herkömmlich definiert ist. Die Reversibilität selbst ist eine Form der Handlung, insofern als sowohl das Unterlassen als auch das Zulassen Handlungen sind. Eine ganze Person fühlt sich weder von der Reversibilität bedroht, noch ist sie unfähig, beide Positionen in einer Beziehung zu genießen. Die Wechselseitigkeit oder Reversibilität im Sein einer Person bedeutet der ganzen Person mehr als die herkömmlichen Zuschreibungen von maskulin-feminin und aktiv-passiv; und in beträchtlichen Ausmaß macht die Übernahme der Vorstellung von zwischenmenschlichen Beziehungen die anderen Vorstellungen zu unwillkommenen Beeinträchtigungen der Lebensaufgaben. Manchmal beinhaltet die Reversibilität, die eine oder andere Seite der eigenen Bisexualität auf den Partner zu projizieren und dort zu genießen: der Mann projiziert, was er als seine feminine Seite oder seine maskuline Seite betrachtet; die Frau ebenso.

Außerdem muß bemerkt werden, daß die Reversibilität, wenn sie einmal fest etabliert ist, keine Bedrohung oder Erfahrung eines Persönlichkeitsverlusts mehr mit sich bringt. Das reversible Figur-Grund-Modell beinhaltet andere und dazu passende Handlungsmodi; die Spannung zwischen den alternierenden Figuren ist für das Phänomen wesentlich.

Meine bisherigen Ausführungen lassen Unterschiede in Grad und Stil der Reversibilität keineswegs unberücksichtigt; denn ein Ideal aufzustellen bedeutet nicht, völlige Uniformität bei seiner Verwirklichung zu verordnen. Gegenüber denjenigen, die beim Gedanken an die Lust der Heterosexualität ausrufen wollen: *»Vive la différence!«*, kann ich nur unterstreichen, daß keine meiner Behauptungen die unterschiedlichen und sich ergänzenden Gestalten, Rollen und Vergnügungsmöglichkeiten von männlichen und weiblichen Körpern herabsetzt. Meine Erörterung sollte eher die Möglichkeiten ein Stück weit vergrößern, ohne Angst, ohne Konflikte, erfindungsreich und ohne drastische Verwirrung durch stereotype Rollen zu lieben.

Man betrachte zum Beispiel die Belastung, immer gefallen zu müssen, die in unserer sexistischen Welt auf den meisten Frauen liegt und zu ihren masochistischen und depressiven Neigungen beiträgt. Diese Last, zuerst und vor allem anderen ein beruhigendes Milieu zu sein, kann von ihnen genommen werden und durch eine angenehme Alternative ersetzt werden; eine Alternative, die beiden Geschlechtern offensteht, nämlich den Mitmenschen beiderlei Geschlechts gegenüber gefällig zu sein – und ihnen auch zu mißfallen, und zwar vor allem, wenn auch nicht immer, dann, wenn es einen guten Grund dafür gibt. Ein Wandel dieser Art –

nicht ein Wandel zu erbitterter Feindschaft – ist schwer zu erreichen; er bedeutet unter anderem, die verinnerlichte, entsetzlich mächtige Mutter der Kindheit und der ödipalen Periode zu akzeptieren, die Figur, die gewöhnlich als hinter dem bereitwilligen Lächeln und der nachgiebigen Empathie versteckt empfunden wird und die, wie man hofft, dadurch besänftigt und kontrolliert werden kann. Die Psychoanalyse erleichtert diesen Wandel, während sie gleichzeitig bestätigt, daß infantile Spannungen niemals völlig überwunden werden und ihr Einfluß sich in Krisenzeiten meist verstärkt.

»Gut«, »Böse«, »Kann« und »Kann nicht«

Einige andere Veränderungen der Bedingungen von Sexualität und Sexismus, die durch die Psychoanalyse erreicht werden können, betreffen die Erzählungen von Gut und Böse, von Unschuldig und Schuldig, von Sicher und Gefährlich; unter einem anderen und entscheidenden Aspekt betreffen diese Veränderungen auch Erzählungen von Erfolg und Versagen. Das richtige Verständnis dieser Veränderungen hängt von Erzählungen der persönlichen Beziehungen ab, die den Bereich von Handlungen oder Handlungsweisen nicht verschleiern.
Eine Modifizierung der Vorstellung von Gut und Böse, Unschuldig und Schuldig, Sicher und Gefährlich kann größtenteils unter der traditionellen psychoanalytischen Überschrift der Modifizierung des Überichs zusammengefaßt werden. Diese Modifizierung soll das Ich von dem Druck erleichtern, so abwehrend sein zu müssen, wie es vielleicht in bezug auf Varianten sexuellen Begehrens und anderer Handlungen hin werden könnte. Dies ist ein bekanntes Kapitel in der Psychoanalyse und von entscheidender Bedeutung, das hier jedoch nicht zusammengefaßt werden soll.
Es genügt wohl, wenn ich sage, daß der Analysand es vielleicht als einen unvermeidbaren Teil dessen zu akzeptieren lernt, was es bedeutet, eine ganze Person zu sein, und daß eine Person bis zu einem gewissen Grade immer ein oral empfangendes und beißendes Baby, ein anal sinnliches und schmutziges Baby und ein bise-

xuell inzestuöses Kleinkind bleibt, das sich mit beiden Elternteilen identifiziert und beide erotisch begehrt. Durch eine Analyse kann man erreichen, daß diese Kontinuität als ein unvermeidbares Erbe der Menschwerdung angesehen wird und für den einzelnen bedeutet, sich im Kontext einer Familie und einer aus Männern und Frauen bestehenden Gesellschaft zu einer Person zu entwickeln. Diese Entwicklung bedeutet auch, mit einem männlichen oder weiblichen Körper aufzuwachsen, der seine eigenen Möglichkeiten zur Lust und Verletzlichkeiten bietet; überdies bedeutet sie, seinen eigenen Körper von den internalisierten Elternfiguren zurückzufordern und ihn sich anzueignen, indem man das Recht geltend macht, über seine Verwendung in sexuellen Beziehungen selbst zu bestimmen und die prägenitalen Reste in der körperlichen Liebe zu genießen. Diese Modifizierungen haben typischerweise den Effekt, die unbewußt aufrechterhaltene Dominanz vieler infantiler Überbleibsel zu reduzieren, die in der Beziehung einer Person zu einem Partner bis dahin höchst störend gewesen sind. Diese Überbleibsel sind deshalb störend gewesen, weil sie außerordentlich ängstlich, schuldbewußt und kompromißlos fragmentiert und abgelehnt wurden und somit niemals bewältigt, integriert und positiv anwendet wurden.

Wenn die Verdammung durch das Überich nachläßt, wird das, was einmal nur ein verzweifeltes Abenteuer sein konnte, etwas, womit man sich nur verstohlen oder in der Phantasie beschäftigt hat oder was sonst streng verboten war, wird nun zu einer spielerischen Realität. Der Geschlechtsakt als Ganzes wird zu einer Möglichkeit des Spiels. Die Behauptung, daß dies so sei, ist durchaus vereinbar mit der Behauptung, die geschlechtliche Liebe sei gleichzeitig eine der ernstesten Möglichkeiten zur Intimität. Spiel und Ernsthaftigkeit werden selbst aus der Falle von Entweder-Oder-Beurteilungen befreit. Diese Entweder-Oder-Beurteilungen tragen den Stempel der archaischen, unbewußt aufgezwungenen Überich-Kategorien einer Person. Wie Freud feststellte (1921), wird diese Art von moralistischem Zwang regelmäßig in ihrem Umfang und ihrer Strenge verstärkt, zum Beispiel, wenn Menschen heiraten und Kinder bekommen. Denn dies sind Übergangshandlungen, in deren Zusammenhang die Menschen oft ihre

Identifikation mit den konventionellen gebieterischen elterlichen Imagos verfestigen. Wenn diese Imagos besonders bedrohlich wirken, können Probleme der Impotenz und Frigidität dadurch größer werden, das gleiche ist bei sexistischen Haltungen der Fall. Das mittlere Alter zu erreichen bedeutet, würde ich sagen, einen weiteren Übergang, der eine Veränderung zu sexuellem Konservatismus hin begünstigt.

Die Erzählungen von Erfolg oder Versagen beim Sex – die Handlungsstränge davon, es zu tun oder nicht zu tun – zu verändern fällt unter eine andere Kategorie als die Modifizierung der Über-ich-Identifikationen. Was dazu benötigt wird ist eine neue Beurteilung, nämlich daß Impotenz und Frigidität im fundamentalsten psychologischen Sinn nicht wirklich ein Versagen bedeutet. Hier kommen wir an den Punkt, der klärt, wie wichtig es ist, durch analytisches Durcharbeiten die Voraussetzungen zu korrigieren, daß wir es hierbei nicht mit Handlungen zu tun haben, sondern mit Fähigkeiten, Kapazitäten oder Leistungen – mit Können oder Nichtkönnen. Wie andere Symptome auch, werden Impotenz und Frigidität richtiger und effektiver interpretiert, wenn man sie als komplexe Handlungen nacherzählt, die komplexen psychologischen Situationen entsprechen. Auch wenn die Anzeichen letztendlich fehlende physische und physiologische Bereitschaft von Muskeln, Kreislauf und Sekreten für den komplexen Geschlechtsakt sind, sind diese Anzeichen doch Merkmale der eigentlich beabsichtigten Handlungen und Situationen, die sie unbewußt andeuten. Sie geschehen nicht einfach – müssen nicht passiv erduldet werden: Das lehrt oder berichtet uns die Psychoanalyse in ihren Erzählungen vom Sexualverhalten; so interpretiert sie für den Analysanden die Probleme von Impotenz und Frigidität.

Um es konkreter auszudrücken: Wenn zum Beispiel ein Partner bei einem ehelichen Geschlechtsakt unbewußt vor einer Szene von inzestuöser Sexualität flieht, dann ist diese Person weder in einer ehelichen sexuellen Situation noch bewegt sie sich tiefer in diese hinein, noch geschieht dies einem passiven Opfer; unbewußt ist diese Person auf der Flucht. Ähnlich reagiert eine Person, die sich beim Geschlechtsakt unbewußt psychisch und muskulär verspannt, um eine orgasmische anale Entladung zu vermeiden, eine gedachte Eventualität, die großen Schmutz machen würde oder zerstörerisch sein könnte und in jedem Fall Liebesverlust und schmerzliche Scham zur Folge hätte. Diese Person interagiert dann nicht in nennenswertem Ausmaß erotisch und genital mit einem anderen Menschen, doch ist sie ebensowenig ein unglückliches passives Objekt; sie hält sich unbewußt zurück. Und wenn, um ein weiteres Beispiel zu geben, ein Mann infolge der immer noch einflußreichen Verbote oder Scham in Zusammenhang mit infantilem Exhibitionismus und Voyeurismus alles in seiner Macht Stehende tut, um sich nicht zeigen oder seine Partnerin nicht sehen zu müssen, dann verbirgt er seinen Körper und seine Erregung oder er macht sich selbst blind oder wendet sich in Gedanken von seiner Liebespartnerin ab. In jedem Fall macht er sich auf diese Art kaum zum geeigneten Liebhaber; weit davon entfernt, zu glauben, er wäre aus der Sache draußen, bewirkt er unbewußt mit absoluter Sicherheit, wirklich draußen zu sein.

Wie die Erklärung auch immer lauten mag, es ist psychoanalytisch falsch, sie als eine Geschichte des Versagens zu erzählen. In der psychoanalytischen Erzählung tut die impotente oder frigide Person genau das, was unter den unbewußt definierten, phantasierten Umständen, die in diesem Augenblick am meisten zählen, richtig ist. Wenn diese Umstände ausreichend verstanden werden, steht kein plausibler Alternativbericht mehr zur Verfügung. Der Handlungsstrang des Versagens ergibt nur einen Sinn, wenn eine falsche bewußte Vorstellung davon existiert, in welcher Situation sich eine Person befindet und was sie in einer solchen Situation zu tun gedenkt. Diese eingeschränkte *bewußte* Vorstellung verhindert eine Veränderung aus Einsicht.

Im Gegensatz dazu macht die implizite oder explizite Handlungs-Erzählung eine Veränderung aus Einsicht möglich: Veränderung, nicht Erfolg; Veränderung durch eine Umgestaltung der fundamentalen Problembegriffe. Einen solchen Wandel im sozialen Bereich durchzusetzen, erfordert die Überwindung oder zumindest Abschwächung der gesellschaftlichen Verführung von Jungen zu unsicheren Vertretern reiner maskuliner Macht und von Mädchen zu demoralisierten Vertreterinnen eines reinen femininen Milieus. Was gebraucht wird ist eine sozialpsychologische Theorie der erzählerischen Verführung von Kindern. Diese Theorie müßte jedoch berücksichtigen, was die klinische Psychoanalyse und die Beobachtung von Kindern nachgewiesen haben: nämlich den Eifer und die ängstliche Ergebenheit, mit der Kinder an diesen Verführungen teilnehmen infolge ihres aufregenden und beängstigenden infantilen Phantasielebens. Im Licht dieser neuen, komplementären Verführungstheorie können wir hoffen, viele diskriminierte Sexualhandlungen zurückzugewinnen und damit den Menschen zu helfen, ganze, verantwortliche, reziprok aufeinander bezogene Personen zu werden. Obwohl diese Art von Wiedergewinnungsarbeit mit der Zeit weit mehr erreichen könnte als die Zahl lustvoller, erfüllter sexueller Beziehungen zu vergrößern, kann sie gegenwärtig helfen, die Menge unnötiger sexueller Frustration und Demütigung zu verkleinern.

6. Kapitel

Die Idealisierung des Unglücklichseins und das Streben nach Mißerfolg

Psychisches Leiden ist mehr als nur das Motiv für eine analytische Therapie. Es ist auch ein Problem in der Therapie, insofern als der Analysand das psychische Leiden vermutlich als festen und notwendigen Bestandteil seines Lebens ansieht. In der Analyse zeigt sich, daß tief verwurzeltes Leiden oft einen unbewußten Kompromiß mit multiplen und widersprüchlichen Bestandteilen, Bedeutungen oder Funktionen darstellt.

Tief verwurzeltes Leiden, das normalerweise als Masochismus bezeichnet wird, sollte in jedem Fall in den Begriffen von Themen oder Handlungssträngen analysiert werden. Diese Themen sind viel individueller als es der abstrakte Begriff Masochismus vermuten läßt. Diese individuellen Themen oder Handlungsstränge dienen zur Organisation von Interpretationen. Zwangsläufig müssen mehr als nur einer dieser Organisatoren auf den gesamten Stoff, den ein Analysand bietet, angewandt werden. Ein paar dieser Organisatoren schließen sich jedoch gegenseitig aus. Im gegenwärtigen Kontext schließen sie (in traditionellen Begriffen) ein überhöhtes Ich-Ideal mit ein, dem das Selbst niemals gerecht werden kann; ein strenges Überich, in Anbetracht dessen jede Lust mit schmerzvollen Schuldgefühlen und Selbst-zerstörerischem Verhalten bezahlt werden muß; und die Sexualisierung des Leidens selbst ist die Art von Leiden, die Freud (1915c) eine »Liebesbedingung« nannte.

In diesem Kapitel werde ich zwei organisierende Themen oder Handlungsstränge von tief verwurzeltem Leiden behandeln: das Streben nach Mißerfolg und die Idealisierung des Unglücklichseins. Neben einigen klinischen Bemerkungen werde ich kurze und partielle Fall-Zusammenfassungen anbieten, die so manche Hauptbedeutung von Mißerfolg und Unglück oder die Funktionen, die diese erfüllen, veranschaulichen sollen. Zum Schluß werde ich mich dazu äußern, was mir bezüglich des Strebens nach Mißerfolg und der Idealisierung des Unglücklichseins zwischen den Geschlechtern als relativ unterschiedlich erscheint. In diesem Zusammenhang werde ich einige fundamentale Probleme aufgreifen, die die Theorie und die analytische Interpretation unbewußter psychischer Prozesse nach sich ziehen.

Allgemeine klinische Bemerkungen

Meistens beschreiben sich die unter wiederholten Mißerfolgen und chronischem Unglücklichsein Leidenden als gequält oder ungerechterweise bestraft. In der Analyse zeigt sich dann, daß die berichteten Mißerfolge mindestens ebensosehr gesucht wurden wie sie das Resultat unvermeidlichen Pechs waren. Das gleiche Phänomen findet sich im Unglück, das in der Regel mindestens genauso selbstverursacht wie ein Ausdruck unvermeidbaren Elends im alltäglichen Leben ist. Diese unbewußt arrangierten und fortgesetzten Anteile des psychischen Leidens sollte der Analytiker durch seine Interpretation klären und modifizieren. Freud (1920a) legte darauf in seiner Erörterung der Schicksalsneurosen ganz besonderes Gewicht.

Selbstverständlich bringen unsere Patienten nicht allein ihr ganzes Unglück über sich. Doch selbst wenn der Analytiker das echte Pech gebührend berücksichtigt, wovon jeder in seinem Leben mehr als genug hat, bieten sich ihm noch genügend Möglichkeiten, seinen neurotischen Patienten zu zeigen, daß sie sich für ihr Pech nicht nur in unberechtigtem Ausmaß selbst beschuldigen, sondern auch selbst dazu beitragen und so den Mißerfolg und das Unglück, von denen sie berichten, selbst vergrößern. Ein charakteristisches Merkmal der psychoanalytischen Arbeit ist es, gerade auf diese unbewußten Aktivitäten besonderes Augenmerk zu richten. Diese Arbeitsmethode wird konkret, wenn der Analytiker besonders der psychischen Realität große Aufmerksamkeit schenkt, die im Hier und Jetzt von Übertragung und Abwehr erkennbar wird. In diesem Kontext bezieht sich »psychische Realität« auf die persönlichen, größtenteils unbewußt aufrechterhaltenen, infantilen Bedeutungen von Erfolg und Mißerfolg und von Glück und Unglück. Der Begriff bezieht sich aber auch auf die Art und Weise, in welcher der Analysand diese archaischen Bedeutungen wiederholt benutzt, um gegenwärtig schmerzliche Erfahrungen zu erzeugen. Erfahrung muß immer als erzeugt betrachtet werden, und nicht einfach als an sich selbst beobachtet. In der analytischen Situation demonstrieren Übertragung und Abwehr diese Konstruktion von Erfahrung.

Das Streben nach Mißerfolg

Freud ist unter der Überschrift »Die am Erfolge scheitern« auf einige wichtige Aspekte des Strebens nach Mißerfolg zu sprechen gekommen. Daß die Phänomene, auf die Freud sich bezog, weitverbreitet sind, kann um so überzeugender behauptet werden, wenn man berücksichtigt, daß allein das Erwarten des Erfolgs oft zum Scheitern führt, und wenn wir außerdem festhalten, daß scheitern eine Frage des Grads sein kann, wie im Fall neurotischer Mittelmäßigkeit. Freud bemerkte ebenfalls, daß Patienten häufig, wenn auch meist unbewußt, das »Gesundwerden« als eine Art Erfolg fürchten, das heißt, sie fürchten den Erfolg als Analysand. Folglich können wir sagen, daß das, was Freud (1923a) die negative therapeutische Reaktion nannte, die in unterschiedlichem Grade auch die analytische Arbeit belastet, eine Variante des Scheiterns ist, und zwar in diesem Fall am analytischen Erfolg oder auch nur der Aussicht darauf.

In seinen Erklärungen betonte Freud in der für ihn charakteristischen Weise den unbewußten ödipalen Triumph, den Erfolg bedeutete und die schuldbewußte Selbstbestrafung für diesen Triumph, die das nachfolgende persönliche und berufliche Scheitern bedeutete. Allerdings ist das Streben nach Mißerfolg weit komplexer als die ödipale Dynamik, die Freud natürlich in den Mittelpunkt stellt. Obwohl wir von dem interpretativen Erfolg dieses Blickwinkels in der gesamten Geschichte der Psychoanalyse beeindruckt sein müssen.

Genaugenommen ist die Charakterisierung gewisser Menschen als am Erfolg Gescheiterte nur eine Beschreibung; das heißt, sie wird vom Standpunkt des äußeren Beobachters aus vorgenommen und nicht vom Standpunkt der eigenen psychischen Realität des Subjekts aus. Wenn wir als Beobachter von außen zuschauen, sind wir auf die Betrachtung dramatischer offensichtlicher Fälle beschränkt, wie beispielsweise der Depression, die einer langersehnten Beförderung auf dem Fuße folgt oder der Panik, die sich einstellt, wenn der langgehegte Wunsch nach einer Liebesbeziehung sich endlich erfüllt. In dieser Beschreibung erscheint das Subjekt als passives Opfer seiner eigenen Leistung. Im Gegensatz dazu versucht der Analytiker, indem er innerhalb der psychischen Realität arbeitet, in jedem Fall nachzuweisen, was genau den Erfolg ausmacht und was bewirkt, daß der Patient daran scheitert. Die individuellen, subjektiven, größtenteils unbewußt aufrechterhaltenen Vorstellungen von Erfolg und Mißerfolg decken sich durchaus nicht immer mit dem, was wir aufgrund von Konventionen und gesundem Menschenverstand erwarten würden.

Diese Abweichung von vernünftigen Erwartungen ist nicht überraschend, wenn wir berücksichtigen, daß die Menschen in Hinblick auf ihre Lebensziele mehr oder weniger unbewußt mit sich im Konflikt stehen. Aufgrund dieses Konflikts ist, was vom Standpunkt der einen Zielsetzung aus ein Erfolg ist, vom Standpunkt anderer, damit in Konflikt stehender Ziele, ein Mißerfolg. Freud (1900, S. 604) führte dieses Prinzip bereits in einem anderen Zusammenhang ein, nämlich dem der Lust, als er bemerkte, daß etwas, was für das eine psychische System lustvoll sei, für ein anderes durchaus schmerzlich sein könne. In den Begriffen der Strukturtheorie, die er später entwickelte (1923a), hatte er besonders jene Fälle im Sinn, in denen die Befriedigung des Es mit den abwehr- und anpassungsorientierten Zielen des Ichs und den archaischen Moralzielen des Überichs in Konflikt gerät. So betrachtet der Analytiker die Symptombildung zum Beispiel als die Verbindung von Lust und Schmerz oder von Erfolg und Mißerfolg.

Aus dieser Perspektive gesehen kann ein Subjekt gar kein passives Opfer seiner eigenen Leistung sein; unbewußt hat das Subjekt den Mißerfolg zu einem Projekt gemacht und ist in dessen Ausführung oft ausgesprochen erfinderisch geworden. Wie ein Analysand einmal sagte, nachdem er die Einsicht in sein gekonntes und unvermindertes Streben nach Mißerfolg gewonnen hatte: »Wenn ich zehn Prozent dieser Energie dazu aufwende, um wirklich Erfolg zu haben, gibt es nichts, das ich nicht erreichen könnte.«

Mißerfolg und Erfolg müssen in derselben komplexen und oberflächlich paradoxen Weise gesehen werden. Wohl eher vom Standpunkt der psychischen als von dem der konventionellen Realität aus kann Mißerfolg mehr darstellen als eine schmerzliche Niederlage oder Bestrafung. Zum Beispiel kann Mißerfolg auch die triumphale Erfüllung archaischer Moralziele in Opposition zu infantilen libidinösen Zielen sein; entsprechend kann es die triumphale Erfüllung der Ich-Ziele einer Person darstellen, die psychischen Schmerzen, die durch den Rückzug aus weltlichen Erfolgssituationen entstehen, welche unerträgliche Angst oder Schuldgefühle zu verursachen drohen, auf ein Minimum zu reduzieren. Folglich muß der Analytiker immer wieder fragen: »Worin liegt der Mißerfolg im Erfolg?« und »Worin liegt der Erfolg im Mißerfolg?« In diese Richtung bewegte sich schon Theodore Reik (1941), als er das Konzept vom Sieg durch Niederlage in seiner Analyse des Masochismus besonders hervorhob.

Meine Fallbeispiele zum Streben nach Mißerfolg habe ich größtenteils um eine pathologische Ich-Ideal-Bildung herum aufgebaut, da das Ich-Ideal ein grundlegender Bestandteil der Charakterstruktur ist. Ohne das Ich-Ideal eingehend zu betrachten, können Erfolg und Mißerfolg psychoanalytisch nicht diskutiert werden. Aus Gründen, die an anderer Stelle vorgestellt und entwickelt wurden (Sandler, Holder und Meers, 1963; Schafer, 1967), ziehe ich es vor, vom idealen Selbst statt dem Ich-Ideal zu sprechen. Das Ich-Ideal ist traditionell zu eng mit der Überich-Theorie verbunden und berücksichtigt somit nicht angemessen genug die primitiv wünschenden, abwehrenden und anpassenden Aspekte der Idealbildung in Zusammenhang mit den archaischen Moralaspekten – das heißt, die Es- und Ich-Aspekte zusammen mit den Überich-

Aspekten. Antisoziale, utilitaristische oder primitive Wunschideale zu berücksichtigen ist einfacher, wenn man mit dem Konzept des idealen Selbst arbeitet. Ich benutze diesen Begriff eher als eine Richtlinie für Aktivität denn als eine Bezeichnung für eine aktive Kraft oder Instanz in der Psyche.
Auch die Identifikation muß man bei der Entwicklung des idealen Selbst als zentral betrachten, vorausgesetzt man berücksichtigt die phantastische, infantile Elaboration der Vorstellung der Person, mit der das Kind sich identifiziert. Ideale basieren oft auf Identifikationen mit Figuren die, nach herkömmlichen Begriffen, weit davon entfernt sind, moralisch oder gut sublimiert zu sein.

Fallbeispiel:
Man stelle sich einen jungen Mann vor, von dessen idealem Selbst es ein wichtiger Bestandteil ist, jemand zu sein, der weniger leistet als erwartet wird. Daß dies sein Ideal war, wurde erst nach analytischer Erforschung seines Jammers und Elends in der Schule, bei der Arbeit und in der Analyse deutlich. In seiner psychischen Realität bedeutete, jemand zu sein, der die erwarteten Leistungen nicht erbrachte, sich der Rolle anzupassen, die seine Familie ihm anscheinend früh im Leben zugewiesen hatte. Mit dieser Rolle wehrte er Neid und Verachtung seiner Geschwister ab; zudem brachte sie ihm elterliche Liebe in Form der mitfühlenden Hilfe seines Vaters ein, immer wenn er in Schwierigkeiten steckte – aber nur dann. Charakteristischerweise war das Gefühl, ein »gutes Kind« zu sein, mit mangelnder Leistung und ständiger Selbst-Erniedrigung verbunden. Seine Selbstachtung beruhte darauf, ein Versager zu sein. So mußte die gestörte Bildung seines idealen Selbst als eine wichtige Variable in seinem wiederholten Streben nach Mißerfolg betrachtet werden. Erikson (1956) erörterte ähnliche Phänomene unter dem Begriff der negativen Identitätsbildung. Das Problem dieses jungen Mannes als das eines gestörten idealen Selbst darzustellen heißt nicht, die kastrierende ödipale Niederlage zu mißachten, die seine Verwirklichung der negativen Ideale mit sich brachte. Ebensowenig bedeutet es, die Konfliktsituation mit den negativen Merkmalen seines idealen Selbst zu mißachten. Denn es wurde ebenfalls offensichtlich, daß er sein positives ödi-

pales Streben und andere eher positive Ideale, die damit verbunden waren, nicht völlig aufgegeben hatte. Im Widerspruch mit sich selbst rebellierte er gegen die Negativideale, die er unbewußt aufrechterhielt; doch wegen der Schmerzlichkeit, die jedes Handeln mit sich brachte, das nicht selbstzerstörerisch war, konnte er diese Rebellion nicht durchhalten. In den analytischen Sitzungen beispielsweise konnte er einen Satz, in dem er etwas auch nur entfernt Positives über sich sagen wollte, kaum beenden; er mußte sich sofort selbstkritisch ins Wort fallen.

Somit war Mißerfolg für diesen jungen Mann auch eine Art von Erfolg, während ein Erfolg auch gleichzeitig ein Mißerfolg war. In der Übertragung arbeitete er höchst energisch daran, die mitfühlende Hilfe des Analytikers hervorzurufen, indem er sich als dumm, ineffektiv und verzweifelt präsentierte. Und während er bewußt beteuerte, sich wegen seiner Unzulänglichkeiten zu schämen, wurde im Verlauf der analytischen Behandlung deutlich, daß er unbewußt ein »gutes Kind« war, sich als solches fühlte, und vom Analytiker erwartete, daß dieser sich über sein Versagen und seine Hilfsbedürftigkeit freute.

Fallbeispiel:

In einem anderen Fall beruhte eine dominante Vorstellung von Erfolg darauf, daß der Analysand sich unbewußt mit einem asozialen und antisozialen Vater identifiziert hatte, der ein Spieler gewesen war und mehr als genug weltlichen Erfolg und Mißerfolg gehabt hatte. Der Sohn fühlte sich am lebendigsten und männlichsten, wenn er allein, leichtsinnig und unnötig nahe am Abgrund zum Mißerfolg arbeitete. Am weiblichsten und kastriertesten fühlte er sich, wenn er in einer Gruppe arbeiten mußte und wenn er ein Verlierer war. Ein einsamer Verlierer zu sein war eine Situation, die er unbewußt gleichermaßen ersehnte wie fürchtete.

Fallbeispiel:

Das Streben eines dritten jungen Mannes nach Mißerfolg diente unbewußt dazu, die Selbstachtung seines, wie es schien, schwachen, erfolglosen Vaters zu schützen. Doch diese unbewußte, sich wiederholende Aktivität hatte auch noch andere wichtige Funktionen: Einerseits bedeutete sie eine Rebellion gegen die Forderung seines Vaters, ein angepaßter, erfolgsorientierter Typ zu sein; andererseits bedeutete sie Unterwürfigkeit unter die allgemeine Tendenz seiner Familie, emotionales Leid zu romantisieren. Emotionales Leid war die Bedingung dafür, interessant zu sein, und den Hintergrund dieser Bedingung schien das mächtige sadomasochistische Interaktionsmuster der Familie zu bilden. So war Mißerfolg für ihn eine Möglichkeit, sadistisch und masochistisch, liebenswert und gleichzeitig trotzig zu sein. Das Gegenteil dazu hieß, auf neutrale und unspektakuläre Art erfolgreich zu sein, schmerzhaften Ausschluß aus dem Familiendrama herauszufordern sowie keine Gelegenheit mehr zu ödipalen Erregungen und einen vielleicht endgültigen Sieg zu haben.

Fallbeispiel:
Ein weiterer junger Mann hatte sich auf eine Art mit seinem anmaßenden, egoistischen Vater identifiziert, die bei seinen eigenen konventionellen Unternehmungen nur zu Mißerfolgen führen konnte. Mit dieser väterlichen Identifikation mußte der junge Mann seinen eigenen Grenzen gegenüber intolerant sein; er mußte selbst ein anmaßender, sich selbst allmählich zugrunde richtender Poseur sein. Gleichzeitig jedoch führte er durch seine extreme Übertreibung eine zornige Nachäffung seines Vaters auf. Zusätzlich forderte er seinen Vater nicht auf psychisch realem ödipalem Boden heraus. Eine wahre Herausforderung wäre es gewesen, ein solider, ernsthafter, ästhetisch empfindsamer Erfolgstyp der Art zu sein, für den, wie er wußte, seine unglücklich verheiratete Mutter romantisch empfänglich war. Somit war für diesen jungen Mann ein männlicher Charakter und psychosexuell nicht kastriert zu sein gleichbedeutend damit, die Identifikation mit seinem Vater abzulehnen. Und das ist, wie wir wissen, für jeden Mann unter allen Umständen eine schwierige Großtat. Der Analytiker sollte sich nicht von dem bewußt und vehement erklärten Ziel seiner Patienten irreführen lassen, die Identifikation mit väterlichen Modellen rückgängig zu machen – oder natürlich auch mit mütterlichen Modellen. Logischerweise konnte der junge Mann seine schädigende väterliche Identifikation nur teilweise zurückweisen. Über-

dies war der Vater nicht nur ein selbständiger Erfolgstyp, wie anmaßend er auch sein mochte, sondern, wie immer, fand man im Hintergrund dieser herabsetzenden Bilder des anmaßenden Vaters die unbewußt aufrechterhaltene Imago des mächtigen phallischen Vaters, die der Analysand sehr früh in seiner Kindheit entwickelt hatte. Es ist der omnipotente, idealisierte Vater, der in der psychischen Realität nie in seiner ganzen Komplexität, Widersprüchlichkeit, Unsicherheit und Begrenzung gesehen wird.
Dieser mächtige primordiale Vater sollte niemals vergessen werden. Patienten neigen dazu, hartnäckig nur den maßstabsgerecht verkleinerten Vater späterer Entwicklungsperioden zu präsentieren. Sie hoffen, den Analytiker so dazu zu bringen, diese geschrumpften Darstellungen als psychisch zutreffend und vollständig zu akzeptieren. Diese schmälernden Darstellungen haben ebenfalls ihren Platz in der persönlichen Entwicklung – auch sie sind psychisch real – doch die Analyse des Strebens nach Mißerfolg hängt wie die vieler anderer Probleme davon ab, über diese begrenzten und späteren Darstellungen hinaus zu der frühen Vater-Imago zu gelangen. Der primordiale Vater ist sexuell immer mächtig genug, um die Mutter zu überwältigen, zu befriedigen und zu schwängern und den ödipal rivalisierenden Sohn zu kastrieren. Er kann einfach alles. Doch ist dieser früheste Vater nicht nur eine bedrohliche Figur; er ist ebenso die verborgene Quelle eines starken und erfolgreichen idealen Selbst. Nur die Analyse von Übertragung und Abwehr ermöglicht es dem Analytiker, sicher hinter die späteren, problematischen, bewußt verteidigten, herabsetzenden Darstellungen des Vaters zu schauen und so auf Entwicklungskräfte zu stoßen, die in der Charakterstruktur des Analysanden keinen festen Platz erhielten.
Zurück zu dem anmaßenden jungen Mann. Zu Anfang seiner analytischen Behandlung, als er seinen Vater immer noch bewußt idealisierte, fand er, daß er nie genauso cool, geistreich, gebildet und wagemutig sein könnte wie sein Vater. Prompt begann er seinen Analytiker ähnlich zu idealisieren, und arbeitete eine extravagante, oberflächliche Identifikation mit ihm aus. Seine Selbstachtung schoß zusammen mit seiner analytischen Anmaßung in die Höhe. Daraus resultierend war er durch analytische Intervention kaum

erreichbar. Diese Vater-Sohn-Wiederholung in der analytischen Beziehung war seine erste Übertragung, während sie gleichzeitig offensichtlich auch seine erste Hauptform der Abwehr war. Technisch gesehen war es daher notwendig, eine genaue und geduldige Untersuchung seiner widersprüchlichen Vorstellungen und Gefühle in bezug auf den idealisierten Vater späterer und gestörter Entwicklungsphasen durchzuführen. Diese vorbereitende Arbeit außerhalb von Übertragung und Abwehr war notwendig, um dem Analysanden zu zeigen, daß er sich als Sohn unter anderem verraten fühlte, wütend und mutlos war, und daß das ideale Selbst, mit dem er spielte, fadenscheinig, ermüdend und schmerzhaft war. Diese Phase der Arbeit erforderte einige energische Konfrontationen von seiten des Analytikers. Erst nachfolgend konnten die fundamentaleren Aspekte von Übertragung und Abwehr analytisch angegangen und eine ähnliche Darstellung seiner Beziehung zum Analytiker entwickelt werden. Diese Arbeit eröffnete einen Weg, den Einfluß des primordialen Vater-Imagos zu analysieren und Alternativen zu finden, nicht nur bei Mißerfolgen erfolgreich sein zu können.

Wie bereits erwähnt, habe ich die vorangegangenen Beispiele größtenteils um eine gestörte Entwicklung des idealen Selbst herum angeordnet; während der analytischen Behandlung wird das Streben nach Mißerfolg jedoch auch um viele andere Themen herum organisiert. Zum einen ist da das offensichtliche Problem des Abwendens von Neid. Von den vielen Varianten des Neids, die in diesem Zusammenhang herausgearbeitet werden könnten, möchte ich speziell den psychisch realen Neid hervorheben, der von dem einen oder anderen Elternteil auf das vielversprechende und talentierte Kind gerichtet wird. Ich beziehe mich hier auf den neidischen Vater, der sich weniger gut ausgestattet fühlt und seiner Frau gegenüber daher weniger attraktiv zu sein glaubt als sein Sohn und auf die neidische Mutter, die ihrem Mann gegenüber weniger feminin, weniger kompetent und weniger attraktiv zu sein glaubt als ihre Tochter. Das vielversprechende oder erfolgreiche Kind fühlt sich nun durch die Erfahrung einer Art unbewußt aufrechterhaltenem, neidischem, kindesmörderischem Begehren und ebensolcher Sabotage bedroht. In einer solchen Umgebung wird jede starke positive emotionale Reaktion des nichtneidischen Elternteils in ihren inzestuösen Implikationen ebenfalls als bedrohlich erlebt.

Diese Konstellation bewirkt, daß dem Kind nicht nur durch den Neid des einen Elternteils zuviel Schaden droht, sondern auch ein Zuviel an problematischer Befriedigung durch die positive Reaktion des anderen. In derartigen Fällen haben wir es vermutlich immer mit phantasierten infantilen Eltern-Imagines zu tun, das auf einem Fragment guter Realitätsprüfung beruht. Vom technischen Standpunkt aus kann diese Analyse blockiert werden, wenn das Element der Realitätsprüfung völlig mißachtet wird; gleichzeitig kann die Analyse fehlschlagen, wenn nur die Realitätsprüfung beachtet wird, während die infantilen Phantasien ignoriert werden. Es ist ein heikles und schwieriges Unterfangen, diese Faktoren auszusortieren und auszubalancieren.

Bevor ich mich dem idealisierten Unglücklichsein zuwende, würde ich gern noch andere organisierende Themen erwähnen. Zum Beispiel bringt ein Erfolg die Gefahr mit sich, daß unbewußt aufrechterhaltene grandiose Vorstellungen des Selbst bewußt erlebt werden. Kohut (1971, 1977) hatte zu diesem Aspekt einige wichtige Argumente vorzubringen. Einige Patienten erfahren eine merkliche oder sogar panische Desorientiertheit in einer anfänglich manischen oder paranoiden Art, wenn sie wagen, ihre eigenen besonderen Leistungen oder ihre besonderen Talente, auf die diese Leistungen hinweisen, zu erkennen und dazu zu stehen. Während dieses Augenblicks der Wahrheit können sie einem Gefühl des Realitätsverlusts und des Kontaktverlusts mit anderen Ausdruck verleihen, manchmal sogar dem Gefühl, verrückt zu sein. Auch Verzerrungen des Körperschemas können auftreten. Folglich fliehen diese Patienten panisch vor dieser Erkenntnis und dem Eingeständnis zurück, und sie tun dies so lange, bis die ängstigenden Phantasien, Erwartungen und Reaktionen besser definiert und durchgearbeitet sind. Auch hier müssen akute Probleme der Realitätsprüfung berücksichtigt werden, nun jedoch in bezug auf eine adäquate Beurteilung des eigenen Selbst.

Meiner Ansicht nach ist so eine narzißtische Krise nicht allein durch Kohuts Selbst-Psychologie lösbar. Selbst-psychologische

Überlegungen helfen vielleicht, Zugang zu der Furcht vor einem latenten grandiosen Selbst und vor offenkundigem Exhibitionismus zu finden, doch in der Regel scheint diese narzißtische Krise gleichbedeutend mit der ödipalen Krise zu sein, die Freud als zentrales Organisationsthema diente. Diese Krise kann auch die Unterbrechung einer präödipalen symbiotischen Bindung oder ein ängstigendes Gefühl von Verschmelzung mit den grandiosen Eltern-Imagines aus frühester Kindheit implizieren. Annie Reich (1953, 1954, 1960) war unter den ersten Freudianern, die der Mischung von ödipalen und präödipalen Faktoren in diesen narzißtischen Krisen besondere Aufmerksamkeit gewidmet haben.

Um mit selbst-psychologischen Themen fortzufahren: Manchmal scheint der Weg zum Erfolg unbewußt von der Phantasie eines unabänderlichen Defizits oder Defekts versperrt zu sein. Vorstellungen von Defiziten oder Defekten lassen sich oft auf eine Bemutterung zurückführen, die entweder nicht »gut genug« oder nicht empathisch genug war. Doch daß diese Deprivation real gewesen zu sein scheint, bedeutet nicht, daß es kein Netz von oralen, analen und phallisch-exhibitionistischen Phantasien oder Fixierungen sowie Abwehrhaltungen dagegen gibt, die latent die Vorstellung genährt haben, durch schlechte Versorgung geschädigt worden zu sein. Wie wichtig das empathische Versagen der Eltern auch gewesen sein mag, es schließt die zentrale Präsenz von fixen und vorherrschenden Vorstellungen darüber, geschädigt worden zu sein, sowie viele infantile Wunscherfüllungen und Abwehrhaltungen nicht aus. Wenn die Analyse nicht auf Selbst-psychologische Punkte beschränkt wird, erweist es sich oft als nützlicher nächster Schritt, die unempathische Mutter neu zu interpretieren, zum Beispiel als die phantastisch übertriebene, mächtige und vergeltende ödipale Rivalin oder als das zurückweisende oder unbefriedigte ödipale und präödipale Objekt. Möglicherweise zeigt sich, daß es ödipale Bedrohung und Niederlage oder präödipale Verlassenheit oder Qual gewesen sind, die der Vorstellung von einem Defekt und Defizit ihre scheinbare Macht gegeben haben.

Vielleicht benutzt ein Individuum die Vorstellung einer Verkrüppelung dazu, mit Problemen der Bisexualität fertig zu werden: Ein Mann nutzt vielleicht seine psychische Kastriertheit so; eine Frau die Ablehnung ihrer phallischen Ambitionen. Zusätzlich kann die

Vorstellung eines Defekts unbewußt auch als bösartiger Phallus oder bösartige Brust verwendet werden, um über die Welt zu triumphieren und stellt auf diese Art vielleicht einen Sieg dar, der exhibitionistisch und omnipotent den Klauen der Niederlage entrissen wurde (siehe zum Beispiel Shakespears *Richard III.*). An anderer Stelle habe ich argumentiert (1983), daß manche Analysanden die unbewußt aufrechterhaltene und ausgearbeitete Vorstellung, gefangen oder leer zu sein, auf dieselbe Art nutzen können, wie andere die Vorstellung eines Schadens oder Defekts nutzen. Was auch immer der Fall sein mag, für den, der dem Mißerfolg immer heftig hinterher ist, bedeutet herkömmlicher oder analytischer Erfolg zwangsläufig, sehr viel aufgeben zu müssen. Aus diesem Grund kann eine erfolgreich beendete analytische Behandlung möglicherweise Gelegenheit zumindest zu schmerzlicher Trauer bieten, meistens jedoch bringt sie Zeiten schmerzlicher Depression mit sich. Was in der psychischen Realität verloren wird, ist die Brust der Mutter (wie schlecht auch immer), der geheime Penis, die Omnipotenz usw., die die phantastischen Annahmen ausmachen, auf denen der Charakter beruht. Die heftig beunruhigenden Aspekte von Erfolg und Mißerfolg sind in erster Linie infantilen und nicht heutigen Ursprungs. Natürlich gibt jeder momentane Erfolg von konventioneller öffentlicher Art zu vielen neuen Problemen persönlicher Synthese und zwischenmenschlicher Beziehung Anlaß, und diese Probleme dürfen nicht ignoriert werden. Jedoch verdanken all diese neuen Belastungen und Anspannungen was immer sie an zerstörerischer Kraft haben mögen, dem Umstand, daß sie in Begriffen infantiler Zuneigung, infantilem Verlust, infantiler Verführung, Niederlage, infantilem Schaden und anderer Gefahren unbewußt erschaffen wurden. Für diejenigen, die am Erfolg gescheitert zu sein scheinen, kann viel Wertvolles in den Ruinen versteckt liegen.

Die Idealisierung des Unglücklichseins

Hier beginne ich mit einigen Fallbeispielen der Idealisierung des Unglücklichseins und der dadurch implizierten Konstruktion eines unglücklichen idealen Selbst.

Fallbeispiel:
Während der analytischen Behandlung kam es bei einer Patientin zu folgendem Versprecher: Statt wie beabsichtigt zu sagen, nach der Konfrontation mit einer bedrohlichen Situation sei ihr ein kalter Schauder (cold chills) über den Rücken gelaufen, sagte sie: »Ein kalter Schauer (cold thrills) lief mir über den Rüken.« Diese Frau hatte ihr ganzes bisheriges Leben lang versucht, andere von ihrem Unglück zu befreien, indem sie es auf sich nahm. Unbewußt, wie anscheinend viele Frauen in unserer Kultur, nahm sie das Unglück anderer in sich auf und litt für diese. Wenn sie das tat, fühlte sie sich als braves Mädchen, das heißt, gütig, mitleidig, unterstützend, anspruchslos, ja sogar selbstaufopfernd. Von jungen Jahren an hatte sie dies in extremem Ausmaß mit allen Mitgliedern ihrer Familie gemacht. Diese christusähnliche Rolle, die sie selbst als etwas Großartiges ansah, unterstützte und fand das Wohlwollen aller Beteiligten. Mit Sicherheit hatte ihr Verhalten zumindest in ihren Phantasien diese Wirkung, wenn sich auch im Verlauf der analytischen Behandlung die Beweise häuften, daß ihre Familie sich dann am wohlsten in ihrer Nähe fühlten, wenn sie unglücklich war. Indem sie das Unglück der ganzen Familie auf sich nahm, konnte sie die anderen leichter idealisieren, und zwar als eine sichere, gütige, mitleidige und unterstützende Grundlage für sie als Mädchen und später für die Frau, mit der wir es hier zu tun haben. In ihrer psychischen Realität verdiente sie sich Liebe und Bedeutung, indem sie unglücklich war und wertete dadurch auch ihre Vorstellung von sich selbst auf. Gemäß der analytischen Erwartungen versuchte sie diese Rolle natürlich auch in der Übertragung zu spielen: Wenn sie im Analytiker keinerlei Unbehagen und Leid entdecken konnte, das sie hätte auf sich nehmen können, dann erfand sie es einfach; somit war ein Teil ihrer Übertragung, daß sie den leidenden Analytiker schützen oder heilen wollte, indem sie selbst litt und damit ihr ideales Selbst zu verwirklichen suchte.
Technisch gesehen war es daher notwendig, dieses chronische Unglücklichsein als unbewußt darauf angelegt zu sehen, ihre eigene Selbstachtung auf Kosten des Analytikers zu steigern, wie sie es früher auf Kosten ihrer Familie getan hatte. Diese Strategie mußte auch als Versuch analysiert werden, eine idealisierte Figur zu lieben und von dieser geliebt zu werden, wenn auch mittels Leiden.

Zusätzlich zeigte sich, daß es die Patientin unbewußt genoß, andere zu strafen, indem sie bis zur Untröstlichkeit unglücklich war. Ihre Idealisierung des Unglücklichseins war, in ihrer Beziehung zu anderen, eine ambivalente oder konfliktreiche Strategie. Die verschiedenen Befriedigungen, die sie durch diese Strategie erreichte, machten es ihr äußerst schwer, eine Änderung in Erwägung zu ziehen oder zu vollbringen. Zeichen der Besserung wurden von dramatischen negativen therapeutischen Reaktionen begleitet; das heißt, sie verlor den analytischen Boden unter den Füßen, sobald sie sich besser zu fühlen begann.

Ihr Versprecher, als sie »Schauder« (»chill«) durch »Schauer« (»thrill«) ersetzte, wies auf ein sexuell masochistisches Thema hin, wofür es noch andere Beweise gab, einschließlich ausgiebiger und erregender Phantasien über Mißbrauch und Demütigung. Daß die Schauer *kalt* waren, wies in zwei Richtungen. Einerseits deutete »kalt« auf den Aspekt des unglücklichen idealen Selbst hin, das rücksichtslos selbstbezogen, neidisch und konkurrierend war, sprich kalt in der alltäglichen Bedeutung wie bei einem »kalten Herzen« oder einer »kalten Person«. Andererseits deutete »kalt« auf die Abwehr hin, die erotische Glut ihres Masochismus bewußt zu erleben (siehe zum Beispiel Freud, 1919). Statt dessen hielt sie eine sexuelle Kälte in ihren Beziehungen zu anderen aufrecht. Tatsächlich wurde diese Frau von einem Freund als einladende alte Jungfer beschrieben.

So konnte ihre Idealisierung des Unglücklichseins analytisch in Begriffen der Sexualität, Aggression, Abwehr, Anpassung (wenigstens an die familiäre Umgebung ihrer Kindheit) und archaischer Moralität nacherzählt werden. Moral war beteiligt, weil sie nicht nur ihr Liebes- und Haßleben unbewußt durch Leiden erlebte, sondern insgeheim auch noch für das Ausleben dieser Ambivalenz bezahlte, indem sie noch schmerzvoller litt.

Fallbeispiel:

Eine andere Frau machte einen ähnlichen Versprecher. Als sie ausdrücken wollte, wie stark (heavily) die negative Haltung ihrer Mutter sie belaste, sagte sie statt dessen: »Ich bin so himmlisch (heavenly) belastet von ihr.« In ihrer psychischen Realität hatte diese Frau die beste elterliche Fürsorge erfahren, wenn sie sehr unzufrieden und selbsterniedrigend war und hatte die schlimmste Verbindung von Vernachlässigung, Geringschätzung und Neid erleben, wenn sie erfolgreich, enthusiastisch und stolz war. Während ihrer Entwicklung meinte sie, ein Objekt der Verachtung sein zu müssen, woraus sie schloß, es sei anmaßend von ihr, gut von sich selbst zu denken oder zu sprechen oder es sich womöglich gutgehen zu lassen. So konnte sie in ihrer Analyse, wie in weiter oben besprochenen Fällen über das Streben nach Mißerfolg, keine positive Selbst-Erzählung ertragen. Kaum hatte sie eine positive Erzählung begonnen, so brach sie diese ab und stellte sich statt dessen als dumm, unwichtig, beleidigend, prahlerisch oder langweilig dar; dieses Verhalten war charakteristisch für sie. Anschließend fuhr die Frau augenblicklich fort, über eine Unzahl peinlicher Assoziationen zu jammern oder sie brachte Erinnerungen an persönliche Katastrophen zur Sprache, für die sie sich verantwortlich fühlte, oder sie legte weitschweifig und in allen Einzelheiten Probleme dar, die sie nicht zu lösen vermochte. Manchmal fing sie sogar gar nicht erst an, eine positive Geschichte zu erzählen. Und manchmal sprang sie einfach vom einen Erzählungstyp zum anderen, ohne in einer Überleitung das herabzusetzen, was sie gerade gesagt hatte. Gelegentlich pflegte sie sich gewissermaßen selbst gereizt zu unterbrechen und zu sagen: »Was glaube ich eigentlich, wer ich bin?«

Andere wollten, daß sie unglücklich war, und durch die Identifikation mit ihren Eltern wollte sie es nun selbst. Ihr ideales Selbst schien ein unglückliches zu sein. Sie fühlte sich elend, wenn ihre Geschichte positiv war, und sie fühlte sich begehrenswert, schätzenswert und sicher, wenn diese negativ war. Während der analytischen Behandlung wurde ihr klar, daß sie erwartete, der Analytiker würde dieses unglückliche Selbst bevorzugen, wenn nicht sogar verlangen.

In einer Hinsicht war ihre »himmlische« Last ihr angeblicher persönlicher Defekt, der ihr garantierte, daß ihre Eltern anerkennende, aufmerksame und tröstende Versorger sein würden. In anderer Hinsicht bezog sich das Wort Last auf die infantilisierenden und erniedrigenden Eltern selbst, zusammen mit der Identifikation mit ihnen. Wie immer waren auch hier noch viele weitere Einflüsse unbewußter Natur an dem Aufbau dieses unglücklichen Selbst beteiligt.

Fallbeispiel:
In einem anderen Fall schien ein asketisches, spartanisches, egozentrisches und stummes Unglücklichsein das Mittel zu sein, mit dem eine junge Frau großen Anklang bei ihrem Vater fand, der sein Leben genau auf diese Art zu leben schien. Das Unglücklichsein dieser jungen Frau war eine Möglichkeit, sich mit ihm zu identifizieren. Als Mädchen hatte diese Frau seine Gesellschaft und Bewunderung für sich gewonnen, indem sie sich ihn zum Vorbild nahm. Als Frau regulierte sie ihre Selbstachtung auf dieselbe Art. Für sie war diese Lebensweise unbewußt auch eine Möglichkeit, trotzig und stolz maskulin zu sein, denn in ihrer psychischen Realität konnte sie durch maskuline Unzugänglichkeit demütigender Weiblichkeit entkommen. Es ist durchaus nicht ungewöhnlich, dieser Vater-Tochter-Konfiguration in der analytischen Praxis zu begegnen – sie ist jedoch wiederum nur ein Teil eines größeren Komplexes von Faktoren.

In den drei oben zusammengefaßten Fällen konnte man erkennen, daß diese Frauen auch Komponenten eines konventionellen positiven idealen Selbst definiert hatten. Es gibt gute Gründe für die Annahme, daß sie sogar vielen Einflüssen ausgesetzt gewesen waren, die nur zu der Entwicklung eines positiveren idealen Selbst geführt haben konnten. Folglich konnten sie nur mit großem Leid diesen bewußt schlechten Weg in ihr gegenwärtiges Lebens gegangen sein. Durch den Rückgriff auf dieses positive ideale Selbst wurde es für diese Frauen wichtig, wenn nicht sogar zwingend notwendig, ihr Unglück in Frage zu stellen und eine analytische Behandlung zu beginnen. Doch nachdem sie erst einmal in Behandlung waren, hielten sie dieses glücklichere ideale Selbst verborgen; sie fanden es sehr schwierig, es bewußt darzustellen und aufrechtzuerhalten. Ein Grund für diese Schwierigkeit war ihr Kampf gegen die Identifikation mit ihrer abgewerteten Mutterfigur (Greenson, 1954). In diesem Kampf verdrängten sie die frühe, aktive, fürsorgliche und mächtige Mutterfigur. Sie hatten sozusagen die primäre Mutter zusammen mit dem Bad ausgeschüttet. Gleichzeitig jedoch ließ einiges in ihren Selbst-Geschichten darauf schließen, daß die weitverbreitete Aufopferung der Frau in unserer Gesellschaft, die Diskriminierung der Frau und ihre brutale Behandlung, von den viel subtileren Formen der Verführung von Frauen zu minderwertigen Rollen ganz zu schweigen, enorm dazu beigetragen hatten, daß diese Frauen das Unglücklichsein, das sie als Folge davon idealisierten, in sich aufgenommen, entwickelt und vertieft hatten. Doch da diese Entwicklung nicht bei allen diesem schädlichen sozialen Druck ausgesetzten Frauen auffällig und störend ist, scheint es, wir müssen bei unseren Erklärungen doch infantile Phantasien und anderen frühen Entwicklungseinflüssen ein beträchtliches Gewicht geben. Eine angemessene Diskussion dieser Punkte würde eine eigene längere Behandlung erfordern, wovon ich bereits an anderer Stelle einen Teil erörtert habe (siehe Kapitel 4, 5 und 7).

Hier genügt es wohl, wenn ich sage, daß keine noch so umfassende analytische Interpretation der unbewußt aktiven, wiederholenden, idealisierenden Suche nach Leid das Vorurteil oder den Schluß impliziert, die Frauen würden ihr Unglück einfach selbst über sich bringen. Nach dem heutigen Verständnis aller relevanten Faktoren ist diese Vorstellung von der Frau ebenso unhaltbar wie schädlich. Überdies bringt die Entidealisierung des Unglücklichseins, die durch die Psychoanalyse oft erreicht wird, häufig die gesteigerte Bereitschaft mit sich, lebhafte Kritik an unserer sexistischen Welt zu äußern und selbstbewußt geeignete Mittel zu entwickeln, um der Verführung zum Leiden, mit der sie ständig konfrontiert werden, zu widerstehen und sie zu bekämpfen.

Schlußfolgerung: Bemerkungen über die psychoanalytische Interpretation und Erzählungen

Bei meiner Erörterung über das Streben nach Mißerfolg habe ich meine Beispiele der analytischen Arbeit mit Männern entnommen. Bei meiner Erörterung über die Idealisierung des Unglücklichseins habe ich meine Beispiele der analytischen Arbeit mit Frauen entnommen. Diese Auswahl der Fälle spiegelt meinen Eindruck wider, daß das Thema des Strebens nach Mißerfolg in der analytischen Arbeit mit Männern relativ auffälliger ist, während die Idealisierung des Unglücklichseins in der analytischen Arbeit mit Frauen relativ auffälliger ist.

Doch welche Bedeutung hat es, zu sagen, ein Thema sei in bestimmten Fällen auffälliger als in anderen? Bedeutet diese Feststellung dasselbe wie die, daß man im Norden und in hohen Lagen mehr Schnee findet? Oder bedeutet sie, daß ich mich bei der Arbeit mit dem einen Geschlecht einem bestimmten Thema aktiver zuwende und in der Arbeit mit dem anderen Geschlecht einem anderen? Durch diese Fragestellung führe ich in unsere Überlegungen ein Hauptproblem der psychoanalytischen Epistemologie ein. Es ist eine Frage der Entscheidung dessen, was Freud (1915a) das Unbewußte nannte und dessen Inhalte er als entdeckt oder geschaffen, begegnet oder aufgezwungen, gefunden oder gemacht beschrieb. Freud kann man für beide Seiten dieses heiklen Problems zitieren. An anderer Stelle (1981, 1983) habe ich ausführlich versucht, triftige Gründe dafür zu entwickeln, »das Unbewußte« als gefunden und als gemacht zu betrachten; genauer ausgedrückt, es als das Produkt eines Dialogs oder eines Textes zu betrachten, der von einem Autor und einem Koautor geschrieben und revidiert wurde, die beide Mitglieder ein- und derselben erzählerischen und interpretativen Gemeinschaft sind. Die Einzelheiten jener Diskussion will ich hier nicht wiederholen, ebensowenig will ich ähnliche Erörterungen anderer Autoren (zum Beispiel Ricoeur, 1977) wiederholen.

Dieses epistemologische Problem führe ich aus zwei Gründen ein. Erstens um behaupten zu können, daß die beiden Themen – das Streben nach Mißerfolg und die Idealisierung des Unglücklichseins – sich nicht gegenseitig ausschließen. Bei wenigen psychoanalytischen Themen ist dies der Fall; daher die häufige Berufung auf das Konzept der Überdetermination und der multiplen Funktionen in analytischen Erörterungen. Größtenteils hätte man die Beispiele, die ich unter der einen Überschrift vorgestellt habe, auch unter der anderen vorstellen können; tatsächlich waren sogar beide Themen in allen genannten Fällen entwickelt, wenn auch in unterschiedlichem Ausmaß.

Mein zweiter Grund dafür, das Problem, ob »das Unbewußte« gefunden oder gemacht wird, einzuführen, wird durch meine Verwendung des Wortes Thema angedeutet. Wie ich in meinen einführenden Bemerkungen erwähnt habe, verwende ich das Wort Thema im Sinne eines Handlungsstrangs oder erzählerischen Organisationsprinzips. Und indem ich mich an diese Verwendung halte, stelle ich die folgenden Annahmen auf. Die analytische Therapie ist ein Prozeß, während dessen mit Hilfe analytischer Mittel Lebensgeschichten (life histories) konstruiert werden, die von den unbewußten psychischen Prozessen des Analysanden beherrscht werden. Geschichten (histories) sind erzählerische Konstruktionen, wobei jede Geschichte von Handlungssträngen kontrolliert wird. Der Geschichtsforscher wählt die Handlungsstränge aus, die in der erzählerischen und interpretativen Gemeinschaft, in der er Mitglied ist, einen Sinn ergeben. Im Verlauf der analytischen Therapie kann, wie es bei jeder geschichtlichen Arbeit der Fall ist, mehr als eine Geschichte herausgearbeitet werden, was gewöhnlich auch getan wird. Es erfordert jedoch mindestens einige Basisthemen, um eine Lebensgeschichte nach analytischen Grundsätzen adäquat nacherzählen zu können.

Wenn man sagt, diese Arbeit erfordere erzählerische Auswahlmöglichkeiten, bedeutet das nicht, daß die Interpretationsgrundsätze des Analytikers bloße Erfindungen sind oder willkürlich gewählt werden können. Es bedeutet, daß das, was wir Analytiker als Fakten der gegenwärtigen und vergangenen Realität annehmen, notwendigerweise in den Begriffen von einem oder mehreren Themen wiedergegeben werden, die uns als kontrollierende Richtlinien für Fragen und Formulierungen dienen. So, und nur so, erhalten Fakten für die Analyse eine Bedeutung. Die Bedeutung von Fakten kann anhand und innerhalb eines Kontextes von Fragen und Methoden festgelegt werden, die gleichbedeutend sind mit einer Reihe erzählerischer Auswahlwahlmöglichkeiten. Diese Auswahlmöglichkeiten werden gewöhnlich Theorien genannt (siehe auch Kapitel 9, 10 und 11).

Zusammengenommen machen es all diese Annahmen möglich zu verstehen, daß die Natur und der Inhalt unbewußter psychischer Prozesse von alternativen Schulen der Psychoanalyse unterschiedlich definiert wurden und werden. In derselben Weise, wenn auch in geringerem Ausmaß, werden diese Prozesse von jedem Mitglied einer jeden psychoanalytischen Schule unterschiedlich definiert. Ich denke, daß meine relativ stärkere Hervorhebung der Idealisierung von Unglücklichsein bei Frauen einen wichtigen Bestandteil der Psychologie von Frauen in unserer Gesellschaft beleuchtet. Gleichzeitig muß ich allerdings zugeben, daß diese relativ stärkere Hervorhebung ebenso eine Konsequenz davon ist, daß ich diesen Handlungsstrang unter anderem in meiner Arbeit mit einer Reihe von Frauen aktiv entwickelt habe und er sich als nützlich erwiesen hat, jeder dieser Frauen analytisch zu einer besseren Lebensführung zu verhelfen. Eine ähnlich aufgebaute Schlußfolgerung ist auf das Streben nach Mißerfolg anzuwenden, das von vielen Männern verfolgt wird. Somit habe ich in diesem Kapitel durch die Beschreibung einiger Aspekte meiner Arbeitsweise Phänomene beschrieben, die jedem anderen Analytiker zugänglich sein sollten und die von sozialer Bedeutung sein könnten, da sie die Prävalenz manifester Depressivität bei Frauen betreffen. Es wäre ein Fortschritt für die psychoanalytische Disziplin, wenn mehr Analytiker ihre Schlußfolgerungen sowohl als Funde wie auch als Kreationen darstellen würden und somit die fruchtlosen, naiv objektivistischen oder empirizistischen Debatten über die sogenannten Fakten des Falls überwinden würden.

7. Kapitel

Männer, die gegen die Sentimentalität kämpfen

Sentimentalität scheint in der Psychoanalyse häufig ein Schlüsselproblem zu sein. Ist dies der Fall, zeigt es sich meistens in der Verbindung mit einem heftigen oder still verzweifelten Kampf eines Mannes gegen seine eigene Sentimentalität wie auch gegen die seiner Mitmenschen. Männer, die an dieser Front kämpfen, betrachten Sentimentalität als einen ernsten Fehler, der korrigiert werden muß oder als eine große Gefahr, der es zu entgehen gilt. Es ist charakteristisch für sie, daß sie das Potential der Phänomene, die sie unter dem Begriff Sentimentalität zusammenfassen, sowie den darinliegenden Nutzen und die damit verbundenen Konsequenzen überhaupt nicht erkennen können. Dabei beziehe ich mich vor allem auf Männer, die in der analytischen Behandlung eine nüchterne Zwanghaftigkeit, eiskalten Narzißmus, lieblose Depressivität, brutalen Phallozentrismus oder psychopathische Oberflächlichkeit an den Tag legen. Mit anderen Worten, es sind mehr als nur ein paar Männer, doch durchaus nicht alle und nicht alle in demselben Ausmaß.

Man kann als Analytiker nicht fehlgehen, wenn man von dem Faktum ausgeht, daß diese Männer in einem Umfeld von Eltern und Mitmenschen aufgewachsen sind, die in bezug auf Sentimentalität selbst extreme und widersprüchliche Wertvorstellungen haben und versucht haben, diese Werte und Konflikte auf die eine oder andere Weise weiterzugeben. Dennoch können wir die Selbst-Darstellung der Antisentimentalisten nicht einfach als eine Frage der sozialen Konditionierung und des Konformitätszwangs sehen. Mit der für uns nötigen Einstellung, einen Wandel der Persönlichkeit zu erleichtern, sehen wir ein Kind nicht einfach als ein leeres Blatt an, das darauf wartet, von einer Vielzahl gleichgesinnter Autoren beschrieben zu werden. Wir halten es für wichtiger, ein Verständnis dafür zu entwickeln, wie sich die Antisentimentalität bei jedem einzelnen Kind zeigt, das versucht, konfliktreiche, auf Sexualität und Aggression basierende Probleme zu lösen und wie sie in den individualisierten Begriffen der typischen unbewußten Phantasien der frühen Kindheit verstanden wurde.

Indem man den Kampf gegen die Sentimentalität analysiert, hilft man oft, die Tür zu einer breiten Vielfalt von zurückgewiesenen, für die Entwicklung jedoch bedeutungsvollen und sogar wertvollen Bemühungen zu öffnen. Unter anderem führt die erfolgreiche Analyse aller zahlreichen Varianten dieses Kampfes zu größerer Klarheit und Toleranz hinsichtlich des Problems der Geschlechtsidentität, zu intensiveren und stabileren Beziehungen, zu einem tieferen subjektiven Gefühl des Lebendigseins in einer sozialen Welt, und zwar auf eine bessere lohnende Art. Außerdem ermöglicht die analytische Behandlung dem Patienten, seine eigene komplexe Lebensgeschichte als Junge und als Mann zusammenhängender, umfassender und unbefangener zu erzählen. Im Gegensatz dazu kann die Analyse in eine Sackgasse geraten, wenn der Analytiker versäumt, die lebenslangen Aktivitäten des Analysanden zu untersuchen, die in seine auffällige Antisentimentalität münden, oder wenn es der Analytiker trotz größter Anstrengungen nicht schafft, dagegen anzukommen.

Aus diesen Gründen hat die analytische Erörterung der Männer, die gegen die Sentimentalität kämpfen, nicht nur Auswirkungen auf die allgemeine Psychologie des Mannes. Die Erörterung wird zum Beispiel auch in den Bereichen Wirkung zeigen, die oft als Mangel des Mannes an Empathie und seine Furcht vor Selbstenthüllung, Abhängigkeit und Intimität bezeichnet werden. Diese Erörterung hat ebenso wichtige Auswirkungen, was sowohl die Analyse von Abwehr und Übertragung als auch ganz allgemein die Analyse diverser Aspekte emotionaler Erfahrungen angeht (Schafer, 1964). Zusätzlich treten im Verlauf der Analyse dieses Kampfes vielleicht gewisse bedeutsame Fragen der Gegenübertragung auf, ein Thema, dem ich mich später widmen werde.

Gesellschaftliche Vorstellungen über Sentimentalität

Geschmäcker und Sitten variieren unter Individuen und gesellschaftlichen Gruppen, sie verändern sich mit der Zeit und mit den sich verändernden geschichtlichen und persönlichen Umständen oder Zusammenhängen. Folglich sind die erzählerischen Grenzen der Sentimentalität nicht klar umrissen oder stabil, und eine allgemeine Haltung gegenüber der Sentimentalität ist nicht immer vorherrschend oder ausschließlich positiv oder negativ. Es scheint sogar, daß es gar keine einzelne, einfache, befriedigende Definition des Wortes geben kann, keine Definition, die zeitlos und wertfrei ist, und eine so präzise Definition soll hier auch nicht gesucht werden. Gleichzeitig kann man feststellen, daß ein entschieden maskulinistisches Vorurteil den Gebrauch des Wortes zu durchdringen scheint, als stünde »feminin« irgendwie im Mittelpunkt seiner Definition.

Mit dem Wörterbuch, das Sentimentalität als »übertriebene Emotionalität« definiert, können wir uns nicht zufriedengeben, wir müssen weiterfragen: Wer entscheidet, was übertrieben ist und weshalb oder in Übereinstimmung mit welchen Werten und Idealen und unter welchen Umständen? Gewöhnlich haben dies Männer entschieden, besonders Männer mit einer gewissen Macht, die sich höchstwahrscheinlich deshalb projektiv verhalten, um so ihre ungewollte Emotionalität in Frauen und machtlose Männer hinein entleeren zu können, um diese dann dafür verantwortlich zu machen oder sich gefällig oder anders zu ihnen herabzulassen.

Sentimentalität wurde und wird zu Unrecht Begriffen wie Autonomie, Macht, Echtheit, Rationalität und Maskulinität gegenübergestellt. Und Sentimentalität wird gern mit Kindlichkeit, Schwäche, Irrationalität, unfreiwilliger Aufopferung, Versagen, Heuchelei und Weibischkeit gleichgesetzt. Folglich sollte es nicht überraschen, wenn der Kampf gegen die Sentimentalität oft eine strategisch wichtige Position in der klinischen Analyse des Mannes in unserer Gesellschaft einnimmt. Heutzutage unterliegt die Sentimentalität auch dem ideologischen Angriff einiger Feministinnen: Wachsam gegenüber der gesellschaftlichen Verführung der Frau zur Sentimentalität und damit zu leichterer Ausbeutbarkeit durch den Mann ebenso wie durch andere Frauen, beachtenswerterweise durch ihre Mütter, betrachten sie Sentimentalität als eine Falle.

Subjektive Zuschreibungen der Sentimentalität

Auf welche Merkmale einer emotionalen Reaktion spielen männliche Analysanden an, wenn sie sich scheinbar dagegen wehren, sentimental zu sein? Im allgemeinen fassen diese Männer unter Sentimentalität (oder einem äquivalenten Schlüsselwort, Handlungsstrang oder einer Vorstellung) zusammen, weinerlich, nostalgisch, enthusiastisch, entzückt, von Ehrfurcht ergriffen oder vernarrt zu sein; außerdem, sich nach jemandem zu sehnen oder nach jemandem zu schmachten sowie auf alberne oder überschwengliche Art verspielt zu sein. Sie meinen, solche Erfahrungen seien nicht rational oder sie selbst hätten keinen Grund, so zu fühlen. Sie wollen jegliche Andeutung vermeiden, sie könnten naiv oder unreif sein; sie fürchten, als gefühlsduselig oder zu selbstmitleidig gebrandmarkt zu werden; sie drücken sich vor der Möglichkeit, närrisch oder weibisch zu wirken. Verlegen oder beschämt verbergen oder bagatellisieren sie jedes beginnende Gefühl und jede Verhaltensweise, die dieses Gefühl ausdrückt oder versuchen, sie zu verjagen. Sie verstummen; sie sprechen voll beißender Ironie oder Selbstspott; sie werden reizbar, lustlos oder weitschweifig. Andererseits geraten sie, wenn sie mit ihrer eigenen Sensitivität konfrontiert werden, rasch in eine gewisse Hoffnungslosigkeit. Ein repräsentatives Mitglied dieser Gruppe jammerte: »Wozu soll das gut sein?« bevor er mit wachsender Ängstlichkeit weiter mitteilte, daß er fürchte, auseinanderzufallen, falls er seine Sensitivität auslebe und daß er den Verdacht hege, der Analytiker wolle ihn in eine geschwächte Lage bringen.

Man sollte dabei jedoch immer bedenken, daß je nach Fall auch nur ganz bestimmte Teile der Sentimentalität abgelehnt werden. Zum Beispiel kann ein Mann Sentimentalität, die sich auf seine Gefühle für Frauen im allgemeinen oder Mütter im besonderen bezieht, durchaus tolerieren, jedoch nicht seine Gefühle für Männer oder Väter, im Hinblick auf Traurigkeit doch nicht auf Ausgelassenheit. In diesen Fällen ist es wichtig, die Prinzipien dieser selektiven Reaktion des Mannes zu analysieren.

Regressive Aspekte der Sentimentalität

Ein praktisch unvermeidbarer Handlungsstrang in dieser Erzählung über die Analyse des Kampfes gegen Sentimentalität ist dieser: der Kampf gegen die Regression. Da Regression ein Begriff ist, der viele unterschiedliche Prozesse und Phänomene bezeichnen kann, sollte seine Anwendung immer auf den speziellen Fall bezogen werden, denn jeder männliche Patient hat seine eigene Konfiguration spezifischer regressiver Gefahren. Obwohl man die Hauptgefahren, die ich aufgreifen werde, nicht klar voneinander trennen kann, mag es dennoch nützlich sein, sie unter verschiedenen Überschriften zu besprechen, um die unterschiedlichen Akzente nicht aus den Augen zu verlieren, denen wir bei unserer analytischen Arbeit begegnen. Meine Überschriften sind folgende: Tagträume, ein Baby sein, Identifikation mit der Mutter, Analität und Jungenhaftigkeit im Latenzalter.

Tagträume

Tagträume sind eine komplexe Kompromißbildung, die man nur dann ganz verstehen kann, wenn man das Prinzip der multiplen Funktion anwendet (Waelder, 1930). Sie sind nicht nur ein Hilfsmittel zur erotischen und egoistischen Wunscherfüllung, wie Freud (1908a) behauptete. In größerem oder kleinerem Ausmaß müssen sie auch in abwehrenden, moralischen und adaptiven Begriffen nacherzählt werden. Doch gleich, welches relative Gewicht man diesen unterschiedlichen Komponenten auch zuschreibt, wie angenehm oder unangenehm der Tagtraum auch sein mag, und wie manifest oder latent seine Grundmerkmale sein mögen, er hat zweifelllos einen sentimentalen Aspekt. Er ist deshalb sentimental, weil er von stark vereinfachenden Idealisierungen abhängt und somit voll ist von naiven oder sogar melodramatischen Urteilen darüber, was Erfolg und was Mißerfolg ist, über Gut und Böse, Sicherheit und Gefahr sowie Befriedigung und Deprivation. Tagträumer sind jedoch nicht verbissen; sie beschäftigen sich nicht mit kühlen und komplexen Bewertungen des Selbst, der Mitmenschen oder vergangener, gegenwärtiger und zukünftiger Situationen. Ihre Tagträume bestehen aus Illusionen und repräsentieren nicht das höchste Niveau adaptiven Funktionierens, dessen sie fähig sind. Manche Tagträumer nehmen sich einen erfrischenden Urlaub von der äußeren Realität. Andere geben klein bei vor ihr. Aber alle gehen sentimental an das Leben heran.

Zum Beispiel beschäftigt sich der Patient, der am Wochenende sehnsüchtigen Tagträumen über seinen Analytiker nachhängt, auf sentimentale Weise mit einer Idealisierung, wobei er die Erkenntnis ausklammert, daß das analytische Leben mit dem Analytiker oft auf die unterschiedlichste Art und Weise unangenehm ist und somit die Ambivalenz außer acht läßt, die die analytische Beziehung unvermeidlich durchzieht. Ähnlich idealisierend sind jene Tagträume, die sich durch eine hartnäckige nostalgische Sehnsucht nach der Familie der Kindheit auszeichnen, denn in nüchterneren Momenten erkennen die Patienten, daß diese Familie eine große Leidensquelle war. Dasselbe gilt, wenn Analysanden regelmäßig entzückt sind über das Lob eines Vorgesetzten, den sie fürchten, verachten oder dem sie mißtrauen, und wenn sie über das verständnisvolle Wort eines Freundes weinen, der, wie nach nüchterner Überlegung erkannt wird, den Patienten gar nicht so gut versteht oder dem gar nicht soviel an ihm liegt.

Analysanden, die gegen Sentimentalität ankämpfen, hüten sich vor dem, was sie als den unterminierenden Effekt der Tagtraum-Idealisierungen betrachten. In ihren Augen machen die Vereinfachungen der Tagträume den unerbittlichen Realismus oder die Ironie sowie die völlige Autonomie zunichte, die zu erreichen sie so hart gearbeitet haben und von denen ihr Gefühl der Unverletzbarkeit und des Selbstwerts abzuhängen scheint. Folglich fürchten und verdammen sie ihre regressiven Tagträume; sie wollen keinerlei illusionsfördernde und illusionserfüllte Emotionalität. Und da ihre negative Haltung während ihrer früheren Entwicklung möglicherweise bedeutsame adaptive Konsequenzen hatte, wie beispielsweise gegen nie endenwollende traumatische Enttäuschungen gerüstet zu sein, stützen sie ihre Antisentimentalität vielleicht auf schmerzvolle Erinnerungen an bittere Alternativen.

Ein Baby sein

Sehr oft stellen sich Männer unter Sentimentalität eine Funktionsveränderung vor, die in die Richtung geht, wieder ein Baby zu sein. Babys sind anfällig dafür, mit anderen Menschen zu verschmelzen oder, etwas später und analog, unbekümmert in Symbolen wie beispielsweise der Heimat oder der Flagge aufzugehen. In diesem Kontext bedeutet Sentimentalität, passiv, hilflos und nachgiebig zu sein oder zu kapitulieren. Diese Männer fürchten, den Bezug zur Realität zu verlieren und sich durch nackte Emotionalität Verletzungen und Spott auszuliefern. Die Oralität dieses regressiven Schrittes wird angedeutet durch die vertraute Verbindung zwischen Sentimentalität und der Bezeichnung, ein »Lutscher« zu sein und alles zu verschlingen oder, euphemistischer, keinen kultivierten Geschmack zu haben. Diese Patienten finden es geradezu beängstigend, Trost zu suchen, zum Beispiel durch Weinen oder Bitten, oder angebotene Hilfe anzunehmen, egal wie schmerzvoll oder furchtbar die Realität ihnen zur Zeit auch erscheinen mag. Im alltäglichen Leben verweigern sie ihren Frauen und Kindern vielleicht jede Chance, sie zu »bemuttern«, und in ihren analytischen Behandlungen weisen sie den Analytiker wiederholt als reale oder imaginäre wohlwollende »Mutter«-Figur ab.

Identifikation mit der Mutter

Für diese Männer bringt die Regressivität der Sentimentalität gewöhnlich eine gesteigerte Betonung der unerträglichen Identifikation mit ihrer Mutter mit sich. In ihren sentimentalen Augenblicken fühlen sie sich weibisch oder vielleicht mädchenhaft. Aus diesem Grund haben sie das Gefühl, daß sich hinter ihrer Vorstellung eines Sentimentalen eine Bedrohung durch eine gewisse homosexuelle Bereitschaft verbirgt. Manchmal behaupten sie, diese Verbindung beweisen zu können, indem sie auf die affektierte Sentimentalität hinweisen, die für gewisse Bereiche der Homosexuellenszene typisch ist (zum Beispiel gewisse Prominente in der Welt des Entertainments). Die regressiv intensivierte Identifikation mit der Mutter kann sich auf jede einer gewissen Anzahl von Entwicklungsphasen beziehen: die Mutter als Hexe oder erdrückende Brust; die kranke, leidende, vergewaltigte oder kastrierte Mutter der Urszene, wie der phallisch-ödipale Junge sie sich vorstellt; die Mutter als entwürdigte Frau (wie beispielsweise eine Prostituierte).

In einem Aspekt dieser Identifikation kann eine verzweifelt wachsende Betonung der Ablehnung dieser sentimentalisierten Identifikation abwehrend dazu dienen, Maskulinität zu verteidigen. Doch ist dies nicht die Maskulinität des primären Vaters, der als unbezähmbare, kastrierende phallische Macht verstanden wird. Freud (1921) beschrieb den primären Vater als die frühe und ehrfurchteinflößende Idealfigur, eine Figur, deren Größe zu erreichen man niemals hoffen kann. Als natürliche Folge daraus ist er eine Figur, der gegenüber sich eine Person, gleichermaßen ängstlich wie sehnsüchtig, immer wie ein Softie, ein leichtes Opfer, ein leicht besiegbarer Gegner, ja selbst ein williger Sklave vorkommt, sozusagen ein Kastrat und Sexualpartner. Männer leben im Schatten dieser Figur, und für manche von ihnen ist es ein sehr langer Schatten.

In einem anderen Aspekt kann eine Überbetonung der Gefahr, die von der Identifikation mit der Mutter ausgeht, unbewußt zu einer feindseligen und angstmindernden Karikatur der Mutter führen, deren Emotionalität, welcher Art auch immer, sowohl für ihre Kastriertheit als auch ihre beängstigenden kastrierenden Tendenzen steht. Und in einem dritten Aspekt kann diese Überbetonung einen Kampf andeuten, gegen den Wunsch, mittels Identifikation zu einer dyadischen Beziehung mit der Mutter zurückzukehren, von der Vater und Geschwister ausgeschlossen sind, um die Mutter so für immer zu besitzen. In all diesen Fällen fehlt die Erkenntnis, Toleranz und maßvolle Integration der androgynen Implikationen einer freieren Emotionalität durch den ängstlichen Mann. Was statt dessen vorhanden ist, sind vereinzelte Versuche, einen Kompromiß zwischen subjektiv unvereinbaren Extremen zu bilden. Doch weil der furchtsame Mann überzeugt ist, daß diese Kompromisse niemals stabil oder befriedigend sein können, konzentriert er sich weiterhin auf ein völlig einseitiges Resultat. Oft dient diese ausschließende Betonung des männlichen Geschlechts hauptsächlich als Schutzschirm für bedeutungsvolle prägenitale Probleme. Die Oralität habe ich bereits erwähnt; die Analität, der ich mich als nächstes zuwende, ist ein weiteres wichtiges prägenitales Hauptproblem.

Analität

Analytiker erwarten durch die psychosexuellen Rahmenerzählungen der Psychoanalyse herauszufinden, daß anale Ambivalenz eine besonders wichtige Rolle im Kampf der Männer gegen die Sentimentalität spielt. Denn es ist eine seit langem allgemein anerkannte Interpretation, daß die Menschen im allgemeinen und besonders die emotional gestörten, Emotionalität in Begriffe von analen Phantasien übersetzen (siehe z. B. Brierley, 1951, Kap. 2). Sie behandeln Emotionen wie Fäkalien – das heißt, sowohl als gefährlich sadistische Expulsionen oder Explosionen und als schamvolle, unanständige, schmutzige Inkontinenz. Diesen allgegenwärtigen Phantasien begegnet man in besonders deutlicher Form bei allem, was mit Zwangsvorstellungen zu tun hat. Um die Behauptung zu untermauern, diese Gleichsetzung sei überall zu finden, sind wir nicht auf die klinisch-analytische Methode angewiesen, denn es existiert eine Unmenge an entsprechenden analen Scherzen, Floskeln, Metaphern, Beschimpfungen, Ritualen, Mythen und Fabeln jeder Art. »Ich fühle mich beschissen« ist ein repräsentatives Beispiel.

Somit ist gegen Sentimentalität gut gewappnet zu sein unbewußt gleichbedeutend damit, eine saubere Windel zu haben, während ungezügelte Sentimentalität »alles vollscheißen« gleichkommt. »Alles vollzuscheißen« bringt vermutlich genauso nachdrücklichen und quälenden Widerstand zum Ausdruck wie passives, erotisches Loslassen und sich Öffnen. Die »Kneifarsch« genannte Person ist nicht sentimental, während der Sentimentalist ein sentimentaler »Scheißer« ist.

In diesem Zusammenhang begegnen wir den wohlbekannten unbewußten Verknüpfungen zwischen konventionell verstandener Weiblichkeit und passiver Analität; zum Beispiel bedeutet maskulin zu sein tadellos sauber (toilet trained), steril (clean) wie ein

Astronaut, kontrolliert wie ein Drill-Feldwebel zu sein. Oder wie es ein männlicher Patient ausdrückte, als er über die anale Phantasie nachdachte, die in seiner Antisentimentalität mit enthalten war: »Es ist, als würde ich leugnen, daß ich ein Arschloch habe.«
Männliche Vorurteile sind auf dem Gebiet der Analität deutlich sichtbar. »Sei kein Arschloch« vermitteln diese Vorurteile. Implizit sind es die Frauen, die »sentimentale Arschlöcher« sind. Es ist übrigens nicht ungewöhnlich, daß Frauen dieses unbewußte Stereotyp (wie so vieles andere) teilen und sich deshalb männlich fühlen, wenn sie aufhören, »sentimentale Arschlöcher« zu sein und es wagen, ihre Würde gegen all die Verführungen und Angriffe zu verteidigen, die ein anderes Verhalten bewirken könnten.
In der analytischen Beziehung wird die Antisentimentalität eines Mannes wahrscheinlich nicht nur die Darstellung seiner sadistisch trotzigen Verstopfung beinhalten und seine Befürchtung, die Analyse könnte enthüllen, daß sein wahres sexuelles Interesse passiver Weiblichkeit und Homosexualität gilt. Sie schließt möglicherweise auch seinen Versuch ein, den Analytiker zu einer symbolischen analen Vergewaltigung in Form von bedrängenden Konfrontationen und Interpretationen zu verführen; vielleicht kann er den Analytiker auch dazu verleiten, direkte Forderungen nach emotionaler Entäußerung zu stellen, was einem »analytischen Einlauf« gleichkäme. Folglich ist es mehr als wahrscheinlich, daß Herausarbeiten und Durcharbeiten der analen Bedeutungen oder Verwendungen von Antisentimentalität im Hier und Jetzt der analytischen Behandlung das gesamte Reich der emotionalen Erfahrung seinem Ausdruck, Verständnis und seiner Integration zugänglicher machen. Hierbei schließe ich potentiell adaptive Phänomene wie das Herauslassen von unterdrücktem Kummer, das Heraussprudeln von belebendem Exhibitionismus, Verspieltheit, Zärtlichkeit und dem Ausbruch von verbotenen Wutanfällen, Konkurrenzdenken und Stolz mit ein.
Bevor wir die psychoanalytischen Handlungsstränge der Analität verlassen, müssen wir noch die Fäkalien als Geschenk berücksichtigen und, durch die Gleichsetzung von Fäkalien und Emotionen, die Emotion als Geschenk. Das Vorenthalten von Emotionen als Mittel, um bei den Mitmenschen Gefühle der Deprivation und des

Unwürdigseins hervorzurufen, ist häufig zu beobachten. Vorenthalten ist auch ein Mittel, um zu leugnen, daß eine Person Bedürfnisse hat, die vom Partner befriedigt werden; Antisentimentalisten fühlen sich bei der Vorstellung, von irgend jemandem wegen irgend etwas »abhängig« zu sein, sehr unwohl. Sie bevorzugen die Isolation mittels Unzugänglichkeit und Reserviertheit: Bloß keine »Gefühlsduselei!«

Jungenhaftigkeit im Latenzalter

Jungenhaftigkeit spielt eine bedeutende Rolle bei der Sentimentalität des Mannes und in seinem Kampf gegen sie. Ich beziehe mich vor allem auf die Emotionalität von Jungen im Latenzalter und in der Vorpubertät sowie auf ihr Spiel und ihre Verspieltheit. Unter günstigen Entwicklungsbedingungen sind Jungen in dieser Entwicklungsphase leidenschaftlich ernst und leidenschaftlich verspielt, oft gleichzeitig oder rasch aufeinanderfolgend. Sie sind in ihrem emotionalen Funktionieren nicht übermäßig von latenten homosexuellen und ähnlichen Aspekten bedroht, und sie sind hart im Nehmen, wenn sie alles ausprobiert haben oder wenn sich gezeigt hat, daß ihre Experimente erregender sind als es zu tolerieren wäre.

Der Mann, der gegen die Sentimentalität kämpft, führt durch seine Abwehr eine merkliche Diskontinuität in den Teil seiner Lebensgeschichte ein, der ihm potentiell zugänglich ist. Er tut dies, indem er versucht, die – je nachdem – einmal genossene oder erlittene Jungenhaftigkeit, wie begrenzt sie auch sein mag, von sich zu weisen. Er erweckt den Anschein, seine Jugendzeit übersprungen zu haben. Er stellt sich als unfähig zum Spielen dar oder als jemand, der Arbeit zu streng vom Spiel trennt. Für ihn gibt es in der Arbeit kein Spiel, und Spiel enthält anstrengende Arbeit. An der Analyse beteiligt er sich auf dieselbe Art. Es ist unvorstellbar für ihn, vor oder mit dem Analytiker einfach verspielt zu sein. Niemals würde er den Analytiker zu spielerischer Interaktion ermuntern. Die spielerischen Interaktionen, die stattfinden könnten oder tatsächlich stattfinden, werden kaum geduldet. Der Analysand neigt dazu, spießig und humorlos zu sein. Ein gemeinsames Lachen ist etwas, was bewältigt werden muß, und es kann dazu verwendet werden, den Analytiker anzuzweifeln. Bestenfalls erzählt er als Ersatz trockene Witze, um unverbindlichen Spaß zu haben. Für ihn gibt es keine Helden, ebensowenig wie er keinen Kumpel oder Freund hat, der ihn trösten oder Erfahrungen mit ihm teilen würde. Er widersetzt sich dem Jungen, der er in seiner psychischen Realität geblieben ist, ebenso wie er sich der Frau, dem Kleinkind und dem Baby widersetzt.

Lebensgeschichtlicher Hintergrund

Welcher lebensgeschichtliche Hintergrund war wohl der Nährboden für diese Revolte gegen die eigene Jungenhaftigkeit und all die anderen Variablen, die ich zuvor erwähnt habe? Ich werde ein Familiendrama beschreiben, das in einigen Fällen die Entwicklung nachdrücklicher Antisentimentalität zu begünstigen scheint; jedoch kann ich nicht behaupten, dieses Drama sei universell oder würde dieses spezielle Ergebnis ausreichend erklären. Ein Aufsatz von Wood und Wood (1984) über Weinerlichkeit unterstützt jedoch meine Darstellung; sie berichten über den Kampf eines Mannes gegen seine Weinerlichkeit und schildern zusätzlich zu den Phänomenen, die ich schon weiter oben beschrieben habe, einige Entwicklungsmerkmale, die ich nun beschreiben möchte.

Grob umrissen scheint es, daß eine Reihe dieser Männer als Jungen mit einer enttäuschend teilnahmslosen und nicht gerade ermutigenden Mutter fertig werden mußten, einer Frau, die ebenso depressiv gewesen zu sein scheint wie verbittert und rivalisierend in ihren Beziehungen zu Männern gleichermaßen wie zu Jungen; weiterhin mußten sie mit einem zwanghaft starren oder narzißtisch reservierten, konkurrierenden Vater fertig werden, der den Enthusiasmus und die identifikatorischen Bestrebungen sowohl nach Nähe als auch nach Autonomie regelmäßig zerstörte. Ein Patient hatte das Gefühl, die Stimme seines Vaters zu hören, die je nach Zu- oder Abnahme seiner eigenen sentimentalen Reaktionen während der analytischen Behandlung »Blödmann« oder »guter Junge« rief. Das erinnert daran, daß Kohut (1977) betonte, ein gesunder Narzißmus könne durch Mütter, die ihre Söhne nicht

gebührend zu schätzen wissen und durch Väter, die es nicht ertragen können, von ihren Söhnen idealisiert und zum Vorbild genommen zu werden, geschädigt werden.
Eine Funktion, die ebenfalls unter solchen Entwicklungsbedingungen gestört wird, ist das, was Hartmann (1956) in einem anderen Zusammenhang als das Überprüfen der inneren Realität erörtert hat (siehe auch Kapitel 1). Hartmann hob hervor, es sei irrig, Rationalität nur mit dem Überprüfen der äußeren Realität gleichzustellen. Er argumentierte, daß die innere Realität mit all ihren archaischen, irrationalen, unbeständigen und anderweitig extremen Merkmalen vom analytischen Standpunkt aus ein ebenso wichtiger Teil der Realität sei wie alles, was in der Umwelt von Bedeutung sei. Hierin liegt die Antwort auf die abwehrend verzagte Frage: »Wozu soll das gut sein?« Es ist dafür gut, die Bereitschaft des Patienten zu steigern, seine innere Realität bewußt zu erkennen, daran teilzunehmen und sich in diesem Bereich mehr in sich selbst einzufühlen (Schafer, 1964). Auf dieser Basis mag er vielleicht an Wachstum und Beherrschung erreichen, was er erreichen kann, wann immer er es braucht. Weil die analytische Behandlung den Menschen hilft, ihre innere Realität in diesem Licht zu sehen, scheint sie schließlich weder länger ein Schrecken zu sein, der gemieden werden muß, noch eine Krankheit, die es zu heilen gilt; vielmehr ist es eine Welt, die in ihren zweifelhaftesten und störendsten Aspekten verändert werden muß und die man genießen sollte, soweit man mit ihr klarkommt. Zu dieser Überlegung könnte ich noch eine weitere hinzufügen: Unbewußt wird dann die »innere Realität« zusammen mit allem anderen, das »innen« ist, nicht mehr so bereitwillig mit Weiblichkeit, Schmutz und Infantilismus gleichgesetzt.

Gegenübertragung

Welche Arten störender Gegenübertragung tauchen bei der Analyse von Männern auf, die gegen Sentimentalität kämpfen? Hier hängt viel von den Beziehungen des Analytikers zu seiner Emotionalität im allgemeinen und seiner Sentimentalität im besonderen ab. Wir können vermuten, daß Analytiker, die selbst immer noch Schlachten für oder gegen die Sentimentalität führen, auf diesem Gebiet besonders anfällig für störende Gegenübertragungen sind. Sie werden sich zu stark oder zu wenig mit der einen oder anderen Position identifizieren, die ihre Patienten gegenüber Affekterfahrungen einnehmen. Subtil oder offensichtlich werden sie sich der Aufgabe widmen, die Analysanden von ihrer »krankhaften« Sentimentalität oder ihrer »unangenehmen« Antisentimentalität zu befreien, statt zu versuchen zu begreifen, weshalb diese oder jene Reaktionsweise bevorzugt wurde. Vielleicht benutzen sie die emotionalen Erfahrungen eines Patienten dazu, sich ersatzweise und angenehmer, als es ihnen sonst möglich wäre, in die Erfahrung der Gefühle zu versenken, die zu tolerieren und zu genießen sie in ihrem eigenen Leben Schwierigkeiten haben. Als Alternative dazu und mit Hilfe von Projektionen bekämpfen sie vielleicht ihre eigenen sentimentalen Tendenzen mit einer rigoros skeptischen analytischen Annäherungsweise an die Sentimentalität ihrer Patienten; auf dieser Basis vernachlässigen sie möglicherweise Entwicklungspotential und -relevanz der sentimentalen Reaktion und begrenzen somit ihre eigene analytische Wirksamkeit.

Diese Abweichung von der neutralen analytischen Haltung kann man auch metaphorisch charakterisieren, indem man die bereits oben angeführten Begriffe der psychosexuellen Fragestellung anwendet. Zum Beispiel kann der Analysand oral auf Hungerdiät gesetzt oder überfüttert werden. Anal kann der Analytiker konstipiert sauber, ständig Klistier-verabreichend oder diarrhöisch vor Empatie sein. Die Gegenübertragung kann sich als homosexuell verführerisch oder kastrierend in einer kumpelhaften Atmosphäre der Gemeinsamkeit erweisen oder sie wird als Verteidigung des Realitätsprinzips in einer Atmosphäre von machohafter Unzugänglichkeit rationalisiert, und so weiter. In dieser Hinsicht tut man gut daran, sich an die Scylla und Charybdis der analytischen Arbeit zu erinnern, wie sie Fenichel (1941) skizzierte: zuviel Bedürfnis auf seiten des Analytikers nach einem flüchtigen Affekt oder zu wenig Toleranz dafür.

Der neutrale Analytiker, der Analytiker, der die analytische Haltung aufrechterhält, ist mit seinen eigenen sentimentalen Tendenzen genügend ausgesöhnt. Er ist in der Lage, durch probeweise Identifikation sowohl an den regressiven Merkmalen der Sentimentalität des Patienten als auch an seinem antiregressiven Kampf dagegen teilzunehmen. Der Analytiker wird auf diese empathische Art nicht teilnehmen, um irgendeine andere besondere Wertvorstellung als den Gesundheits-Wert, das heißt, die Realität sozusagen von innen und außen kennen, einführen oder durchsetzen zu wollen. Denn diese Art von Wissen ist, was dem Patienten hilft, weniger kostspielige und schmerzliche Lösungen oder Kompromisse herauszuarbeiten als diejenigen, mit denen er in die analytische Behandlung gekommen ist. Mit anderen Worten, das technische Ideal des Analytikers ist weder, eine Analyse sentimental durchzuführen, noch seine Patienten zu Sentimentalisten zu machen, sondern Wege zu finden, um der Sentimentalität innerhalb der Grenzen von Reaktion und Bewußtsein des Patienten einen besser verstandenen und weniger bedrohlichen Platz zu geben. Das Ideal des Analytikers ist Unparteilichkeit in diesem wie in allen anderen Bereichen (Schafer, 1983).

Postskriptum

Von den vielen Handlungssträngen, die ich hätte ansprechen oder weiterentwickeln können, es aber nicht getan habe, möchte ich gern noch zwei erwähnen. Der eine ist das sadistische Potential des Kampfes gegen die Sentimentalität, jene Komponente des Kampfes, die dazu verwendet werden kann, die Empathie gegenüber den Mitmenschen zu blockieren und ihnen ihre eigene emotionale Intensität und Extensität abzusprechen. Der andere Handlungsstrang erzählt von den Schwierigkeiten, die besonders stark hervortreten können, wenn ein antisentimentaler Mann mit einer Analytikerin zusammenarbeitet: derartige Schwierigkeiten wie die Übertragungsüberzeugung, der Patient sei in den Händen einer infantilisierenden, ansteckend-weiblichen oder inzestuös verführerischen Mutter. In diesem Kontext nutzt es der Patient auf die abwehrendste Art, wenn die Analytikerin seiner emotionalen Erfahrung auch nur das kleinste Bißchen aktive Aufmerksamkeit schenkt, um zu bestätigen, daß die Gefahr einer Regression und all dessen, was in der analytischen Behandlung Regression für ihn bedeutet, real ist. Varianten dieser Schwierigkeiten sind mir häufig bei der Supervision von Frauen, die Analysen durchführten, aufgefallen.

8. Kapitel

Frauen, die sich im Labyrinth von Macht und Wut verloren haben

Themen der Aggression und Macht durchziehen die Darstellungen, die wir in unserer täglichen Arbeit als Analytiker hören. Manchmal ist die direkte oder indirekte emotionale Gewalt kalt wie die Grausamkeit eines langen Rückzugs ins Schweigen; manchmal ist sie heiß wie rasende Wut oder Eifersucht. Der Patient ist in diesen Erzählungen gemeinhin als der Leidende, vielleicht reaktiv ärgerliche, vielleicht passiv resignierte dargestellt, aber in jedem Fall als das Schmerz erleidende Opfer. Und im allgemeinen scheint die Erforschung dieser Darstellungen von emotionaler Gewalt in den komplexen Dramen der Ursprungsfamilie des Analysanden ans Ziel zu gelangen. Für den Analytiker wäre es unangemessen, diese schmerzvollen Darstellungen automatisch als insgesamt unzuverlässig zu betrachten, denn bis zu einem gewissen Punkt bereichern sie die Behandlung wahrscheinlich mit nützlichen Informationen.

Um analytisch arbeiten zu können, muß der Analytiker jedoch davon ausgehen und versuchen nachzuweisen, daß hinter dem Leiden des Patienten weit mehr steckt als seine Opferrolle in einer Familie, die unverkennbar grausam oder anderweitig störend Macht ausübte. Was ist dieses »mehr?« Wahrscheinlich beinhaltet es, daß der Patient im Lauf seiner Entwicklung entweder selbst ein Verführer zum Sadismus wurde oder, durch Identifikation, rücksichtslos Macht ausübte und seine Mitmenschen oft auf die subtilste Art und Weise grausam zu Opfern machte; oder, was in vielen Fällen zutrifft, beides gleichzeitig. Wenn die Behandlung erst einmal im Gange ist, wird der Analytiker in die Menge der Menschen

mit eingeschlossen, die zur Grausamkeit verführt oder zu Opfern gemacht werden sollen. Den Analytikern, die die daraus erwachsenden Gegenübertragungen mäßigen können, wird nicht entgehen, wieviel Angst und Reue diese Patienten empfinden, wenn sie von diesen masochistischen und sadistischen Strategien Gebrauch machen. Das heißt, man kann davon ausgehen, daß dieser Handlungsverlauf den Patienten selbst unbewußt, und mit akuten Konflikten verbunden ist. Enthalten in diesem konfliktreichen Handlungsverlauf sind auch versteckte liebende Güte, verzweifelter Selbst-Schutz und Anpassung an eine Geschichte von Familienbeziehungen, die eine gewalttätige und perverse Orientierung sich selbst und den Mitmenschen gegenüber erforderte. Diese Orientierungen waren für den Patienten Voraussetzung, um dazuzugehören und sich nicht als Außenseiter, der nur verstohlen hereinschaute, oder als Gegenstand der Verachtung zu fühlen.
Ferner wird der Analytiker in den Produktionen eines jeden Patienten die Aktivität grausamer innerer Objekte erkennen. Dies sind imaginäre innere Figuren oder Introjekte, die hauptsächlich auf zwei Arten entstanden sind: Erstens durch die projektiven Identifikationen, die immer dann an Kindern vorgenommen und von diesen auch akzeptiert werden, wenn Eltern ihre Kinder dazu benutzen, zu versuchen, sich selbst von den eigenen unerwünschten schlechten Seiten oder Charakterzügen zu befreien. Zweitens entstehen diese schlimmen Figuren, die später verinnerlicht werden, bei der unglücklichen kreativen Bemühung des Kindes, die eigenen grausamen Phantasien über die Mitmenschen auf diese zu projizieren. In diesen Phantasien nehmen die verinnerlichten grausamen inneren Objekte schließlich soviel Raum der »inneren Welt« ein und bilden eine so weitreichende Atmosphäre der feindlichen Beobachtung und drangsalierenden Vergeltung, ähnlich einer Besatzungsarmee, daß sie sich zum Teil unaufhörlich bemühen, eine Expulsion in oder auf andere Menschen zu stimulieren (meist in einem analen Modell). Diejenigen, die als Erwachsene eine analytische Behandlung beginnen, durchleben wiederholt die schmerzvollen Interaktionen ihres frühen Lebens und ihrer frühen Phantasien; sie tun dies in direkter oder in umgekehrter Form sowohl mit dem Analytiker als auch mit anderen Menschen aus ihrem gegenwärtigen Leben.

In diesem Kapitel stelle ich eine Zusammenfassung meiner eigenen psychoanalytischen Arbeit sowie die einiger männlicher Supervisanden mit einer solchen Patientengruppe vor. In diesem Fall bezieht sich »psychoanalytisch« auf eine Arbeit, die in der Hauptsache sowohl um Freudsche als auch um objektbeziehungs-analytische Beschreibungen und Interpretationen des vergangenen und gegenwärtigen Lebens der Patienten organisiert ist. Lebenswege, die nun in interpretierbarer Art und Weise in Übertragungen und hervorgerufenen Gegenübertragungen wiederholt werden sollen.

Die Analysanden

Die analytische Arbeit, die hier untersucht werden soll, wurde mit einer Reihe von erfolgreichen Karrierefrauen durchgeführt. Obwohl diese Frauen sich in vielerlei Hinsicht zu unterscheiden schienen, hatten diejenigen, mit denen ich mich hier beschäftige, die Neigung gemeinsam, mit narzißtischen und sadistischen Männern eine schmerzvolle Beziehung einzugehen. Der manifeste Inhalt dieser Beziehung zeigte, daß sie einfach und extrem masochistisch waren: Diese Frauen schienen das hohe Niveau an kognitiven, administrativen und sozialen Fähigkeiten sowie ihren Einfallsreichtum und ihr sicheres Auftreten verloren zu haben, Fähigkeiten, die sie in ihrer Arbeit charakteristischerweise bewiesen hatten; statt dessen wurden sie hilflos, sich sinnlos wiederholend, selbstanklagend, emotional labil und scheinbar süchtig nach ihrer Opferrolle. Diese Frauen ahnten sehr oft gar nichts von ihrer Wut darüber, wie sie behandelt wurden; sie wurden in ihrer Selbstsicherheit gestört oder zumindest eingeschränkt und ineffektiv; zudem konnten sie kaum die Verantwortung für ihre interpersonalen Schwierigkeiten auch jemand anderem als nur sich selbst zuweisen. Alle Macht schien ihnen aus den Händen geglitten zu sein. Typischerweise machten diese Frauen in institutionellen Einrichtungen Überstunden und entwickelten vor allem dort ihre Liebe und andere signifikante soziale Beziehungen. Ihre Liebesbeziehungen hatten sie nicht selten zu Männern, die älter oder verheiratet oder beides waren; wenn das nicht der Fall war, befanden sich

die Männer entweder nach zerbrochenen Ehen oder gestörten Liebesaffairen in der Krise, oder es waren Männer, die, wie es nach einigem Nachdenken schien, sehr wohl schon längst hätten verheiratet sein können, es aber nicht waren; eine Tatsache, die als Warnung hätte dienen können, aber ignoriert wurde.
In der Regel wurden diese Männer als starke Antreiber und Erfolgsmenschen dargestellt, mit der Fähigkeit, charmant zu sein und als hilfreicher Mentor zu dienen; jedoch waren sie ebenfalls rücksichtslose Kritiker, Ausbeuter und ohne jedes Gefühl. Selbst als Kollegen wurde von ihnen gesagt, sie verhielten sich wie die Mitglieder eines Klubs, der Frauen von der Mitgliedschaft ausschließe. Diese Männer überprüften die Arbeitsbeiträge jeder Frau immer überkritisch, gleich wie hervorragend oder profitabel diese sein mochten, um jegliche Belohnung durch Anerkennung und Weiterkommen in der institutionellen Hierarchie zu verzögern und um sie der ständigen Belästigung durch sexistische Haltungen, Redensarten und anderer Provokationen auszusetzen.
Wenn sie zu den Geliebten dieser Frauen wurden, akzeptierten diese Männer selten die Verantwortung für Mißverständnisse oder Verletzungen. Statt dessen erwarteten sie von den Frauen, sich an sie anzupassen und ihnen kurzfristig zur Verfügung zu stehen, während sie ihre Opfer gleichzeitig mit Kritik wegen Selbstsucht, Verständnislosigkeit und ähnlicher Sünden überhäuften. Und nach Beendigung der Beziehungen, manchmal erst recht nach deren Ende, fanden sie Mittel und Wege, um ihre Opfer zu schikanieren und weiter zu quälen. Es schien dann, als wären sie entschlossen, das Selbst-Vertrauen und die Realitätsprüfung dieser Frauen zu untergraben und, mehr noch, ihr Gefühl zu unterminieren, ein ethisches oder moralisches Zentrum zu besitzen. Manchmal schien es in diesen Erzählungen, als bedienten sich diese Männer einer Art Gehirnwäsche, wie sie O'Brien, der Folterer und Seelenmörder von Winston Smith in George Orwells Roman *»1984«* betrieben hat. Obendrein klammerten sich die Frauen weiterhin an ihre Exliebhaber-Folterer und rationalisierten deren Verhalten als von Hoffnung oder Einsamkeit motiviert oder als Versuch, die Rechnung doch noch zu begleichen, etwas aggressiv vielleicht, aber möglicherweise doch nur wiedergutmachend.

Obwohl ich nur eine Collage dieser Verwicklungen zusammengestellt habe, glaube ich, daß jede dieser Frauen früher oder später die eine oder andere Kombination dieser Details überzeugend dargestellt hat, wenn auch in offensichtlich einseitiger Art und Weise. Und doch haben sie angesichts all dieser offensichtlichen Mißhandlung und Ausbeutung sich bewußt in erster Linie als Versagerinnen charakterisiert statt als wütende Opfer und eher als vom Schicksal gebeutelt als unerklärlicherweise dazu getrieben, sich wiederholt beleidigen und verletzen zu lassen. Diese Frauen befanden sich in einem Labyrinth, aus dem sie nicht herausfanden.
Der Analytiker muß unwillkürlich von dem Abstieg in der Funktionsebene beeindruckt sein, der in den sich wiederholenden, selbsterniedrigenden und hoffnungslosen Beziehungen klar ersichtlich wird, die diese Frauen mit einem Mann oder, in manchen Fällen, mit einer Reihe von Männer aufrechterhalten. Dies zeigt sich auch in den schmerzvollen Konfrontationen, denen sie sich immer wieder aussetzen und in der Prävalenz der Depression über die Wut oder sogar über einsichtige Selbstbehauptung als Reaktion auf die offenkundige Grausamkeit, die sie so ausführlich und mit so geringen Abweichungen voneinander beschrieben haben. Daher scheint der Schluß vollkommen gerechtfertigt, daß weit mehr dahinterstecken muß, als man auf den ersten Blick sieht.
Unter dieser Voraussetzung und nach einer angemessen sorgfältigen Erstauslese wurde eine Psychoanalyse als Behandlung der Wahl empfohlen. Da diese Frauen offensichtlich die lange, harte Schufterei zum Erfolg sowohl einsahen als auch daran gewöhnt waren, schienen sie bereit, die Empfehlung anzunehmen. Sie stimmten dem analytischen Verfahren als dem notwendigen, disziplinierten ersten Schritt zur Lösung ihrer grundlegenden Probleme zu. Nachdem die Arbeit jedoch begonnen hatte, schienen sie vor allem Trost und Rat zu suchen und oft auch zu fordern, und weniger ein Verständnis ihrer Selbst. Wie es den Umständen entsprach, wollten sie richtungweisende Hilfe zur Befriedigung ihrer Wünsche nach Liebe, Ehe, Familie, persönlicher Würde und einer Karriere mit Anerkennung. Denn in ihren eigenen Augen waren sie gutherzige Frauen in einer ernsten Notlage, begierig, sich ihre Fehler zeigen zu lassen, bereit wie eh und je in ihrer Rolle als Lei-

stungstyp, weiterhin zu lernen, wie sie hervorragend funktionieren könnten. In dieser Hinsicht machten sie kaum auch nur den oberflächlichsten Unterschied zwischen Arbeit und Analyse. Allein aus dieser Verlagerung des Schwerpunkts heraus konnte man folgern, daß die Konzentration auf die Strapazen und Leiden der derzeitigen Beziehungen in einer Hinsicht dazu diente, vor der inneren Welt widersprüchlicher Sehnsüchte zu fliehen, und in anderer Hinsicht, um sich an das unterschwellige Selbst-Konzept des hilflosen Kindes zu klammern, das gute kleine Mädchen, das Führung braucht, oder das »Opfer.«

Über das Schreiben zur Therapie von Frauen: Eine kritische Perspektive

Ich glaube, wer über die psychologische Therapie von Frauen schreibt, ist verpflichtet zu erläutern, wie er die historischen / kulturellen Bedingungen sieht, die die Entwicklung von Mädchen und Frauen im Familienleben, in der Schule, der Liebe und der Arbeit beeinflussen. Da diese Schriften auch die allgemeine Psychologie der Frau betreffen, sollten sie irgendwie Perspektiven über den Platz der Frau in der Welt vermitteln. Diese Perspektiven werden unvermeidbar politische und ideologische Implikationen und Konsequenzen haben, einige sogar von großer gesellschaftlicher Bedeutung. Unter diesen Voraussetzungen ergibt sich, daß diese Schriften ebenfalls eine Erörterung der zu erwartenden Probleme in der Gegenübertragung bei der Therapie von Frauen einschließen müssen; und zwar, weil der gesellschaftliche Blickwinkel des Autors zwangsläufig sowohl zur Gestaltung der berichteten Phänomene beiträgt als auch zu Bedeutung und Signifikanz, die diesen zugeschrieben wird. Wie alle anderen Gegenübertragungen auch, sind die hier in Frage kommenden, wenn man sie beachtet, sowohl für die therapeutische Interaktion als auch für das Verständnis des Lesers potentiell nützlich. Falls sie jedoch durch abwehrende Maßnahmen ausgeblendet werden, werden sie die Behandlung und das richtige Verständnis des Textes, wenn er erst einmal niedergeschrieben ist, einschränken und vielleicht sogar schädigen. Sicherlich wird der aufmerksame Leser nicht unbedingt meinen, daß meine Darstellung dieser Arbeit mit der erklärten Absicht des Analytikers übereinstimmt; nichtsdestoweniger spielen diese Absichten zwangsläufig eine signifikante Rolle bei den Behandlungen, über die berichtet wird, so daß immer zumindest ein kleiner Gewinn damit verbunden ist, wenn jeder Autor seinen Standpunkt freimütig erklärt.

Weiter zur Gegenübertragung: Mir ist klar, daß jede Erörterung der Gegenübertragung bis zu dem Punkt überladen oder unausgeglichen sein kann, an dem sie ungelöste oder ungezügelte Probleme der Gegenübertragung in Szene setzt; aus dieser Erkenntnis folgt allerdings nicht, daß das bloße Hinweisen auf das Hineinspielen von historischen / kulturellen Faktoren in die Gegenübertragung an sich bereits ein Zeichen für eine Gegenübertragung ist. In der Tat würde ich vorzuschlagen wagen, daß es nicht nur Abwehr, sondern auch politisch wie analytisch reaktionär ist, wenn man argumentiert, diese Art der Aufmerksamkeit manifestiere notwendigerweise eine Gegenübertragung, als wäre es möglich, sich den Problemen kulturell verwurzelter Gegenübertragungen völlig zu entziehen. Moderne Analytiker müssen diese Faktoren berücksichtigen. Dementsprechend werde ich, bevor ich mit meiner Erörterung fortfahre, meine Perspektive vom Platz der Frau in der heutigen Welt zusammenfassen, ohne jedoch die psychoanalytischen Einsichten völlig zu vernachlässigen, die mir in diesem Zusammenhang passend erscheinen. Meine wichtigsten Bemerkungen zur Gegenübertragung behalte ich mir für den nächsten Abschnitt vor.

Meine Zusammenfassung ist zu knapp, um den komplexen Schwierigkeiten, die angesprochen werden, gerecht zu werden; jedoch wäre eine ausführliche Erörterung so lang und weitreichend, daß sie den eigentlichen Sinn und Zweck dieses Kapitels in den Schatten stellen würde. Auch wenn diese Zusammenfassung kurz ist, ist sie doch Bestandteil meines Versuchs, mit der nun fragwürdigen Konvention zu brechen, man könne so schreiben, als wäre man auf Gebieten schwerwiegender gesellschaftlicher Kontroversen nur ein völlig uninteressierter, wertfreier psychoanalytischer Beobachter von Phänomenen der Psyche und des Verhaltens. Wir dürfen nicht länger behaupten, diese Phänomene gäbe es »dort draußen in der Natur«, Phänomene mit einem ganz bestimmten Wesen, die nur darauf warten, entdeckt und ein für alle Mal unzweideutig von einem objektiven Forscher beschrieben zu werden.

Kommen wir nun zur Sache. Ich glaube, daß ein Großteil unserer gesellschaftlichen Ordnung von Männern festgelegt wurde und kontrolliert wird, deren Haltung gegenüber Frauen als diskriminierend, erniedrigend und ausbeuterisch beschrieben werden könnte. Ebenso glaube ich, daß man viele Männer, die es zu etwas gebracht haben, zutreffend als verführerisch manipulativ, selbstbezogen und zumindest in ihren sozialen Beziehungen als implizit hart und grausam charakterisieren könnte. Dementsprechend sehen sich die Frauen, die hier untersucht werden, in ihrer Arbeit und ihrem gesellschaftlichen Leben großen Ungleichheiten gegenüber, wenn ihre Interessen in beruflichen und gesellschaftlichen Situationen zu oft vernachlässigt und sogar bekämpft werden. Diese Umstände sind Weiterführungen jener, mit denen sie aufgewachsen sind: begabte Mädchen, deren Talent bestenfalls auf höchst ambivalentes Willkommen gestoßen ist. In dieser Hinsicht, glaube ich, wurde die Realitätsprüfung dieser Frauen in ihren Familien und ihrer Umgebung ernstlich kompromittiert, bis sie schließlich ihre Wahrnehmung und ihre Gefühle hauptsächlich nach den Grundsätzen depressiver Selbstbeschuldigung und niedriger Selbstachtung organisierten.

Dennoch würde man die beachtlichen Erfolge und Leistungen dieser Frauen zu sehr mißachten, wollte man sich hastig auf die korrekte aber eingeschränkte sozialpsychologische Perspektive festlegen, nach der Frauen nur benachteiligte Mitglieder einer sexistischen Gesellschaft zu sein scheinen. Obwohl ich dem völlig zustimme, möchte ich ebenfalls hervorheben, daß das Labyrinth, in dem sie sich in einem für die psychoanalytische *Therapie* höchst unmittelbar relevanten Sinn verirrt hatten, aus den Kurven, Kehrtwendungen und Sackgassen ihrer unbewußten psychischen Prozesse aufgebaut worden war. Es waren die gewundenen, verwirrenden Pfade, entlang derer sie den ganzen Sadomasochismus und die ganzen Omnipotenzträume verteilten, die als Folge ihres Aufwachsens in einer gestörten und voreingenommenen Familie und gesellschaftlichen Umgebung gediehen. Die unbewußte Zusammenarbeit mit ihren Peinigern schien ein Teil ihrer Verlorenheit zu sein, ebenso wie ein Teil ihrer unbewußt entworfenen Strategie. Daß dies so war, wurde deutlich, sobald diese Frauen von den Einsichten zu profitieren begannen, die sie in der Analyse herausgearbeitet hatten, als sie entdeckten, daß sie in vielen Fällen einige zur Gewohnheit gewordene selbstzerstörerische Handlungsweisen aufgeben, zuvor undenkbare korrigierende oder abwehrende Handlungen vornehmen und positivere und glücklichere Beziehungen und subjektive Erfahrungen genießen konnten. Auch entdeckten sie, daß sie fähig waren, respektvollere und herzlichere Haltungen und Handlungen hervorzulocken – in Eltern, Geschwistern und all denen, mit denen sie zu Hause und in der Arbeit zusammenlebten, »das Beste zum Vorschein zu bringen«. Es ist nicht einfach, den an diesen Veränderungen beteiligten Faktoren das richtige Gewicht beizumessen: verringerte Entstellung, verringerte Provokation und gesteigerte soziale Haltung und Gewandtheit, gemeinsam mit der Bemühung, dem Analytiker in der Übertragung zu »gefallen«. Jedoch gibt es wenig Grund anzunehmen, individuelle persönliche Veränderungen dieser Art könnten den allgemeinen männlichen Chauvinismus, der die Frauen in unserer Gesellschaft weiterhin umgibt, mit sofortiger Wirkung bedeutend verringern.

Obwohl es verwirrend und kontraproduktiv gewesen wäre, in der Analyse *ausschließlich* die Ursprünge und Triebkräfte des unbewußten, selbstschädigenden kollaboratorischen Verhaltens der Frauen in den Mittelpunkt zu stellen, schien es in diesen Fällen hilfreich, die komplexe Rolle, die sie gespielt hatten und nun in ihrer eigenen *manifesten* Opferrolle spielten, so weit wie möglich zu erhellen. (Aus Gründen, die noch deutlich werden sollen, hebe ich das Wort *manifest* hervor.) Die Ergebnisse dieser Aufhellungsarbeit sind es, die ich nun in den Mittelpunkt stelle. Das tue ich trotz meiner Erkenntnis, daß es manchem, der sich mit diesen sozialpsychologischen Problemen befaßt hat, politisch naiv oder kränkend erscheinen mag, diesen Kurs einzuschlagen; für sie hat es immer noch den Anschein, man wolle das Opfer zum Schuldigen erklären. Meiner Meinung nach, die ich für die allgemeine psychoanalytische Sichtweise halte, weist eine Behandlung jedoch keine Schuld zu; vielmehr versucht sie die komplexe Struktur tragischer menschlicher Situationen aufzuklären, um so persönliche Veränderungen zu erleichtern, die zur Linderung neurotischen Leidens führen könnten. In neurotischem Leiden spielt die gesellschaftliche Pathologie des Sexismus ihre Rolle hauptsächlich höchst indirekt und schwer faßbar; und auch diejenigen, die die Frau zum Opfer machen, müssen sowohl analytisch als auch sozialpsychologisch, selbst als Opfer zahlloser Generationen jedweder Form von Wut und Macht verstanden werden. Von unmittelbarer Bedeutung ist hier allerdings die Erkenntnis, daß chronische Opfer in der Regel und tragischerweise anfangen, sich aktiv an der Übernahme der Opferrolle zu beteiligen, ja sich sogar danach zu sehnen scheinen. Und sie werden selbst zu Tätern, die andere in die Opferrolle drängen.

Ihre Mütter

Die wichtigsten Hinweise, wenn auch nicht die einzigen, die zum Verständnis der Verwundbarkeit und Konflikte jeder einzelnen dieser talentierten Frauen führten, wurden durch die Analyse der Beziehung, die jede unbewußt mit ihrer Mutter aufrechterhielt, herausgearbeitet. Mit »ihrer Mutter« beziehe ich mich nicht auf die Mutter, wie sie »wirklich« war, denn die einzige und »wahre« Version eines Stücks Geschichte kann niemals wieder-erschaffen werden, wie jeder moderne Historiker bestätigen wird. Vielmehr beziehe ich mich auf die Mutter der psychischen Realität – die Figur, die die Tochter in einer unumgänglichen Mischung aus Phantasie, Mißverständnis sowie übereinstimmend nachprüfbarer Tatsachen und Erinnerungen gestaltet und erlebt hat. Viele negative Aspekte dieser psychisch realen Mutter wurden verdrängt, und die nicht verdrängten wurden in der physischen Gegenwart der Mutter geleugnet oder unterdrückt; in der Analyse wurden jedoch viele dieser negativen Aspekte bereitwillig beschrieben, wenn eine Patientin klagte, immer von ihrer Mutter zum Opfer gemacht worden zu sein, selbst in deren physischer Abwesenheit. Bezeichnenderweise waren diese Klagen regelmäßig von schuldbewußten Reaktionen begleitet oder wurden von ihnen gefolgt, obwohl diese Reaktionen auch oft verdrängt oder projiziert wurden.

Für die Interpretation war es hilfreich, einige Zeit die direkte oder indirekte Erfahrung zu akzeptieren, daß das innere Objekt aus seiner eigenen Kraft heraus operierte, das heißt, wie ein Introjekt oder, besser gesagt, eine imaginäre Präsenz von wechselnder oder ungewisser Lokalisierung (Schafer, 1968b, Kap. 4 f.); erst im späteren Verlauf der analytischen Behandlung wurde es möglich und sogar erwünscht, zu interpretieren, warum die Patientin diese imaginäre Figur in Streßsituationen wiederbelebte, sie mittels ihrer Phantasie mit Macht ausstattete, sie in Betrieb setzte und sich ihr dann unterwarf. Das heißt, letztendlich mußte dieses Introjekt als eines jener quasi-Wahnsymptome analysiert werden, die durchaus nicht auf die ernstlich Kranken oder die sogenannten Borderline-Fälle beschränkt sind.

Um den Fokus nicht aus den Augen zu verlieren, konzentriere ich mich nun auf zwei Themen in der Tochter-Mutter-Beziehung. Diese beiden Themen scheinen die beiden Seiten derselben Medaille zu sein; wenigstens traten sie in der analytischen Arbeit mit diesen Frauen als eng verbundene Themen auf. Die Themen sind eine geschädigte Regulierung der Selbstachtung und die unbewußt ambivalente Identifikation mit der dominanten und aufdringlichen Mutter. Bevor ich fortfahre, möchte ich hervorheben, daß diese Mutter, obwohl sie eine größtenteils dämonische Figur zu sein scheint, im Verlauf der Arbeit als Figur eine beachtliche Energie, Stärke, Farbe und andere Vorzüge gewinnt, auf welche die Patientin einige ihrer eigenen Vorzüge aufgebaut hatte und auf die sich die Patientin bei der Suche nach einer lebensfähigen Beziehung mit dieser höchst schwierigen, Ambivalenz-intensivierenden Figur beziehen konnte.

Die Mütter dieser Frauen neigten dazu, außergewöhnlich aufdringlich, kontrollierend und kritisch zu sein. Sie wurden so sehr von Scham beherrscht, daß sie sich fanatisch damit beschäftigten, den Schein zu wahren. Manchmal schien diese Beschäftigung kaum noch eine Verbindung zur Realität zu haben, schien durch ihre Widersprüche Rätsel aufzugeben und zwangsläufig die Betrachtungsweise von Menschen und Situationen zu fragmentieren. Immer auf der Suche nach Fehlern pflegten diese Mütter ständig taktlose Fragen zu stellen, nicht nur über Kleidung, Freunde und körperliche Erscheinung, sondern ebenso über intellektuelle und kulturelle Interessen, über das Bedürfnis nach Einsamkeit und Privatleben, und wer weiß, was sonst noch. Durch ihr ständiges Kontrollieren errichteten sie mächtige Barrieren gegen jede offenkundige Beschäftigung mit dem Vater und beschränkten die Töchter somit – natürlich unter Mitwirkung des Vaters auf der Grundlage seiner eigenen unbewußten Konflikte – hauptsächlich auf die Tochter-Mutter-Beziehung. Tatsächlich verwendeten sie diese »one-on-one« oder dyadische Strategie in der Familie sogar soweit, bis sie auch die Allianz zwischen den Kindern zerstörten, falls noch andere vorhanden waren, oder zwischen dem Kind und seinen Freunden.

Wie sich zeigte, waren diese Mütter gewöhnlich selbst Opfer von Müttern, die psychisch noch stärker gestört oder störend gewesen waren als sie. Ihre eigene Selbstachtung lag in Trümmern, und in ihrem Verhalten schienen sie sich recht stark mit ihren drangsalierenden Müttern zu identifizieren. Peiniger waren sie aus der einen, Opfer aus einer anderen Perspektive und Glieder einer Kette aus einer dritten.

Auf den ersten Blick ergriffen diese Mütter so stark Besitz von der Psyche ihrer Töchter – den Analysandinnen –, daß es zuerst schien, als wären die Töchter daran gehindert worden, ihr eigenes Ich-Ideal oder ideales Selbst aufzubauen, oder, traditionell bezeichnet, ihre strukturbildende und richtungweisende Internalisierung. Wenn die Patientinnen verliebt waren, stellten sie sich manifest auf genau diese Art dar: so abhängig von der Bestätigung durch ihre Liebhaber, daß sie keine eigene Quelle der Selbstachtung mehr hatten. Oft waren die Väter durch freiwillige Mitwirkung und Unterordnung zu ihrer eigenen Selbstverteidigung an den Rand der Familie gedrängt worden und wurden so daran gehindert, jene Fragmente an Interesse und Anerkennung, normaler väterlicher Verfügbarkeit sowie Macht und Idealen zu zeigen, zu denen sie fähig gewesen wären. Wenn sie offenbart worden wären,

hätten solche Faktoren vielleicht in gewissem Ausmaß die Versäumnisse und Übergriffe der Mutter kompensiert.
Diese Töchter brachten die entwicklungshemmenden Erfahrungen ans Tageslicht, um zu erklären, wie sehr die Gefühllosigkeit ihrer Geliebten und der Mißbrauch durch sie sowie schließlich der Zusammenbruch ihrer Liebesbeziehungen sie niedergeschmettert hatten. Sie behaupteten, ohne die Liebe ihrer Geliebten würden sie sich nichtig fühlen, doch gleichzeitig sagten sie, sie wüßten, daß dies objektiv nicht der Fall sei. Schuld an all diesem war hauptsächlich die invasive, zu sehr Besitz ergreifende Mutter und nur sekundär der an den Rand gedrängte Vater. Wie es schien, war die Entwicklung der Patientinnen in einer die Selbständigkeit fordernden positiven ödipalen Phase ernstlich eingeschränkt gewesen; in der positiven Übertragung zu ihrem männlichen Analytiker näherten sich diese Patientinnen nach anfänglich pseudo-ödipalen Schritten langsam dem gesamten Reich der Intimität mit einem Mann an, jedoch mit vielen Schuldgefühlen und Ängsten und einer großen Bereitschaft zur Regression. Frei empfundene Liebe zu einem Mann schien ihrem Leben eine neue Dimension zu geben, die gleichzeitig aufregend und bedrohlich war.

Weitere Komplikationen

Diese Aussagen und Implikationen schienen zuzutreffen, soweit sie eben reichten, aber sie reichten nicht tief genug. Im weiteren Verlauf der analytischen Behandlung wurde eine Unzahl anderer Faktoren definiert. Erstens wurden die ständige Liebe und Anerkennung der Mitmenschen nicht nur allein um der Liebe oder einer allgemeinen Intimität oder Tröstung willen gebraucht, sondern auch, und das hauptsächlich, um die drangsalierende Mutter-Präsenz zu übertönen, zu widerlegen oder zu entlarven.
Zweitens waren komplexe unbewußte phallische Phantasien im Spiel. Einerseits diente die Tochter, die ein erfolgreiches, braves Mädchen war, in ihrer psychischen Realität der kastrierten Mutter als kompensierender Phallus, ein Arrangement, das darauf ausgerichtet schien, sich gleichzeitig um die Kastrationsphantasien bei-

der Frauen zu kümmern. In dieser Hinsicht erschien die Tochter dann nicht mehr nur als passive Tabula rasa, die völlig von den verächtlichen Eintragungen der Mutter bedeckt war. In zweiter und damit verknüpfter Hinsicht erwies sich die Tochter als aufsteigender Stern beiden Elternteilen und Männern gegenüber als arrogant und hochmütig und damit, unbewußt und korrelativ, als die stolze Verkörperung eines nach oben gerichteten Penis – das heißt, einer Erektion: also jemand, der andere Menschen omnipotent zu unterdrücken pflegt, wenn es sein muß sogar mit Hilfe von mitleidheischenden Tränen und Wehklagen; und der wütend wird und auf Rache sinnt, wenn er zurück- oder abgewiesen wird, obwohl er sich zuerst vielleicht nur mißverstanden oder doppelt verraten fühlt. All dies soll verständlich machen, daß ein guter Teil der sogenannten inneren Struktur der Patientin selbst zugeschrieben werden kann: besonders ein grandioses Selbst-Bild, das identifikatorische Partizipation sowohl an der überwältigenden Kraft als auch an der Schadhaftigkeit ihrer scheinbar despotischen Mutter-Präsenz umfaßt.

In beiderlei Hinsicht hatte sich jede dieser Frauen daher gar nicht so sehr im Labyrinth verlaufen wie es dem ersten Eindruck nach schien. In der Tat schien es sogar klar und verständlich zu werden, daß auch nur die Vorstellung, sich einem Mann »wirklich« hinzugeben – das heißt, sich mit oder nahe dessen, was sie als ihren inneren emotionalen Kern empfand, hinzugeben – in der Übertragung auf den männlichen Analytiker ein Anathem für sie war. Und deshalb schien sie, da sie an ihre Mutter gebunden war, Männern gegenüber eine Haltung einzunehmen, die die Haltung ihrer Mutter gegenüber ihrem Vater zum Vorbild hatte.

Dazu korrelativ war wiederum die Stellung der Analysandin als Erfolgstyp in der Berufswelt, die traditionell eine Bastion männlicher Autorität und männlichen Privilegs ist, teilweise auf der phallischen Phantasie begründet, sie sei in Wirklichkeit »einer von den Jungs«. Folglich basierten ihre Wut und ihr Schmerz, wenn sie an berufliche Grenzen stieß, ebensosehr auf ihrer unbewußten Vorstellung, daß man sie, zusammen mit ihrer Mutter, kastriert hatte. Ebenso daran beteiligt waren drei weitere Faktoren: die Situationselemente, die die Enttäuschung der Patientin über die relative

Unzulänglichkeit ihres Vaters als Beschützer und seine emotionale Unempfänglichkeit wiederholten; die Elemente, die die grundlegende Unzugänglichkeit ihrer Mutter wiederholten, wurden durch berufliche Vorgesetzte der Patientin, gleich ob männlich oder weiblich, vertreten; sowie Elemente, die aus mächtigen sozialen Traditionen stammten und dem Wohlbefinden der Frau in Liebe und Arbeit entgegenstanden – jene Traditionen, die von früh an die Tendenzen von Männern und Frauen, Macht und Penis gleichzusetzen, übermitteln und verstärken. Somit standen diese Patientinnen einer mächtigen Destruktivität gegenüber, sowohl in ihrer inneren Welt als auch in ihrem manifesten Alltag, wobei die beiden Lebensbereiche, wie immer, nicht voneinander zu trennen sind.

Drei weitere Faktoren sind bedeutsame Aspekte dieser Töchter und Mütter. Der erste Faktor ist, daß diese Analysandinnen zu wenigstens einer anderen Frau eine liebende, intime und dauerhafte Beziehung aufrechtzuerhalten schienen. Obwohl diese Beziehungen gewöhnlich schon in voller Blüte standen, bevor die analytische Behandlung begann, wurden sie nun in bezug auf die Übertragung zur Abwehr benutzt. Sie verwässerten die Übertragung, denn oft war die Freundin die erste, die von bedeutsamen emotionalen Erfahrungen erfuhr, und die erste Beraterin in bezug auf Bedeutungen und denkbare Handlungsweisen; dem Analytiker wurde das Gefühl vermittelt, er sei nur ein Berater unter vielen, der sogar dadurch benachteiligt war, daß er weder ein alter und intimer Freund noch eine Frau war. Er wurde auf seinen Platz verwiesen, indem er wie schon früher der Vater, beiseite geschoben wurde. Diesen abwehrenden Gebrauch von Freundinnen konnte man auch als das Ausagieren jenes Teils der Ambivalenz betrachten, die gegenüber der liebenden, bestätigenden und abhängigen Mutter empfunden wurde, während die abgespaltene Aggression auf den bagatellisierten Analytiker gelenkt wurde. Diese Darstellung schützte die Patientin auch vor der Gefahr, von der Mutter angegriffen und verschlungen zu werden, was, das spürte die Patientin, sicher folgen würde, wenn sie sich völlig auf die Mutter einlassen und ihr die beiden Seiten der Ambivalenz direkt zeigen würde.

Der zweite zusätzliche Faktor im Mutter-Tochter-Kontext ist die abstumpfende Wirkung auf emotionale Erfahrungen, die zu einem Großteil auf die kritische und besitzergreifende Einmischung der Mutter zurückgeführt werden konnte. Diese Mütter und Mutter-Präsenzen wurden erlebt, als würden sie ständig ihren sich in der Entwicklung befindlichen Töchtern bei jeder spontanen Begeisterung den Teppich unter den Füßen wegziehen. Diese Begeisterung reichte von Freundinnen, Freunden, Lehrern, Kleidern und Make-up bis zu intellektuellen Interessen und kreativen Bestrebungen. Diese Mütter zeigten eine verheerende Teilnahmslosigkeit, wenn sie in ihren Töchtern nicht direkt Scham-, Schuld- oder Angstgefühle auslösten und stellten dadurch deren spontane Gefühle noch mehr in Frage. Als sie älter wurden, begannen diese Töchter, sich diese Affekt-Zerstörung selbst zuzufügen. So identifizierten sie sich mit ihren Aggressor-Müttern. Diese Identifikation diente dazu, den Schock zu verringern, der durch einen unerwarteten Angriff aus der externen Welt ausgelöst wurde, um dann impulsiv auf eine intolerante oder verständnislose Mutter beziehungsweise einen Muttterersatz zu reagieren und sich den Konsequenzen zu stellen. Die Abwehrstrategie hieß Frieden um jeden Preis.
Mehr als die Abwehr half jedoch die Identifikation, eine ausschließliche, totalitäre Bindung an die Mutter zu bewahren; alles Geringere wurde mit Entsetzen als eine völlig unterbrochene Beziehung empfunden, so wie sie jedesmal empfunden worden war, wenn die Mutter es unterlassen hatte, positiv auf die Anzeichen des Wachstums und der eigenen Identität der Tochter zu reagieren. Weil die Mutter weiterhin die Weite und Tiefe einschränkte, mit der ihre Tochter sich in andere Beziehungen einbringen wollte, fehlte der Tochter ein entwicklungspositiver Kontext, der eine definitive und sichere eigene Identität ermöglicht hätte. Ohne die Mutter war die Tochter allein und ein Nichts.
Folglich schreckten diese Analysandinnen in der Behandlung vor jeder Erregung und der Möglichkeit, irgendwie erregt zu werden, zurück. Sorgfältig achteten sie darauf, ihre eigene starre Kontrolliertheit und die ihrer Mutter aufrechtzuerhalten. Aber sie waren lebendig genug, um das daraus folgende Abgestumpftsein zu spüren, das ihre Selbstachtung nur weiter schwächte, obwohl sie,

im Widerspruch mit sich selbst, das Abgestumpftsein auch als Barriere gegen die Übertragungsbeziehung schätzten. So wurde dem Analytiker in einer Hinsicht die Rolle der drangsalierenden Mutter zugewiesen; in einer anderen die des schwachen Vaters; in dritter Hinsicht jedoch schienen die Patientinnen den Analytiker durch das bewußte Abstreiten ihrer eigenen Lebendigkeit in die Rolle dessen drängen zu wollen, der für Leben, Freiheit und das Streben nach Glück argumentiert, während sie die Rolle der anderen Seite ihrer Ambivalenz übernahmen und sich an ihre Kontroll- und Abwehrmaßnahmen klammerten, und damit an ihre invasiven Mütter und die Identifikation mit ihnen.

Technisch mußte der Analytiker sein Bestes geben, um das zarte Gleichgewicht zwischen einer blinden Akzeptanz dieser projektiven, mit Angst- und Schuldgefühlen beladenen Identifikation einerseits und dem Abgleiten in eine gedämpfte Gegenübertragung nach dem Motto »Hände weg« andererseits aufrechtzuerhalten. Häufig war es eine wichtige Intervention, die Patientin darauf hinzuweisen, daß sie versuchte, dem Analytiker diese Kreation einer Verliererposition aufzudrängen.

Zu den bereits erwähnten Faktoren, die darin bestanden, daß Freundinnen zur Übertragungsspaltung benutzt wurden und die Patientinnen sich höcht ambivalent an emotionales Abgestumpftsein klammerten, nenne ich als dritten zusätzlichen Faktor die *Wiedergutmachung.* Indem die Patientin die phallische Vervollständigung der verkrüppelten Mutter war, der Mutter, die selbst sowohl von ihrer eigenen Mutter als auch von den Männern und der Gesellschaft verwundet worden war, bis sie selbst grausam wurde, heilte die Tochter die Mutter. Sie machte die Mutter ganz, verwirklichte die vielen unerfüllten Träume ihrer Mutter, indem sie ein braves Mädchen, ein Erfolgsmensch war. In dieser wiedergutmachenden Rolle war es nicht akzeptabel, eine tiefe Liebesbeziehung mit einem Mann einzugehen, die auch als solche erlebt wurde. Das zu tun würde bedeuten, die eigene Mutter im Stich zu lassen, sie noch einmal zu verkrüppeln, sie leer zu machen und über das Maß dessen, was die Patientin ertragen konnte, hinaus zu deprimieren. In dieser Hinsicht verbanden sich Liebe und Schuldgefühle, um die Analysandin in ihrer notwendigen Omnipotenz zu bestärken, in diesem Zusammenhang omnipotent wiedergutmachend. Wie sehr jede dieser Frauen auch in der Liebe leiden mochte, und wie überangepaßt sie sich äußerlich in ihren heterosexuellen Affairen und an ihrem Arbeitsplatz verhalten mochte, in ihrer psychischen Realität trug sie Macht in das Labyrinth hinein, das ihr Leben war.

Gegenübertragung

Das Labyrinth, in dem diese Frauen verloren zu sein scheinen ist das Labyrinth menschlicher Tragödien, die notgedrungen meist außerhalb unabhängiger bewußter Berechnung liegen. Folglich ist der Fortschritt in einer analytischen Behandlung langsam und schmerzlich, die Arbeit ist für den Analytiker genauso anstrengend wie für den Patienten. Nicht jeder Patient gelangt durch die Behandlung in die Tiefe oder setzt die Behandlung fort, und nicht jeder geht mit demselben Erfolg daraus hervor. Jedoch kann meiner Erfahrung nach die analytische Behandlung der komplexen, androgynen, multivalenten Verschmelzung mit der Mutter, wie sie in einer sexistischen Welt stattfindet, oft einen bedeutsamen adaptiven Unterschied ausmachen. Von dem Analytiker erfordert die Arbeit, daß er viel herauslocken und mit einer Menge Wut auf vielen Funktionsebenen fertig werden muß, mit viel manipulativer und rachsüchtiger Machtausübung, die oft auf die subtilste Weise inszeniert wird, und natürlich mit viel mütterlicher Übertragung, die manchmal ziemlich feindlich und grandios und manchmal glückselig und nur scheinbar rein heterosexuell ist.
Diese Arbeit erfordert es, viele Gegenübertragungen zu analysieren, die für die Arbeit mit akut leidenden, mißbrauchten aber mächtigen, erfolgreichen und außergewöhnlich begabten Frauen typisch sind. Zum Beispiel kann der Analytiker die Gegenübertragungs-Reaktion haben, sich emotional, wie früher der Vater, an den Rand drängen zu lassen, während er gleichzeitig, wieder wie der Vater, der Empfänger von verstohlenen und schwach erotischen, positiven ödipalen Gesten und Reaktionen wird. Ein weiteres Beispiel ist die Gegenübertragungs-Reaktion des Analytikers,

seine eigene Stärke gegen die furchteinflößende latente Macht und Kontrolle dieser Frauen verteidigen zu wollen – das heißt, sich nicht als das analytische Äquivalent des Stereotyps »kastrierter Schwächling« oder wie der aus Gefälligkeit ausgebootete Vater zu fühlen – und dann zu Vorschriften, Nachdruck oder weiteren Interpretationen Zuflucht zu nehmen. Eine weitere Gegenübertragung bringt der Wunsch des Analytikers mit sich, durch Respekt, Unterstützung, Wärme und so weiter zu beweisen, daß er nicht die narzißtisch drangsalierende Mutter oder ein sexistischer männlicher Ersatz für sie ist; außerdem daß er eher Schutz geben als verwehren und Wunden eher verbinden als sie zufügen oder selbst erleiden möchte. Diese Gegenübertragung berührt möglicherweise direkt den Kern der Gründe, weshalb eine Person überhaupt Analytiker geworden ist, und diese zu rationalisieren ist für ihn um so leichter, wenn er die Auffassung über den Sexismus unserer Welt teilt, die ich weiter oben dargestellt habe.

Eine weitere Gegenübertragung mag dazu führen, daß die schlechte Meinung der Patientin über die Männer und unsere sexistische Gesellschaft unterstützt wird. Aber dieser Schritt wird es nur schwerer machen, die Entstellungen und Provokationen zu analysieren, von denen die Patientin gelernt hat, sich abwehrend und durch Identifikation mit dem Aggressor darauf zu verlassen; das wird besonders das Spiel dieser Faktoren in der Übertragung undeutlich machen.

Sexistische Mißhandlung und Diskriminierung scheint man am besten wie ein klar umrissenes Trauma zu behandeln: erkannt und genutzt als eine Gelegenheit, die unbewußten Bedeutungen zu erforschen, all den Schmerz und die mögliche Befriedigung sowie die gesamte Fixierung und Elastizität, die mit diesem Trauma verbunden sind. Von besonderem Wert dabei ist, der Patientin zu demonstrieren, wie sie die Übertragung aufbaut, um die sexistische Traumatisierung sowohl zu wiederholen als auch zu reparieren. Sich in der analytischen Behandlung nicht weiterhin vorsichtig voranzutasten, würde bedeuten, manifest und in der Übertragung eine Allianz mit der mißbrauchten Analysandin einzugehen, ein Schritt, der die Störungen der Realitätsprüfung und der selbst-erhöhenden Adaption unberührt lassen würde. Damit würde der Analytiker aber den entscheidenden, unbewußt aufrechterhaltenen

Konflikten, wie ich sie zusammengefaßt habe, erlauben, weiterhin die Beherrschung der Probleme und die Wiederaufnahme einer persönlichen, autonomen Entwicklung der Patientin einzuschränken.
Wie immer kann auch jede andere Art der Gegenübertragung in diesen Fällen mit im Spiel sein. Hier werden nur noch einige genannt, von denen jede unweigerlich das Interpretationsfeld des Analytikers einengt. Vielleicht bleibt der Analytiker nur auf einem psychosexuellen Niveau, wie dem ödipalen oder präödipalen oder nur dem analen. Vielleicht betont er nur das positiv (heterosexuell) Ödipale auf Kosten des negativ (homosexuell) Ödipalen. Er kann die negative Übertragung zu sehr in den Mittelpunkt stellen, in diesen Fällen die zerstörerischen, neidischen, kastrierenden Wünsche der Frau und damit ihren Kampf gegen die liebenden, bewundernden, idealisierenden und unterwürfigen Tendenzen bagatellisieren oder fallenlassen (meiner Erfahrung als Supervisor nach eine weitverbreitete Gegenübertragung). Auch kann der Analytiker die psychosexuellen Faktoren entkörperlichen oder entsomatisieren und sich nur auf Autonomie, Abhängigkeit, Vertrauen, Kontrolle, Empathie und dergleichen beziehen und damit konkret orale, anale und genitale Gefühle und Phantasien herunterspielen. (In diesem Kapitel habe ich keine komplette erschöpfende Behandlung dieser durchgeführten Analysen versucht, denn das war nicht meine Absicht; jeder, der mit der psychosexuellen Theorie vertraut ist, kann die körperlichen Zuschreibungen zu vielen der berichteten hauptsächlichen Entwicklungen leicht selbst einsetzen.)

Wenn diese Frauen verliebt sind: eine kurze Zusammenfassung

Kehren wir nun zu diesen Frauen zurück, wenn sie verliebt sind, oder häufiger, wenn sie trostlos zwischen den Ruinen ihrer »Liebesaffairen« stehen. Es scheint, daß ihre Liebhaber wie der Großteil der anderen Männer, mit denen sie zusammenarbeiteten, eine Vereinigung darstellen von Merkmalen ihrer Mutter, ihres Vaters und des maskulinisierten Selbst oder maskulinisierter Körperteile, die sie auf diese Männer projiziert hatten. Die Trostlosigkeit und der qualvolle Schmerz dieser Frauen verbinden ödipale und präödipale Merkmale. Diese waren ödipal (1) in der Wiederholung des Versagens beim Vater und der Bestätigung des kastrierten Status, aller gegenteiligen großen Leistungen zum Trotz; (2) indem sie positive ödipale Befriedigung durch die verführerische aber zielgehemmte Rolle des wundervollen kleinen Mädchens lieferten; und (3) brachten sie negative ödipale Befriedigung durch die sexualisierte Verbindung mit der Mutter. Präödipal waren sie in der Zentralität der primitiven Verschmelzung mit der Mutter, die unbewußt in heterosexuellen Beziehungen dargestellt wurde. Mit dem Ungeschehenmachen dieser Verschmelzung gingen der Verlust sowohl der Mutter als auch ihrer Liebe und folglich der Zusammenbruch der gemeinsamen Grandiosität einher. In diesem Licht gesehen wird ein Großteil des Klammerns an diese Männer, ein Großteil der Toleranz gegenüber Kritik, Forderung und Mißbrauch durch die Wiederholung der frühen projektiv-introjektiven Beziehung zur Mutter ausgelöst, diese verführerisch grausame, prägenitale Liebesbeziehung der frühen Kindheit. Die Trostlosigkeit und der qualvolle Schmerz sind aber auch präödipal in den frühen Schuldgefühlen und Wiedergutmachungsversuchen, die mit der geschädigten Mutter zu tun haben. Somit kann diese Art der Liebe zu Männern in ihren präödipalen Aspekten als Hilfe betrachtet werden, um den offenkundigen Ausdruck der mehrschichtigen Omnipotenz dieser Frauen, ihrer Wut, ihres Neids und ihrer Schuldgefühle im Zaum zu halten und gleichzeitig ihre relativ verzögerte Individuation und Neuschöpfung zu verschleiern. Alles in allem ist ihre schmerzliche und kostspielige Opferrolle in dieser sexistischen Welt daher nicht ohne Belohnung in Form abwehrender Sicherheit gegen Angst- und Schuldgefühle und in unbewußter Lust.

Schlußfolgerung

Obwohl ich meine Darstellung der deskriptiven Merkmale sowie der Faktoren für die Entwicklung und Dynamik für ein stichhaltiges Ergebnis hilfreicher Arbeit mit einer Untergruppe von Analysandinnen halte, behaupte ich nicht, die notwendigen und ausreichenden Bedingungen für eine gut umschriebene Lebensstörung erläutert zu haben. Viele der erwähnten Faktoren sind im Verlauf der klinischen Arbeit mit Frauen aufgetaucht, die sich selbst als die unterdrückten, unfähigen Opfer von manifest mächtigen, eitlen und drangsalierenden Müttern darstellten. Auch scheinen einige erfolgreiche Frauen sich nicht an den eben beschriebenen sadistisch-narzißtischen Männertyp zu binden, sondern lieber an Männer, die sie als passiv und oberflächlich verkrüppelt erleben, eher wie der schwache Vater und die benachteiligte Mutter, gerade wenn es ihnen an eigenen verstohlenen sadistischen und narzißtischen Tendenzen nicht mangelt. Die Frauen, die diese Objektwahl treffen, haben vielleicht während ihrer Entwicklung weniger Kritik und mehr Idealisierung erlebt. Überdies kann man der beschriebenen Art von Paarbildung in Beziehungen zwischen Männern, zwischen Frauen, und in umgekehrter Form zwischen Männern und Frauen begegnen. Und schließlich ist mir völlig klar, daß die intimen Beziehungen von sehr erfolgreichen Frauen überhaupt nicht tief gestört sein müssen. Ich habe hier nur über die meisten derjenigen geschrieben, die zur analytischen Behandlung kamen und die dieses eine einer Vielzahl möglicher Störungsmuster zu zeigen schienen.

Wo die Grenzen der Verallgemeinerungsmöglichkeit meines Berichts auch liegen mögen, er ist, finde ich, dem Kliniker nützlich, wenn er die Kurven und Kehrtwendungen des unbewußt aufrechterhaltenen Labyrinths von Macht und Wut nachvollziehen will, in denen Frauen sich bei dem Versuch, ihren Weg in dieser sexistischen Welt erfolgreich zu gehen, verlieren können. Psychoanalytische Arbeit speziell an dieser tragischen Situation ist in unserer modernen Ära der kritischen Neuuntersuchung der Geschlechterbeziehung von besonderer Bedeutung. Für die weiblichen Patienten scheint diese Arbeit die Möglichkeiten zu vergrößern, in ihrer inneren Welt und in der Gesellschaft ein befreites und erfülltes Leben zu führen. Und für all jene, die kritische Fragen stellen, mag sie den Umfang ihres Verständnisses vergrößern.

Dritter Teil

Theorien als Meistererzählungen

9. Kapitel

Die Auslegung des Freudschen Vermächtnisses

Psychoanalytischer Diskurs und moderne kritische Theorie

Freuds Beiträge und ihre Weiterentwicklung bis in die Gegenwart auszulegen bedeutet, nicht nur die Vergangenheit, sondern auch die Zukunft zu betrachten. Wer über Freud schreibt oder spricht, lenkt die Aufmerksamkeit vorgeblich auf die nahe und ferne Vergangenheit, um eine objektive Darstellung seines Vermächtnisses zu entwickeln und vielleicht darauf hinzuweisen, wie bis heute damit umgegangen wurde. Allerdings darf der Betreffende nicht hoffen, einfach nur beschreiben zu können. Ob es ihm gefällt oder nicht, seine Darstellung wird gleichzeitig auch präskriptiv sein, da er zwangsläufig für die Psychoanalyse eine Zukunft entwirft. Das sage ich, weil ich der Meinung bin, daß alle Darstellungen der psychoanalytischen Geschichte, wie konventionell sie auch sein mögen, gewisse Punkte in den Vordergrund rücken, andere dagegen in den Hintergrund verbannen und noch andere gänzlich mißachten. Unter dieser Voraussetzung müssen historische Darstellungen immer von den Werturteilen ihrer Autoren durchdrungen sein. Die Erzählungen geben zu erkennen, was den Autoren lieb und teuer ist, und durch diese Wertzuschreibungen schreiben die Autoren eine Zukunft vor. Genau genommen sagt der Historiker: »So sollte die Psychoanalyse sein«, um im selben Atemzug zwei verwandte Empfehlungen auszudrücken: »Dies ist die beste Art, über Psychoanalyse zu sprechen«, und: »Das ist die beste Art, Psychoanalytiker zu sein oder zu werden.«

Wenn diese Aussagen soweit akzeptiert werden, kann man hinzufügen, daß diese Erzählweise die Loyalität gegenüber einem bestimmten Diskurs regelrecht vorschreibt. Ein Diskurs wird teilweise durch die Verknüpfung der Methoden bedingt, mittels derer Werte eingeführt und Wahrheitsansprüche formuliert und erhoben werden, und teilweise durch die Praktiken, von denen man glaubt, sie würden diesen Diskurs legitimieren und die ihrerseits durch ihn legitimiert werden. Von einer Diskussion über Freuds Vermächtnis zu behaupten, sie würde das eigene Streben für die Psychoanalyse ausdrücken, bedeutet daher gleichzeitig, zugunsten spezieller Werte, Wahrheitsansprüche und Praktiken zu argumentieren. Dies muß auch für die Auslegung des Freudschen Vermächtnisses gelten, die ich vorstellen will. Obwohl meine Auslegung den vertrauten diskursiven Traditionen unseres Gebietes offensichtlich viel verdankt, beansprucht sie jedoch auch die sogenannte Aufklärung des zwanzigsten Jahrhunderts für sich.

Durch meine Darstellung möchte ich eine Variante aufzeigen, die es uns eventuell ermöglicht, Freud in den Diskurs des zeitgenössischen Denkens einzuordnen. Intellektuell war Freud ein Kind der Aufklärung, die sich etwa im späten siebzehnten Jahrhundert ansiedeln läßt. Und wir sind uns wohl alle einig, daß er im Kontext der Entwicklung jener Aufklärung versuchte, zeitgemäß zu sein. Aufgrund dieses »offiziellen« Aspekts seiner Bemühungen lieferte er eine rationalistische, empiristische, objektivistische Darstellung seiner Methoden, der darauf basierenden Erkenntnisse und Schlußfolgerungen. Er stellte sich als innerhalb der vorherrschenden Axiome und Konventionen für naturwissenschaftliche Abhandlungen seiner Zeit arbeitend dar. Auch bediente er sich in großem Umfang des Inhalts zeitgenössischer Psychologie, Anthropologie, Philosophie, Archäologie, Philologie und anderer Disziplinen, von denen alle aus demselben epistemologischen und methodologischen Guß waren.

In diesem Diskurs wird die Sprache unreflektiert wie ein transparentes Medium zur Kommunikation behandelt. Sie wird nicht als etwas betrachtet, das an Person, Zeit, Ort, Kultur oder an spezielle Konventionen gebunden ist. Folglich hat Freud die Variante, die er für den Bericht über seine psychoanalytische Arbeit verwendete, nicht als eine Sprache betrachtet, die sich entwickelt hatte, um hauptsächlich den Interessen der weißen, männlichen Bourgeoisie der westlichen Welt zu dienen und diese auszudrücken. Freud betrachtete Sprache als ein transparentes und ausreichendes Medium, das, wie herausfordernd sein Inhalt auch sein mochte, mit der eingeführten Ordnung der Dinge und was er deren »selbstverständliche« Moral nannte, in Harmonie war.

Doch die Denkkategorien modernen kritischen Gedankenguts sind nicht die Denkkategorien dieser früheren und immer noch weitverbreitet akzeptierten Aufklärung. In dem neueren Kontext beansprucht die Sprache die Mitte der Bühne des theoretischen Denkens und Forschens. Die Sprache wird als das gesehen, was die Welt erschafft, von der sie erzählt. Überdies erschafft sie diese Welt sowohl durch den impliziten als auch durch expliziten Dialog; das heißt, Sprache hat immer in einem sozialen Kontext funktioniert und tut dies auch heute noch. Sprache ist also eine Variable und keine Konstante; sie ist eine Botschaft unter der Maske eines Mediums, eher eine Ansammlung von Perspektiven als ein klares Glasfenster zur Welt, eher ein ideologischer Prozeß als eine Kernsubstanz, eher ein spezielles kulturelles Netz als eine universelle Form des Austauschs. Zusätzlich ist die Sprache ein Machtinstrument, das sowohl zum Guten eingesetzt werden kann, wie für gewöhnlich in der Therapie, oder zum Bösen, wie bei Rassismus und Sexismus. Daher halte ich den Versuch für angemessen, Freud auch in unserer Zeit einen Platz einzuräumen, das heißt inmitten der multiplen Perspektiven, die durch zeitgenössische kritische Theorien verfügbar wurden. Obwohl mein Versuch unvollständig, skizzenhaft und höchst anfechtbar ist, vermittelt er dennoch meine Loyalität gegenüber der Idee von der Psychoanalyse als einer lebendigen Disziplin.

Will man den Fokus auf die Sprache der Psychoanalyse richten, muß man ihrer Dialog-Natur besondere Aufmerksamkeit schenken. Von gleicher Bedeutung ist die Erkenntnis, daß die Praxis der Psychoanalyse fest im Dialog zwischen Analytiker und Analysand verwurzelt ist, zwischen analytischem Lehrer und Schüler und zwischen Kollegen. Da so vieles eine Sache des Austauschs ist, können wir sogar sagen, durch den Dialog wird die Psychoanalyse erst erschaffen, und das immer wieder von neuem – ein Grund mehr, den dialogischen Kontext für diese Darstellung einzuführen.

Um diesen Kontext zu entwickeln, wollen wir zuerst den Dialog in Beziehung zur allgemeinen Geschichte der Ideen betrachten. Der Fortschritt einer jeden Disziplin hängt von einem kontinuierlichen Dialog ab. Der kontinuierliche Dialog über gegensätzliche Ambitionen und Wahrheitsansprüche hilft, unsere Vorstellungen von Wichtigkeit weiterzuentwickeln, unsere Methoden, Stichproben und Datenanordnungen, unsere logischen Hilfsmittel, unsere Schlußfolgerungen und immer die Rhetorik, auf die wir uns verlassen, um eine Sache überzeugend zu beweisen. Durch einen Dialog wird uns deutlich, wie die Opposition ihre Sache beweisen will. Nachdem wir das erfahren haben, können wir versuchen, eine gemeinsame Basis zu finden; gelingt uns dies nicht, fangen wir an, noch überzeugendere Argumente für unseren Standpunkt zu entwickeln. In diesem Prozeß werden, nachdem die gestellten Fragen modifiziert wurden, die Antworten neu formuliert, und es kann sogar das Subjekt der Untersuchung verändert werden zu etwas, das nun drängender oder erfolgreicher als seine Vorgänger zu sein scheint. Ziele werden niemals mit Endgültigkeit gesteckt. Und würde man all jene zeitgenössischen Dialoge berücksichtigen, die darauf abzielen, die verschiedenen, eng mit Rasse, Geschlecht und gesellschaftlicher Klasse verbundenen Perspektiven sowohl zu verbinden als auch einander gegenüberzustellen, kann man der allgemeinen Auffassung nur noch hinzufügen, daß die Geschichte der Ideen, die Geschichte von Theorie und Praxis, sich immer in Bewegung befindet.

Aus all dem folgt, daß die Geschichte der Psychoanalyse von ihrem dialogischen Gesichtspunkt aus geschrieben, gelesen und gelehrt werden sollte. Um ein Beispiel für die rasche Entwicklung des Dialogs zu geben: Als Reaktion auf die sich ändernden Zeiten und Interessen, teilweise gestützt auf extensive wissenschaftsphilosophische Debatten über die Probleme der traditionellen Metapsychologie und teilweise auf den sich erweiternden Anwendungsbereich der analytischen Perzeption und Praxis, der den Einfluß des Kleinschen objektbezogenen Denkens erweitert hat, wurden wir innerhalb einer Generation Zeugen eines spektakulären Wandels. Konkret ausgedrückt haben die meisten Psychoanalytiker ihre Erörterungsweise verändert, weg von vergeistigten Ausarbeitungen und Theoriekritiken, die sich mit psychischer Energie und energetischen Unterbauten der psychischen Struktur befaßten; überdies haben sie sich von exakten Debatten über die Vorstellung von der Struktur selbst und dem erklärenden Wert von strukturellen Konzepten entfernt (Schafer, 1988).

Gegenwärtiger Trend scheint zu sein, den Begriff Struktur deskriptiv zu verwenden. So gebraucht bezieht Struktur sich nur mehr darauf, was der Beobachter zu stabilen Mustern aus Motiven oder Erfahrungsweisen und offensichtlichem Verhalten zusammensetzt, die für die entwickelte These relevant sind. Das impliziert, daß die Struktur nicht mehr als feststehender Kern der Dinge behandelt wird, der nur darauf wartet, entdeckt zu werden, und daß die Analytiker sich nicht mehr so intensiv mit der Frage beschäftigen müssen, wie Struktur entstehen, sich entwickeln und stabil bleiben kann.

Statt dessen findet eine wachsende Zahl von Analytikern es wesentlich interessanter und lohnender, sich an Dialogen zu beteiligen, die Objektbeziehungen, Selbsterfahrung und die entsprechenden Verfeinerungen der theoretischen und technischen Begriffsbildung während der frühen Entwicklung zur Sprache bringen, wie sie in der Erfahrung von Übertragung und Gegenübertragung reflektiert werden. In diesen Dialogen erwägen sie eine Vielzahl von Betrachtungsweisen, um jede Art von Psychopathologie zu verstehen und zu modifizieren, und sie heben besonders die Entwicklung wie auch die Störung ihrer Empathie in archaische Motive, Phantasien, Ängste und abwehrbedingte Verlagerungen von Orientierung und Erfahrung hervor.

Wie bereits erwähnt, halte ich eine überzeugende Rhetorik für notwendig. Da rhetorische Fragen im folgenden besonders hervortreten werden, sollte ich erklären, was ich damit meine. Wenn jeder Sachverhalt durch einen impliziten oder expliziten Dialog entsteht, kann er nur dann adäquat entwickelt werden, wenn seine unsicheren oder angreifbaren Aspekte erkannt, explizit einander gegenübergestellt und entweder überzeugend gerechtfertigt oder kunstfertig umgangen werden. In jedem Fall hängt der Erfolg einer Argumentation in beachtlichem Ausmaß von rhetorischem Geschick ab. Rhetorik zu benutzen unterliegt jedoch keinem bewußten Entschluß; jede Art zu Sprechen oder zu schreiben unterliegt der rhetorischen Analyse und kann mit mehr oder weniger Geschick verwendet werden. Zu betonen und zu erforschen, weshalb das so ist, ist ein bemerkenswerter Teil der linguistischen Wende in der jüngsten Ideengeschichte.

Man betrachte diese rhetorische Perspektive für die psychoanalytische Sprache: Ein großer Teil der psychoanalytischen Literatur ist in einem eintönigen Stil geschrieben. Ich behaupte, dieser Stil ist der spezialisierte und konventionalisierte rhetorische Versuch, überzeugend zu wirken. Dieser Stil versucht zu überzeugen, indem der Autor mit dem Image eines verläßlichen Mitglieds der Alten Aufklärung versehen wird: ein neutraler, wertfreier, gegenübertragungsfreier, gut geschulter wissenschaftlicher Beobachter; ein geschlechtsloser, rasseloser, klassenloser Experte trägt einen Monolog vor, der allem Anschein nach von rhetorischen Kniffen befreit wurde. Teilweise ist dieses Bild dazu bestimmt, den Leser in falscher Sicherheit zu wiegen. »Vertraue mir«, sagt es. Und bedingungsloses Vertrauen wird in vielen Fällen dringend benötigt, da es dazu dient, den Leser zwei offensichtlichen Schwierigkeiten gegenüber blind zu machen, die in Verbindung mit den detaillierten deterministischen Erklärungen auftauchen, die gewöhnlich in psychoanalytische Publikationen eingebracht werden.

Die erste Schwierigkeit ist, daß diese deterministischen Erklärungen dem einfachsten der *traditionellen* wissenschaftlichen Tests nicht standhalten würden, falls man einen solchen Test überhaupt formulieren kann. Diese Schwierigkeit tritt auf, weil das Testen psychoanalytischer Lehrsätze, um diese zu erhärten, eine ziemlich andere Behandlung erfordert. Die zweite Schwierigkeit ist, daß die deterministischen Darstellungen dem fiktiven Standard der vollkommenen Uneigennützigkeit des Autors nicht gerecht werden können, denn es ist gewöhnlich einfach, zu zeigen, daß der Autor sich mit mehr als nur dem Inhalt und der Logik seiner berichteten »Funde« darum bemüht, die Leser für seine Schlußfolgerungen zu gewinnen. Dieses Mehr ist die befangen unternommene rhetorische Anstrengung, überzeugend zu sein, und sie wird deshalb für notwendig gehalten, weil andere, die auf demselben Gebiet arbei-

ten, entweder bereits überzeugende Argumente für andere nicht ausreichend determinierte Schlußfolgerungen vorgelegt haben oder es bald tun werden.
Ich möchte diesem Bericht über die Eintönigkeit des Großteils psychoanalytischer Rhetorik eine Interpretation der Abwehr hinzufügen. Ich behaupte, diese konventionalisierte Eintönigkeit ist ein Versuch, zu leugnen, daß es in Freuds Begründung der Psychoanalyse und somit in seinem uns hinterlassenen Vermächtnis vieles gibt, was man als Triumph einer lebendigen und meisterhaften Rhetorik charakterisieren kann. Freud legte die Psychoanalyse schriftlich nieder: Er schrieb sie in den Klauen mächtiger wissenschaftlicher Gegner, und er schrieb sie überzeugend. Folglich können wir, wenn wir ihn lesen, seinen Inhalt nicht von dem trennen, was allgemein als sein mächtiger und berückender, und manchmal sogar schöner Stil anerkannt ist. Heute allerdings weiß man, daß Freuds gewinnende Sprache eine Vielzahl von Mängeln in seiner Argumentation überdeckt hat. Das kann ich in dieser aufgeklärteren und toleranteren Periode psychoanalytischer Geschichte sagen, ohne daß man mir unterstellt, ich würde Freuds kreatives Genie auch nur im geringsten in Abrede stellen. Andere psychoanalytische Autoren, selbst jene, die sich am engsten mit Freud identifizieren, verwenden ihre eigene Rhetorik und schaffen somit mehr oder weniger modifizierte Varianten dieser Disziplin.
Der Kern meiner Behauptung ist, daß es nichts gibt, das absolut spezifisch und statisch »echt Freud« ist. Nichts liegt außerhalb der Rhetorik eines beliebigen Autors und somit außerhalb des Reichs von implizitem und explizitem Dialog. Folglich muß man, um jede einzelne Variante der Psychoanalyse richtig einzuordnen, sie als ein Dokument lesen, das in einen persönlichen Kontext eingebettet ist, der seinerseits wiederum linguistisch in einen historischen und ideologischen Kontext des Dialogs eingebettet ist.

Freuds vielfältige Vermächtnisse

Wie soll man nun, nachdem all das gesagt wurde, direkter an das umfangreiche Thema von Freuds Vermächtnis herangehen? Ich beginne mit dem Vorschlag, daß wir die Vorstellung aufgeben, es gäbe nur ein Vermächtnis, das es zu resümieren und zu beurteilen gilt, denn in einer Welt, die durch einen fortwährenden Dialog immer wieder neu geschaffen wird, kann es niemals nur ein theoretisches oder technisches Vermächtnis geben. Es kann nur Vermächtnisse geben, linguistische Vermächtnisse, Vermächtnisse, die durch und durch theoretisch sind. Freuds Texte werden für alternative Auslegungen und Schriften immer offen bleiben: wissenschaftlich, literarisch und kulturell. Mit der Zeit werden die absolutistischen Aufsätze und Auslegungen von Theorie und Technik, mit denen wir so vertraut sind und die in offiziellen analytischen Zeitschriften immer noch veröffentlicht werden, der Vergangenheit angehören. Bereits heute halten einige von uns sie für eingeschränkt doktrinär und autoritär, wenn nicht gar für altmodische Bravourstücke. Aus der Perspektive der modernen Aufklärung müssen es die Leser Freuds und Freudsche Autoren sein, die helfen, Freuds Vermächtnis fortwährend neu hervorzubringen. Dies tun sie durch die Art und Weise, wie sie seine Texte lesen und darüber schreiben. So wie die Leser und Autoren sich verändern – und sie verändern sich –, so verändert sich die Freudsche Psychoanalyse.

Unterstützt wird diese These der Überhöhung des Lesens und Schreibens, wenn man die einzelnen Themen in der analytischen Literatur überprüft. Denn es erfordert keinerlei Anstrengung, jedes Segment dieser Literatur als ein Schlachtfeld von wetteifernden, unvereinbaren und neuerlich triumphierenden Behauptungen zu lesen in bezug auf das, was Freud gesagt, gemeint, beabsichtigt oder seinem Werk zugrunde gelegt hat. Ein Beispiel dafür ist der fortgesetzte Disput über Freuds grundsätzliche Auffassung der Psychoanalyse; er gründet auf der Annahme, es gäbe die beste oder korrekteste Art, Freud aus einer Sprache in eine andere zu übersetzen: War er naturwissenschaftlich oder humanistisch orientiert? Bedeutet *das deutsche »Ich«* in der Zielsprache »Ich« (engl. »ego«) oder »Selbst« oder beides? Ein weiteres Beispiel ist die oft wiederholte, autoritäre Empfehlung, wie Auseinandersetzungen beizulegen seien: »Zurück zu Freud!« Wenn dieser Rat behandelt wird, als wäre er einfach absolut gemeint statt als Ansporn, die eigene Auslegung von Freud hochzuhalten, vermittelt er fälschlicherweise den Eindruck, ein jeder könnte hoffen, Freud auf absolut selbstlose, wertfreie, kulturfreie, nichtdialogische Art zu lesen und damit nicht nur die im Moment richtige Antwort zu erlangen, sondern auch den einzig und allein wahren Freud. »Zurück zu Freud!« ist vielleicht die größte rhetorische List von allen. Der Ratgeber sagt: »Zurück zu meinem Freud; vergeßt den Rest.«

Was ist der Grund für diese Interpretationskriege? Er liegt weder darin, daß Freud in seiner kreativen Arbeit nicht immer vollkommen folgerichtig oder explizit war. Noch liegt er nur darin, daß die Rhetorik, mit der er seine Beiträge schuf und vermittelte, vom höchst Vorsichtigen, Unsicheren, Entschuldigenden und Einschmeichelnden bis zum regelrecht Diktatorischen und ebenso vom exakt und mechanistisch Naturwissenschaftlichen bis zum frei fließenden und beziehungsreichen Humanistischen reichte. Und ebensowenig basieren diese Interpretationskriege ausschließlich auf dem, was gemeinhin als der Einfluß von Persönlichkeit, Ausbildung und Erfahrung darauf erkannt wird, wie Leser Freud lesen und neue Autoren Freud schreiben. Dieser Liste von unleugbar wichtigen Faktoren wären noch weitere hinzuzufügen.

Hier werde ich nur noch einen Komplex zusätzlicher Faktoren erörtern: die mit Macht verbundenen. Die gegnerischen Auslegungen und Schriften, auf die ich verwiesen habe, gründen sich in bedeutungsvollem Umfang sowohl auf die allgemeine Geschichte sich verändernder organisatorischer Bedingungen innerhalb der psychoanalytischen Bewegung und auf die *spezielle* Geschichte einer offiziellen Politik, welche die Programmgestaltung von Tagungen, die Veröffentlichung von Artikeln in analytischen Zeitschriften, das Erteilen von Referenzen an Kollegen und die Auswahl von Kandidaten beeinflußt. In diesen Punkten scheint Macht bei der Entscheidung in bezug auf die Wahrheit über Freuds Vermächtnis zu jeder Zeit eine Hauptrolle gespielt zu haben. Und diese Macht wurde nicht immer durch intellektuelle und klinische Leistung und Konsens erreicht und aufrechterhalten.

Es sollte niemanden überraschen, daß das Spiel um die Macht innerhalb der Analytikerorganisationen in der intellektuellen und professionellen Geschichte der Psychoanalyse eine wichtige Rolle gespielt hat: Die Ausübung von Macht ist immer Teil von uns als

Menschen. Die Psychoanalyse stellt keine Ausnahme dieses allgemeinen Prinzips dar, und dieses Prinzip muß einen auch nicht verzweifen lassen. In dieser Hinsicht ist es nicht nur hoffnungsvoll, sondern auch interessant, daß notwendige Verlagerungen in den Bedingungen der Macht und ihrer Anwendungsweisen auftreten. Diese Verlagerungen sind das Ergebnis eines Dialogs, der nicht zum Schweigen gebracht werden kann. Und sie entsprechen den Intensitätsverlagerungen von Überwachung, Disziplin und Bestrafung jener, die sich den Doktrinen, die die Mächtigen durchzusetzen versuchen, entgegenstellen oder sie mißachten. Diese Verlagerungen ermöglichen eine Veränderung dessen, was bisher als wichtig und wahr angesehen wurde. Folglich kann man sagen, daß der Machtwechsel immer eine wichtige Rolle spielen wird in dem fließenden Wandel, der die Wahrheiten und Werte der Psychoanalyse charakterisiert. Überlegungen zu Freuds Vermächtnis können nicht von der Geschichte der Macht losgelöst werden.

Man denke zum Beispiel nur an das erst in jüngster Zeit gewachsene Interesse an der präödipalen Phase, einer Phase, von der man bisher nicht allzuviel Aufhebens machte. Mit diesem wachsenden Interesse ist eine fortschrittliche Artikulierung der Konzepte Mutterschaft, Elternschaft und Individualität einhergegangen; eine immer deutlichere Hervorhebung des Verständnisses von früher Aggression und frühen Stadien von Schuldgefühlen bei der Behandlung von Extremfällen; und ebenso besondere Aufmerksamkeit bezüglich früh erworbener Anpassung, Spracherwerb und frühen Kognitionsmodi. Ein weiteres Beispiel findet man in den vielen konkurrierenden und bisher noch instabilen jedoch schrecklich wichtigen Modifizierungen dessen, was als psychoanalytische Wahrheiten über die Frau und die Wichtigkeit dieser Wahrheiten für die allgemeine Theorie der Psychoanalyse dargestellt wurde und wird. Keine dieser Veränderungen hat außerhalb der Machtarena stattgefunden; um jede mußte gekämpft werden, um einige kämpft man immer noch, und oft wird auch darüber gestritten.

Die Macht in neuen Händen; weit zerstreut und anders ausgeübt; weniger strenge Überwachung; berufliche Diszplin und unter äußerstem Verdacht sogar Selbstbestrafung, von ihrer Einschränkung durch tatsächliche oder potentielle interne Streits und eventuell sogar Prozesse ganz zu schweigen: Diese Veränderungen haben geänderte Tatsachen im Leben der zeitgenössischen Psychoanalyse zugelassen und gefördert. Ein neues Merkmal des heutigen freieren psychoanalytischen Lebens ist die echte wie auch die vorgetäuschte Toleranz gegenüber den vielfältigen und konkurrierenden Behauptungen, was Psychoanalyse denn nun sei. Ein weiteres Merkmal der Psychoanalyse – weit davon entfernt, als monolithisch betrachtet zu werden – ist, daß man jede zeitgenössische Schule psychoanalytischen Denkens genauer hören kann als den Lärm der Stimmen, die über verschiedene Auslegungen streiten. Es ist nicht länger legitim, zu behaupten, man hätte die endgültige oder unwiderlegbare Darstellung von Freuds Vermächtnis gefunden.

Ich behaupte, daß diese pluralistische Sichtweise von Freuds Vermächtnis, diese Sichtweise, daß es nur Vermächtnisse geben kann, die auf ewig Veränderungen unterliegen, selbst ein Vermächtnis Freuds ist. Obwohl ich den Eindruck habe, Freud wollte die Entwicklung der Psychoanalyse immer unter Kontrolle halten, glaube ich auch, daß er seine Disziplin ebenso für die Herausforderung und Verbesserung durch eine Revision offen sehen wollte. Auch wenn er anscheinend oft der absolute Richter über Änderungsvorschläge sein wollte, wenn schon nicht deren Initiator, erkannte er in seiner Rolle als hingebungsvoller Wissenschaftler, daß die Psychoanalyse, wenn sie sich als ernstzunehmende Wissenschaft qualifizieren will, ihre Lehrsätze immer zur Diskussion stellen muß. Zweifellos hat er seine eigenen Formulierungen ständig überarbeitet und verändert. Doch verriet sein Wunsch, immer das letzte Wort zu haben, daß er seinen eigenen Idealen nicht immer gerecht werden konnte. Denn eine Konsequenz der unvoreingenommenen wissenschaftlichen Haltung, für die er sich in anderer Hinsicht so tatkräftig einsetzte, ist, daß es niemals ein letztes Wort geben kann. Niemand kann jemals das letzte Wort haben, da kein Forscher oder Autor die Geschichte kontrollieren kann. Ganz gewiß kann auch niemand sie jemals beenden. Und niemand kann den weitergehenden Dialog aufhalten. Jede Sprache hat ihre Grenzen. Macht und Prestige haben ihre Grenzen. Ein endgültiger Schluß der Debatte wird sich uns auf ewig entziehen.

Nicht einmal, wie eine Bezeichnung zu verwenden ist, kann man diktieren. Entgegen seines Wunsches konnte Freud nicht einmal das Wort *Psychoanalyse* lange sein eigen nennen. Obwohl man, wie ich, die extreme Diffusion der Bedeutung von »Psychoanalyse« in der heutigen Welt bedauern mag, besteht keine Hoffnung, diese aufhalten oder umkehren zu können. Diese Diffusion ist bereits soweit fortgeschritten, daß wir uns, wenn das Wort »Psychoanalyse« verwendet wird, bereits fragen müssen, worauf es sich eigentlich bezieht. Meiner Meinung nach hat die Geschichte der Psychoanalyse einen Punkt erreicht, an dem es nichtig geworden ist, darüber zu steiten, ob dieses oder jenes und nichts anderes die echte oder wahre Psychoanalyse sei. Nun ergibt es mehr Sinn, zu argumentieren, daß nur diese oder jene besondere Idee oder Praxis mit der Variante der Psychoanalyse übereinstimmt der gegenüber man als Autor, Lehrer, Denker oder Praktiker verpflichtet ist. Oder daß diese oder jene Idee mit der Variante übereinstimmt, die eine gewisse Gruppe respektierter Peers als diejenige betrachtet, hinter der die längste und stärkste Tradition oder die größte heuristische Macht steht. Heutzutage muß man immer darauf vorbereitet sein, über die Vorzüge seiner gewählten Position zu diskutieren. Es war nicht immer so, zumindest nicht so offensichtlich eine Angelegenheit der Wahl, was man schätzen oder was der Zukunft überliefern wollte. Wir müssen den Gedanken akzeptieren, daß die Idee der Psychoanalyse kein Besitz ist: Sie gehört keinem einzelnen. Aus dieser Sicht kann man viele Kontroversen in der Psychoanalyse nur mehr als sinnlose und geschichtsblinde Debatten über Besitztum ansehen.

Freud im Hier und Jetzt

Wir können es uns nicht leisten, die Transformationen zu verleugnen, die in den Dialogen vonstatten gehen, durch die die Psychoanalyse von einer Generation an die nächste weitergegeben wird. Diese Überlegung allein sollte genügen, uns zu zwingen, Freuds Vermächtnisse als fortschreitende Prozesse zu betrachten. Wir können sagen, diese Vermächtnisse entstehen immer wieder neu;

sie transformieren sich ständig; sie bleiben mit sich selbst nicht identisch. Oder wir können sagen, daß Freud für jede Generation immer hier und jetzt ist, niemals dann und damals.
Weiter oben habe ich behauptet, daß die Überlieferung von Gedanken durch einen Prozeß zustande kommt, den man einen Dialog zwischen Freud und seinen Lesern und Autoren nennen könnte. Nun möchte ich hinzufügen, daß man, phänomenologisch gesprochen, sagen kann, Freud gäbe in diesem Dialog seinen Lesern ständig freche Antworten. Dabei denke ich an den Freud im Hier und Jetzt. Wer seine Texte immer wieder neu studiert, empfindet seine ständige Präsenz, ohne durch infantile Übertragung an ihn oder seine Lehrer gekettet zu sein. Man entdeckt dann, daß die Texte so reichhaltig sind, daß man als Leser ständig seine früheren Auslegungen korrigieren und ergänzen muß. Die Texte erinnern daran, daß Freud sogar den analytischen Ideen den Weg bereitete, die immer wieder als neu, als wirklich modern, sogar als revolutionäre und seinen Gedanken überlegene Alternativen vorgebracht werden. Damit deute ich weder an, Freud sei allwissend gewesen, noch daß er alles, was er wußte, auf dieselbe Art hätte wissen können wie ein moderner Analytiker. Und ebensowenig behaupte ich, daß er all das billigen würde, was von den sogenannten klassischen Freudschen Analytikern nun allgemeinhin akzeptiert wird. Erstaunlicherweise gibt es jedoch einen Freud, von dem ernsthafte Schüler finden, daß er seinen Teil zu einer lebhaften und sich auf das Wesentliche konzentrierenden Konversation beitrage.
Diese unerschöpfliche und beherzte Dialogbereitschaft mit seiner wechselnden Leserschaft ist ein weiteres Vermächtnis Freuds. Daß es einen Freud gibt, der uns immer gegenwärtig sein kann, ist auf seinen Schreibstil zurückzuführen, der ständig zur Fortsetzung des Dialogs einlädt. Freuds einladende Art steht über den meisten seiner einflußreichen Jünger, besonders jener, deren Ton nur darauf abzielt, uns zu sagen, was richtig sei, statt uns anzufeuern, darüber nachzudenken, was als nächstes kommen könnte. Nur in diesem fortschreitenden und dialogischen Sinn kann die Ermahnung: »Zurück zu Freud!« eine nicht autoritäre modernde Bedeutung haben, die Bedeutung, daß es in der Natur der Arbeit liegt, niemals fertig zu werden.

Freuds transformationeller Dialog

So gewinnend dieser Beitrag zum Dialog sein mag, lieferte Freud doch noch einen weit fundamentaleren. Ich wage zu behaupten, daß Freud aus seinem Genie heraus eine völlig neue Form des Dialogs entwickelt hat. Er machte es Therapeuten und Patienten möglich, sich an folgenreichen Formen eines transformationellen Dialogs zu beteiligen, wie es ihn zuvor nicht gegeben hatte. Er zeigte Therapeuten, wie sie es mit Worten bewerkstelligen konnten, ihren Patienten zu radikalen Revisionen ihrer bis zu dem Zeitpunkt fixen, unbewußt gelenkten Konstruktionen sowohl der subjektiven Erfahrung als auch der Handlung in der Welt zu verhelfen: Worte zu verwenden, um das Leben durch Nachdenken und Einsicht zu verändern. Keiner vor Freud hatte je etwas so Tiefgreifendes, Umfassendes, Geschicktes, grundlegend Rationales und Effektives getan. Von den vielen möglichen Arten, diese monumentale Leistung zu beschreiben, schlage ich die folgende vor. Freuds klinischer Dialog verändert auf entscheidende Weise die bewußt erzählte Darstellung des Analysanden von seinem Selbst und dessen Geschichte unter den Menschen, indem er sie *destabilisiert, dekonstruiert* und seine Gewöhnung *rückgängig macht.*

Bevor ich fortfahre, möchte ich darauf hinweisen, daß ich diese Prozesse nicht der Reihe nach erörtere, als würden sie sich logisch und zeitlich unterscheiden; ich glaube jedoch, daß meine Darstellung an Klarheit gewinnt, wenn ich jeden Prozeß unterschiedlich beschreibe und jeden in einem etwas anderen Kontext anführe. Man kann es sich so vorstellen, als würde man durch verschiedene Fenster in denselben Raum schauen und die Dinge so niemals auf genau dieselbe Art zu sehen bekommen. Auch ist es gemeinhin akzeptiert, daß in einer *psychoanalytischen* Therapie trotz der vielen nonverbalen Kommunikation bedeutsame Punkte in einen verbalen Dialog gebracht werden müssen – die Psychoanalyse als »Redekur«.

Um die Destabilisierung, die Dekonstruktion und die Entwöhnung in den Erzählungen des Patienten zu erreichen, verwendet der klassische psychoanalytische Dialog die Methode der freien Assoziation; regelmäßige Sitzungen zur Kontinuität; und Sitzungen, die für den größten Teil einer Stunde oder eine Stunde dauern, so daß für den Dialog eines jeden Tages genügend Zeit zur Verfügung steht, um sich zu entwickeln, sich selbst umzukehren, sich selbst scheinbar auszulöschen oder auf andere Art in den umfassenderen Behandlungsprozeß einzugehen. Der klassische psychoanalytische Dialog beinhaltet auch die Deutung der Abwehr gegen den vollen Ausdruck und die erlebte Beziehung. Und mit Hilfe einer Mischung aus »regressiven« und »progressiven« Phänomenen wird beleuchtet und rekonstruiert, wie die Geschichte dieser Abwehr und der Motive dafür auf den typischen subjektiven Gefahrensituationen der frühen Kindheit basieren.

Weil die Lebenserzählungen, mit denen der Analysand zur Behandlung kam, von diesen Abwehrkräften mehr oder weniger stabilisiert wurden, werden sie durch die unschätzbare Analyse der Abwehr, sofern sie effektiv ist, destabilisiert. Der Prozeß destabilisiert sowohl die vorbestehenden Geschichten von Schuld, Trauma, Vernachlässigung, Mißverständnis und von seliger, nicht ambivalenter Liebe, als auch die Geschichten, die sich anscheinend erst im Dickicht der laufenden analytischen Behandlung spontan zusammengesetzt haben. Der Patient entwickelt eine neue Einstellung zu Lebensformen, die gelebt worden sind und von denen erwartet wird, daß sie gelebt werden; zumindest sind die Varianten von Lebensformen, die Wichtigkeit erhalten, weit komplexer, weniger starr und einseitig und weit tragischer und ironischer aufgebaut (Schafer, 1970a).

Was ist nun *Dekonstruieren?* Die Erzählungen des Analysanden werden durch das gleichmäßige Fokussieren des Analytikers dekonstruiert. Erstens fokussiert er die inneren Widersprüche der Erzählungen, die auf Verschiebungen, Verdichtungen und Marginalisierung beruhen und das Auslöschen von erwarteter, emotionsgeladener entscheidender Lebenserfahrungen; und zweitens, die verborgenen Werthierarchien in als selbstverständlich angesehenen Polaritäten wie männlich-weiblich, aktiv-passiv und dominant-unterwürfig. Psychoanalytische Dekonstruktion bringt besonders die widersprüchlichen oder anderweitig inkohärenten Typen offensichtlicher und phantasierter Beziehung hervor, die der Analysand mit der relativ neutralen und relativ undurchsichtigen Figur des Analytikers zu entwickeln versucht. Diese dekonstruktive Anwendung der Übertragung erklärt die komplexe, instabile und konfliktreiche Natur der andauernden Versuche des Analysanden, eine Selbst-Definition und Beziehung aufzubauen. Der Analytiker greift auch viele paradoxe Gründe für wiederholte Inszenierungen dieser oft recht schmerzhaften Übertragungen auf. Im Prinzip, wenn auch aus praktischen Gründen nicht immer in der Praxis, wird keine Variante des Selbst, keine Beziehung oder keine noch so allgemeine Realität als selbstverständlich hingenommen.

Im Gegensatz zum weitverbreiteten Stereotyp ist Dekonstruktion jedoch kein hochgestochener Name für Destruktivität und Desillusionierung. Die psychoanalytische Dekonstruktion macht eine neue und bessere Konstruktion möglich, besonders die Konstruktion erfüllenderer Erzählungen von fortschreitenden Lebensformen. Der Analytiker verwendet die analytisch definierten Elemente erzählerischer Inkohärenz, um anfangs die Darstellungen des Analysanden *nacherzählen* zu können und den Patienten so in den Prozeß des Nacherzählens zu bringen, nun in der Form des unbewußt entwickelten und aufrechterhaltenen Konflikts und für selbstverständlich gehaltener oder gut rationalisierter Kompromißbildung. Gleichzeitig konstruieren der Analytiker und der Analysand gemeinsam eine Geschichte für das, was Freud die »Liebesbedingungen« des Analysanden nannte, eine Bezeichnung, der viele von uns heute gern »Haßbedingungen« und »Bedingungen des Tot- oder Leer-Spielens« hinzufügen würden. (Um der erzählerischen Variation unter Analytikern Rechnung zu tragen, sage ich eine Geschichte, nicht die Geschichte.) Zu den Tugenden der neuen Konstruktionen zählt, daß sie sowohl verläßlicher als auch provisorischer sind als diejenigen, die sie ersetzt haben.

Selbstverständlich würde jeder engagierte Dekonstruktionist auch bei diesen neuen und provisorischen analytischen Erzählungen ein Auge auf deren inkohärente und widersprüchliche Elemente haben. So wie diese Methode angelegt ist, duldet die Dekonstruktion bei ihrer Anwendung keine Selbstbegrenzung. Sie erkennt, daß sie, um ihre Position entwickeln zu können, genau die Sprache benutzen muß, deren grundlegende Kohärenz sie regelmäßig herausfordert. Doch hier kommen die therapeutischen Ziele der analytischen Dyade dazwischen: Analytiker und Analysand bilden sich ein Urteil, das auf den gemeinsam geteilten Gesundheitswerten beruht, jeder Versuch, eine weitere Änderung zu erwirken, könnte zu diesem Zeitpunkt mehr Probleme als Nutzen mit sich bringen, oder es würde ihm ganz einfach die adäquate Bedeutung fehlen; auch könnte man zu dem Urteil gelangen, der Patient sei nun mehr oder weniger in der Lage, falls notwendig, die Arbeit der Analyse unabhängig und adäquat selbst weiterzuführen. An diesem Punkt geht die gemeinsame Arbeit der Dekonstruktion und Neukonstruktion zu Ende.

Es gibt jedoch noch mehr; besonders das Rückgängigmachen der Gewöhnung, das durch den analytischen Dialog erreicht wird. In der therapeutischen Interaktion beginnt der Analytiker, einsichtsreich, abgerundet und empathisch vieles nachzuerzählen, was ursprünglich der Analysand erzählt hat, und das dieser weiterhin naiv, hoffnungslos, verführerisch oder aggressiv und, in jedem Falle, abwehrend erzählt. Indem er neue oder überarbeitete oder unerwartet voneinander abhängige Handlungsstränge als wichtige Verbesserungen der Erzählungen des Patienten oder als Ergänzungen zu diesen einführt, beginnt der Analytiker den Prozeß, der die Gewöhnung an sie rückgängig macht und bindet den Analysanden auch gleich in den Prozeß mit ein. Die Natur der Lebensgeschichte verändert sich; ihre Variablen und ihre Vorstellungen von Ort und Zeit, von Prozeß und Fortschritt sowie ihre Relevanz verändern sich weiterhin. Entwickelt der Patient dann einen Sinn für das »zeitlose Unbewußte«, wirken auch etablierte Darstellungen von gegenwärtigen Umständen und zukünftigen Aussichten weniger vertraut als bisher.

Ob insgeheim oder offensichtlich, der Analysand nähert sich diesen neuen Möglichkeiten, Geschichte zu machen sowie den neuen Versionen, die daraus resultieren, immer mit großer Beklommenheit. Folglich bleibt sowohl während der analytischen Behandlung als auch nach deren Abschluß immer vieles zurück, das noch durchgearbeitet werden muß. Einsichtsreiche Beherrschung wird nur durch die Art wiederholten Entwöhnens und Durcharbeitens erlangt, die zu bewirken einzig die Psychoanalyse in der Lage ist. Erkennt der Patient das Leben als einen fortschreitenden Prozeß, kann er die Früchte dieser Anstrengung als etwas akzeptieren, das immer für weitere Modifikation offen ist.

Im Vordergrund dieser Nacherzählungen steht, wie ich in mehreren Kapiteln hervorgehoben habe, die Figur des Analysanden, die aktiv an dem beteiligt ist, was sie ursprünglich häufig in passiven Begriffen, in den Begriffen des Opfers, erlebte oder erlebt. In dieser Hinsicht hilft der Dialog dem Patienten, sich auf eine gewisse positive und verantwortliche psychosexuelle und psychosoziale Reife zuzubewegen. In manch anderer Hinsicht jedoch, wie im Fall eines bisher verleugneten oder bagatellisierten Traumas oder Mißbrauchs, bleibt der Analysand nicht länger abwehrend omnipotent; nun ist der Patient besser dazu in der Lage, zu akzeptieren, daß er in vielerlei Hinsicht mehr oder weniger passiv, hilflos, bedürftig oder nachgiebig war, ist oder sein wird. Im Hinblick auf das letztere beobachtet der Analytiker oft eine heilsame Reduzierung von grandios aufgeblähter Selbstachtung, Schuld, Unabhängigkeit und Unzugänglichkeit.
Freud hat uns gelehrt, auch in scheinbarer Untätigkeit und scheinbarem Zufall eine Handlung zu sehen, doch hat er uns ebenfalls zu sehen gelehrt, wie viele unserer Macht- und Kontrollgefühle illusorisch sind, kompensatorische Phantasien, die mächtige und manchmal höchste Notwendigkeiten des Körpers verleugnen und umkehren. Er zeigte uns, daß wir, wie alle anderen Menschen auf dieser Welt auch, unserem Lebenslauf enorm hilflos gegenüberstehen. Damit, wie mit seiner gesamten Psychologie – einer Psychologie der unbewußten Konflikte und der notwendigen Ambiguitäten und Paradoxien, die menschliche Erfahrung und Handlung durchdringen –, führte er in unsere Vorstellungen von Tragödie und Ironie einen modernen Aspekt ein; nach Freud konnten unser Verständnis und unsere Erzählungen über das menschliche Dasein niemals mehr dieselben sein. Dieses Vermächtnis können wir zu allen anderen hinzuzählen.

Dialog in der inneren Welt

Ein hervorstechendes Merkmal des analytischen Dialogs ist, daß er durch die Interpretation zeigt, daß dialogische Erfahrung sowohl in der Vergangenheit als auch in der Gegenwart niemals auf die physische Anwesenheit der beiden Gesprächspartner beschränkt ist. Weit gefehlt. Durch die Analyse ist der Patient dazu in der Lage, Darstellungen des Dialogs herauszuarbeiten und zuzulassen, die nun nicht mehr ausschließlich oder überwiegend abstrakte Tendenzen, allgemeine Muster, Gewohnheiten, sozial definierte Eigenschaften enthalten sowie eine soziale Existenz, die nur in den konventionellen Begriffen sozialen interaktionären Verhaltens definiert ist. Statt dessen erzählen die entscheidenden analytischen Versionen von einer Vielzahl von Stimmen, die sich aus der eigenen, imaginären inneren Welt erheben, ebenso wie von einer Vielzahl von Stimmen der inneren Welt, die der Patient durch Wahrnehmung oder Projektion oder beides im Analytiker oder in anderen Menschen aus seiner Umgebung lokalisiert. Im Idealfall gelingt es in der analytischen Behandlung, daß dieser harmonische und dissonante Chor von Stimmen nicht länger durch Verdrängung und andere Abwehrmaßnahmen ausgelöscht oder gedämpft und nicht länger durch Projektion falsch lokalisiert wird. Wenn er erst einmal deutlich gehört wird, kann man mit dem Aussortieren beginnen. Jede einflußreiche Stimme kann dann deutlich genug werden, um zu einer frühen Erfahrung der realen oder vorgestellten Beziehungen mit den Mitmenschen zurückverfolgt zu werden; zumindest wird ihre Macht verringert, weil sie als das erkannt wird, was sie ist. Bisher habe ich nur von Stimmen gesprochen, doch selbstverständlich werden auch andere mächtige sensorische Vorstellungen der inneren Vielfalt, von denen einige rein kinästhetisch sind, oft beredt dargestellt.

Besonders bedeutungsvoll für die analytische Erzählung sind all jene fantastischen, libidinösen und aggressiven, körperzentrierten, emotionsgeladenen Ausführungen und Mißverständnisse, die kleine Kinder regelmäßig in die Erfahrung ihrer Beziehungen einführen und im Lauf der Zeit dann weiter ausarbeiten. Das Aussortieren dieser Bestandteile und Quellen erweist sich als besonders schwierig und zeitraubend durch das Wechselspiel von introjektiven und projektiven Prozessen, das gemäß der analytischen Nacherzählung die unbewußt ausgeführte Konstruktion der Erfahrung sowohl in der Vergangenheit als auch im Hier und Jetzt der analytischen Beziehung charakterisiert. Mit anderen Worten, die gegenseitige Durchdringung von inneren und äußeren Welten sowie von vergangenen und gegenwärtigen Welten ist weitreichend, oft subtil und regelmäßig fließend, und ihre Analyse kann Mehrdeutigkeiten niemals völlig beseitigen.

Die Zentralität der psychischen Realität

Diese Phänomene der inneren Welt stellen einen großen Teil eines weiteren Vermächtnisses Freuds dar, nämlich seine Idee von der psychischen Realität. Dieser Gedanke umfaßt weit mehr als das, was herkömmlich mit Subjektivität und deren individuellen Varianten gemeint ist. In der Psychoanalyse beginnt die psychische Realität mit dieser herkömmlichen Vorstellung und reicht weiter, bis sie den analytisch grundlegenden Gedanken der unbewußten Phantasie mit einschließt, die all die Biegungen und Wendungen charakterisiert, wie sie einem in Träumen und deren Interpretationen begegnen.

Doch die psychische Realität bezieht sich auf noch mehr. Sie bezieht sich auch auf individuell unterschiedliche und beharrlich sehnsüchtige, jedoch konfliktreiche und widersprüchliche Methoden des *Konstruierens* von neuen Erfahrungen in allen Entwicklungsabschnitten. Sie hebt hervor, wie Menschen unbewußt ihre eigenen subjektiven Erfahrungen machen und neu machen, und wie sie dies ständig tun – das heißt, sowohl im Wachzustand wie im Schlaf – und wie sie, in späteren Entwicklungsstadien, vielleicht das Gewicht und den Einfluß ihrer erhaltenen Darstellungen früher Erfahrungen übertreiben müssen. Daher kommt es, daß man von ihnen sagen kann, sie lebten in einer zweiten Realität.

Diese zweite Realität liegt außerhalb der herkömmlichen Realität. In ihr sind Raum, Zeit und Identität ständig im Fluß und in Unordnung, so daß damals und heute, dort und damals, nein und ja, beunruhigend und unbedeutend, ich und du, alles nebeneinander existiert, sich vermischt oder die Plätze tauscht; alles kann umgekehrt oder fragmentiert oder anderweitig von der herkömmlichen Rationalität isoliert werden. Freuds Dialog konzentriert sich immer mehr auf diese mächtige und einflußreiche zweite Realität. Dort wird der dialogische Chor der Stimmen am häufigsten

gehört. Eine Vielzahl an Vorstellungen wohnen dort. Übertragung und Abwehr leben darin. Träume und Deckerinnerungen porträtieren sie.
Wir betrachten die »erste« Realität – womit ich keine Realität meine, die notwendig zeitlich früher entstand, sondern eine, die bewußt, rational organisiert, unpersönlich und an die Konvention angepaßt ist – nicht als irrelevant oder völlig belanglos. Zu klinischen Zwecken liefert sie allerdings nur eine geschrumpfte Darstellung der psychischen Aktivität des Analysanden und ist somit in ihrem therapeutischen Nutzen beschränkt. Die weitgehend unbewußte zweite Realität ist es, die sich als Hauptschauplatz oder -szene einer effektiven Psychoanalyse herausstellt.

Der selbstreflexive Dialog

Freuds neuer Dialog kann noch auf andere Art beschrieben werden; es ist eine Art Ergänzung, da seine Charakterisierung auf all dem beruht, was davor gekommen ist. Man kann sagen, Freud entwickelte einen therapeutisch wirksamen Dialog der weitgehend von sich selbst handelt. Im Grunde ist er selbstreflexiv. Wie sehr der Dialog sich auch auf andere Dinge beziehen mag, wie auf vergangene Lebensgeschichten oder gegenwärtige Probleme in der Arbeit, der Liebe oder auf die Selbstachtung, immer wieder nimmt er eine Wendung zum Bezug auf das Selbst. Die Aufmerksamkeit wendet sich notwendig und produktiv dem zu, was in der analytischen Beziehung gesagt oder nicht gesagt wurde, wie es erzählt oder nicht erzählt wurde und wann, warum und unter welchen Voraussetzungen. Sie richtet sich auch darauf, wie jede Entwicklung in eine Reihe von hoffnungsvollen und angsterfüllten Phantasien gebettet ist. Ferner richtet sich die Aufmerksamkeit auf die Art und Weise, in der die formalen Merkmale des verbalen und nonverbalen Dialogs entweder als Versuch gedeutet werden können, sich an möglichst viel, lang verdrängtes Material zu erinnern und durch dessen Inszenierung mit dem Analytiker zu kommunizieren, oder als Versuche, neues Material einzuführen, um Interpretationen zu widerlegen oder zu bestätigen, die bereits in der

analytischen Behandlung im Spiel sind. Diese formalen Merkmale können sogar auf zweierlei Art gedeutet werden: das Alte wiederholen und das Neue einführen. In jedem Fall werden diese Kommunikationsformen größtenteils unbewußt unternommen.
Jedoch gibt es viele Möglichkeiten, wie ein Dialog von sich selbst handeln könnte; es ist die *psychoanalytische* Möglichkeit, die Freud weitgehend entwickelt hat, die Möglichkeit, die ich besprochen habe und die mir für das therapeutische und transformatorische Potential des Dialogs grundlegend erscheint.

Freud und der Feminismus

Nun bleibt noch kurz aufzugreifen, was ich für ein weiteres von Freuds großen Vermächtnissen halte: sein Beitrag zur Weiterentwicklung des Feminismus. Wenn wir Freud im zeitgenössischen intellektuellen Leben einen Platz geben wollen, müssen wir über ihn in bezug auf die zutiefst einflußreiche, relativ neu entstandene Revolution in der kritischen Theorie nachdenken, die durch den Feminismus ausgelöst wurde.
Ich nehme Freud für den Feminismus in Anspruch, obwohl inzwischen offensichtlich ist, daß er den bourgeoisen Sexismus seiner Zeit weitgehend teilte und ihm implizit beipflichtete. Unter anderem stand er dem Feminismus selbst ziemlich abweisend gegenüber. Andererseits jedoch war er zumindest ansatzweise dazu in der Lage, in seinen eher spezifisch psychoanalytischen Lehrsätzen über seine Vorurteile hinauszugehen. Seine Neugier und Kreativität endete nicht an den Grenzen der Mentalität von den Männern, die er untersuchte. Wie unvollkommen und zuweilen sogar verletztend er auch gewesen sein mag in seinem Versuch, die Frau als ganzen Mensch darzustellen, indem er die Tendenz umkehrte, sie an den Rand zu drängen, nahm er dennoch relativ früh in seinem Jahrhundert an dem Prozeß teil, der Frau Aspekte von Wert und Würde zurückzugeben, die denen des Mannes entsprachen. Dies tat er nicht nur durch die Beobachtung der Frau in ihrer psychologischen Entwicklung, ihren Dilemmas und psychischen Krisen, sondern auch durch die Klärung der von Ängsten

geplagten, konfliktreichen Basis der männlichen Sexualität einschließlich der Angst und Aggression gegenüber der Frau, die der Mann durch die gleichzeitige Furcht, Idealisierung und Herabwürdigung ausdrückt, die er der Frau entgegenbringt. Diese psychoanalytische »Demütigung« des Mannes erhob die Frau unfreiwillig auf die Ebene eines Mitmenschen. Freud tat all dies für die Frau auf dieselbe Art, in der er ein grundlegend tieferes Verständnis entwickelte für die Vorurteile und die schlechte Behandlung von Kindern, Juden, Farbigen, Ausländern, sexuell Unorthodoxen und all den anderen Menschen, die in der Liste von Verdächtigen enthalten sind, in der man alle zusammensammelt, die durch den traditionellen Staat des männlichen Weißen, dem diese westliche Welt immer noch so ziemlich gehört, diskriminierend behandelt werden. Ein wundervolles Vermächtnis, in der Tat! Dies ist ein Vermächtnis der befreienden und humanen Gedanken und ein Vermächtnis von unglaublicher Kühnheit der Vision und Wirkungsdauer.

Freud und die Geisteswissenschaften

Beim Resümieren wurde ich von dem Ausmaß beeindruckt, in dem Freuds Werk in den Geisteswissenschaften wurzelt. Freud war nicht darauf vorbereitet, eine solche Möglichkeit überhaupt in Betracht zu ziehen. Den humanistisch-existentialistischen Aspekt seiner Arbeit betrachtete er als ungeeignet für theoretische Zwecke. Statt dessen hielt er diesen Aspekt einfach für einen selbstverständlichen Bestandteil sowohl der klinischen Empathie als auch seines schriftstellerischen Gefühls für Sprache und für die Ereignisse der klinischen Arbeit. Mit seiner Theorie orientierte er sich an den wissenschaftlichen Vorbildern seiner Zeit: Newton, Helmholtz, Darwin und andere in dieser Richtung. Das waren Männer, die sich mit den großartigen Konzepten von Kraft, Energie, Struktur und dem Mechanismus befaßten; außerdem mit biologischem Überleben, Anpassung und Evolution. Sie hielten die Darstellung des wissenschaftlichen Beobachters als eine völlig unvoreingenommene, objektive Figur für selbstverständlich. In ihrer

Tradition versuchte Freud die große Metapsychologie zu konstruieren, die der Psychoanalyse den Status einer respektablen empirischen Wissenschaft verschaffen sollte.
Obwohl es historisch und psychohistorisch verständlich ist, hat eine Reihe namhafter Kommentatoren gesagt, Freuds Leistung manifestiere das Mißverständnis seines eigenen Werkes. Die Psychoanalyse folgte nicht den eingeführten Vorbildern – nicht als Therapie, als Untersuchungsmethode oder als Theorie der menschlichen Psyche. Man kann sogar behaupten, daß Freud die Stellung der Psychoanalyse in der Liste der Disziplinen mißverstand; denn obwohl sie, wie er behauptete, zur Psychologie gehörte, erforderte die Psychoanalyse ein begriffliches und methodologisches System, das damals in der Psychologie nicht existierte und das heute noch in der akademischen Psychologie nur am Rand benutzt wird. Es gab keine Systeme, die in relativistischen kontextualistischen Epistemologien verankert waren. Existentielle, strukturalistische, poststrukturalistische und hermeneutische Wendungen in der Geschichte des sozialen Denkens waren noch nicht vorgenommen worden. Analytische und phänomenologische Philosophien standen nicht zur Verfügung, um bei der Ausarbeitung der linguistischen und empirischen Bereiche zu helfen, in denen sich die Psychoanalyse bewegt. Moderne Untersuchungen der erzählerischen, rhetorischen und dialogischen Natur der menschlichen Kommunikation und deren Rolle bei der Entstehung von differenzierten Selbst-Objektbeziehungen waren nicht verfügbar oder Freud nicht bekannt. Zusammengefaßt heißt das, die Sprache von Freuds Werk mußte auf die Entwicklung der Denkweise des zwanzigsten Jahrhunderts warten. Er hätte die Lehren Nietzsches anwenden und dadurch ein moderneres Vorverständnis seiner Arbeit als dekonstruktiv und erzählerisch und so weiter entwickeln können; doch er hat es nicht getan und wies später jegliche Kenntnis dieser Lehren von sich – ein wenig unaufrichtig, wie es nach moderner wissenschaftlicher Forschung scheint. Andererseits sind Generationen modernen Denkens notwendig gewesen, um klar zu erkennen, was Nietzsche eigentlich begann darzulegen. Daher geht es, glaube ich, zu weit, von Freud zu erwarten, auf der Höhe des philosophischen Denkens seiner Zeit zu sein, oder gar noch weiter.

In vielerlei Hinsicht war Freud seiner Zeit voraus und versuchte dennoch, in seiner Zeit zu bleiben – was hätte er auch sonst tun sollen? – und mißverstand sich daher selbst. Da er jedoch seiner Zeit voraus war, vereinfachte er einige Entwicklungen, die er selbst besser hätte verstehen müssen, um von anderen angemessen verstanden zu werden und um trotzdem offen zu bleiben für eine kontinuierliche Revision dieses Verständnisses.

Daß es akzeptabel sein könnte, wenn mehr als eine legitime und diskutierbare Auslegung von Freuds Leistung existierte, war zu seiner Zeit praktisch unvorhersehbar und undenkbar. Wir sind heute eher bereit, den Pluralismus zu tolerieren, wenn nicht gar zu akzeptieren, der die Grundlage für meine Behauptung darstellt, man könnte sagen, Freud habe mehr als nur ein Vermächtnis hinterlassen. Aus demselben Grunde akzeptieren wir nun bereitwilliger – zumindest intellektuell – den Gedanken, daß unsere derzeitigen Auslegungen von Freud mit der Zeit überholt sein werden. Wir dürfen jedoch darauf vertrauen, daß man sich bei neueren Auslegungen nicht nach dem Vorbild der Laborwissenschaften oder eines einfachen Evolutionismus und Organizismus richten wird. Der Empirismus und Naturalismus des neunzehnten Jahrhunderts sind an den Grenzbereichen der humanistischen Disziplinen nicht mehr dominant. Doktrinäres Festhalten an eingeschränkten Abhandlungen und restriktiven Beweismethoden des vergangenen Jahrhunderts herrschen in der Psychoanalyse nicht mehr vor.

Zum Abschluß können wir sagen, Freud hat eine neue Disziplin erfunden. Ihre Wurzeln und Zweige reichen in viele Wissensbereiche, und in jedem dieser Bereiche – Psychologie, Biologie, Geschichte, Anthropologie, Literatur und viele andere – sind Experten legitimiert, zu ihren eigenen Zwecken spezialisierte Perspektiven, spezialisierte Anwendungen und spezialisierte Kritiken der Psychoanalyse zu entwickeln. Dennoch scheint die Psychoanalyse dazu bestimmt, sich der völligen Aneignung durch eine bestimmte Disziplin zu entziehen. In diesem Sinne wird sie immer nur sich selbst gehören. Grundsätzlich ist sie nur sich selbst verpflichtet. Obwohl Freud sich des gigantischen Ausmaßes und der besonderen Ansprüche der Texte, die er zu unserer Prüfung hinterließ, gar nicht bewußt war, gab er uns Werkzeuge und Werte in die Hand, die uns bis heute helfen, diese Texte besser einzuschätzen, als er selbst es jemals tun konnte oder tat. Der Versuch, zu spezifizieren, was er uns nun wirklich vermacht hat, liegt bei uns.

10. Kapitel

Das Gefühl für eine Antwort: Klinische und angewandte Psychoanalyse im Vergleich

Kritische Theoretiker treten oft innerhalb der Geisteswissenschaften in einen Dialog mit der Psychoanalyse, wobei sie sowohl den Einfluß ihrer Beiträge auf die Psychoanalyse beachten als auch die Verwendungszwecke, die sich aus den interpretativen Präzedenzfällen für sie ergeben, die von Freud und anderen Psychoanalytikern bereits nachgewiesen wurden. Obwohl sich diese Dialoge bezüglich der kritischen Theorie oder der jeweils vertretenen Antitheorie und dem speziellen Autor, der für sie eintritt, unterscheiden, bringen sie doch gewöhnlich einige wenn nicht gar alle psychoanalytischen Präzedenzfälle in die Fragestellung mit ein.
Im Gegensatz zu den oben genannten kritischen Theoretikern wird von den meisten klinischen Psychoanalytikern (ganz sicher von den meisten amerikanischen Psychoanalytikern) diese intellektuelle Entwicklung weiterhin ignoriert. Um dieses unterschiedliche Interesse zu begreifen, genügt es nicht, den Psychoanalytikern die Schwierigkeiten zuzugestehen, die sich ergeben, wenn man ein eingehendes Studium der Arbeit von kritischen Theoretikern mit einem für sie typischerweise bedeutenden Anteil an klinischer Praxis, der Reflexion dieser Praxis und den Bemühungen um psychoanalytische Forschung verbinden will. Selbst wenn das Interesse besteht, lassen Analytiker sich von der ungeheuren wissenschaftlichen Arbeitsleistung der kritischen Theoretiker und der Unterschiedlichkeit ihrer Anschauungen entmutigen. Analytiker müssen sich sehr anstrengen, wenn sie die interdisziplinären Exkurse der kritischen Theoretiker auch nur in ihren Grundzügen

begreifen wollen, und sie müssen sich noch mehr bemühten, um sich eine eigene Meinung zu bilden. Die meiste Kraft kostet sie jedoch der Versuch, sich an dem Diskurs zu beteiligen.

Doch wie entmutigend dies auch sein mag, so war es dennoch nie notwendiger als jetzt, daß sich Analytiker an diesen interdisziplinären Unterhaltungen beteiligen und sich den epistemologischen und methodologischen Voraussetzungen stellen (oder erneut stellen), die ihre eigenen Prinzipien und die Praxis der Interpretation begründen, durchdringen und kontrollieren. Kritische Theoretiker argumentieren, jede Interpretation sei dem Wesen nach ebenso mehrdeutig, ohne Beweiskraft, anfechtbar, innerlich mit sich selbst uneins, blind machend oder repressiv wie aufschlußreich und hänge immer von einem speziellen Kontext ab, dessen Umfang und relevante Kriterien allerdings unendlich revidierbar seien. Es steht also nichts Geringeres als die Sicherheit der psychoanalytischen Interpretation auf dem Spiel. Folglich gefährden Psychoanalytiker ihre eigene Disziplin, wenn sie eine Konfrontation mit den, wie es nun scheint, unausweichlichen Problemen meiden, die dem Herausfinden der Dinge, ihrem Wissen, ihrem Begreifen und ihrer Vermittlung eigen sind – wenn es überhaupt noch einen Sinn ergibt, diese Aktivitäten weiterhin als unterschiedlich und voneinander unabhängig zu behandeln. Und in diesem Zusammenhang sollten die Analytiker auch nicht vergessen, daß die kritischen Theoretiker, die die Grundlagen der psychoanalytischen Interpretation explizit oder implizit in Frage gestellt haben, nicht länger als Feinde betrachtet werden sollten, sondern als Wissenschaftler, die die Schwierigkeiten jeglicher Interpretation untersuchen wollen.

Gleichzeitig sollten praktizierende Psychoanalytiker zu dem interdisziplinären Dialog beitragen, indem sie darüber schreiben, wie sie zu ihren Interpretationen kommen und diese vermitteln – was ich das Gefühl für eine Antwort nenne. Ihre Beiträge werden benötigt, um ein spezielles und wachsendes Problem zu kompensieren: Typischerweise bringen die interdisziplinären Dialoge wortgetreue Auslegungen *ausgewählter Fragmente* von Freuds Schriften zur Sprache – meistens, so scheint es, seiner *frühen Schriften*, als wäre Freud nur am Anfang ein echter Freudianer gewesen. Tatsächlich jedoch repräsentieren oder kontrollieren Freuds Schriften und deren anerkannte Versionen, die von vielen späteren Analytikern veröffentlicht wurden, die Praxis der analytischen Interpretation längst nicht mehr in dem Ausmaß, wie kritische Theoretiker oft annehmen. Indem sie diese Tatsache unbeachtet lassen, sprechen sie der Psychoanalyse effektiv eine Geschichte ab und somit auch eine Zukunft. Das ist eine Verleugnung, die (in den Augen von Psychoanalytikern) nur im Dienst einer wenig überzeugenden Ökonomie, Autorität und dem Erfolg kritischer Erörterungen psychoanalytischer Interpretation stehen kann.

Was im interdisziplinären Reich somit fehlt, sind historisch begründete und detaillierte Versionen moderner psychoanalytischer Arbeit. In welchem Bezug diese Varianten zu dem frühen Freud stehen – oder auch zum späten Freud – ist in der Geschichte der Ideen und der therapeutischen Praxis ein Unterthema, das selbst von beträchtlichen Kontroversen gekennzeichnet ist. In diesem Kontext sollte die kritische Theorie in der Gegenwart leben; genauer gesagt, sie sollte die weit entfernte Vergangenheit nicht fälschlicherweise als vorherrschende Gegenwart darstellen.

Also erfordert dieses Kapitel, wie ich es sehe, erst einen Abschnitt, der aus der Sichtweise zeitgenössischer psychoanalytischer Praxis geschrieben ist, dem dann der Haupttext folgen wird, der nach Verbindungspunkten zwischen dieser Praxis und den laufenden Dialogen der kritischen Theoretiker sucht.

Im nächsten Abschnitt stelle ich einige alltägliche Beispiele klinischer und angewandter Psychoanalyse zusammen mit einigen vergleichenden Kommentaren dazu vor. Eine ausführlichere Untersuchung der allgemeinen Probleme dieser beiden Arten von analytischen Bemühungen wird in dem mit »Das Gefühl für eine Antwort« überschriebenen Abschnitt dargestellt. Diese allgemeinen Probleme können dazu verwendet werden, einen lebhafteren und breiteren Kontext als jetzt zur Verfügung steht zu entwickeln, in dem die Beziehung zwischen psychoanalytischer Interpretation und zeitgenössischer Kritik diskutiert werden kann.

Die Illustrationen im ersten Teil sind skizzenhaft. Ich führe gerade soviel an, daß es ausreicht, die Fragen für meinen Haupttext aufzuwerfen. Zuerst stelle ich eine konventionelle Freudsche Interpretation eines Teils des Märchens von Schneewittchen vor. Danach erörtere ich zwei Beispiele klinischer Analyse, von denen eine die Interpretation einiger hervortretender Persönlichkeitscharakteristika von Frauen schildert, deren Mütter mit ernsten narzißtischen Problemen behaftet schienen, und die andere die Interpretation der Rhetorik ernstlich narzißtischer Männer schildert, die sich einer Psychoanalyse unterzogen. Statt ein Märchen zu interpretieren, hätte ich auch Psychologiegeschichte, Psychobiographie, Analyse des kreativen Prozesses oder einen anderen bekannten Anwendungsbereich der Psychoanalyse verwenden können. Wie ich hoffe, ist der Leser am Ende dieses Kapitels bereit zuzugeben, daß die Illustration eines Märchens als Einführungspunkt seinen Zweck angemessen erfüllt hat.

Einige Varianten der Psychoanalyse

Schneewittchen

In der bekannten Version des Märchens von Schneewittchen wird dieses zum Tode verurteilt durch eine eitle Mutterfigur, die die Allerschönste zu sein wünscht. Das Urteil wird verkündet, nachdem die böse Stiefmutter von dem Spiegel an der Wand erfahren hat, Schneewittchen sei schöner als sie. Schneewittchen wird als das unschuldige, passive Opfer geschildert.

Interpretation

Dies ist eine abwehrend verschleierte Darstellung von den positiven (gegengeschlechtlichen) und aggressiven ödipalen Ansprüchen und Leiden der Tochter. Dieses Mädchen beneidet seine Mutter um deren königlich weibliche Rolle, Merkmale und sexuelle Möglichkeiten. In ihrer Wunschrealität und mittels beträchtlicher Projektion verwandelt sie ihre Mutter in eine schrecklich eitle, neidische und rachsüchtige Frau, der es nichts ausmacht, ihr eigenes »unschuldiges« Fleisch und Blut zu zerstören. Die supernarzißtische Stiefmutter ist nun die abgespaltene schlechte Mutter und das strafende mütterliche Überich. Da sie ebenso gefürchtet wird wie geliebt, ist sie der Tochter nützlich, da sie somit die Verdrängung deren gefährlich rivalisierender ödipaler Wünsche unterstützt. Dadurch wird sowohl die Kontrolle der Aggression der Tochter als auch die Zukunft ihrer Beziehung zu der Mutter, die sie liebt und von der sie abhängig ist, sichergestellt, und der Schein der passiven Unschuld der Tochter wird gewahrt. Gleichzeitig wird der Leser, der sich unweigerlich in gewissem Grad ödipal schuldig fühlt, unbewußt verstehen, daß Schneewittchen für seine rivalisierenden und muttermörderischen Impulse eine Strafe verdient. Das Überich läßt sich nicht täuschen; wie Jimmy Durantes Nase und wie der Schatten, weiß es Bescheid.

Freudsche Kliniker sind mit dieser Art lebenshistorischer Erzählung durch Patienten vertraut. Selbst wenn sie, wie auch Freud, einräumen, daß viele Mütter neidisch und strafend mit ihren Töchtern konkurrieren, behaupten sie zu wissen oder erwarten zumindest zuversichtlich, es werde sich herausstellen, daß sie in diesen Erzählungen einer Mischung aus realitätsgeprüften und imaginären Objektbeziehungen begegnen, die Form und Inhalt erhalten haben durch den Konflikt zwischen dem, was sie traditionell instinktive Triebabkömmlinge und dem einschränkenden Überich und den Abwehrstrukturen nennen. Und im Hinblick auf die augenblickliche klinische Situation wissen sie (wie sie sagen), daß sie in diesen Erzählungen einer Mischung aus Enthüllung, Warnung und Widerstand in der sich bereits bildenden Übertragung begegnen. In diesen Fällen ist der Analytiker darauf vorbereitet, früher oder später durch Interpretation eine Version der unbewußten Kernphantasie oder den Handlungsstrang von Schneewittchen zu »enthüllen.« Sie haben das Gefühl, die Antwort auf die Frage: »Was ist nicht in Ordnung?« gefunden zu haben.

Doch dieses Gefühl der Geschlossenheit ist durchaus anfechtbar, da ein Objektbeziehungs-Analytiker, der mehr oder weniger der Führung von Melanie Klein (1964; siehe auch Segal, 1964) folgt, über dem Freudschen Analytiker schwebt und sagt, das sei noch lang nicht alles; tatsächlich sei die Freudsche Analyse von Schneewittchen recht oberflächlich. In Wirklichkeit sei es ein offensichtlicher Fall von Projektion der Aggression des Todestriebes auf seiten der Tochter. Die zerstörerische Tochter beneide ihre Mutter um deren Brust oder Güte (ihr Apfel); der Neid führe dazu, mittels Projektion die gute Brust zu verderben (eine Königin mit einem vergifteten Apfel); und die gierige Einverleibung dieser nun schlechten Brust gipfelt im symbolischen Mord der Tochter durch das böse Introjekt. Schneewittchen sei die Märchenvariante einer allgemeinen unbewußten Phantasie, die wenig mit der Einstellung und dem Verhalten von wirklichen Müttern zu tun haben mag. Die Hauptquelle der Phantasie sei die paranoid-schizoide Position der ersten Monate des Lebens. Nur zweitrangig, wenn überhaupt, beträfe sie tatsächliche Erfahrungen mit Figuren in der äußeren Welt, und nur in tertiärer Weise beträfe sie den Freudschen Ödipuskomplex einer viel späteren Entwicklungsphase, die nicht so stark mit Angst und Schuldgefühlen beladen ist.

Um die Angelegenheit noch komplizierter zu machen, hebt ein Anhänger der Selbstpsychologie Heinz Kohuts (1977) hervor, daß weder der Freudianer noch der Kleinianer Schneewittchens Erfahrungen mit ihrer narzißtisch gestörten Mutter angemessen beachtet haben. Dies sei die Mutter, in deren Blick, weil sie nicht kann oder nicht will, der Glanz fehlt – der Glanz der Billigung, Bewunderung, Bestätigung –, der unentbehrlich ist für die Tochter, um ein kohäsives Selbst zu entwickeln, ein Selbst mit Antrieb und einer Richtung, die von festen und definierten Zielen kommt. Indem diese Mutter immer nur in den Spiegel schaue – das heißt, ihr eigenes Selbst betrachte –, übergebe sie Schneewittchen den Toten – dem Reich jener mit verkümmertem, schwachem, freudlosem und trägem Selbst. Es sei ein Fall von giftigem Fehlen der Empathie auf seiten der Mutter und von gehemmter Entwicklung und Ziellosigkeit auf seiten der Tochter.

Was soll man nun anfangen in diesem Gedränge vor dem analytischen Spiegel? Was soll ich als einzelner tun? Soll ich eine Interpretationsrichtung herausgreifen, mich den anderen gegenüber blind stellen und erklären, nun hätte ich die Antwort gefunden? Wenn ich dies täte, würde ich mich aus einer Kombination von theoretischen, veranlagungsmäßigen und beruflich opportunistischen Gründen heraus dazu entschließen, eine doktrinäre Identitätsform des Freudschen, Objektbeziehungs- oder Selbstpsychologischen Analytikers anzunehmen. Soll ich statt dessen sagen: »Von jedem etwas« und mir über die dem Eklektizismus innewohnende Verwirrung keine Gedanken machen? Mehr als nur ein paar Psychoanalytiker tun das auf eine Art, die ganz offensichtlich zweifelhaft oder einfach angeberisch ist oder einschüchternd wirkt, da sie alles intellektuell verschlingt und anal zurückhält – oder ist es eine Art von phallischem Exhibitionismus oder Grandiosität? Vielleicht sollte ich die angewandte Analyse gänzlich meiden und sie als eine irrelevante, ungeeignete, nachteilige und minderwertige Form der Psychoanalyse ohne jede Beweiskraft betrachten. Oder vielleicht sollte ich mich (wie ich es tue) damit befassen, diese drei Gedankensysteme – und vielleicht auch noch andere – vergleichend analytisch zu durchdenken? Doch wenn ich das tun würde, welcher Boden bliebe mir dann noch unter den Füßen? Wo könnte ich die Autorität für meine Arbeit finden? Wie sollte ich wissen, was wirklich ist? Wie könnte ich mich gegen die Kritik von Kollegen verteidigen? Wie könnte ich ein Gefühl für die Antwort bekommen?

Viele Jahre lang habe ich mein Interesse an jeglicher Form der angewandten Analyse, die ich bestenfalls als einen armen Verwandten der klinischen Analyse und so etwas wie einen Schnorrer betrachtete, eingeschränkt. In letzter Zeit jedoch haben mein Bücherstudium sowie meine eigenen klinischen und theoretischen Bemühungen mich zu der Erkenntnis geführt, daß ich einige ernste strittige Punkte gemieden habe, die bis ins Innerste eines Verstehens der Natur jeder Art von psychoanalytischer Interpretation reichen, und mit diesem Kapitel starte ich den Versuch, meinen Fehler zu korrigieren.

Betreffen die strittigen Punkte, die ich gerade erwähnt habe, jede Form von psychoanalytischer Interpretation? Ist es genauso schwierig, die Natur *klinischer* Interpretation zu verstehen, und ähnelt die Schwierigkeit so sehr derjenigen, die ich eben in Verbindung mit Schneewittchen aufgebracht habe? Ich denke ja, und ich werde weiterhin versuchen, Sie davon zu überzeugen.

Schwer narzißtische Mütter und ihre Töchter

Die narzißtischen Mütter, die ich zur Betrachtung auserwählt habe, sind solche, von denen man sagen kann, sie würden sich aus Bosheit der Aufgabe widmen, jede Entwicklung einer robusten Selbstachtung ihrer Töchter sowie insgesamt deren Fähigkeit, zufriedenstellende Beziehungen aufzubauen zu ihren Vätern, Geschwistern, anderen Mädchen und Frauen und dem männlichen Geschlecht im allgemeinen – in anderen Worten, zu allen – zu verhindern. Diese Mütter stiften Unfrieden in allem, was sie tun. Sie benutzen die dyadische oder symbiotische Strategie des Entzweiens und Eroberns mit aller Macht. Einige der Töchter rebellieren durch Promiskuität, Eßstörungen, Süchte, geographische Flucht oder eine Kombination dieser Möglichkeiten. Andere – die, mit denen ich mich hier befassen will – bleiben und fügen sich. Sie werden vorwiegend »brave Mädchen« und bleiben »brave Mädchen« des Latenzaltertyps. Sie sind zurückhaltend, leicht in Verlegenheit zu bringen, sexuell und gesellschaftlich naiv, gehemmt und leicht überstimuliert. Sie ähneln sehr Schneewittchen, bis vielleicht auf ein paar vereinzelte, verstohlene und rebellische sexuelle Episoden, die sie selbst nicht verstehen oder für die sie keine Verantwortung übernehmen wollen. Dem mitfühlenden Beobachter erscheinen sie als unschuldige Opfer der Verwüstungen ihrer Mütter, und die Schilderungen dieser Verwüstungen sind so überzeugend in ihrer Erbarmungs- und Herzlosigkeit, daß sie selbst den erfahrenen Kliniker zum Zusammenzucken oder Schlucken bringen können, wenn er von dem ganzen Schrecken hört, einem Schrecken, der die fortgesetzten Versuche der Töchter bezeugt, diese Mütter zu idealisieren oder zumindest zu verteidigen.

Wie können wir psychoanalytisch die lebensgeschichtlichen Erzählungen interpretieren, die diese Töchter präsentieren? Die Freudsche Sichtweise würde uns folgendes nahelegen: Diese Töchter sind konfliktbeladen in bezug auf die libidinösen und aggressiven Wünsche, die bei ihrem Narzißmus und ihrer Objektbezogenheit eine Rolle spielen. Aus Angst, Schuldgefühlen und Scham verbergen sie sich hinter Verdrängungen und sind auf ambivalente Weise gegenüber etwas nachgiebig, das sich zwischen einem strengen mütterlichen Überich und einem drangsalierenden Introjekt bewegt. Sie geben nach, indem sie gehorsame, ödipal geschlechtslose Mädchen des Latenztyps werden, ebenso wie, auf einer tieferen Ebene, passive, unschuldige, präödipale Kinder. Ein zusätzlicher Faktor hängt mit den positiven libidinösen Anstrengungen dieser Töchter zusammen: Indem sie ihre eigene phantasierte Kastration durch die phallische Mutter ausleben, sind sie dazu in der

Lage, sich mit ihren Vätern zu identifizieren, die sie als kastrierte Opfer dieser Mütter betrachten. Dadurch sind sie fähig, eine teilweise befriedigende androgyne Position in der scheinbar ausschließlich grauenhaften Mutter-Tochter-Beziehung einzunehmen und zäh an ihr festzuhalten.

Oder sollten die Darstellungen dieser Töchter nach der Methode der Objektbeziehungen oder der Selbstpsychologie interpretiert werden, wie ich weiter oben Schneewittchen interpretiert habe? Zumindest in der schematischen Art, die ich verfolgt habe, wäre es nicht schwer, auch diese Alternativen zu entwickeln – Brüste, die sowohl vergiftet sind als auch durch die Projektionen der Tochter giftig werden, böses Funkeln statt einem Leuchten im mütterlichen Auge und so weiter. Wie soll man sich entscheiden? Wie soll man auswählen oder verbinden? Wie soll man sich als Analytiker definieren – als ein Lebewesen in dieser Welt oder in irgendeiner Welt? Wie soll man so große theoretische Schwierigkeiten anpacken? Oder sollten wir als Analytiker es versuchen?

Können die Analysanden etwas sagen, das dem Analytiker hilft, sich zu entscheiden? Konventionelle Psychoanalytiker sagen, die Patienten können es und tun es auch tatsächlich; wir müssen den Analysanden nur aufmerksam zuhören und uns von dem, was sie uns erzählen, leiten lassen. Jede psychoanalytische Schule behauptet, die beste von allen zu sein, weil ihre Technik des Zuhörens kritischer, empathischer und exakter sei als die Zuhörmethoden der rivalisierenden Schulen. Doch hören Psychoanalytiker den Analysanden wirklich nur zu? Wenn ja, weshalb sollten Psychoanalytiker sich dann trotz großer Übereinstimmungen untereinander so oft und so heftig widersprechen? Ist es möglich, daß sie die lebensgeschichtlichen Erzählungen von Analysanden nur auf dieselbe Art interpretieren, wie sie Schneewittchen interpretieren würden, das heißt auf eine angewandte Art und mit vorgefertigten Interpretationen? Könnte es sein, daß die Analytiker sich den Analysanden als einer Sammlung von Geschichten nähern, die im Sinne von Handlungssträngen, welche von bevorzugten analytischen Theorien zur Verfügung gestellt werden, neu erzählt werden müssen? Diese beunruhigenden Fragen verschwinden nicht einfach, nur weil Analytiker sie verdrängen oder verleugnen.

Die Rhetorik narzißtischer Männer

Narzißtische Männer nehmen die Interventionen des Analytikers nicht bereitwillig oder freundlich an. Sie sagen: »Daran habe ich noch nie gedacht«, als wäre es von Bedeutung, zu entscheiden, wer eine Idee zuerst gehabt hat oder zumindest Überraschung auszudrücken, daß ein anderer Mensch etwas Interessantes über sie zu sagen wüßte. Auch sagen sie als Reaktion auf die Interventionen des Analytikers: »Das wäre möglich«, in einem Tonfall, der darauf hindeutet, daß sie jede winzige Intervention auf einer sehr großen Beurteilungsskala messen werden, bevor sie darauf reagieren. Oft wiederholen sie die Interpretationen des Analytikers eine Zeitlang, nachdem sie geäußert wurden, nicht nur als wären sie, die Patienten, selbst die ersten gewesen, die diese Interpretationen gedacht hätten, sondern auch als sollte der Analytiker seinen Analysanden für dessen Leistung bewundern. Die Patienten überhören oder vergessen, was der Analytiker sagt, wenn dieser sie unterbricht, etwas länger spricht oder etwas in eine Richtung lenken will, die sie nicht initiiert und autorisiert haben. Sie behandeln den Analytiker als einen Langweiler, wobei »Langweiler« definiert ist wie in der alten Redensart, nach der dies jemand sei, der im eigenen Fachgebiet Experte ist. Oft sagen diese Narzißten: »Ich weiß nicht, was das bedeuten soll« und »Daraus werde ich nicht klug«; kein einziges Mal gestatten sie sich selbst, auch nur daran zu denken, den Analytiker um Beratung oder interessierte Teilnahme zu bitten. In diesen Fällen scheint es lange Zeit so, als könne der Analytiker nichts erreichen, was über den Status eines untergeordneten und aufdringlichen Experten hinausgeht.

Was ist nun die psychoanalytische Bedeutung dieser Rhetorik? Setzen diese Männer in ihren Übertragungen das Gefühl in Szene, durch ihre eitlen, konkurrierenden und kontrollierenden Väter kastriert worden zu sein? Sind sie ebenfalls Opfer ihrer eigenen pathologischen Ich-Idealbildung, einer Entwicklung, die der Unmöglichkeit zuzuschreiben ist, jemals ihre eitlen Väter zu befriedigen, die nicht wirklich stolz auf sich selbst sein können und die ihre Söhne mit ihrem rücksichtslosen Konkurrenzdenken allmählich zugrunde richten? Setzen diese Männer auch wiederholt in ihren Übertragungen die lebensgeschichtliche Erzählung in Szene, wie sie Grandiosität als Abwehr entwickeln mußten, um mit der Hilflosigkeit und Hoffnungslosigkeit fertig zu werden, die sie in bezug auf ihre schemenhaft masochistischen und wenig gebenden Mütter empfanden, der Art von Frauen, die sehr wahrscheinlich mit Männern vom Typ ihres Vaters verheiratet sind? Und setzen sie gleichzeitig ihren völligen Rückzug von ihren ödipalen Wünschen nach diesen Müttern in Szene, die charakteristisch und offensichtlich in ihrer Ehe unglücklich, isoliert und sexuell unerfüllt sind? Werden die grandiosen Ambitionen dieser Männer verspielt in spektakulären Kunststücken rhetorischer oder anderer Kontrolle und Kontrolliertheit, die unweigerlich nach analem Sadismus riechen? Wird ihre Analität intensiviert durch den unterwürfigen Wunsch, die kastrierten Empfänger der Liebe ihrer Väter zu sein, die zwar nur unzuverlässig beteiligt waren, jedoch idealisiert wurden? Die Erzählungen dieser Männer von ihrer Kindheit, ihre Träume, Fehlleistungen und Abwehr, ihre Kämpfe mit Schuld- und Schamgefühlen, ihre Reaktionen auf Freudsche Interventionen: Sie alle werden wahrscheinlich diese interpretativen Vermutungen in bezug auf den psychoanalytischen Stellenwert ihrer Rhetorik bestätigen.

Und dennoch, um nur eine alternative Sichtweise anzudeuten, könnten wir sagen, daß diese Männer in ihrer Rhetorik Kohuts Störungen des Selbst manifestieren, so gut es nur irgend möglich ist. Sie wurden von Mutter und Vater gleichermaßen depriviert und traumatisiert durch das für die Entwicklung entscheidende empathische Spiegeln und das Hochhalten von erreichbaren Idealen. Sie wurden in die kompensatorische Konstruktion eines grandiosen Selbst gezwungen. In der Analyse verwenden sie ihre Kontrollmacht dazu, ihr schwaches Kernselbst vor weiterer Traumatisierung durch den Analytiker zu schützen, der Interpretationen geben könnte, die schlecht zu ihrer inneren Erfahrung und Toleranz passen würden. Analer Sadismus ist als Nebenprodukt (»Desintegrations-Produkt«) ihrer Selbst-Störung und nicht als zentrale Dynamik vorhanden. Sie sind weniger im Konflikt mit sich selbst als depriviert, verletzt, verängstigt und selbstschützend. Aus dieser Sichtweise muß jeder dieser Männer diese Rhetorik verwenden, um mit dem Selbst, das er aufbieten kann, zu überleben und es weiterhin auf Eis liegen zu lassen bis zu jener unwahrscheinlichen zukünftigen Gelegenheit, wenn man vielleicht die Sicherheit hätte, damit anfangen zu können, es wachsen zu lassen. Wie gut paßt diese selbstpsychologische Darstellung auf jene Männer, wie freudig nehmen die weniger geschädigten unter ihnen sie mit der Zeit auf, und wie reichhaltig bestätigen sie diese Darstellung mit weiteren lebensgeschichtlichen Erzählungen derselben Art, vorausgesetzt, man bringt ihnen diese Interpretationen langsam, scharfsichtig und empathisch bei, und, ebenfalls vorausgesetzt, man erlaubt ihnen, sich die Interpretationen auf ihre eigene, charakteristische Art anzueignen, solange sie dies brauchen. Wieder scheinen wir vor der Notwendigkeit zu stehen, eine schwierige Wahl treffen zu müssen. Im Hinblick auf jede klinische Gruppe habe ich die Sprache und Logik verschiedener Theorien auf in etwa dieselben oder ähnliche anschauliche Phänomene angewandt. In jedem Fall könnte man jedoch sagen, es ist, als hätte ich eine Geschichte in einem Buch interpretiert oder hätte einfach eine Geschichte in den Begriffen einer anderen nacherzählt. Was ist hier klinisch und was ist angewandt? Die beunruhigenden Fragen von Wissen und Kenntnis stellen sich sowohl in der klinischen als auch in der angewandten Praxis. Das Gefühl für eine Antwort fehlt uns. Um weiterzukommen müssen wir, glaube ich, Fragen aufwerfen nach der Rede in der ersten Person singular, nach Absichtserklärungen sowie nach der Natur des psychoanalytischen Dialogs und seiner Interpretation. Genau das werde ich im nächsten Abschnitt tun.

Das Gefühl für eine Antwort

Akzeptieren Psychoanalytiker die Autorität der Rede in der ersten Person und verlassen sie sich darauf? Kommt dem laut ausgesprochenen Pronomen *Ich* besondere Bedeutung dabei zu, der authentischen Präsenz des Sprechers Geltung zu verschaffen? Sind die Ausdrucksweisen des Analysanden in der ersten Person singular ausreichend oder sogar notwendig zu dem Zweck, die Interpretationen des Analytikers sowohl zu begründen als auch zu verifizie-

ren? Ist das, was der Patient laut in der ersten Person sagt, unentbehrlich dafür, daß der Analytiker ein Gefühl für eine Antwort auf analytische Testfragen bekommt? Wenn der Analysand als Reaktion auf eine Intervention sagt: »Das habe ich nicht gemeint« oder »Das war nicht das, was ich beabsichtigt habe«, muß der Psychoanalytiker dann die Intervention revidieren? Wird durch die Behauptung des Analysanden die Debatte entschieden?
Diese Fragen mögen denjenigen, die mit klinischer analytischer Arbeit vertraut sind, sinnlos erscheinen, da die offensichtliche Antwort auf jede von ihnen nein ist. Insider wissen, daß die Sprache zum einen unauthentisch sein kann, indem sie absichtlich oder unbewußt irreführend, unvollständig oder beeinflußt ist. Sie wissen ebenfalls, daß ein Großteil dessen, was tatsächlich richtig ist, nach herkömmlichem Urteil nonverbal vermittelt wird, durch ausdrucksvolle Gesten, Schweigen und gewisse Formen des Agierens, sowie auch versteckt in Erzählungen über andere. Und sie wissen außerdem, daß jede dieser anderen Kommunikationsarten dem widersprechen kann, was der Analysand ausdrücklich in der ersten Person singular erklärt oder erklärt hat.
Obendrein akzeptieren Insider die Schlußfolgerung, zu der Freud (1937a) in »Konstruktionen in der Analyse« kam: Eine Anhäufung indirekter Reaktionen der verschiedensten Art, wie Fehlleistungen, Träume, Reminiszenzen und Übertragungen, können sich zu dem Beweis summieren, daß eine Rekonstruktion früher Erfahrung gültig ist, selbst wenn der Analysand keine bestätigte Erinnerung für dieses Stück Persönlichkeitsgeschichte vorgebracht hat. Und schließlich wissen diese Analytiker, daß der Analysand, zu Extremzeiten in jedem beliebigen Fall, in der Regel aber in bestimmten Extremfällen, physisch anwesend, psychisch jedoch abwesend oder von der Außenwelt isoliert sein kann. Somit ist die Rede in der ersten Person singular dem Wesen nach problematisch. In bemerkenswertem, wenn auch geringerem Ausmaß bestimmt diese Schlußfolgerung auch den allgemeinen gesellschaftlichen Umgang, bei dem Hören nicht immer gleichbedeutend ist mit Glauben.
Und doch wurde oft gesagt und wiederholt angedeutet, daß es zwischen klinischer und angewandter Psychoanalyse einen him-

melweiten Unterschied gäbe, da in der angewandten Analyse »kein Patient da ist, der widerspricht«. Sich auf einen Patienten zu beziehen, der widerspricht, bedeutet jedoch, von einigen umstrittenen Voraussetzungen auszugehen. Erstens bedeutet es, daß der Analytiker, der sich mit angewandter Analyse befaßt, ganz nach Gutdünken mit dem vorliegenden Material verfahren kann, da das Material völlig passiv ist, und weil es keine Kriterien für eine Verifizierung der Interpretationen angewandter Analyse gibt. Folglich wäre angewandte Analyse leicht und sicher durchzuführen, wenn der Analytiker clever genug ist. Im Gegensatz dazu, so wird argumentiert, könne der klinische Analytiker, der mit Assertionen und Reaktionen in der ersten Person singular konfrontiert wird, nicht gleichzeitig gute Arbeit leisten und den Härten und tiefen Erfahrungen der klinischen Arbeit entkommen. Aus dieser Sicht ist angewandte Analyse eher wie ein Flirt, eine Vergewaltigung oder eine Zwangsernährung als eine totale, interaktive und sorgende Beziehung. Obendrein setzt der Hinweis auf den etwas erwidernden Patienten voraus, daß eine klinische Interpretation einfach empirisch, induktiv, objektiv und durch bekannte und unabhängige Kriterien innerhalb des psychoanalytischen Dialogs verifizierbar wäre; im Gegensatz dazu sei angewandte Analyse ein sekundäres und spekulatives Unterfangen, das an der klinisch gut begründeten Theorie der Psychoanalyse schmarotze. Somit wäre angewandte Analyse in Abwesenheit eines Patienten, der etwas erwidern kann, nur ein Monolog, kein Dialog mit eingebautem, wissenschaftlich fundiert überprüfbarem Feedback. Sie wäre in der Hierarchie der psychoanalytischen Praxis tiefer angesiedelt.

Indem die Analytiker so viele Argumente für die Erwiderung anführen, weisen sie dem gesprochenen Wort des Analysanden einen besonderen Platz zu. Sie gestehen dem Ja- oder Neinsagen des Analysanden viel Autorität zu, ebenso wie den Geständnissen, Enthüllungen, Erinnerungen und Schocks des Erkennens, die der Patient mit der vorausgesetzten Authentizität der Rede in der ersten Person vorträgt. Tatsächlich gestehen Analytiker ihren Analysanden oft dieselbe Autorität zu, wenn sie, um ihre eigenen schriftlichen Argumente überzeugender zu machen, die Patienten einfach zitieren, um einen Punkt zu bestätigen; es ist üblich, daß

ein Analytiker schreibt: »Wie dieser Patient es so gut ausgedrückt hat ...« und dann ein Zitat folgen zu lassen, dessen nicht untersuchte »Eloquenz« einem Argument den letzten Schliff geben und das Gefühl einer Antwort aufkommen lassen soll. Zum Beispiel: »Nun weiß ich, daß Mutters Güte vergiftet war«, oder: »Es ist besser, ein Star in der Gosse zu sein als ein durchschnittliches Arbeitstier«. In jedem Fall spricht oder schreibt der Analytiker, als würde »dies alles sagen.« Hierin liegt nicht nur das Gefühl für *eine* Antwort; es ist *die* Antwort.
Offensichtlich zeigt das analytische Denken über Sprache, Interpretation und Verifikation Widersprüche oder Paradoxa auf. Etwas Entscheidendes scheint man dabei aber unberücksichtigt gelassen zu haben. Die Vergleiche klinischer und angewandter Analyse, die folgen, werden diese Schwierigkeit zum Thema haben, und sie betreffen einige Klarstellungen der psychoanalytischen Interpretationstheorie, der Beziehung von Theorie und Praxis in der Psychoanalyse und die Kriterien für Beweis und Wahrheit, die üblicherweise in der psychoanalytischen Arbeit zur Bestätigung herangezogen werden. Obwohl das Dargebotene nur aus einer kleinen Auswahl von Beobachtungen, kritischen Bemerkungen und Vorschlägen besteht, glaube ich nicht, daß die Konsequenzen für unser Verständnis der Natur psychoanalytischer Interpretation von geringem Ausmaß sein werden.

Psychoanalyse als Textinterpretation

Für das gegenwärtige Vorhaben ist es zuallererst einmal nützlich, keine scharfe, allgemeingültige Grenzlinie zwischen klinischer und angewandter Analyse als selbstverständlich anzusehen. Vorläufig wollen wir lieber annehmen, es würde nur eine Psychoanalyse geben und ihre Praxis würde eine Reihe von Problemen aufwerfen, deren Natur von den Details des speziellen Inhalts abhinge, der innerhalb des speziellen gegebenen Kontexts definiert wird. Dieser methodologische Schritt, zu dem ich rate, zwingt uns dazu, uns eher auf Gemeinsamkeiten als auf Unterschiede, eher auf Übereinstimmungen als auf Meinungsverschiedenheiten, eher auf die Interpretation im allgemeinen als auf spezielle Varianten davon zu konzentrieren. In dieser psychoanalytischen Welt gibt es keine Schnorrer oder Schmarotzer. Dieser methodologische Schritt sollte uns dabei helfen, klar zu erkennen, was klinische Analytiker mit jenen Kritikern und kritischen Theoretikern gemeinsam haben, von denen man sagen kann, sie hätten in den vergangenen Jahren eine Liebesaffäre mit der Psychoanalyse gehabt. Sind diese Kritiker und Theoretiker nur hoffnungslose Romantiker, frustrierte kreative Autoren oder emotional deprivierte Akademiker, die in Arbeiten der angewandten Analyse nach Anregungen suchen, oder engagieren sich (viele von ihnen), wie ich glaube, grundlegend nüchtern, wenn auch oft offensichtlich ambivalent für die klinische Analyse?

Weiter oben habe ich die Autorität der Anwesenheit in der Rede in Frage gestellt. Ich habe mich dort auf irreführende ebenso wie konstruktiv kommunikative Aspekte der wörtlichen Rede, des Schweigens und anderer nonverbaler Aktionen in der analytischen Situation bezogen. An dem Punkt habe ich bereits eine Perspektive auf den Analytiker bei der Arbeit angedeutet, besonders daß er alles in der analytischen Situation wie einen Text behandelt, der interpretiert werden muß oder der vielleicht durch geeignete Interventionen bis zu dem Punkt entwickelt werden kann, an dem er einem Text nahekommt, der eine psychoanalytische Interpretation liefern kann. Während die geäußerten Absichten des Patienten ja irgendwie berücksichtigt werden müssen, klären sie gewöhnlich nicht von selbst irgendeine Frage von analytischer Bedeutung oder Wichtigkeit. Wie jeder andere Text, der der Öffentlichkeit präsentiert wird, bleibt auch der Text des Analysanden nicht unter seiner Kontrolle. Einmal geäußert oder in Szene gesetzt wird er zu einem Allgemeinbesitz der Welt der Psychoanalyse und ein Teil der möglichen Geschichten dieser Welt. Die Absichtserklärung des Patienten wird sehr wahrscheinlich selbst als ein Text angesehen werden – zum Beispiel als abwehrende Rationalisierung, als falsche Spur oder Wiedergutmachungsgeste.

Bestenfalls also wird der Analysand als Kommentator zu seinen eigenen Äußerungen herangezogen, und der Kommentar selbst wird ebenfalls als interpretierbarer Text betrachtet. Zum größten

Teil hat dieser Kommentar nicht die Funktion einer bevorrechtigten Meinung oder Einsicht; er entsteht, indem der Analytiker die weiteren freien Assoziationen des Analysanden interpretiert. Damit behandelt der Analytiker seinen Analysanden auf dieselbe Art und Weise, auf die viele Literaturkritiker Autoren behandeln – interessiert daran, was der Analysand zu den Zielen seiner Äußerungen und Entscheidungen zu sagen hat, doch eher mit einer allgemeinen Haltung autonomer kritischer Kenntnis als von Ehrerbietigkeit oder konventioneller Höflichkeit, und mit der Bereitschaft, diese erklärenden Bemerkungen wieder als Prosa zu betrachten, die sowohl als solche verstanden *als auch* interpretiert wird.

Nun ist nichts psychoanalytisch Radikales daran, die Psychoanalyse als eine Form der Textinterpretation zu sehen. In mancher Hinsicht formuliere ich auf diese Art nur eine analytische Binsenwahrheit neu. Diese Binsenwahrheit besagt, daß wir uns zu dem Zweck, Einsicht durch Interpretation zu bewirken, nicht einfach oder direkt auf manifeste Inhalte, oder was dem Analysanden sonst leicht und rasch zur Verfügung steht, verlassen können. Zum Beispiel interpretieren wir keine manifesten Trauminhalte, geschweige denn akzeptieren wir sie unbesehen, ebensowenig wie wir direkte Trauminterpretationen des Patienten als schlüssige Mitteilungen über Ziele und Bedeutungen akzeptieren; ähnlich nehmen wir das manifeste Wünschen in einem Tagtraum auch nicht als den unvermittelten oder widerspruchsfreien Ausdruck eines Primärwunsches. In anderer Hinsicht formuliere ich nur Freuds Kriterien für die Verifikation von Rekonstruktionen neu: Verifikation wird durch eine Akkumulation indirekter oder impliziter Reaktionen erreicht, *der Art von Reaktionen, die nur durch Interpretation, durch weiteren analytischen Dialog und weitere Interpretation zu Beweisen werden.*

Die klinische analytische Arbeit als Textinterpretation anzusehen heißt, den Analytiker als einflußreichen Koautor des analytischen Texts, der interpretiert wird, einzuführen. In anderen Worten, der Text wird dem Analytiker niemals im Ganzen vorgetragen; eher entwickelt er sich aus den sich gegenseitig durchdringenden Beiträgen von Analysand und Analytiker. In wachsendem Maße leben beide im Text der Analyse; zeitweise scheint es, daß »zusammenleben« ein besseres Wort dafür wäre. Zusammenleben ist das, was daraus folgt, wenn man manifeste Inhalte, einschließlich manifester Absichtserklärungen und anderer solcher »Erklärungen« in Frage stellt. Am Ende sind der Text und seine Interpretation nicht mehr voneinander zu unterscheiden. Falls ich, wie ich es behaupte, nur psychoanalytische Binsenwahrheiten neu formuliere, sollte es Analytikern nicht schwerfallen, soviel über ihre Interpretationsarbeit einzuräumen. Doch viele oder gar die meisten Analytiker schrecken immer noch davor zurück, die Vorstellungen von Textanalyse und Koautorenschaft zu akzeptieren, wenn sie derart klar formuliert werden. Es mag ihnen so vorkommen, als untergrabe es ihr Gefühl dafür, daß die Antwort in dem Material existiere und *freigelegt* werden müsse; das Latente liege unter oder *hinter* dem Manifesten; Psychoanalyse ist *Tiefenpsychologie* und so weiter.

Zuzustimmen, daß Analytiker sich gegenseitig durchdringende oder in Zusammenarbeit entstandene Texte interpretieren heißt, dem Konstruktivismus und dessen Folgeerscheinung, dem Perspektivismus, einen grundlegenden Platz in der Psychoanalyse zukommen zu lassen und den traditionellen psychoanalytischen Anspruch auf den Status einer empirischen, induktiven, objektiven beobachtenden Wissenschaft permanent in Frage zu stellen. Konstruktivismus und Perspektivismus sind theoretische Standpunkte zu dem, was wir mit »Realität« meinen könnten oder sollten, oder zu dem Gefühl, mit dem wir Realität »wissen« können. Im Konstruktivismus ist die Welt, die wir objektiv zu kennen behaupten, nicht direkt durch die Wahrnehmung und durch den Verstand gegeben. Eher wird die Realität nach Regeln konstruiert. Diese Regeln sind durch kritisches Studium ermittelbar, auch wenn sie gewöhnlich implizit sind, gleich ob sie als solche dem Subjekt bekannt sind oder nicht. Die Menschen folgen diesen Regeln, wenn sie beobachten oder beobachtbar machen, was das ist, wovon sie weiterhin sagen, es sei die reale Welt. Allgemein betrachtet sind diese Regeln bei den Mitgliedern derselben Kultur und geschichtlichen Periode ziemlich dieselben, obwohl die Auswahl, das Verständnis und die Anwendung der Regeln mehr oder weniger individuell sind. Daher die kulturelle Vielfalt innerhalb von Konformität, oder die Konformität innerhalb der Vielfalt, die wir gewöhnlich anerkennen und mehr oder weniger akzeptieren. Das Ergebnis ist nicht die nackte Realität, sondern eine Perspektive der Realität oder, genauer ausgedrückt, *Realität mittels einer Perspektive.*

Von diesem epistemologischen Standpunkt aus gesehen gibt es keinen kohärenten, einleuchtenden Weg, sich einem Text zu nähern. Tatsächlich gibt es gar keine andere Möglichkeit, zu sagen, was für ein Text das ist, dem man sich nähern möchte, als die Realität mittels einer bestimmten Perspektive zu konstruieren und konsequent die Sprache zu verwenden, die diese Perspektive manifestiert. Wie anfechtbar die Perspektive auch gegenüber dekonstruktiven Demonstrationen ihrer Unvollständigkeit und Widersprüche sein mag, und wie sehr sie sich mit anderen Perspektiven auch überschneiden mag, sie ist doch von jenen durch Kriterien zu unterscheiden, die von einem Teil der kritischen Gemeinschaft akzeptiert werden. Auf dieser Basis sehen die meisten Mitglieder der psychoanalytischen Gemeinschaft Freudsche, Selbstpsychologische und Objektbeziehungs-Perspektiven als etwas Unterschiedliches an.

Um die Perspektive in erzählerischen Begriffen darzustellen: Eine Perspektive besteht aus mehr oder weniger koordinierten Handlungssträngen, die es uns erlauben, auf verständliche Art und Weise zu formulieren, was als relevante und wichtige Tatsachen betrachtet wird. Diese Handlungsstränge beziehen auch die spezielle Eignung gewisser Untersuchungsmethoden mit ein und zeigen auf, wie sie am besten verwendet werden. Und die Erzählungen, die sie erzeugen, setzen auch die Arten von Tatsachenorganisation in Szene, die als legitim, wichtig, kohäsiv und vollständig betrachtet werden müssen.

Statt der Begriffe *Konstruktivismus, Perspektivismus* und *Erzählung* oder *Handlungsstrang* werden oft andere Worte oder Sätze verwendet, um sich mit denselben Kernfragen der Realitätskenntnis oder wie man zum Gefühl für eine Antwort kommt herumzuschlagen; dazu gehören *Paradigmen, Geistesmodelle, herrschende Metaphern* oder schlicht und einfach *Theorie.*

Freudsche Theorie bestimmt und autorisiert gewisse technische Methoden zum Ermitteln und Definieren gewisser Phänomene, um diese dann seriell und hierarchisch innerhalb zunehmend abstrakter Ebenen von Konzeptualisierung und klinischer Generalisierung zu organisieren. Zusätzlich verlangt die Freudsche Theorie, daß man dies anders tun soll als die Analytiker anderer Schulen es tun. Um der Übereinstimmung, Kohärenz und Vollständigkeit willen, und um eines Gefühls Freudscher Identität willen, muß diese Anforderung der Unterschiedlichkeit erfüllt werden. Die Selbstpsychologische Theorie zum Beispiel unterscheidet sich stark von der Freudschen: Die Selbstpsychologische Theorie kennt keine instinktiven Triebe oder Primärstadien infantiler Psychosexualität; sie bezieht sich kaum oder gar nicht auf derartiges wie Abwehr oder Widerstand, internalisierte Objektbeziehungen und eine dreiteilige psychische Struktur. Die Phänomene, die mittels der Selbst-psychologischen Perspektive ermittelt und definiert werden, hängen von der einzigartigen Integration und Begrenzung der fachlichen Handlungsweisen, die sie autorisiert, ab. Die Selbstpsychologie wird ebenso wie die Freudsche Psychologie von Regeln beherrscht, und die Regeln unterscheiden sich stark genug, um ihre eigene Identität zu begründen.

Der Analytiker als Mit-Urheber

Zum größten Teil werde ich im folgenden die Freudsche Perspektive verwenden, um die psychologische Realität der Menschen zu konstruieren. Genaugenommen – und um meine allgemeine These zu beweisen, kann dieser Punkt nicht genug hervorgehoben werden – kann ich jedoch nur innerhalb einer solchen Perspektive bleiben, nämlich meiner eigenen Variante der Freudschen Perspektive, da dies die einzige ist, die zu haben ich vernünftigerweise behaupten kann. Andere Freudsche Versionen der Freudschen Perspektive unterscheiden sich von meiner mit ihrem deutlichen Hang zu Objektbeziehungen. Diese Heterogenität erklärt, weshalb konventionelle Freudianer auf ihren Tagungen endlos fortfahren, Podiumsdiskussionen und Symposien festzulegen, die sich traditionellen Konzepten und Problemen wie die Bedeutung oder Natur von Übertragung und Agieren widmen. Ebenso erklärt es, weshalb sie auf Konferenzen und in ihren Einschätzungen von Kollegen und Lernenden unterschiedlicher Meinung sind. Konventionelle Freudsche Texte werden bis zu einem gewissen Grade von verschiedenen Analytikern verschieden rezipiert. Konventionelle Analytiker arbeiten mehr oder weniger unterschiedliche Varianten der grundlegenden Freudschen Handlungsstränge von infantiler Psychosexualität, Aggression, Angst, Schuldgefühle, Selbstachtungsprobleme, Gefahrensituationen, Reifung und so weiter heraus. Folglich ist Interpretation nötig, nur um sagen zu können, was für das Freudsche Denken wesentlich ist, und keine einzige Interpretation ist die endgültige. Wir können es nicht vermeiden, uns dem Ausmaß zu stellen, in dem unsere Erklärungen von Perspektivismus und Konstruktivismus durchsetzt sind.

Wenn Analytiker analytische Daten miterzeugen, wenn analytische Beobachtungen nur innerhalb einer Perspektive Sinn und Bedeutung erhalten und wenn die Analytiker, jeder auf seine Art, nur einer mehr oder weniger systematisierten und kohärenten Reihe von grundlegenden Handlungssträngen folgen, dann kann es keine erfolgreiche Verteidigung des traditionellen Freudschen Bilds »des Analytikers« mehr geben. In diesem Bild ist der Analytiker ein redlicher, induktiver Empiriker, ein objektiver und unabhängiger Kliniker, der einfach nur beobachtet, was der Patient vorbringt, und daraus die unvermeidlichen Schlüsse zieht. Danach wäre Interpretation nicht von einer zwingenden Konklusion und endgültiger Geschlossenheit zu unterscheiden. Dieses Bild ist jedoch nur eines aus einer Reihe möglicher Bilder des Analytikers, und für manche Analytiker ist es bereits zu einer Zielscheibe des Gespötts geworden. Das hängt von der Blindheit ab, die durch die Angst vor einer Autorität verstärkt wird. Das Bild kann man jetzt als eine naive, vorkritische oder unüberlegte Darstellung des Analytikers ansehen; man kann es ebenfalls als eine zwingend verdrängende und anti-intellektuelle Repräsentanz sehen. Es ist das Bild, das man in der implizit autoritären Rhetorik der – wie man sie nun betrachten kann – alten Schule Freudscher Analyse findet.

Wichtiger ist jedoch, die mehr oder weniger subtile Art zu beachten, in der dieses Bild in den polemischen Darstellungen präsentiert wird, die von Mitgliedern jeder analytischen Schule vorgebracht werden. Das »sauberste« von allen: Analytiker, die uns immer noch in jedem Fall selbstsicher sagen können, was genau los ist. Sie scheinen niemals von Konstruktivismus und Perspektivismus, Visionen oder Versionen der Realität, Heterogenität und Selbst-Widersprüchlichkeit gehört zu haben oder diese ernst genommen zu haben, weder zu Hause noch im Ausland. Sie stehen für das Bild, mit dem alle bis auf einige der jüngsten Analytiker aufgewachsen sind. Daher findet sich unter den Analytikern immer noch die weitverbreitete Abneigung, dieses Bild zusammen mit Selbsterhaltungstrieben, psychischer Energie und gewissen sexistischen psychoanalytischen Verallgemeinerungen, die die Frau im Verhältnis zum Mann trivialisieren, auf ihre intellektuellen Dachböden zu schaffen.

Auf der Basis der vorangegangenen Diskussion wäre es genauso berechtigt, zu empfehlen, die klinische Analyse als eine Form der angewandten Analyse zu betrachten, wie die angewandte Analyse als einen Parasiten der klinischen Analyse anzusehen, da die klinische Arbeit durch und durch, wenn auch widersprüchlich, von der Theorie reguliert wird. Klinische Interpretation macht eine vorgeschriebene Perspektive manifest; sie hat ihre Methode, ihre Sprache und eine Reihe eigener, bevorzugter Handlungsstränge. Zugegeben, Psychoanalytiker stellen es als offenkundige Tatsache dar, daß die klinische Analyse eine persönliche Veränderung zum Besseren oft erleichtert, in den Begriffen, die am besten auf den individuellen Fall zu passen scheinen. Als engagierter klinischer Freudianer würde ich diese Darstellung nicht bestreiten. Doch dann wird der weitere Anspruch gestellt oder angedeutet, daß Psychoanalytiker aus diesem Grund eine Stellung einnehmen würden, die sie privilegiert, ihre eigenen Gesetze des Wissens aufzustellen und zu befolgen und die Geschichte sowie den gegenwärtigen Stand allgemeiner Interpretationstheorien zu mißachten.

Im Gegensatz dazu argumentiere ich hier, daß die klinische Analyse nichts Abgesondertes ist und nichts Spezielles daraus folgt, wenn persönliche Veränderung, die bewirkt wurde, auf diese Weise dargestellt wird. Diese Veränderung ist keine unabhängige oder unzweideutige Variable; eher ist sie Teil der anfänglichen Konzeption dessen, was Analyse ist. In anderen Worten, eine Veränderung kann nicht dazu verwendet werden, klinische Interpretationen zu bestätigen, da die endgültige Bedeutung von Veränderung – weit davon entfernt, frei von jeder Theorie zu sein – von den Methoden, den Handlungssträngen und den Interpretationen der einen oder anderen psychoanalytischen Perspektive her geformt und dargestellt wird. Jede Perspektive, jede Theorie oder jedes Paradigma stellt eine Veränderung zumindest ein wenig anders dar. Infolge dieser regulierenden Wirkung auf technische Praktiken scheint jede Perspektive etwas unterschiedliche Typen von Phänomenen zu verursachen, mit theoriespezifischen Implikationen, die man als Anzeichen einer Veränderung zum Besseren nehmen kann. Das ist der Grund, weshalb Debatten über ihre relative Effektivität zwischen analytischen Schulen nie zu einem Abschluß kommen und vielleicht auch nie kommen können, selbst wenn diese Debatten wertvoll sind um der Klarheit des systematischen Denkens willen, das sie anregen.

Es ist vielleicht leichter zu erkennen, wie die analytische Behandlung sehr kleiner Kinder als eine Form der angewandten Analyse betrachtet werden kann. Bei dieser Art analytischer Arbeit kann Spiel und anderes Verhalten, vieles davon nonverbal, nur verstanden und analytisch verwendet werden, wenn man an diesem nicht gerade idealen Material analytische Theorie zum Tragen bringt, die zuvor bei der Analyse Erwachsener wesentlich gründlicher herausgearbeitet wurde. Die Eigenschaft des Angewandt-seins ist auch in analytischen Ansätzen nicht allzuschwer erkennbar wie in der altmodischen Art der Kleinschen und der gröberen Form der Freudschen und der Selbstpsychologischen Ansätze. In jedem von ihnen begegnet man ermüdender Gleichheit der Fälle und Inhalte interpretativer Intervention. Im Fall des altmodischen Kleinschen Ansatzes sehen wir besonders deutlich, was andere Analytiker als Unverhältnismäßigkeit und übertriebene Tiefe theoriediktierter Interpretation von recht eingeschränkten Materialmengen betrachten.

Am schwierigsten von allen Fällen (jedenfalls für mich am schwierigsten) ist, die moderne und subtile, wenn auch immer noch theoriebeladene Freudsche klinische Analyse und die moderne Kleinsche Analyse als angewandt zu betrachten (siehe z. B. Joseph, 1989). Letztere hat eine relativ gesehen größere Toleranz für anhaltende Ambiguität und frei schwebende Assoziation und ein anhaltendes Interesse daran, eher etwas ans Tageslicht zu bringen als Phantasiematerial aufzudrängen. Sie erforscht spontane Veränderungen subjektiver Erfahrung und Erinnerung ausführlicher und hat ein größeres Interesse, wie ambivalent es auch sein mag, an neuen theoretischen Möglichkeiten.

Was also kann nun über diese vermutlich privilegierte Person, den Patienten, der widerspricht, gesagt werden? Es sind bereits triftige Gründe für die Behauptung angeführt worden, daß die Erwiderung nicht auf einen passiven, nachgiebigen und keine Fragen stellenden Analytiker trifft. Ja und nein, richtig und falsch, ja, aber nicht ganz, das ist daneben, und so weiter: Analytiker können diese Reaktionen ihrer Patienten als weiteres analytisches Material ansehen und tun dies auch tatsächlich oft. Sie versuchen, es auf die nachdenkliche und geschickte Weise zu tun, die Freud (1937a) in seinem Aufsatz über Konstruktionen in der Analyse zu umreißen begann und die er in seinen Fallstudien und klinischen Beispielen oft illustrierte. Das heißt, Analytiker können versuchen, eine analytisch interpretative Möglichkeit zu finden, um die Relevanz und Kohärenz dieser Reaktionen ihrer Analysanden zu beurteilen und sie damit in Beweise zu verwandeln, die wichtige Bezüge zu bereits durchgeführten Interpretationen aufstellen.

Zum Beispiel hat ein männlicher Analysand prompt eine Deutung vergessen, die erklärte, weshalb vorangegangene analytische Interpretationen in gewisser Weise verdrängt wurden. Die Deutung war folgende: Durch sein Vergessen agiere er eine Phantasie des Defektseins. Der Analytiker wandelte das Vergessen dieser Deutung des Vergessens daraufhin zu einem weiteren Beweis der eben diese Interpretation unterstützte um, und somit wandelte der Analytiker die Interpretation in diesem Augenblick in einen Beweis im entscheidenden Kontext der Übertragung um. Anschließend war der Analytiker dazu in der Lage, die weiterentwickelte Deutung zu konstruieren, der Analysand setze die Phantasie in Szene, durch die scharfsinnigen Interpretationen des Analytikers kastriert worden zu sein.

Ein Analytiker mit einer anderen Perspektive hätte dieses Vergessen der Interpretation vielleicht in etwas anderes übertragen. Kohut, zum Beispiel, hätte daraus vielleicht den Beweis für zwei traumatisierende Wirkungen gemacht: erstens, der Interpretation von verdrängender Abwehr und der Implikation, daß der Defekt, im Gegensatz zum subjektiven Erleben des Analysanden, nur eine Phantasie sei; und zweitens, der Implikation, daß der Analytiker die Wahrheit der Selbst-Erfahrung des Analysanden besser kenne als der Patient selbst. All diese Interpretationen, die ja überaus unempathisch sind, müssen zu einer weiteren Fragmentierung des schwachen Selbst des Analysanden und damit zu seiner Unfähigkeit, die letzte Interpretation zu behalten oder sich ins Gedächtnis zurückzurufen, geführt haben. Kurz, laut Kohut könnte man die Interpretation des Analytikers eher als eine angreifende Zurückweisung und Entwertung betrachen als etwas anderes, und das Selbst des Analysanden würde als in einer vom Arzt verursachten Traumatisierung und Fragmentierung befindlich empfunden.

Ein weiteres Beispiel ist das des Analysanden, der als Reaktion auf eine Interpretation sehr zornig wurde. Der Analytiker nutzte diese Reaktion, gemeinsam mit anderen Faktoren, als Beweis, daß die Richtigkeit der Deutung auf den Patienten bedrohlich wirke und daß diese Drohung durch Zorn abgewehrt würde. In diesem Fall hätte man den Zorn immer noch in Übereinstimmung mit der allgemeinen Freudschen Perspektive auch anders interpretieren können. Man hätte argumentieren können, der Zorn zeige, daß die Interpretation verfrüht gewesen wäre, oder daß es eine Absicht der vorangegangenen Deutung gewesen sei, die Verdrängung von Zorn selbst aufzuheben. Doch die zornige Reaktion hätte entsprechend anderer analytischer Perspektiven auf noch andere Arten interpretiert werden können (zum Beispiel, die Interpretation sei oberflächlich oder unempathisch gewesen, daher wirkte sie beängstigend oder enttäuschend und mache deshalb in jedem Falle zornig).

Meine Beispiele sollen andeuten, in welchen Ausmaß durch die Analyse Beweise geschaffen werden. Im Gegensatz zu dem Standpunkt des empiristischen Analytikers glaube ich, daß Beweise einem nicht auf einem Tablett serviert werden, ebensowenig schaffen sie es, einen an der Gurgel zu packen. Zwar ist es einfach, Erwiderungen zu notieren, jedoch ist es schwierig, unanfechtbar zu beweisen oder zu einem sicheren Konsens zu kommen, was genau damit ausgedrückt werden sollte. Psychoanalytische Behauptungen über das, was ausgedrückt worden sei und weshalb (insofern als dies unterscheidbar ist) sind im wesentlichen anfechtbar.

Damit es nicht scheint, als wollte ich den Analytiker als völlig engstirnig darstellen, nachdem er einmal eine Interpretation vorgenommen hat, muß ich hervorheben, daß Deutungen oft und durchaus angemessen auf Vermutungen basierend dargeboten werden; der Analytiker bietet sie auf eine Art an, die impliziert, daß alternative, ergänzende oder revidierte Interpretationsmöglichkeiten immer noch berücksichtigt werden können. Der ideale Analytiker ist gut darauf vorbereitet, das Gefühl für eine Antwort, das er bekommen hat, zurückzustellen, oder zumindest die bereits zum Ausdruck gebrachten Vermutungen zu revidieren.

Kehren wir nun zu einem direkteren Vergleich zwischen angewandter und klinischer Analyse zurück, um uns mit einem anderen Blickwinkel auseinanderzusetztzten, in dem wir die Aussage betrachten können, daß es nur in der klinischen Analyse einen Patienten gäbe, der etwas erwidern könnte. In diesem anderen Sinn kann der Patient etwas erwidern, indem er eine Veränderung zum Besseren hin, eine Veränderung zum Schlechteren oder überhaupt keine Veränderung zeigt, je nachdem, wie es im speziellen Fall definiert wird. Der leichteren Darstellbarkeit wegen werde ich mich nur mit der Veränderung zum Besseren auseinandersetzen; diese Erörterung sollte leicht auf die Verschlechterung und auf überhaupt keine Veränderung übertragbar sein, ohne daß ich diese Anwendungen ausführlich darlegen muß.

Bezüglich eines positiven Feedbacks kann man argumentieren, die analytische Behandlung sei schließlich eine Therapie; es sei ihr Ziel, dem Patienten zu einer Besserung zu verhelfen. Im Gegensatz dazu benötigt ein Kunstwerk keine Theraphie, und das Ziel angewandter Analyse ist nicht so sehr die Veränderung des Kunstwerks zum Besseren als dessen Publikum zu einem besseren Verständnis und besserer Wertschätzung desselben zu verhelfen. Streng gesehen gibt das Kunstwerk keine Erwiderung. Doch ist dieses Argument so stark vereinfachend, daß es nicht mehr hilfreich ist, da es dem Prozeß und den Ergebnissen sowohl der Therapie wie auch angewandter analytischer Projekte nicht gerecht wird und die Beziehung zwischen einem Kunstwerk und seinem Publikum mißversteht.

Wie ich bereits bemerkt habe, hat es unter Analytikern betreffs der Veränderungen, die durch analytische Therapie bewirkt werden, immer Raum für Kontroversen gegeben und es wird diesen vermutlich auch immer geben. Im allgemeinen sind Analytiker sich einig, daß es unter den Formen dessen, was sie Widerstand nennen, Fluchten in die Gesundheit, in manische Abwehrformen und in Übertragungsheilungen gibt, die alle den falschen Eindruck einer Konfliktlösung und eines dauerhaften Verschwindens der Symptome hervorrufen können. Daher mag der Analytiker durchaus anderer Meinung sein als der Patient, wenn letzterer darauf besteht, die Dinge hätten sich aufgrund eines tieferen Verständnisses erheblich verbessert. Die Aussage des Patienten in der ersten Person singular kann in dieser Hinsicht nicht entscheidend sein.

Überdies werden sich Analytiker vermutlich nicht einigen können über die Art und Weise, wie sie ein solches Konzept wie die Übertragungsheilung auf eine Reihe von suggestiven Fällen anwenden sollen, in denen mehr Daten verfügbar sind als die ausdrückliche Aussage des Patienten in der ersten Person und die Aussage der behandelnden Analytiker. Und selbst wenn alle Analytiker sich einig wären, daß eine Verbesserung stattgefunden hätte, könnte man nicht erwarten, daß sie über das Ausmaß einer solchen Veränderung einer Meinung wären, ebensowenig wie jeder von ihnen die Veränderung nicht auf genau dieselbe Art beschreiben und erklären würde, besonders dann nicht, wenn sie unterschiedlichen analytischen Schulen angehören.

Beispielsweise erkennen konventionelle Freudianer in der Regel den Erfolg einer Selbstpsychologischen Behandlung nicht als echtes psychoanalytisches Ergebnis an, sondern sehen ihn eher als den Erfolg einer unterstützenden Psychotherapie oder als Übertragungsheilung. Selbstpsychologen ihrerseits sind gern bereit, die Erfolge Freudscher Analyse in den Begriffen der Selbstpsychologie neu zu beschreiben und neu zu erklären; viele dieser Erfolge porträtieren sie beinah als zufällige Nebenprodukte guter Absich-

ten, die von mangelhafter Technik, die auf geringem Verständnis basiert, behindert werden.
Viele der fraglichen Veränderungen sind obendrein gar nicht meßbar, denn wie sollten wir subtile, aber höchst wichtige Verbesserungen in der Lebensqualität des Patienten, in der Realitätssicht des Patienten und in der die Adaptation verbessernden Integration persönlicher lebensgeschichtlicher Erzählungen messen? Nach einigem Nachdenken kann man daher nicht mehr überzeugend argumentieren, daß eine Erwiderung durch Genesung ein verläßliches und unzweideutiges Merkmal der klinischen Analyse sei.
Wenn wir uns nun der Seite des Kunstwerks – sagen wir, einem Gedicht – zuwenden, können wir die platte Behauptung, die angewandt analytische Interpretation eines Gedichts sei keine Therapie, in Frage stellen. Der Leser kann vielleicht, indem er der analytischen Interpretation des Gedichts (oder überhaupt irgendeiner anderen kompetenten Interpretation) folgt, dessen strukturelle Einheit, Bedeutungstiefe und potentielle Wirkung innerhalb der dargestellten Perspektive besser erleben. Aus diesem Grund sind wir berechtigt, zu sagen, das Gedicht sei lebendiger und integrierter geworden, es sei verfügbar gemacht worden, um eine höherentwickelte Beziehung mit dem Leser einzugehen, mehr in der Art einer reifen, gegenseitigen und modifizierbaren Beziehung zwischen zwei ganzen Personen, keine Beziehung, die von narzißtischer Abgeschlossenheit und Unnahbarkeit, schizoider Eigenartigkeit, Beschränkung auf Sexualorgane oder etwas in dieser eher gestörten oder störenden Art geprägt ist. Es wäre reine Willkür, darauf zu beharren, als Folge der Interpretation habe sich nur der Leser verändert, denn man kann argumentieren, daß sich das Gedicht mit dem Leser verändert, wenn der Leser fachkundiger wird. Es ist nicht mehr dasselbe Gedicht. Es gibt keinen feststehenden Text des Gedichts. Markierungen auf einer Seite – die letzte Zuflucht des Antikonstruktivisten – sind nicht das Gedicht. Die Markierungen ergeben nicht selbst eine Aussage; sie verlangen nicht, nur auf eine einzige Art und Weise gelesen oder verstanden zu werden; sie klingen nicht einmal.
Auf dieser Grundlage können wir von interpretativer Erholung oder Genesung des Gedichts sprechen. Dieser Gedanke ist in der Literaturkritik nicht neu. Viele der heutigen Kritiker akzeptieren

den Lehrsatz, ein Gedicht existiere innerhalb der individualisierten Beziehung zwischen ihm und dem Publikum. Obwohl sich die Darstellungen der Kritiker in gewisser Hinsicht unterscheiden, stimmen sie doch darin überein, daß der Leser, da er notwendigerweise interpretieren muß, um überhaupt lesen zu können, zum Koautor des Textes wird. Mit diesem Argument haben sie die Inspiration und den Hintergrund für mein obenstehendes Argument geliefert, daß man den Analytiker als Koautor des Texts seines Analysanden betrachten kann. Wenn der Leser des Gedichts, mit Hilfe »angewandten« psychoanalytischen Verständnisses, zusammen mit anderen Verständnisformen, besser gerüstet ist, um sich ihm als einem besonderen Kunstwerk zu nähern als er es sonst gewesen wäre; wenn der Leser, in anderen Worten, ein integriertes und kompetentes Mitglied einer oder mehrerer definierbarer interpretativer und erzählerischer Gemeinschaften ist und auf dieser Grundlage auf deren Konventionen zurückgreifen und deren Standards beobachten kann, dann können wir sagen, indem der Leser psychoanalytisch informiert sei, sei ihm geholfen worden, bei beiden an der Beziehung Beteiligten eine Veränderung zum Besseren hin zu bewirken. Zu diesen Merkmalen, die sowohl psychoanalytischer als auch anderer Lektüre gemeinsam sind, gehören die Mischung aus konventionalisierten und individuellen erzählerischen und interpretativen Ansätzen und die therapeutischen Konsequenzen der Arbeit.

Überdies kann von dem Kunstwerk gesagt werden, es übe therapeutischen Einfluß auf sein kritisch vorbereitetes Publikum aus, indem es dieses in stärkende Perspektiven der Realität einführe und zu stärkenden Gelegenheiten von subjektiver Erfahrung und zu einem Verständnis, das ihm zuvor nicht zur Verfügung stand, hinführe. Freud lernte von Homer, Shakespeare und Kollegen, ebenso wie er es ihnen ermöglichte, mehr zu werden als sie je zu sein schienen und es ihrem Publikum ermöglichte, noch mehr von ihnen zu lernen. Voneinander unabhängige Begründungen können dafür gefunden werden, unter welcher Perspektive Freud das, was es in der Literatur zu entdecken gab, auffand, und daß er die Literatur nach seiner eigenen Vorstellung neu geschaffen hat sowie für die fortgesetzte gegenseitige Durchdringung und Spannung zwischen diesen beiden; und dasselbe kann man über seinen Beitrag zu den Äußerungen der Analysanden sagen.

Nun mag es jedoch Menschen geben, die immer noch für eine grundlegende und hierarchische Unterscheidung zugunsten der klinischen Arbeit argumentieren möchten. Diese würden hervorheben, daß eine Erwiderung in der klinischen Analyse in Form einer Veränderung zum Besseren hin die wichtigere Leistung sei. Sie sei insofern wichtiger, als sie sich direkt mit menschlichem Wohlergehen befasse. Weitergehend könnten sie noch hervorheben, daß es in der klinischen Analyse, nicht jedoch in der angewandten Analyse, eine berufliche Verpflichtung dazu gäbe, diese Veränderung zu bewirken.

Doch sind klinische Analytiker nicht verpflichtet, gute Ergebnisse zu erzielen, wie immer man diese auch definieren möchte. Der klinische Analytiker erfüllt seine beruflichen Verpflichtungen, indem er sich gewissenhaft bemüht, gute Ergebnisse zustande zu bringen. Jedes Gefühl der Verpflichtung, das über ein redliches Bemühen hinausgeht, würde allgemein als gestörte und störende Gegenübertragung betrachtet werden, die eine Kombination aus Schuldgefühlen, Überidentifikation mit dem Patienten, Retterphantasien, Abwehr durch Grandiosität usw. einschließt. Und kritische Interpretatoren eines Kunstwerkes haben ihrerseits ebenfalls eigene wissenschaftliche und fachliche Verpflichtungen, auch wenn deren Wesen und Ausmaß ständig diskutiert wird.

Was die Frage anbelangt, welche Gesundung wichtiger sei, die eines Patienten oder die eines Kunstwerks, gibt es keine Möglichkeit, den Streitfall zu entscheiden, es sei denn in Wert- oder Ideologiebegriffen, die dem psychoanalytischen Projekt jedoch nicht eigen sind. Die klinische Analyse schreibt die Gesundheitswerte nicht vor, an die es sich hält, wenn sie aufgrund gegenseitigen Übereinkommens beginnt; Psychoanalytiker ermuntern die Öffentlichkeit nicht direkt, sich in analytische Behandlung zu begeben. Außerdem dürfen wir nicht hoffen, in diesem Reich der Urteile auf das eine oder andere universelle Übereinkommen zu treffen.

Folglich ist es von essentieller Bedeutung, das Argument zurückweisen zu können, eine Erwiderung des Patienten in Form einer

Genesung (oder durch persönliche Zerrüttung oder Stasis) unterscheide die klinische Analyse von der angewandten Analyse. Zumindest ist es gerechtfertigt, dieses Argument in seiner absoluten, extremen und unartikulierten Form zurückzuweisen. Wenn wir uns nicht durch Tradition dazu zwingen lassen, uns nur mit Unterschieden zu beschäftigen, wenn wir uns der Gemeinsamkeit genauso zuwenden wie dem Unterschied, dann werden wir sehen, daß klinische und angewandte Analyse die Mit-Urheberschaft und gegenseitige Durchdringung von interpretierbaren Texten oder von Texten-als-Interpretationen gemeinsam haben. Klinische und angewandte Analyse erscheinen als Varianten ein und derselben Psychoanalyse, ohne hervorstechende parasitäre Beziehung von der einen zu der anderen Analyse. Beide laufen auf dieselbe Arbeit hinaus, die unter unterschiedlichen Bedingungen ausgeführt wird. Klinische und angewandte Analytiker sitzen in demselben Boot.

Obwohl meine Schlußfolgerung auf dasselbe hinausläuft, was ich weiter oben als provisorische Annahme empfohlen habe, die uns helfen könnte, mit der Erörterung weiterzukommen, behaupte ich, nicht wieder am Anfangspunkt angelangt zu sein. Obwohl ich nicht das Gefühl bekommen habe, zu einer Antwort gekommen zu sein, habe ich, glaube ich, das Gefühl für die Fragen verändert, die sich zur angewandten Analyse gestellt haben und habe ebenfalls einige parallele Fragen zur klinischen Analyse aufgeworfen. Doch selbstverständlich wird es den Lesern nicht genügen, wenn ich mein Wort auf dies alles gebe, denn sie haben diesen Text von dem Augenblick, an dem sie ihn zu lesen begannen, neu erschaffen. Sie werden ihr eigenes Gefühl für eine Antwort auf meine Argumente entwickelt haben und haben möglicherweise entschieden, daß es besser gewesen wäre, wenn ich andere Fragen und andere Antworten formuliert hätte.

11. Kapitel

Die Suche nach einer gemeinsamen Grundlage

In der heutigen psychoanalytischen Situation, in der wir uns, wie ich im vorangegangenen Kapitel gezeigt habe, einer beträchtlichen Vielfalt an Theorien und Praktiken gegenübersehen, kann es als sehr wünschenswertes Ziel erscheinen, eine gemeinsame Grundlage zu suchen, auf der alle Beteiligten stehen können, um damit das Gefühl aufrechtzuerhalten, alle Analytiker, gleich welcher Richtung, seien Mitglieder einer grundlegenden Disziplin: der Psychoanalyse. Doch sollte die Suche nach der gemeinsamen Grundlage auf dem gemeinsam und gut entwickelten Verständnis basieren, weshalb dies eine lohnende Sache wäre, und wie man sich auf vernünftige Weise an deren Ausführung macht. Denn zunächst einmal müßte eine heterogene Gruppe von Analytikern bereits teilweise auf einer gemeinsamen Grundlage stehen, bevor man den Gedanken der gemeinsamen Grundlage gewinnbringend diskutieren könnte. Und bei dem Versuch, diese vorläufige gemeinsame Grundlage zu etablieren, müßte die Gruppe zahlreiche Streitpunkte linguistischer, methodologischer und ideologischer Natur aufgreifen. Statt sich einander anzunähern, halten die Analytiker jedoch weiterhin eine Mischung aus Mißverständnis, Ignoranz, falscher Darstellung und übereifriger Ablehnung oder Anpassung am Leben. Und statt auf eine systematische Annäherung hinzuarbeiten, verlassen sie sich häufig auf bloße, als Argument dargestellte Behauptung und auf eine Menge vorschneller und oft scharfer kritischer Supervision über die berichtete klinische Arbeit respektierter Kollegen.

Mit den folgenden Äußerungen wird beabsichtigt, eine systematische Diskussion der Streitpunkte anzuregen. Obwohl kurz und unvollständig, konzentrieren sie sich doch auf den dornigen, wenn nicht gar unpassierbaren Weg, der zu einer nützlichen Diskussion des Ziels von gemeinsamen Grundlagen führt.

Linguistische Überlegungen

In der klinischen Situation dürfen wir uns nicht durch manifeste Inhalte täuschen lassen. Beim Durchsuchen der Literatur nach einem Thema für eine gemeinsame Grundlage begegnen wir einer anderen Art des mehrdeutigen manifesten Inhalts, nämlich den Worten, aus denen sich das technische und das theoretische Vokabular zusammensetzt. Man betrachte zum Beispiel die Worte eine *Übertragung analysieren:* Diese Worte müssen als manifester Inhalt genommen werden; beide Worte sind trügerisch, weil Analytiker derselben und unterschiedlicher Richtungen sie in Verbindung mit zu vielen unterschiedlichen Auffassungen der Kindheitsentwicklung verwenden; der Psychopathologie; der Wiederholung und deren Basis, Funktionen und Modi; der Verwendung von Gegenübertragung zur Definition von Übertragung; der sogenannten realen Beziehung zum Analytiker; der geeigneten Arten und Grade analytischer Aktivität; etc. Diese Vielfalt der Verwendung ist in analytischen Schriften, Fallbesprechungen und der Supervisionsarbeit nur allzu offensichtlich. Ebenso müssen wir auch andere Schlüsselworte wie *Widerstand* und *Regression* als trügerisch ansehen. Folglich bedeutet die Übereinstimmung, daß Analytiker Übertragung, Widerstand und Regression analysieren kaum mehr als die Übereinstimmung, daß sie für das, was immer sie auch tun mögen, dieselben Worte verwenden.

Worte nehmen durch die Praktiken, in deren Zusammenhang sie verwendet werden, Bedeutungen an. Linguistische Praktiken setzen entweder für Worte bestimmte Kontexte voraus oder versuchen diese Kontexte nach und nach zu schaffen. Deshalb kann »Übertragung« in den Kontexten unterschiedlicher klinischer Berichte nicht exakt dasselbe Wort sein, da eine eingehende Prüfung zeigen könnte, daß es in jedem einzelnen Fall in ein anderes Bedeutungsnetz eingewebt worden ist. Statt Bedeutungsidentität gibt es vielleicht nur Familienähnlichkeit, wenn überhaupt. Möglicherweise müssen wir einen sehr großen Abstand von individuellen

Sichtweisen und Gewohnheiten gewinnen, um bloßer Familienähnlichkeit den Anschein von Identität verleihen zu können und dann den Anspruch zu erheben, eine gemeinsame Grundlage gefunden zu haben.

Zum Beispiel könnte man es als eindeutig ansehen, daß viele klinische Darstellungen die Übertragungsanalyse manifestieren, indem sie versuchen, störende Manifestationen vergangener Beziehungen in der gegenwärtigen analytischen Beziehung nachzuweisen. Und doch kann die Schlußfolgerung, hier sei eine gemeinsame Grundlage, nur dann gezogen werden, wenn wir über die vielen markanten Varianten in klinischen Verfahren und Phänomenen hinwegsehen können. Außerdem, von welcher Bedeutung wäre es für uns, wenn wir in der Analyse der Übertragung eine gemeinsame Grundlage geltend machen könnten? Wozu könnten wir diesen Anspruch nutzen? Nachdem so viele Besonderheiten außer acht gelassen wurden, könnte der Anspruch weder klinische Arbeit beeinflussen, noch wäre er intellektuell anregend. Tatsächlich könnte man, wenn man erst einmal mit den Einzelheiten der verschiedenen Schulen analytischen Denkens vertraut ist, leicht den Standpunkt eines beliebigen klinischen Falldarstellers einnehmen und energisch argumentieren, daß man, wenn man von jedem anderen Standpunkt aus arbeite, die Analyse der Übertragung in einer Weise betreiben würde, die der emotionalen Erfahrung des Patienten eher weniger als mehr förderlich wäre und somit auch eine relative Lösung durch Einsicht weniger fördern würde. Doch wohin führen uns solche Kritiken? Wenn wir von jedem beliebigen anderen Standpunkt aus beginnen würden, könnten wir zu einer weiteren totalistischen Schlußfolgerung gelangen, die wiederum die erste verwirft.

Jedoch ist es möglich, eine gemeinsame Grundlage hervorzuheben. Sie ist nicht so sehr in dem Sinn eine gemeinsame Grundlage, wie jene es wünschen, die eine berufliche Einheit anstreben, sondern eher im Hinblick auf Merkmale, die die Psychoanalyse mit allen forschenden und interpretativen Disziplinen gemein hat. Und diesen Merkmalen werde ich mich nun zuwenden.

Methodologische Überlegungen

Wir können den Gedanken des manifesten Inhalts nun besser nutzen. Wie aber transformieren Analytiker einen manifesten klinischen Inhalt in nützliches analytisches Material? Sie tun dies, indem sie ihm einen Kontext oder einen neuen Kontext geben und ihn damit als etwas einführen und verstehen, das anders oder mehr ist als es zuerst schien. Diesen neuen Kontext leiten sie von dem ab, was sie aus dem vergangenen und gegenwärtigen Leben des Patienten und der Behandlungsbeziehung bereits definiert und analytisch verstanden haben. Idealerweise verstehen sie beides als unterschiedliche Varianten derselben Probleme, denn so durchdringen sich die analytischen Varianten von vergangenen und gegenwärtigen Problemen im Leben und in der Analyse; nachdem sie sich gegenseitig durchdrungen haben, werden diese Varianten tatsächlich in diesem fließenden Zeit/Raum-Kontinuum austauschbar, in dem unbewußte psychische Funktionen analytisch dargestellt werden. In diesem Aspekt der analytischen Methode – dem Gestalten, Zerstören und Neugestalten von Kontexten – gibt es eine *gemeinsame Grundlage* der verschiedenen Schulen der Psychoanalyse. Doch ist diese Grundlage, wie moderne Literaturstudien zeigen, um nur ein interdisziplinäres Beispiel zu geben, weit davon entfernt, ausschließlich der Psychoanalyse eigen zu sein, sondern ist ein Merkmal aller interpretativen Disziplinen.

Auch wird die den Kontext überprüfende Arbeit am klinischen Inhalt notwendigerweise von der theoretischen Orientierung des Analytikers beherrscht. Folglich kann analytisches Verständnis in der klinischen Situation nur das Ergebnis eines Dialogs zwischen Analytiker und Analysand sein, in dem der Analytiker bereit ist, das, was er sucht, sowohl auszusortieren als auch zu formen, wenn es anschließend »gefunden« oder »präsentiert« werden soll. Dieses Verständnis kann nicht der Bericht eines distanzierten, nicht-beeinflussenden und unbeeinflußten Beobachters sein. Die Kontexte, die für das Verständnis innerhalb des Dialogs geliefert werden, vermitteln den Standpunkt der Theorie des Analytikers. Durch die Beschäftigung mit dem, was man gesprochenen und ungesprochenen Dialog nennen kann, formen analytische Interpretatoren ihre

Beobachtungsdaten. Auch eine *gemeinsame Grundlage.* Diese Interaktion zwischen Beobachter und Beobachtetem wird weithin als Merkmal aller untersuchenden und interpretativen Disziplinen anerkannt.

Wenn wir uns nun einer anderen Gruppe methodologischer Erwägungen zuwenden, muß hervorgehoben werden, daß es in der analytischen Literatur Berichte von Analysen gibt, die in bezug auf Details, kulturelle Situation, der Natur der behandelten klinischen Probleme oder der Dauer der Analyse nicht annähernd vergleichbar sind. Überdies scheinen die Analytiker in diesen Berichten sehr unterschiedliche Arbeitsstile zu zeigen. Zum Beispiel unterscheiden sie sich darin, wie eng sie sich an Interpretationen der Hier-und-Jetzt-Übertragung und Gegenübertragung halten und wieviel Beachtung sie den Abwehrbedürfnissen des Analysanden schenken. Diese Unterschiede zeigen sich sowohl innerhalb der analytischen Schulen als auch zwischen ihnen, mit dem Ergebnis, daß Berichte von klinischen Phänomenen und Interpretationen außer in höchst vorsichtiger und vorläufiger Art und Weise nicht miteinander verglichen werden können.

Ein weiteres methodologisches Problem erwächst aus der Erkenntnis, daß Analytiker unterschiedlich schreiben. Man sollte sich darüber im klaren sein, daß Analytiker, wenn sie Fallberichte lesen, nicht die vollständigen Analysen untersuchen, und das auch nicht auf direkte Weise; eher halten sie sich an Stichproben schriftlicher Erzählungen von kurzen Analysesegmenten. Selbst wenn die veröffentlichte Auswahl von Prozeßnotizen recht ausführlich ist, wurde vermutlich vieles ausgelassen oder gekürzt, um eine nachvollziehbare, zeitlich begrenzte, thesenspezifische schriftliche Erzählung eines analytischen Prozesses gestalten zu können. Daher würde der Leser gut daran tun, sich der Illusion zu entledigen, er dürfe hoffen, definitive und produktive Schlüsse daraus ziehen zu können. Diese Illusion wäre dem Familienmythos vergleichbar, einem Mythos über die Familie, dem sich alle Familienmitglieder verschreiben, um das bewußte Gefühl interpersoneller Harmonie und persönlicher Integration zu gewinnen, obwohl dies ihrem jeweiligen individuellen Verstand und Gefühl zum Nachteil gereicht.

Vieles in dem schriftlichen Bericht hängt davon ab, ob der Autor, sowohl aus persönlichen wie aus beruflichen Gründen, hauptsächlich darauf abzielt, die Unterschiede zwischen seiner und den anderen analytischen Schule herauszukehren oder ob er sich entschieden hat, hauptsächlich dem vereinenden Ziel der gemeinsamen Grundlage Geltung zu verschaffen. In beiden Fällen hat der Autor wohl mit einem systematischen Vorurteil geschrieben. Folglich ist es schwer, die Repräsentativität jedes klinischen Berichts genau, ganzheitlich und voll Überzeugung zu beurteilen, egal wie hervorragend er als klinisches Dokument auch sein mag.
Ich behaupte, daß die Kontexte und Ziele des Schreibens das Geschriebene so stark beeinflussen, daß einzelne Berichte nicht als überzeugender Beweis für wichtige Schlußfolgerungen dienen können. Auch hier, im Hinblick auf die begrenzte Repräsentativität der einzelnen Fallberichte, teilen divergierende psychoanalytische Ansätze eine *gemeinsame Grundlage* miteinander und mit anderen Disziplinen.
Repräsentativität ist ein Thema, das uns hilft, noch mehr *gemeinsame Grundlagen* zu identifizieren: Keine Schule der Theorie und Praxis ist so gründlich durchdacht, integriert, monolithisch und für ihre Mitglieder bindend, keine so statisch und kontrollierend, daß jeder einzelne Bericht, der von ihr herausgegeben wird, als untrüglicher Beweis für alle Prinzipien und Verfahrensweisen der Schule betrachtet werden könnte. Außerdem kann es kein Ansatz vermeiden, eine Reihe potentieller Beschränkungen seiner Anwendung und Resultate herauszubilden, und jede Beschränkungsgruppierung wird sich in spezifischen klinischen Fällen unterschiedlich entwickeln. Als Folge daraus gibt es eine kontinuierliche Debatte innerhalb der Schulen über die Repräsentativität einzelner klinischer Berichte. Leider wenden sich die Debatten oft von dem schwierigen methodologischen Problem der Repräsentativität ab und werden zu Beurteilungen der Qualität dieser oder jener Arbeit: »Minderwertig!« – »Keine echte Analyse!« oder »Gute Arbeit!«

Ideologische Überlegungen

Ideologisch scheint mir die Suche nach einer gemeinsamen Grundlage ein generell konservatives Wertesystem zu implizieren, indem es die Aufmerksamkeit von den kreativen und progressiven Aspekten, die ein Streit zwischen verschiedenen Gedanken- und Praxissystemen hat, ablenkt. Wir können mit allem gebührenden Respekt auf den Konservatismus verweisen, der sich hinter der scheinbar progressiven Suche nach einer gemeinsamen Grundlage verbirgt. Analytiker wissen nur zu gut, daß Absichten und Konsequenzen nicht dasselbe sind.

Meine Zuschreibung der Konservativität basiert auf meiner Überzeugung, daß es im Reich der Ideen und der Praktiken, in denen diese realisiert werden, der Konflikt ist, der uns sowohl weiser als auch kreativer macht. Sublimierte Aggression hat wunderbare Verwendungszwecke: Ebenso wie sie bei der Definition der Pro und Kontras anderer Ansätze nützlich ist, fördert sie Abenteuerlust und konstruktive Selbstkritik, die Art von Kritik, die für Pionierarbeit erforderlich ist und dafür, in der eigenen Haltung jene Elemente der Inkohärenz, Widersprüchlichkeit und Unvollständigkeit zu erkennen, die von ungeprüften Voraussetzungen und unbegründbaren Glaubensänderungen stammen. Die Geschichte der Ideen zeigt, daß in jedem System von Ideen und Praxis früher oder später neue Grenzen definiert und neue Probleme, die eingeführten Haltungen innewohnen, identifiziert werden und darum gekämpft wird: *gemeinsame Grundlagen.*

Ideologisch implizieren wir durch die Aufwertung der Suche nach einer spezifisch psychoanalytischen gemeinsamen Grundlage, daß Unterschiede bedauernswert seien und eingeebnet werden müßten. Wissentlich oder unwissentlich streben wir dann nach einem einzigen Haupttext für die Psychoanalyse und einem Ende ihrer Geschichte, und was könnte konservativer sein als das? Das wäre ein hoher Preis für ein Gefühl der beruflichen Einheit. Die progressive Möglichkeit – und dies ist offensichtlich meine anfechtbare ideologische Präferenz – ist die, den Gedanken an einen einzigen Haupttext aufzugeben und statt dessen die Unterschiede zu feiern und zu studieren und daran weiterzuwachsen, wie auch das

Feld der Psychoanalyse durch seine Unbestimmtheit gewachsen ist. Analytiker sollten mit dem Gefühl arbeiten, daß *ihre Differenzen all das enthüllen, was die Psychoanalyse sein kann, auch wenn sie nicht zur gleichen Zeit oder für jede einzelne Person alles sein kann.* Die Alternative dazu wäre die Blindheit des Konformismus. Dieser progressive Wert wird oft beklagt als einer, der zu der chaotisch relativistischen Situation führt, in der sowohl technisch als auch interpretativ alles möglich ist. Doch würde ich dagegen argumentieren, daß Analytiker ebenso wie die Mitglieder anderer humanistischer Disziplinen lange Zeit mit der Vielfalt gelebt haben, und es reichlich bekannt ist, daß jede bedeutendere Denkschule, jeder Ansatz, jede Gruppe, die über wertvolle Praktiken verfügt, ihre eigenen Traditionen, Standards und Mittel besitzt, um eine relative Ordnung aufrechtzuerhalten, während sie reift. Auch hatte und hat jede psychoanalytische Schule der Reflexion und der Praxis, welche Probleme sie auch immer haben mag, Wertvolles darüber zu lehren, wie man den Patienten analytisch verstehen und ihm helfen kann.

Vierter Teil

Varianten der Praxis

12. Kapitel

Eine weitere Abwehrmethode: »Zuerst die schlechte Nachricht«

Klinischen Analytikern begegnet häufig eine Verhaltensweise, die man »*zuerst* die schlechte Nachricht« nennen und zur Abwehr rechnen könnte. Diese Erzählung im Dienste der Abwehr ist das *klinische* Thema dieses Kapitels. Nachdem ich ihre typischen Erscheinungsformen im analytischen Prozeß beschrieben habe, werde ich zuerst ein ausführliches Fallbeispiel darstellen und dann die Manifestationen der Abwehr in der Schlußphase der analytischen Behandlung aufzeigen. Die theoretischen Implikationen dieses Materials werde ich für den abschließenden Teil dieses Kapitels zurückhalten.

Die Phänomene, die durch diese Erzählung neu definiert und organisiert werden können, sind jedem erfahrenen Therapeuten sicherlich vertraut. Viele dieser Phänomene sind in der analytischen Literatur bereits aufgegriffen worden, häufig unter so therapeutisch nützlichen Bezeichnungen wie »negative therapeutische Reaktion« (zum Beispiel Freud, 1923a und Loewald, 1972), »masochistischer Charakter« (zum Beispiel W. Reich, 1933), und »Verführung des Aggressors« (zum Beispiel Loewenstein, 1957). Unter diesen Überschriften finden wir Hinweise auf eine Vielzahl von Bemühungen, die Analysanden primär unbewußt unternehmen, um sich in Zorn hineinzusteigern, ein gutes Gefühl zu vertreiben, eine größere oder kleinere Krise heraufzubeschwören oder sich sogar »mysteriöserweise« in eine Depression oder Angst zu stürzen, während sie sich auf dem Weg zu einer analytischen Sitzung, im Wartezimmer oder auf dem Weg ins Behandlungszimmer befinden, oder während sie sich auf die Couch legen. Sie stellen sich damit nicht nur selbst als »schlechte Nachricht« dar, sondern sie berichten auch ausführlich und weitschweifig von schlechten Nachrichten: ihren Mißerfolgen, Enttäuschungen, Symptomverschlimmerungen und so fort. In jedem Fall ist dieses Verhalten vermutlich stereotyp und wiederholt sich ständig. Der Analytiker lernt, wenn auch nur allmählich, sich nicht in diese Selbst-Darstellungen und entmutigenden Details als solche hineinziehen zu lassen; denn oft, und besonders, wenn in der analytischen Behandlung erst einmal Fortschritte erzielt wurden, wird im Lauf einer jeden Sitzung klar, daß die Nachricht des Tages ebenso wie der emotionale Zustand des Übermittlers eigentlich gar nicht so »schlecht« sind. Bald scheint es, als diene die sich wiederholende Schwermütigkeit am Anfang nur dazu, sie wie einen Mantel über den Analytiker zu werfen und ihn so blind zu machen für das, was man im Gegensatz dazu »die gute Nachricht« nennen könnte. In diesem einen Aspekt scheint das Verhalten: »zuerst die schlechte Nachricht« eine Manipulation der Gegenübertragung zu Abwehrzwecken zu sein.

Für den nicht urteilenden Analytiker handelt es sich hierbei natürlich überhaupt nicht um etwas Schlechtes, außer vielleicht im ersten Aufflackern einer Gegenübertragung, das auf die Aktion der abwehrenden Manipulation hindeutet. Was die psychische Realität des Analysanden angeht, kann man das Verhalten jedoch durchaus als einen Fall von »zuerst die schlechte Nachricht« beschreiben.

Fallbeispiel

Mein Beispiel stammt aus der analytischen Behandlung einer jungen verheirateten Frau britischer Herkunft. Ich kam gerade von einem einwöchigen Urlaub zurück. Während meiner Abwesenheit hatte sie eine neue Arbeitsstelle angetreten. Außerdem hatte sie sich einer Eignungsprüfung unterzogen, um sich für eine höhere Fachausbildung zu qualifizieren. Vor dieser einwöchigen Unterbrechung war in der Behandlung viel Zeit auf den Versuch verwendet worden, zu verstehen, weshalb sie diese beiden Ereignisse so überaus ängstlich erwartete. Verbindungen mit der Übertragungssituation, einschließlich derer, die sich auf die Unterbrechung von einer Woche bezogen, waren deutlich gemacht worden, wann immer sich die Gelegenheit dazu geboten hatte. In der ersten Sitzung nach meiner Rückkehr erwähnt nun die Patientin meine Abwesenheit überhaupt nicht und deutet nur vage und so nebenbei etwas von einem gewissen Unbehagen darüber an, die vergangene Woche genossen zu haben. Weder zu ihren Erfahrungen mit ihrer neuen Arbeitsstelle noch zu ihrem Abschneiden in der Eignungsprüfung macht sie eine Bemerkung.

Sie sagt, die Einzelheiten verschiedener Ereignisse würden ihr »zusetzen« und fährt fort, näher auf die Höhen und Tiefen, vorwiegend die Tiefen, ihrer persönlichen Beziehungen einzugehen. Inmitten der Darstellung dieser Woche läßt sie erneut die Andeutung fallen, daß sie eine »tolle« Zeit verlebt hätte, fährt dann aber fort, weiter nur das Negative hervorzuheben, und das mit beträchtlicher und wachsender Bitterkeit. Sie berichtet ausführlich, wie sie ihren Mann angegriffen habe, weil dieser sie als Ehepartnerin und Frau abgewertet hätte; legt jedoch trotz ihrer weitschweifigen Einzelheiten keinen speziellen oder überzeugenden Beweis vor, der ihre Anschuldigen gegen ihn untermauert hätte. Es gelingt ihr, sich als fordernd, intolerant und »nörgelnd« zu vermitteln, besonders in bezug auf ihren Mann. Obwohl sie die Bemerkung einwirft, sie wisse aufgrund unserer bisherigen Arbeit, daß sie ihren Mann für »Fehler« kritisiere, die ihre eigenen seien, bremst sie die immer rascher aufeinanderfolgenden Anschuldigungen gegen ihn nicht.

Ich meinerseits fange schweigend an, mit einer Gegenübertragung zu reagieren, indem ich mich schwermütig frage, ob die Analyse ihres Problems der Depressivität und Gehemmtheit nur dazu führte, sie unbarmherzig nachtragend werden zu lassen. An diesem Punkt erkenne ich allerdings, daß sie damit anfängt, mich sozusagen mit einem Bann zu belegen. Unter diesem Bann, mit dem ich in dieser analytischen Behandlung vertraut bin, kann ich nicht mehr empathisch zuhören oder mich adäquat erinnern; statt dessen fühle ich mich dazu getrieben, etwas Kritisches zu bemerken und damit eine komplexe sadomasochistische Interaktion mit ihr einzugehen. Mit »etwas Kritisches« meine ich keine Kritik im konventionellen Sinn, sondern ein Hervorheben von problematischen Aspekten in ihrer Darstellung, von dem ich vorher bereits wissen könnte, daß sie es nur als Kritik auffassen würde.

Nachdem mir all das klargeworden war, besinne ich mich eines Besseren. Ich rufe mir nochmals ins Gedächtnis zurück, daß diese Art der Selbstdarstellung schon immer dafür typisch war, wie sie ihre Sitzungen begann, und daß es früher sogar für ihre gesamten Sitzungen von Anfang bis Ende typisch gewesen war. Ich erinnere mich ebenfalls, daß dieses Verhalten tiefe Wurzeln in den bevorzugten Interaktionsmustern innerhalb ihrer Familie hat. Auch fällt mir ein, daß sie in der letzten Zeit versucht hatte, innerhalb ihrer Sitzungen von dieser »nörglerischen« anfänglichen Selbstdarstellung zu einem gemeinsamen Nachdenken überzugehen. Oft, wenn auch nicht immer, wenn sie diesen Übergang vollzog, ging sie nachdenklich auf meine Bemerkungen am Ende der Sitzungen ein, statt weiterhin ihr früheres Muster zu verfolgen und alles, selbst die meiner Ansicht nach neutralsten oder empathischsten Bemerkungen, einfach als Beschimpfung oder Mißverständnis zu deuten. Unverzüglich und ein wenig ärgerlich wird mir klar, daß ich in dieser Sitzung eine zu erwartende regressive Reaktion auf meine einwöchige Abwesenheit beobachtet habe.

Nachdem die Patientin ausgiebig ihre Unzufriedenheit kundgetan hat, berichtet sie einen Traum. In diesem Traum verfolgt sie ihren Ehemann mit einem Kricketschläger, schließt ihn am Ende aber fest in die Arme. Zu dem Schläger assoziiert sie Vampir und denkt an die darauffolgende Umarmung als an etwas Forderndes und Besitzergreifendes bis zu etwas Verschlingendem. Mit der Flucht ihres Manns vor ihr assoziiert sie ihr Gefühl, daß er versuchen würde, einem Streit aus dem Weg zu gehen und daß ihre Angriffe auf ihn erzwungen sind, als würde sie an ihnen festhalten, als würde sie versuchen, ihren Mann davonzujagen. In ihrem Bemühen, ihr regressives »Willkommen« weiterhin umzukehren, eine Umkehr, die durch die fallengelassenen Bemerkungen von guten Zeiten und dem Einbringen des Traums sowie ihrer Bereitschaft, dazu einige Assoziationen zu liefern, signalisiert worden war, wechselt sie zu diesem späten Zeitpunkt der Sitzung zu der neuentdeckten Nachdenklichkeit über und fragt mich, was ich von all dem Material der Sitzung halte. Bis zu diesem Augenblick habe ich geschwiegen.

Ich beschließe, in meiner Antwort zwei Faktoren aufzugreifen: ihr abwehrbedingtes Vermeiden manifester Verbindungsglieder zur

Übertragung und ihren unbewußt aktiven, stereotypen Versuch, mich zu einer sadomasochistischen Gegenübertragungsreaktion zu verführen. Ich sage ihr, daß sie sich mir gegenüber an diesem Tag wohl distanziert fühle, da sie meine Abwesenheit sowie die neue Arbeit und die Prüfung, auf die wir vor meinem Urlaub so viel Zeit verwendet hatten, nicht erwähnte. Allerdings fühle sie sich nicht nur distanziert, sondern verhalte sich auch so, als würde sie versuchen, auch in mir das Gefühl der Distanz zu ihr hervorzurufen sowie der Unzufriedenheit mit ihr als jemandem, der keinen Fortschritt mache, sondern einfach nur ein »Nörgler« ist, der mir nicht einmal von seiner großartigen Zeit während meiner Abwesenheit erzählen will. Die Patientin gibt dann zu, daß sie mir die »guten Nachrichten« hatte erzählen wollen, als sie zur Sitzung gekommen sei, habe sich dann jedoch verlegen gefühlt, sie wisse nicht weshalb. Sie fügt hinzu, während der vergangenen Woche sei sie größtenteils ungewöhnlich großzügig ihrem Mann gegenüber gewesen, verspielt sogar, und hätte ihm ein paar Geschenke gemacht, einige davon »albern.« Über die Veränderung in ihrem Verhalten habe sie sich gefreut. Sie sagt, mir das zu erzählen, mache sie verlegen. Mit noch größerer Verlegenheit gesteht sie dann, daß sie zur Abwechslung einmal voll Hoffnung für sich gewesen wäre und gedacht habe, sie könne vielleicht bald »gesund« werden. Die Sitzung endet, indem sie ihre Bedenken darüber ausdrückt, daß sie die guten Nachrichten hatte ausklammern und eine feindselige Distanziertheit zwischen uns hatte errichten wollen.
Mir erschien es dann, als wäre die Atmosphäre der Zusammenarbeit langsam wiederhergestellt; im Hinblick darauf, daß diese Veränderung jedoch erst in der Sicherheit der endenden Sitzung aufgetreten und von viel Verlegenheit und einigen Schuldgefühlen begleitet worden war, konnte ich sie nur als einen Anfang betrachten. Die Patientin ihrerseits hatte keineswegs ihre Abwehr des »zuerst die schlechten Nachrichten« aufgegeben, und ich meinerseits hatte keineswegs alle Interpretationen gegeben, die möglich waren. Bis auf weiteres hatte ich mich auf das beschränkt, was die Patientin auf der Grundlage früherer Erfahrungen mit ihr meiner Meinung nach hören und in diesem konfliktreichen Kontext produktiv nutzen konnte.

Schaut man sich nun diese Sitzung vom Standpunkt der traditionellen Taxonomie der Abwehr her an, wird deutlich, daß die Patientin zusätzlich zu Verdrängung und Vermeidung eine Menge projektiver Identifikation, Affektverschiebung (weg von der Übertragung) und die Wendung von Passivität in Aktivität in Form von Identifikation mit dem Aggressor benutzte. Und wenn man die induzierte, manifest negative, beginnende Gegenübertragung berücksichtigt, kann hinzugefügt werden, daß die Patientin noch subtiler den kraftvollen Versuch unternommen hatte, durch Verführung des Aggressors aktiven Sadismus in passiven Masochismus umzuwandeln. Was mir geholfen hatte, die analytische Arbeit mit dieser Patientin voranzutreiben, aus der früheren manifesten Phase von »nur schlechte Nachrichten« heraus, war, daß ich mir selbst ständig klarmachte, wie stark sie sich fast ihr ganzes Leben lang auf diese Kombination von Abwehrstrategien verlassen hatte. Das hatte mir geholfen, zu sortieren, reorganisieren und dann zu interpretieren, was ansonsten ein abstoßender und undurchdringlich verwirrender, manifester Inhalt gewesen wäre. Größtenteils war es allerdings nicht von Nutzen, ihr ihre Abwehrstrategien als solche aufzuzeigen; Interventionen dieser Art dienten gewöhnlich nur dazu, manifest negative Übertragungsreaktionen zu intensivieren.

Was könnte man also sonst mit dieser Patientin aufgreifen? Hier fasse ich nun die Hauptinterpretationslinien zusammen, die sich bis zu diesem Zeitpunkt in der Arbeit als nützlich erwiesen hatten, da ich mich nicht auf die ganze Geschichte der Analyse einlassen will. In ihrer nörgelnden, provokativen Orientierung war enthalten, daß sie unbewußt für sich eine maskulin-phallische Identität phantasierte. Diese Identität linderte nicht nur ihr Gefühl der Demütigung, es spielte auch eine zentrale Rolle in der komplexen präödipalen und ödipalen Beziehung zu beiden Elternteilen.

Unbewußt hatte sie gegen eine Identifikation mit ihrer Mutter angekämpft. Sie stellte ihre Mutter als unmütterlich, von triebhaftem Ausdruck auf jeder psychosexuellen Ebene abgestoßen, moralistisch, snobbistisch, prahlerisch aber unproduktiv, praktisch unhedonistisch und unempfänglich für Fülle dar, ein Stereotyp britischen Anstands und britischer Hochnäsigkeit, wie es ihrem gesellschaftlich unsicheren, nach oben strebenden, provinziellen Hintergrund in einer offenkundig klassenbewußten Gesellschaft geziemte. Dieser Kampf gegen eine Identifikation beinhaltete den starken Anspruch der Analysandin, eine liebende und sinnliche Frau zu werden und eine scheinbar leere Existenz wie die ihrer Mutter zu vermeiden. Unbewußt erlebte sie die verbietende Mutter-Imago als Haupthindernis, diesen Anspruch zu verwirklichen, und sie drückte ihre Unterwerfung unter diese Imago aus, indem sie sich selbst dafür haßte, diesen Anspruch aufrechtzuerhalten und mich dafür haßte, daß ich sie auf Dinge aufmerksam machte, die ihre Bewußtheit dessen vergrößerten.

Wie zu erwarten war, hatte die Patientin ihrer unbewußt aufrechterhaltenen Vater-Imago ebenfalls eine zentrale Rolle zugewiesen. Sie erlebte es so, daß ihr Vater sich überaus unbehaglich in ihrer Gegenwart fühlte, sobald die positive und beidseitige ödipale Temperatur in ihren Kontakten zu steigen begann. In diesen Augenblicken, und oft auch, um sie zu vermeiden, pflegte er zurückgezogen, reizbar, hyperkritisch und in anal-sadistischer Weise spöttisch zu werden. Das hieß für sie, demonstrativ liebend und sinnlich zu sein, jagte ihn nur davon; genauer gesagt, es stachelte ihn dazu an, sie statt dessen in sadomasochistische Umgangsformen zu verwickeln. Im Laufe ihrer Entwicklung hatte sie diese regressiven Bedingungen größtenteils akzeptiert; sie war selbst ein aktiver Initiator sadomasochistischer Interaktion mit ihm geworden. Querelen waren das Zahlungsmittel in diesem Reich. Dort lag ihr positives ödipales Begehren, und in ihrer analytischen Behandlung wiederholte sie diese Verführungen endlos in ihrer Vaterübertragung, ebenso wie sie den Kampf mit ihrer Mutter in ihrer Mutterübertragung wiederholte.

Aus dieser Perspektive war es verständlich, daß ihre Abwehrstrategie »zuerst die schlechte Nachricht« einerseits dazu bestimmt war, mich zu verjagen, während sie andererseits dazu dienen sollte, mich in eine regressiv verfälschte positive ödipale Interaktion zu verwickeln. Zusätzlich lehnte die Patientin mit ihrer Abwehrstrategie ihre Identifikation mit der Mutter ab und kompensierte damit das Gefühl der Demütigung; gleichzeitig spielte die Abwehrstrategie jenen Aspekt der Identifikation mit der Mutter aus, der versprach, die unglückliche Ehe der Mutter in ihrer eigenen Ehe ebenso wie in ihrer Übertragung zu wiederholen. Die Patientin mußte die analytische Behandlung wie auch ihre Ehe freudlos gestalten wie das Zuhause, in dem sie aufgewachsen war.

Folglich konnte sie mir in der von mir besprochenen Sitzung nicht freudig oder überzeugend von ihrer großartigen Zeit erzählen. Sie erwartete, wenn sie es mir erzählte, würde sie mich als den positiven und akzeptierenden Vater auf ödipaler Ebene verlieren, der ich für sie eben zu werden begann; sie würde mich ebenfalls als gute Mutter verlieren, eine Alternative zu der Mutter, die sie erlebt hatte, eine Figur, die ich ebenfalls gerade für sie zu werden begann. Ich würde dazu getrieben, sie zu verachten, fürchtete die Patientin, wenn sie von den großzügigen, albernen, lustigen Zeiten mit ihrem Mann berichten und wenn sie mich nach meiner Rückkehr manifest voll Enthusiasmus begrüßen würde. So schützte sie die neuentdeckte Freude in ihrer Ehe und in der analytischen Behandlung. Ihre Art, mich willkommen zu heißen, war, mich niederzureden. Und damit drückte sie auch ihre intensive orale Deprivation aus, ihr Bedürfnis, Leben aus mir zu saugen, was ebenso bedeutete, sich meinen Penis einzuverleiben, wodurch sie ihre schuldbewußte Selbstsicht als eine verschlingende Person verstärkte.

In diesem Fall also war »zuerst die schlechte Nachricht« offensichtlich genauso eine Angelegenheit der Wunscherfüllung und Bestrafung, der Objektbezogenheit und Anpassung wie eine Angelegenheit der Abwehr. Kurz, es mußte als Kompromißbildung verstanden werden, und Stück für Stück war es möglich, der Patientin dieses Verhalten in all seiner Komplexität als genau das zu interpretieren. Doch um diesen Punkt zu erreichen, und um diesen Kompromiß methodisch durchzuarbeiten, war es nötig, daß ich mich bei meinen eigenen Überlegungen auf die Taxonomie der Abwehrstrategien und Transformationen verließ. Es war außerdem notwendig, sich diesem Kompromiß zuerst als einer Abwehrmaßnahme zu nähern: Diese Taxonomie und diese Betonung der Abwehr halfen uns beiden, wie es vor langer Zeit Anna Freud (1976) und ihren Analysanden geholfen hatte, fachkundige Zeugen der Neuinszenierung eines Familiendramas zu werden, das in der analytischen Beziehung wiederholt ausgespielt wurde; sie schienen zu helfen, den Handlungsstrang festzulegen, der schließlich den therapeutischen Unterschied in einer potentiell blockierten Analyse machte.

Die Endphase einer analytischen Behandlung

Einer speziellen Variante von »zuerst die schleche Nachricht« begegnet man häufig in der Endphase einer analytischen Behandlung. In dieser Phase erleben wir oft regressive Schübe, die die vorangegangene erfolgreiche analytische Arbeit auszulöschen scheinen: Symptome flackern wieder auf, es entwickeln sich Krisen in guten Beziehungen, selbstzerstörerisches Verhalten nimmt zu, und die Übertragung insgesamt nimmt eine ihrer negativsten Formen an. All dies deutet natürlich auf Schwierigkeiten hinsichtlich der drohenden Trennung hin und auf die Notwendigkeit, Trennungs- und Verlustprobleme durchzuarbeiten. Hier werden wir uns damit befassen, wie »zuerst die schlechte Nachricht« an diesem Bild beteiligt ist.
Oft tritt das Wiederaufleben von regressivem Material am Beginn der analytischen Sitzungen auf. Wenn der Analytiker in solchen Fällen entweder das Ende dieser hoffnungslos scheinenden Berichte und Verhaltensweisen abwartet oder mit Hilfe weniger wohlüberlegter analytischer Interventionen einige Fragen dazu aufwirft, beginnen die Analysanden zu erzählen oder zu zeigen, daß sie tatsächlich selbst zu einem merklichen Ausgleich in der Lage sind. Zum Beispiel haben sie den regressiven Schub bereits selbst analysiert oder sie haben den Schaden begrenzt und Schritte unternommen, um ihn zu reparieren; sie zeigen, daß sie nicht wirklich hilflos, kastriert, symbolisch selbstmörderisch oder sonst etwas sind. Die zu Beginn der Sitzung aufscheinende Hoffnungslosigkeit ist teilweise ein Versuch, den Analytiker zu einer schuldbewußten und wiedergutmachenden Gegenübertragung zu verführen; wenn es das nicht ist, kann es die Verführung zu einer Gegenübertragung sein, in der der Analytiker sich im Stich gelassen fühlen soll als Reaktion auf den Umschwung des Analysanden von empfundener Passivität zu aktivem Rückzug.

In mancher Hinsicht ähnelt diese Zuflucht zu der Methode »zuerst die schlechte Nachricht« der Neigung eines Heranwachsenden zur Externalisierung eines Teils seines Emanzipationskonflikts, indem er einen Konflikt mit den Eltern provoziert, um ihnen damit zu zeigen, daß er fortwährender Liebe und fortwährenden Begehrens nicht wert sei. Im Fall des Heranwachsenden beinhaltet diese Flucht in die Abwehrhaltung wahrscheinlich einen Versuch, den verinnerlichten Elternteil auszutreiben, als wollte er zeigen, daß alles zuvor Existierende eine rein äußerliche Beziehung gewesen sei. In bezug auf den Analytiker am Ende einer analytischen Behandlung kann der Fall sehr ähnlich gelagert sein.

Im allgemeinen nähert man sich dem regressiven Impuls am zweckmäßigsten wie einer Abwehrmaßnahme. Der Patient, dem es besser geht, wird diesen Schritt nicht in großem Umfang aufrechterhalten können und verrät das Spiel entweder durch optimistische Träume und Fehlleistungen oder er vermittelt Zeichen guter Laune, die dem negativen Inhalt weitgehend widerspricht. Manchmal schaltet der Analysand einfach mitten in der Sitzung um. In einem Fall zum Beispiel wurde ein Traum scheinbar vollständig wie folgt berichtet: *Er bereitete sich darauf vor, ein Haus für 75 000 Dollar zu kaufen, das ziemlich heruntergekommen war.* Die Assoziationen des Analysanden führten zu den Gesamtkosten der Analyse, die sich tatsächlich auf mehr als 75 000 Dollar beliefen. Die Zahl betrug aber auch drei Viertel von Hunderttausend, was suggerierte, daß das Leben des Patienten zu drei Vierteln vorüber war, obwohl er erst in den Dreißigern war – eine Rechnung, die daher rührte, daß seine depressiven Eltern immer ihren physischen Verfall nach dem vierzigsten Lebensjahr betonten; drei Viertel standen auch für eine unvollständige Analyse, und das deutete auf eine Enttäuschung über das Ergebnis der Analyse hin. Erst nachdem dieser Teil durchgearbeitet war, fuhr der Analysand mit seinem Traumbericht wie folgt fort: *Er hatte besagtes Haus abgelehnt und ein hübsches mit viel Glas genommen, so daß er hinausschauen konnte und nicht in einer Ruine gefangen saß.* Da wurde offensichtlich, daß der Analysand den Analytiker in eine Falle gelockt hatte, damit er einer düsteren Stimmung verfallen sollte.

In gewisser Hinsicht zeigte der Patient in diesem Beispiel »schlechte Nachrichten« eher als daß er sie berichtete. Andere Möglichkeiten, eher zu zeigen als zu erzählen, bestehen in einem Zurückfallen in rigide Charakterzüge, die umfassend analysiert und wesentlich modifiziert worden waren, bevor man übereingekommen war, zu einem Schlußtermin zu kommen; auch in häufiger werdendem Zuspätkommen oder häufigerer Abwesenheit, der Annahme einer »geheilten« Jovialität und so weiter. Ein Patient kehrte zu langen, weitschweifigen, emotional nüchternen Berichten von alltäglichen Ereignissen zurück. Ziemlich regelmäßig begann er jedoch spontan, innerhalb jeder Sitzung, diese Wiederholung in Frage zu stellen und sie als Möglichkeit zu verstehen, die emotionale Erfahrung sowohl des Betrauerns der Analyse als auch des Feierns ihrer Leistungen abzuwehren. Wie weiter oben beschrieben, versuchte dieser Analysand, mich abzustumpfen und jede Erregung oder jeden Kummer, den ich empfinden könnte, zu unterdrücken, um uns beide emotional voneinander fern, kontrolliert und geschützt zu halten; darin waren viele Wiederholungen anal-obsessiver und ödipaler Prototypen enthalten.

Eine andere Analysandin, die massive Probleme wegen ihres Schuldgefühls gegenüber einem gebrechlichen und übermäßig anhänglichen Vater hatte, fand es notwendig, zu ihrer charakterologischen Form von »zuerst die schlechte Nachricht« zurückzukehren, um mir von neuem zu versichern, daß sie mich nicht im Stich lassen und einsam und depressiv zurücklassen würde. Sie begann von neuem, ihr »altes Selbst« zu sein, das heißt, ein gutes Mädchen, das sein Leiden zur Schau stellte und betonte, wie sehr es Unterstützung von außen brauchte. Allerdings war es auch die Patientin selbst, die diese Sorge um mich bald zum Ausdruck brachte und es als eine vertraute Abwehrübertragung erkannte.

In einem anderen Fall begann eine Analysandin wieder zu zögern, als es darum ging, wichtige und positive Lebensveränderungen abzuschließen. Außerdem kehrte sie zu heimlichen Masturbationsformen zurück, die wir als eine Inszenierung von Androgynie, speziell des Besitzes einer phallischen Vagina, die keinen Platz für oder kein Bedürfnis nach dem Penis eines Mannes hatte, analysiert hatten. Damit leugnete sie sowohl den Wert, den ihr männlicher

Analytiker für sie hatte, als auch, in ihrer psychischen Realität, seinen potenten analytischen Phallus, ebenso wie ihre Bereitschaft, sich auf eine erfüllende Beziehung zu einem Mann einzulassen. In diesem Fall war »zuerst die schlechte Nachricht« eine Kastration des Analytikers und eine charakterologische Rückkehr zu der androgynen und ineffektiven Jungen-Mädchen-Rolle, die sie in der Beziehung zu ihrem Vater gespielt hatte. Was alles in einem deutlichen Kontrast zu vielen anderen Erfahrungen und Aktivitäten reiferer Art stand, was sie auch bald mit einem unabhängig entwickelten Sinn für Selbstwidersprüche und einer raschen Einsicht in ihre abwehrende Reaktion auf das bevorstehende Behandlungsende erwähnte.

Insgesamt jedoch würde ich sagen, daß die vorherrschende Manifestation von »zuerst die schlechte Nachricht« diejenige ist, die den empfundenen Fortschritt *während der gesamten analytischen Behandlung* begleitet. In diesen Fällen ist es immer ein Frage dessen, was gewonnen wird durch die scheinbare Unterwerfung unter die Angst vor dem Gesundwerden. Welche Gefahrensituation wird durch diese Unterwerfung vermieden? Ich habe dieses Phänomen in anderen Zusammenhängen als Angriff auf die Empathie des Analytikers (1983), als Angst vor Erfolg oder Idealisierung von Unglück (Kapitel 6) wie auch auf andere Arten erörtert, die alle eine komplexe innere Struktur aufweisen, die sich jedoch immer erst dann analytisch auflösen lassen, wenn sie als eine Form von Abwehr erkannt werden. Wie bei meinem ausführlichen klinischen Beispiel weiter oben in diesem Kapitel, gibt es verschiedene Möglichkeiten, diese Geschichte der Abwehr zu erzählen, und somit gibt es verschiedene Geschichten zu erzählen, von denen jede ihren Wahrheitswert und ihren therapeutischen Wert hat. Die Wahl zwischen diesen Geschichten wird oft, wenn auch nie absolut sicher, von mehr oder weniger subtilen Anhaltspunkten in den Assoziationen des Patienten gelenkt.

Theoretische Diskussion

Ich habe »zuerst die schlechte Nachricht« als eine Abwehrtätigkeit, -maßnahme oder -strategie erörtert. Durch die Verwendung dieser Begriffe habe ich versucht, mehrere miteinander in Beziehung stehende theoretische Punkte zu illustrieren. Zuerst habe ich ein Schlaglicht auf die Psychoanalyse als erzählerisches Unterfangen geworfen, wie Anna Freud (1936) es, wenn auch nur implizit, getan hat, als sie die Identifikation mit dem Aggressor und altruistische Abtretung als Formen der Abwehr erörterte, wie auch andere (zum Beispiel Bibring und ihre Mitarbeiter, 1961). Vor allem habe ich unter dem Aspekt der Abwehr einige komplexe Konfigurationen dargestellt, die Wunscherfüllung, Selbstbestrafung und adaptive Bemühungen mit einschließen. Diese Konfigurationen unter dem Aspekt der Abwehr darzustellen ist eindeutig ein Beispiel für die erzählerische Option. Jede Geschichte eines so komplexen Abwehrtyps kann anders erzählt werden: zum Beispiel als Kompromißbildung, als Illustration multipler Funktionen, als Inszenierung von Übertragungs-Gegenübertragungsphantasien, die kurzzeitig durch die Zufluchtnahme des Patienten zu einer stark projektiven Identifikation aktualisiert werden oder auch als der teilweise regredierte Ausdruck einer intensiven bisexuellen ödipalen Übertragung.

Zweitens dreht sich meine Erzählung im Gegensatz zu der Anna Freuds jedoch nicht um die Annahme, daß es »Abwehrmechanismen« gäbe, die in Reaktion auf »Angstsignale« das Funktionieren des »psychischen Apparats« beeinflussen würden. Diese Annahme und die Verwendung dieser Begriffe veranschaulichen das Festhalten an Freuds Metapsychologie und seiner mechanistischen Sprache, die er verwendete, um über Psyche und Methode zu theoretisieren, besonders wie sie in »Hemmung, Symptom und Angst« (1926) zu ihrem Höhepunkt entwickelt wurden.

An einer anderen Stelle in diesem Buch (siehe Kapitel 9 und 10) habe ich bereits die metapsychologisch entwickelte Theorie der Freudschen Psychoanalyse als eine Meistererzählung mit ausgeprägten Handlungssträngen und unverwechselbarer Rhetorik charakterisiert. Mein Handlungsstrang der Abwehrfunktionen basiert auf meiner früheren Arbeit über Handlungssprache und Erzählung. Auf dieser Grundlage stelle ich die interpretierbaren Ereignisse der Analyse als Handlungen des Analysanden und des Analytikers dar, und ich greife die Abwehr auf dieselbe Art auf wie ich die Übertragung, Gegenübertragung und Wiederholung aufgreife – als Dinge, die die Menschen tun, als die Handlungen von Handelnden.

Somit sollte man die etwas ausgefallene Überschrift dieses Kapitels und seinen klinischen Fokus nicht als Vernachlässigung der Theorie betrachten. Im Kontext der Psychoanalyse als eines erzählerischen Projektes mit theoretischen und klinischen Aspekten stelle ich diese Kapitel als Beispiel für die Theorie in der klinischen Arbeit vor. In diesem erzählerischen Kontext ist jedes weitere Theoretisieren unnötig. Ein weiterer Schritt in eine Art Metatheorie würde fälschlicherweise implizieren, klinische Darstellungen seien unverarbeitete »Daten«, vorwissenschaftliche Ansammlungen von Beobachtungen, die noch zur Wahrheit hin korrigiert werden müßten. Diese Hierarchisierung schien jenem Freud notwendig, der seiner wissenschaftlichen Ausbildung und den Zielen des neunzehnten Jahrhunderts treu blieb; einhundert Jahre später sollte uns das jedoch nicht länger notwendig erscheinen.

13. Kapitel

Psychische Realität, Entwicklungseinflüsse und unbewußte Kommunikation

Das charakteristische Merkmal klinischer analytischer Interpretation ist die Betonung der psychischen Realität. Das heißt, die Interpretation dreht sich um die persönlichen Bedeutungen, die die Analysanden vor allem unbewußt Ereignissen und Handlungen in der Vergangenheit und der Gegenwart zuschreiben. Typischerweise sind diese unbewußt zugeschriebenen Bedeutungen wiederholt um infantile Konflikte, Phantasien sowie die Art und Weise des Denkens und Fühlens organisiert. Doch die Interpretation befaßt sich nicht nur mit der psychischen Realität. Genauer gesagt schließt sie eine komplexe, subtile und wechselnde Verteilung der Betonung auf die psychische Realität, Entwicklungseinflüsse und unbewußt vermittelte Botschaften mit ein. In diesem Kapitel werde ich versuchen, einige Probleme, die in Verbindung mit dieser wechselnden Verteilung der Betonung auftreten können, zu klären.

Um mich konkret auszudrücken, ich werde speziell in den Mittelpunkt der Aufmerksamkeit rücken, wie Analytiker die Darstellung anderer Menschen durch ihre Analysanden aufnehmen und wie sie mit diesen Darstellungen in ihren Interventionen umgehen. Mit »andere Menschen« beziehe ich mich auf all jene außer dem Analytiker und dem Analysanden, denen der Analytiker nur in dem begegnet, was der Analysand über sie sagt. Jedoch werde ich es nicht vernachlässigen, zu betrachten, wie die Darstellung der Mitmenschen mit der Selbstdarstellung des Analysanden und den Darstellungen des Analytikers verknüpft sind. Die Darstellungen anderer Menschen sind ein guter Test für den Analytiker, wie er

die psychische Realität versteht und in bezug auf Entwicklungseinflüsse und unbewußt vermittelte Botschaften verwendet.
Während das von mir Dargelegte manchen Lesern offensichtlich oder bekannt, ja sogar grundlegend, erscheinen mag, ist mir nicht bekannt, daß dieses Thema jemals auf diese, meine Art angegangen wurde. Der Großteil meiner Erörterung widmet sich klinischen Fällen und technischen Vorgehensweisen. Ich beginne mit dem primären Fokus des Analytikers allein auf der psychischen Realität; später werde ich diese etwas puristische Darstellung ergänzen.

Die Darstellung anderer Menschen als psychische Realität betrachtet

Gewöhnlich (obwohl manche Analytiker dafür eintreten würden, es sollte immer so sein, während andere argumentieren würden, es sollte nur gelegentlich so sein) werden Analytiker die Darstellungen der Mitmenschen durch die Analysanden nicht als gegeben ansehen. Der Analytiker hört sie nicht als verläßliche, begründete, vollständige, auf Tatsachen beruhende Aussagen, sondern er sieht jede Aussage über andere Menschen als eine Kommunikation an, die mit der psychischen Realität eines jeden Analysanden in Zusammenhang steht. Man kann diese Kommunikation als eine erzählerische Darstellung dessen ansehen, wie Analysanden ihre Mitmenschen subjektiv erleben. Und wenn das so ist, dann kann man dies daraufhin untersuchen, was es uns über das unbewußt konflikthafte Selbst – die eine oder andere Form des Selbst (siehe 2. Kapitel) – des Analysanden verrät. Der Analytiker kann diese Kommunikation auch als einen verschobenen Hinweis dafür nehmen, wie der Analysand den Analytiker erlebt, das heißt als die unbewußt verschleierte Manifestation der Übertragung. Er kann sie jedoch auch als eine Form der Erinnerung an die Kindheitsvergangenheit in Form selektiv betonter gegenwärtiger Erfahrung betrachten. Und schließlich kann man sie als einen projizierten Hinweis ansehen, der sich, wie in einem Traum, auf irgendeinen Aspekt der vom Analysanden unbewußt abgelehnten Selbst-Erfahrung bezieht. Der Analytiker kann die Darstellung anderer Menschen auch in jeder Kombination dieser Möglichkeiten annehmen.

Man betrachte zum Beispiel den Inhalt solcher alltäglichen Aussagen wie: »Mein Vater ist alt.« Dies scheint die einfache Feststellung einer Tatsache zu sein. Doch statt es als einfache Tatsache anzusehen, behandelt der Analytiker jede derartige Kommunikation wie den möglichen Hinweis auf eine unbewußt konfliktreiche subjektive Erfahrung und als mögliche Verschiebung, lebensgeschichtlichen Hintergund oder Projektion. Um sie auf eine dieser Arten ansehen zu können, muß der Analytiker jedoch zuerst das folgende als wahr voraussetzen. Die angeblich auf Tatsachen beruhende Welt liefert eine Vielzahl von Tatsachen, über die man sprechen kann, und alles, was der Analysand aus dieser Vielzahl auswählt, wählt er nicht zufällig so aus, ebensowenig wie die erzählerischen Versionen dieser Tatsachen, die er konstruiert. Das heißt, die selektiven Prinzipien sind nicht völlig selbstverständlich und außerhalb jeglicher Interpretation; eher sind sie ein interpretierbarer Ausdruck der derzeitigen konfliktreichen Position des Analysanden in der analytischen Behandlung. Sie sagen sowohl etwas über den Inhalt als auch über die Art aus, in der die psychische Realität des Analysanden im Hier und Jetzt konstruiert wird. Es sind Tatsachen ohne Leben oder Bedeutung, bis man sie in der Analyse neu beschrieben und ihnen einen Kontext gegeben hat. Sie müssen in psychoanalytische Tatsachen transformiert werden.

Indem der Analytiker die Darstellung anderer auf diese Art betrachtet, fördert er eine Vielzahl technisch wünschenswerter Konsequenzen. Dazu gehören, erstens, die Möglichkeit offenzulassen, daß diese Darstellungen im Lauf der analytischen Behandlung revidiert werden können und durch eine darauf folgende Verkehrung des Inhalts oder der Einstellung sowie durch Ergänzungen und durch die Einführung größerer Komplexität weiter revidiert werden. Größere Komplexität eröffnet die Möglichkeit, die multiplen Funktionen zu interpretieren, denen die Darstellungen von Mitmenschen nützlich sind. So wird der »alte Vater« später vielleicht als jung geblieben dargestellt, möglicherweise als konkurrierend jung, und unbewußt als mörderisch jung. Und von diesem späteren Blickpunkt aus kann man die frühere »Tatsache«, die einfach als: »Mein Vater ist alt« beschrieben worden war, als eine abwehrende Verleugnung oder Umkehrung betrachten.

Als zweite wünschenswerte Konsequenz davon, die Darstellung anderer Menschen nie als definitiv anzusehen, vermeidet der Analytiker somit, eine autoritäre oder gar autoritative Haltung einzunehmen, als wäre er ein Experte für Menschen und Situationen außerhalb der analytischen Situation. Durch diese Vorsichtsmaßnahme wird der Analytiker mit geringerer Wahrscheinlichkeit auf die unbewußten und abwehrenden Strategien oder Gegenübertragungsmanipulationen des Analysanden hereinfallen und wird somit weniger wahrscheinlich eine Rolle in den Phantasien des Patienten annehmen, wie zum Beispiel die des allwissenden Gewissens.

Der dritte Vorteil besteht darin, daß der Analytiker seine Neutralität aufrechterhält, indem er in den Konfliktsituationen des Analysanden keine Partei ergreift. Würde der Analytiker irgendwelche Darstellungen anderer Menschen als adäquat oder endgültig ansehen, würde er das Erreichen einer ausgewogenen Einschätzung der psychischen Realität beeinträchtigen. In Übereinstimmung mit dem Prinzip der multiplen Funktion ist eine ausgewogene Einschätzung durch ein empathisches Verständnis dafür gekennzeichnet, daß der Analysand es unbewußt braucht, komplexe Kompromißbildungen auszuarbeiten. Auf lange Sicht gesehen wird die vorurteilslose Haltung des Analytikers in Hinblick auf die Darstellung anderer Menschen seine Neutralität und interpretative Kompetenz bezeugen, auch wenn die Patienten sie auf kurze Sicht gesehen vielleicht dazu benutzen, um den Analytiker als unempathisch und unsympathisch, wenn nicht sogar mißtrauisch anzugreifen, oder ihm vorzuwerfen, die Partei »der Opposition« zu ergreifen.

Wie erreicht der Analytiker diese und andere wünschenswerte Effekte in der analytischen Behandlung? Eine Möglichkeit besteht darin, in den Interventionen, die die Darstellungen anderer Menschen einbeziehen, verständlich zu machen, daß die Bemerkungen nicht jene anderen als solche betreffen, sondern das Erleben oder die Version des Analysanden von diesen Personen. Der Analytiker gibt zu verstehen, daß dieses Erleben oder diese Version für eine Überprüfung als eine Aussage über die psychische Realität des Analysanden offen ist. Zum Beispiel sagt der Analytiker: »Wie Sie sie sehen«, – »Was Sie besonders an ihm hervorheben möchten«, – »Was mir an der Darstellung Ihres Vaters auffällt«, und so weiter. Manchmal geht der Analytiker auch weiter und sagt zum Beispiel: »Sie scheinen sich sehr anzustrengen, Ihre Mutter in meinen Augen als unversöhnlich erscheinen zu lassen, und ich frage mich, weshalb Sie das tun müssen«, oder »Sie haben viele Details angeführt, die darauf hinweisen, daß Sie Ihren Vater als korrupt betrachten, obwohl Sie weiterhin darauf beharren, er sei vertrauenswürdig. Aus irgendeinem Grund erkennen Sie diese andere Sicht seiner Person immer noch nicht an«, und so weiter. In manchen Fällen geht der Analytiker vielleicht sogar noch weiter und sagt zum Beispiel: »Sie beschreiben sie, als wäre sie ein erigierter Penis«, oder »Sie stellen ihn dar, als wäre er ein Furz.«

In keinem dieser Beispiele spricht sich der Analytiker einfach über Tatsachen bezüglich dieser anderen Menschen aus. Wenn sich der Patient durch diese Zurückhaltung bedroht, verletzt oder gekränkt fühlt, ist das für den Analytiker ein Anzeichen, daß eine Abwehr oder ein Übertragungsproblem angegangen werden muß. Der Analytiker kann dies tun, indem er die Unsicherheit hervorhebt, die in der Verstimmung des Patienten impliziert ist, und indem er die Notwendigkeit hinterfragt, mit der der Patient versucht, ihn dazu zu bringen, seine Version über eine andere Person zu akzeptieren, und das auf eine Art, die einer Erforschung, Interpretation und Revision völlig verschlossen bleibt.

In der Anfangszeit der psychoanalytischen Behandlung jedoch oder in Krisenperioden mag es dem Analytiker als die beste Möglichkeit erscheinen, die Analyse voranzubringen, indem er sich auf andere Menschen ohne eine nähere Bestimmung bezieht – und zum Beispiel wie der Analysand von seinem Vater als einfach »zurückgezogen« zu sprechen. Solange dem Analytiker diese unbestimmte Ausdrucksweise nicht zur Gewohnheit wird, werden sich später Gelegenheiten bieten, Bestimmungen einzuführen, indem er zum Beispiel sagt: »Sie hatten das Gefühl, er würde sie durch sein sich Zurückziehen bestrafen«, oder »Sie glaubten, Sie hätten ihn vertrieben.« Gewöhnlich ist diese stufenweise Akkommodation nicht notwendig, sondern von Anfang an möglich, sowohl taktvoll *als auch* zurückhaltend zu sein. Das kann allein durch den Tonfall erreicht werden, obwohl es riskant ist, sich auf implizierte Botschaften zu verlassen; oder durch einleitende Bemerkungen wie »Nach dem, was Sie sagen« und »Wenn das der Fall ist«, die man so nebenbei verwenden kann. Oder der Analytiker kann sich von Anfang an auf den Aspekt des väterlichen Zurückziehens, auf die Auswirkungen dieses »scheinbaren Rückzugs« oder auf die Zeiten, zu denen der Vater nur als »zurückgezogen erlebt« werden konnte, beziehen. Im allgemeinen ist es für die nachfolgende Erhellung der psychischen Realität des Analysanden besser, wenn der Analytiker diese frühen oder auf einer Krise beruhenden Darstellungen nicht ohne jegliche Einschränkung verwendet.

Die Arbeit außerhalb der psychischen Realität

Aber – und dies ist ein großes »Aber«, denn hier beginne ich damit, meine puristische Beschreibung zu ergänzen – Analytiker arbeiten nicht immer innerhalb der Grenzen psychischer Realität. Das kann man ihren Arbeitsberichten entnehmen. Man erkennt es an Aussagen wie zum Beispiel, daß der Vater zurückgezogen oder sadistisch *war*, die Mutter narzißtisch oder psychotisch *war*, der Ehepartner masochistisch oder depressiv *ist*, und so weiter. Und man sieht es an publizierten Interpretationen analytischen Materials, die darauf basieren, daß Analytiker gewisse Darstellungen anderer Menschen als sicher, wahr, objektiv, den Tatsachen entsprechend angenommen haben. Es geht wohl nicht zu weit anzunehmen, daß diese Analytiker im analytischen Dialog selbst auch vergleichbare Äußerungen gemacht haben; oft berichten Analytiker sogar ausdrücklich, daß dies der Fall gewesen sei. Unser nächstes Problem ist also, diese unmittelbare Einsicht in unser Schema der neutralen, wohlüberlegten, konsequenten analytischen Aufmerksamkeit einzuordnen, die auf die psychische Realität gerichtet ist. Als ersten Schritt in der Auseinandersetzung mit diesem Problem

können wir dem Analytiker zugestehen, daß er, wenn man die analytische Behandlung als Ganzes nimmt, nicht jede Bemerkung über andere Menschen peinlich genau qualifizieren muß. Es gibt drei Bedingungen, unter denen auch unqualifizierte Interventionen mit genügend analytischer Sicherheit gemacht werden können. Die erste ist, wenn der Patient bereits tief in der analytischen Behandlung steckt und wiederholt und spontan seine zuverlässige Einsicht demonstriert hat, daß die psychische Realität im Mittelpunkt der Arbeit steht. Das bedeutet, pluralistische Darstellungen anderer Menschen sind an der Tagesordnung – und auch Nachtordnung – ohne Rücksicht darauf, wie »sachlich« die Dinge von Augenblick zu Augenblick auch formuliert sein mögen. Die zweite Bedingung ist, wenn die Funktionen, die durch gewisse Darstellungen anderer Menschen den Abwehroperationen und der Übertragung des Analysanden dienen, wiederholt und produktiv analysiert wurden. Der Analytiker hat Vertrauen zu dem Gefühl seiner Analysanden für Zusammenarbeit gewonnen, und daß es wichtig ist, die psychische Realität zu begreifen. Der Analytiker hat ebenfalls Vertrauen in sein eigenes Verständnis der psychischen Realität dieser Analysanden gewonnen. Auf dieser Grundlage braucht der Analytiker nicht jeden Moment so analytisch umsichtig zu sein; besonders wird sich der Analytiker zu dieser Zeit vermutlich nicht so sehr um die Gefahr einer Gegenübertragung sorgen müssen und wird sich daher eventuell so frei fühlen, knappe Hinweise zu den Charakteristiken anderer Menschen geben zu können.
Die dritte Bedingung ist, wenn es scheint, daß ein tieferes Eindringen in die psychische Realität es vom Analytiker erfordert, ein weniger distanziertes oder reflektierendes Verhalten anzunehmen, wie bei manchen schizoiden Patienten zu gewissen Zeiten. Dann sieht der Analytiker möglicherweise davon ab, qualifizierende Bemerkungen einzuführen und tritt statt dessen mit dem Analysanden durch eine teilweise, erleichternde Regression in eine traumähnliche Akzeptanz der erzählerischen Porträts anderer Menschen ein. Während dieser regressiven Ausflüge muß der Analytiker seiner eigenen Neigung gegenüber wachsam bleiben, zu beharrlich, enthusiastisch oder vehement in seinen Hinweisen auf andere Menschen zu werden, da diese Neigung dazu führen

könnte, Gegenübertragungen auf zerstörerische Art Ausdruck zu verleihen und möglicherweise ein destruktives Ausagieren zu stimulieren. Zum Beispiel einfach zu sagen: »Ihr Mann nutzt Sie aus«, oder »Ihr Geschäftspartner ist darauf aus, Sie über den Tisch zu ziehen«, könnte sehr wohl ein destruktives Ausagieren stimulieren.

Selbst wenn all diese Bedingungen erfüllt werden, entfernt sich der Analytiker jedesmal weit von der psychischen Realität, wenn er Schlüsse zieht, wie jene anderen Menschen wohl wirklich sind und was sie wirklich getan haben oder gegenwärtig tun. Indem er diesen riesigen Schritt tut, wechselt er von einem rein genetischen Ansatz zu einem Entwicklungs-Umwelt-Funktions-Ansatz. Die moderne Grundlage für ein systematisches Verstehen dieses Wandels wurde von Kris (1956b) gelegt. Der genetische Ansatz fokussiert die phasenspezifischen, psychosexuellen Phantastie-Konstruktionen der Realität des Analysanden, wie jene, die Freud in den »Drei Abhandlungen zur Sexualtheorie« (1905b), »Über infantile Sexualtheorien« (1908b) und in vielen anderen Abhandlungen beschrieben hat.

Im genetischen Ansatz lauscht der Analytiker den Darstellungen von anderen Menschen auf dieselbe Art wie dem manifesten Inhalt eines Traums. Diese Methode des Zuhörens ist, was ich weiter oben in meiner »puristischen« Darlegung beschrieben habe. Im Gegensatz dazu sieht der *Entwicklungs-Umwelt-Funktions-Ansatz* (um der Kürze willen als *Entwicklungsansatz* bezeichnet) gewisse biographische Daten bezüglich der frühen oder gegenwärtigen Umwelt des Analysanden, der darin lebenden Menschen und der Ereignisse, die darin stattgefunden haben oder stattfinden, als gegeben an. Ebenfalls als gegeben angesehen werden Ereignisse sich entwickelnder oder zufälliger Natur in der ganz persönlichen Umwelt des Patienten. Bei diesem Ansatz lauscht der Analytiker der Darstellung anderer Menschen eher wie dem Bericht einer Fallgeschichte als dem eines Traums. Zusätzlich hört er als Diagnostiker von kognitivem Funktionieren zu – er diagnostiziert dessen Niveau, Organisation und Deformation.

Der Wechsel des Analytikers in der Methode des Zuhörens vom genetischen zum Entwicklungsansatz ist möglicherweise nicht ohne weiteres ersichtlich. Er mag zum Beispiel scheinbar nicht stattgefunden haben, wenn ein Analytiker es weiterhin als primäre Wichtigkeit hervorhebt, festzustellen, was der Patient aus diesen »tatsächlichen« Menschen und Ereignissen gemacht hat. Doch dieser Schein trügt, denn der Standpunkt des Analytikers ist der, daß er weiß, was an anderer Stelle im Leben des Analysanden wirklich geschah oder nun geschieht, und er versucht nur, die Elaboration oder Entstellung der Erinnerung oder des Berichts zu verstehen. Die Eltern *waren* behindernd, der Ehemann *enthält* seiner Frau viel vor oder provoziert Schuldgefühle, und so weiter. Mit welcher Rechtfertigung nimmt der Analytiker diesen Standpunkt außerhalb der psychischen Realität ein?

Zuallererst besteht die Rechtfertigung für den Analytiker, diesen Standpunkt einzunehmen, in seiner diagnostischen Einschätzung der allgemeinen Adäquatheit und in der Integrität der kognitiven Aktivitäten des Analysanden. Wenn diese Einschätzung relativ hoch ist, wird der Analytiker den Berichten von vergangenen und gegenwärtigen Handlungen anderer Menschen wahrscheinlich eher einen gewissen Wahrheitswert zuschreiben. Wahrheitswert kann den Darstellungen anderer Menschen selbst dann zugeschrieben werden, wenn diese auf eine nicht völlig verläßliche Art und Weise geschildert werden – das heißt, wenn sie Abwehr und Übertragungen beinhalten, die durch Auslassungen, Widersprüche, krasse Verschiebungen und scheinbar unerklärliche Emotionalität angezeigt werden. Nichtsdestoweniger kann der Analytiker diesen Erzählungen immer noch entnehmen, daß zum Beispiel ein Freund die Patientin auf gewisse Art im Stich gelassen hat oder eine Freundin in einem bestimmten Tonfall sagte, daß sie sich über den Patienten geärgert hat, und sogar, daß diese Handlung oder dieser Tonfall für diese andere Person charakteristisch war.

Der Analytiker braucht ein Stück festen Boden, auf dem er stehen kann, um dem, was der Analysand in seinen Assoziationen berichtet, analytischen Sinn geben zu können; er kann nicht die Beurteilung über alles in der Schwebe lassen. In diesem Zusammenhang schafft sich der Analytiker den festen Boden, indem er die psychische Realität verläßt und diagnostische Urteile über das kognitive Funktionieren fällt. Wenn er diese Urteile fällt, verläßt sich der

Analytiker auf Varianten von üblichen menschlichen Situationen und Ursache-Wirkung-Beziehungen, die so weit konventionalisiert sind, daß sie als Standards für eine gute Realitätsprüfung, vernünftiges Urteilsvermögen und adaptives Funktionieren dienen. Obwohl es immer Diskussionen über diese Standards geben wird, werden sie für analytische Zwecke als allgemein anwendbar betrachtet. Gleichzeitig jedoch ist der Analytiker, wie ich bereits erwähnt habe, auf eine spätere erzählerische Revision dessen gefaßt, was er, da es für die Arbeit sicher oder nützlich erschien, zu einer früheren oder stürmischeren Zeit der Analyse als auf Tatsachen beruhend akzeptiert hat.

Die zweite Rechtfertigung für den Analytiker, einen Standpunkt außerhalb der psychischen Realität von der Faktizität gewisser Darstellungen anderer einzunehmen, ist seine Beurteilung, daß diese Darstellungen die Kriterien des erzählerisch guten Zusammenpassens erfüllen. Der Analytiker verwendet diese Kriterien, um verschiedene Berichte von Handlungen einer anderen Person in analytisch bedeutungsvolle Muster zu zerlegen. Es würde sich sicher lohnen, zu versuchen, die gesamten Kriterien des guten Zusammenpassens und ihre Grundlagen darzulegen, doch kann ich hier nur einen Teil erwähnen.

Was ihre Grundlagen angeht, leiten sich die Kriterien für gutes Zusammenpassen teilweise von konventionellem gesunden Menschenverstand oder einer analytisch weiterentwickelten Variante des gesunden Menschenverstands her. Denn die Vorstellung des Analytikers, was in einer Geschichte denn nun zusammenhängt, ist auf mehr als auf psychoanalytisches Verständnis gegründet; es beruht genausosehr auf den Konventionen der Kohärenz, die von Analytikern und Analysanden als Mitgliedern einer Verständnisgemeinschaft geteilt werden. Zusätzlich basieren diese Kriterien teilweise auf den empathischen Reaktionen des Analytikers, die in der Analyse noch nicht klar in Begriffe gefaßt wurden. Und sie hängen teilweise von derselben Art interpretativen analytischen Synthetisierens ab, das der Analytiker verwendet, wenn er aus all dem, was Patienten in der analytischen Situation vorbringen, einen kohärenten Sinn herauszieht. In dieser letzten Hinsicht dürfen wir auch nicht vergessen, daß selbst die Kohärenz der Erzählungen eines Analysanden von seiner Selbst-Erfahrung (zum Beispiel als »wertlos«) nicht routinemäßig als gegeben angesehen werden kann; auch sie muß vom Analytiker revidiert und synthetisiert werden. Zum Beispiel kann sich: »Ich bin bedrückt« mehr auf Angst als auf Depression beziehen, besonders wenn der Analysand Angst davor hat, an den Analytiker eine dringende Bitte zu richten.

Eine Form des guten Zusammenpassens basiert auf einer besonderen Art von Übereinstimmung oder Konsistenz. Einerseits sind da die Versionen des Patienten von seinen Handlungen im Umgang mit anderen Menschen. Andererseits sind da die Darstellungen von Handlungen des Patienten in der analytischen Situation selbst, die bereits gemeinsam entwickelt, provisorisch akzeptiert wurden und mit denen gearbeitet wurde. Wenn diese beiden Darstellungsgruppen sich entsprechen oder konsistent sind, wird ein Kriterium des guten Zusammenpassens erfüllt – zum Beispiel die gewisse Regelmäßigkeit einer mißtrauischen Reaktion, wann immer der Patient Güte erfährt.

Eine weitere Form des guten Zusammenpassens basiert ebenfalls auf Übereinstimmung oder Konsistenz. Einerseits ist da die Vorstellung des Analytikers von den Problemen seines Patienten und deren Entwicklungs-Umwelt-Kontext. Andererseits gibt es allgemein akzeptierte analytische Lehrsätze, wie Probleme dieser Art entstehen oder während der Entwicklung intensiv verstärkt werden. Zum Beispiel werden Berichte des Analysanden über den Sadismus oder die Passivität seines Vaters beziehungsweise den Narzißmus oder das psychotische Verhalten seiner Mutter wahrscheinlich als etwas von hohem Wahrheitswert akzeptiert, wenn sie sowohl den Entwicklungslehrsätzen bezüglich der Wirkung solcher Eltern auf Kinder als auch dem Verständnis des Analytikers von den Problemen des Patienten entsprechen. In Übereinstimmung mit der klinischen Theorie akzeptiert der Analytiker gewisse Lehrsätze zur Entwicklung als wahr und benutzt sie als Werkzeuge, um das Ausmaß abzuschätzen, in denen Berichte von früher »objektiver« Realität dem Phänomen der individuellen analytischen Interaktion entsprechen oder konsistent sind. Zum Beispiel wird ein Analytiker, der überzeugt ist, daß sein Analysand

extrem schizoid ist, die in grellen Farben geschilderten Darstellungen der frühen Familienbeziehungen nicht akzeptieren. Diese Entwicklungslehrsätze sind zwar nicht hochpräzise, aber sie taugen dazu, einige maßgebende Erwartungen aufzustellen. Indem er sich auf diese Lehrsätze verläßt, hat der Analytiker die psychische Realität des individuellen Patienten zeitweise verlassen, um später mit größerem Verständnis wieder zu ihr zurückzukehren.
Zusätzlich zur Einschätzung des kognitiven Funktionierens und des erzählerischen guten Zusammenpassens gibt es für den Analytiker einen dritten Grund, der ihn berechtigt, Schlüsse über andere Menschen zu ziehen. Dieser liegt ebenfalls außerhalb der psychischen Realität des einzelnen Patienten. Der Analytiker mag wohl damit zufrieden sein, daß ein Analysand andere auf runde Art und Weise porträtiert. Das heißt jedoch nicht, daß der Analytiker annimmt, jeder in der Welt sei in seiner persönlichen Erscheinung gleichermaßen rund; eher nimmt er an, daß in jedem einzelnen analytisch komplexe Faktoren wirksam sind. Eine runde Darstellung ist im frühen Stadium einer analytischen Behandlung nicht gerade hervorstechend. Zu Anfang werden andere Menschen wahrscheinlich eher als ihrem Wesen oder ihrem Einfluß nach nur gut oder schlecht geschildert, oder sie werden als unberechenbar ausschließlich gut oder schlecht dargestellt. In der Regel werden die Darstellungen anderer Menschen erst später in der Behandlung abgerundet. Dann vermitteln die Darstellungen die Erkenntnis auf seiten des Analysanden, daß Handlungen anderer Menschen komplex sind und auch Konflikte, unbewußte Bedeutungen sowie Kompromißbildungen mit einschließen. Wir können sagen, als ein Ergebnis analytischer Arbeit werden andere porträtiert als Menschen, die ihre eigene interpretierbare Lebensgeschichte haben. Diese Art erzählerischen Wandels kann man besonders gut in der Charakterisierung von Eltern verfolgen.
Analytikern begegnen natürlich auch einige Möchte-gern-Superanalysanden, die von Anfang an runde Darstellungen von anderen liefern. Diese Superanalysanden werden sich von ihren wohlüberlegten, ausgewogenen Erzählungen von anderen Menschen fortbewegen hin zu weniger abwehrend hieb- und stichfesten, größere emotionale Vereinfachungen einschließenden Erzählungen, bevor

sie tiefer empfundene und überzeugendere Darstellungen dieser anderen Menschen entwickeln können. In welcher Reihenfolge dies genau auftritt, wird von der Entwicklung der Abwehr und Übertragung in der analytischen Behandlung abhängen.

Der Analytiker kann sich des Wahrheitswerts der nun komplexen Darstellungen von anderen Menschen in dem Ausmaß sicher sein, in dem die *Darstellungen des Analysanden innerhalb der analytischen Situation* sein Selbst und das des Analytikers in äquivalenter und ähnlicher Komplexität charakterisieren. Wieder spielen Übereinstimmung und Kontinuität bei der Einschätzung des Wahrheitswerts eine Hauptrolle. Und wenn dieser Punkt erreicht ist, ist der Analytiker in der Lage, sich frei und produktiv zwischen Bemerkungen über die analytische Beziehung und Bemerkungen zu den anderen Beziehungen des Patienten in Vergangenheit und Gegenwart hin- und herzubwegen.

Der vierte Berechtigungsgrund für den Analytiker, ohne Qualifizierung über andere Menschen zu sprechen, ist der letzte, den ich erwähnen werde. Wenn die analytische Behandlung fortschreitet, verhält sich der Patient in der analytischen Beziehung anders. Einige der Veränderungen beruhen auf durchgearbeiteter Einsicht. Gleichzeitig berichtet der Patient von Veränderungen oder fehlenden Veränderungen auf seiten der anderen betreffs ihrer Reaktionen auf die andere Art des Analysanden, auf *sie* einzugehen (siehe auch Kapitel 1). Der Analytiker ist nun in einer besseren Position, um diesen Berichten über Veränderungen oder fehlende Veränderungen in den Reaktionen der Mitmenschen einen Wahrheitswert zuschreiben zu können. Der Analytiker achtet dabei besonders auf jene Berichte, die ein sich entwickelndes Bewußtsein des Patienten dafür vorweisen, wie der Analysand in seinen Mitmenschen eine *Vielzahl* an Veränderungen bewirken kann: Er kann das Beste und das Schlechteste in ihnen zum Vorschein bringen, ihre Stärken und ihr Verständnis, ihre Symptome und ihre Destruktivität. An diesem Punkt werden andere Menschen dem Analytiker nicht mehr auf selbstgerechte Art als völlig statische oder unberechenbare ahistorische Wesen dargestellt. Dieses Prinzip der veränderten Aktion und Reaktion bleibt selbst dann bestehen, wenn andere Menschen in ihren persönlichen Extremen dargestellt werden, wie beispielsweise hartnäckige Passivität, Depression oder großes Mißtrauen. Im Grunde genommen ist es sehr beeindruckend, wie viele zusätzliche Dimensionen oder Charakterzüge anderer Menschen in einer fortgeschrittenen analytischen Behandlung durch die analytisch veränderten Formen interpersonaler Aktivitäten des Patienten hervorgeholt oder deutlicher gemacht werden. Und das müssen nicht immer nur angenehme Wesenszüge sein.

Der Analytiker verwendet alle diese Veränderungen in der Darstellung anderer Menschen jedoch nicht als Grund, um zu sagen: »Nun sehen Sie die Welt, wie sie ist«, denn dann würde er die autoritäre und herablassende Rolle eines Experten spielen. Eher sagt oder impliziert der Analytiker etwas wie: »Diese Veränderungen machen in gewisser Weise deutlicher, wie Sie andere Menschen sehen und kontrollieren mußten, damit sie in diese oder jene Phantasie paßten, oder um diese oder jene Beziehung aus Ihrer Kindheit zu wiederholen.« Vielleicht verwendet der Analytiker die veränderten Erzählungen auch dazu, um neue Fragen zum Inhalt und zu der Konstruktion der psychischen Realität des Analysanden aufzuwerfen. Doch kann der Analytiker dies immer noch erst nach einigen zeitweiligen oder oszillierenden Abweichungen von einer Position innerhalb der psychischen Realität des Analysanden tun.

Ein wichtiger Aspekt dieses Wechsels vom genetischen Ansatz zum Entwicklungsansatz oder vom Psychischen zum »Tatsächlichen« sollte beachtet werden, um unser Verständnis für die Stellung der psychischen Realität in der analytischen Arbeit weiter zu vertiefen. Dieser Wechsel bringt einen weiteren Wandel mit sich, und zwar in der Betonung von unbewußt konstruierter Phantasie zu *unbewußt weitergeführter Kommunikation und Realitätsprüfung.* Analytiker bezweifeln nicht, daß eine solche Kommunikation und ihre implizite Realitätsprüfung in jeder Beziehung noch weitergeführt werden. Diese Prozesse als Tatsache anzusehen oder ihnen Wahrheitswert zuzuschreiben ist ein notwendiger Schritt, um das Unverständliche durch Interpretation verständlich zu machen. Wir sind nun zum Beispiel in der Lage, zu sagen: »Sie erkennen, wie sehr Ihre Mutter sich immer wünschte, Sie wären ein Junge und kein Mädchen.« Freud erkannte die unbewußte Kom-

munikation ebenso als eine der Grundlagen der analytischen Methode wie die Überich-Bildung.
Folglich sieht der Analytiker den Patienten, wenn er dessen Darstellungen anderer Menschen beurteilt, als eine Person an, die von anderen Menschen unbewußt ausgesandte Botschaften auffängt. Im gegenwärtigen Zusammenhang verdienen vor allem diese unbewußt aufgefangenen Botschaften besondere Beachtung. (Diejenigen, die bewußt oder vorbewußt aufgefangen werden, mögen wichtig sein, stellen jedoch für den interpretierenden Analytiker kein besonderes Problem dar, da sie vom Analysanden deutlicher als Wahrnehmungen dargestellt werden.) Zum Beispiel folgert ein Analytiker möglicherweise aus gewissen Darstellungen der Mutter, daß der Patient die Botschaft aufgefangen hat, sie wünschte, der Patient wäre nie geboren worden. Ähnlich mag es dem Analytiker glaubhaft erscheinen, daß der Analysand unbewußt die Botschaft des Vaters an die Mutter aufgefangen hat, daß er sie am liebsten umbringen würde oder daß er fürchte, von ihr kastriert zu werden. Ähnlich können Analytiker an die entwicklungsmäßige »Wahrheit« gewisser Darstellungen der Urszene glauben; das kann der Fall sein, wenn die Darstellungen genetisch basierende anal-sadistische Konstruktionen und unbewußt erkannte, »tatsächliche« sadomasochistische Schmerzen und Lust in der Beziehung der Eltern zueinander zu kondensieren scheinen. Und wenn der Traum eines Analysanden auf das uneingestandene Erkennen einer verführerischen oder grausamen Gegenübertragung seines Analytikers hindeutet, muß das Verständnis des Traums einen Hinweis darauf beinhalten, was von dem Analytiker unbewußt vermittelt wurde und korrekt, wenn auch unbewußt, vom Analysanden registriert wurde. Hier haben wir es nicht primär mit psychischer Realität zu tun, sondern mit der Realitätsprüfung »tatsächlicher« Kommunikation.
Aus diesen Punkten folgt jedoch nicht, daß der Analytiker in diesem Zusammenhang die Aufmerksamkeit von der psychischen Realität länger als nur vorübergehend abwenden muß. Es bleibt aber essentiell, daß analysiert werden muß, wie und warum der Analysand diese Ergebnisse des unbewußten Sehens, Hörens und Verstehens weiter ausschmückt. In anderen Worten, der Analyti-

ker kehrt bald zu der Frage zurück, was der Patient aus einem verführerischen oder grausamen Analytiker macht, falls diese Arten von Gegenübertragung zur Debatte stehen. Doch selbst bei aller gebührenden Beachtung der psychischen Realität muß der Analytiker dennoch in der analytischen Behandlung etwas aus der psychischen Realität heraustreten, um zu entscheiden, was diese andere Person – in vielen Fällen der Analytiker selbst – »tatsächlich« tut oder fühlt.

Das Wort »tatsächlich« sollte immer in Anführungsstriche gesetzt werden, da es immer mehr als nur eine analytisch nützliche, realistische Variante der fraglichen Beobachtungen gibt. In dem eben erwähnten Gegenübertragungsbeispiel etwa schließen Verführung und Grausamkeit von seiten des Analytikers sich nicht notwendig gegenseitig aus als realistische Versionen ein und derselben Gegenübertragungshandlung. Zu einem Zeitpunkt mag die hervorzuhebende Version Verführung sein; zu einem anderen, Grausamkeit. Später schließen der Analytiker oder der Patient dann vielleicht beide Darstellungen der Gegenübertragung des Analytikers in eine komplexe Erzählung mit ein. Diese komplexe Erzählung hebt vielleicht die Angst des Analytikers vor dem Sadismus des Analysanden hervor und den daraus folgenden Versuch, mit dieser Furcht durch entwaffnende Bemühungen erotischer oder aggressiver Natur fertig zu werden.

Ich versuche deutlich zu machen, daß der Analytiker immer eine pluralistische Sichtweise dessen, was wahr oder tatsächlich ist, verwendet (siehe auch Kapitel 4, 5 und 6). Die Ereignisse in der analytischen Behandlung sind, wie alle anderen Ereignisse auch, nur in ihrer Version verfügbar, und keine einzige Version erklärt eine wichtige Tatsache in all ihren Aspekten. Keine einzige Erklärung kann die sogenannte Tatsache voll ausschöpfen. Jede von Analytikern und Analysanden gegebene Variante wird verstanden als etwas, das gewissen Funktionen in gewissen Kontexten dient und somit eher gewisse Folgen nach sich zieht als andere. Es gibt keine nichterzählerischen Tatsachen, die der Analytiker mit absoluter Autorität präsentieren könnte. Jedoch gibt es, wie ich weiter oben erwähnt habe, einige Versionen von Ereignissen, die so hochkonventionalisiert sind oder durch den allgemeinen Konsens so bestätigt werden, daß der Analytiker sie routinemäßig als Kriterien dafür benutzt, was »wirklich« oder »tatsächlich« ist. Im Prinzip ist es kein Fehler, sich auf Konventionen dieser Art zu verlassen. Folglich gibt es Zeiten, in denen der Analytiker zu Recht von dem »Wirklichen« oder »Tatsächlichen« in Verbindung mit Hinweisen auf unbewußt vermittelte Botschaften und einer unbewußt durchgeführten Realitätsprüfung spricht. Doch, wie bereits erwähnt, sollten wir »tatsächlich« nur in Anführungszeichen benutzen, das heißt, innerhalb einer vernünftigen oder psychoanalytischen Konvention bindender Art.

Mit diesen perspektivistischen oder pluralistischen Erwägungen im Hintergrund können wir verständiger zum unmittelbaren Thema zurückkehren. Es ist wichtig, sowohl dem außerhalb der analytischen Behandlung als auch dem in der Behandlung selbst unbewußt Vermittelten und Realitätsgeprüften größte Aufmerksamkeit zu schenken. Bei der Überlegung, weshalb sich der Patient nur unbewußt mit dieser kommunikativen Aktivität abgibt, muß der Analytiker annehmen, daß ein Patient, der die verwendeten kognitiven Funktionen mit einer konfliktreichen Bedeutung erotischer oder aggressiver Natur ausgestattet hat, diese Aktivität als gefährlich betrachtet. Mit anderen Worten, wenn der Patient diese Funktionen sexualisiert oder aggressiviert hat, so daß deren Benutzung auf gewisse Art und Weise bedeutet, eine psychisch reale, infantile Gefahrensituation zu schaffen, dann betrachtet der Analysand diese Aktivität als gefahrvoll. In der psychischen Realität kann Realitätsprüfung zum Beispiel bedeuten, verstohlen sexuell danach Ausschau zu halten, etwas Verbotenes zu sehen; und die Ergebnisse der Realitätsprüfung in Worte zu fassen kann heißen, das Unaussprechliche auszusprechen und kann damit rebellierende und destruktive Angriffe auf elterliche Autorität oder Potenz bedeuten. Natürlich kann der spezielle Inhalt weit problematischer sein als die verwendeten kognitiven Funktionen.

Auch mag der Analysand, indem er sich mit dieser Aktivität befaßt und ihre Ergebnisse nur unbewußt darstellt, den Analytiker erhöhen: Nun ist der Analytiker derjenige, der klug genug ist, die »Wahrheit« zu sehen und tapfer genug, sie explizit auszusprechen, und somit verdient er es weiterhin, vom Analysanden idealisiert zu werden; oder nun übernimmt der Analytiker die Schuldgefühle des Patienten bei dessen Realitätsprüfung, indem er derjenige ist, der die »Tatsachen« behauptet und darum dafür verantwortlich gemacht werden kann; oder vielleicht drückt der Analytiker nun eine »Wahrheit« aus, die mit der einen Seite der Ambivalenz des Patienten übereinstimmt, die der Patient dann als »von außen« auferlegt vehement ablehnen kann. In diesen stark abwehrenden Kontexten besteht immer die Frage, wer ist der Erzähler, und welcher Inhalt wird erzählt. Daher sollte es offensichtlich sein, daß das Ignorieren dieser unbewußt entworfenen Abwehrmanöver die analytische Behandlung ernsthaft behindern kann. Sie zu ignorieren kann zum Beispiel die Analyse von Selbstkastrierung und Schuldgefühlen in der Übertragung stark einschränken.

In diesem Zusammenhang sollten wir uns erinnern, was Kris (1956a) betonte, als er die Theorie von Deutung und Einsicht erörterte. Kris betonte als besonders wichtig die vorbewußte Vorbereitung des Materials durch den Analysanden und das implizite Verlangen nach Deutung, das dadurch geschaffen wird. Was er jedoch nicht hervorhob war, daß das Implizierte dieser Vorbereitung und dieses Verlangens selbst möglicherweise als Zeichen für eine Abwehrbewegung in der Übertragung interpretiert werden muß. Die psychische Blindheit des Patienten gegenüber dem, was er weiß, kann unbewußt ebensogut manipulativ sein wie abwehrend.

Der Analytiker ändert seinen Fokus des Zuhörens von der psychischen Realität der analytischen Situation zu dem, was »tatsächlich« in ihr geschieht und dann wieder zurück zur psychischen Realität. Ohne dieses Wechseln oder Pendeln kann die analytische Arbeit aus dem Gleichgewicht geraten. Die Vorstellungen des Analytikers davon, was »tatsächlich« geschieht, spielen bei der Definition von Übertragungen und Abwehrfunktionen und somit für die Empathie eine entscheidende Rolle. Ich habe die Notwendigkeit für den Analytiker, zwischen der genetischen Perspektive und der Entwicklungsperspektive hin- und herzupendeln, um eine ausgeglichene analytische Arbeit zu leisten, bereits angedeutet. Diese Notwendigkeit des Pendelns wird zum Beispiel deutlich im optimalen Umgehen des Analytikers mit den Reaktionen von Patienten auf einen Urlaub. Einerseits muß der Urlaub als eine »tatsächliche« Unterbrechung angesehen werden, und früher oder später muß die psychische Bedeutung dieses Ereignisses erforscht werden. Psychisch kann es ein Preisgegebensein, eine Zurückweisung, eine Flucht bedeuten, oder ein Ausgeschlossensein aus einer verlockenden Urszene oder -orgie. Andererseits – das heißt, wenn der Analytiker die psychische Realität im eigentlichsten Sinn nicht aus den Augen verliert – sollte die »Tatsache«, daß die Ferien eine Trennung oder Unterbrechung mit sich bringen, nicht als gegeben angesehen werden, da der Analytiker in dieser Zeit abwesend sein kann oder auch nicht. In der psychischen Realität kann der Analytiker intensiv anwesend sein. In der Tat ist es sogar wahrscheinlich, daß die Patienten die Gegenwart ihres Analytikers während der scheinbaren Trennung weiterhin spüren und vielleicht sogar den analytischen Dialog fortsetzen werden. Diese Fortdauer der Gegenwart und des Dialogs kann zum Beispiel als gütig schützend oder als grausam peinigend dargestellt werden. Und aus Gründen der Abwehr können diese Darstellungen zu- oder abnehmen. Und obwohl dieses Gefühl des fortgesetzten Kontakts unterdrückt werden kann, werden seine Ableitungen oft gerade für jene Analytiker erkennbar und interpretierbar, die frei zwischen der psychischen Elaboration »tatsächlicher« Ereignisse und den psychisch realen Negationen dieser Ereignisse pendeln können.

Das Problem ist bei der Anwesenheit dasselbe wie bei der Abwesenheit. Zum Beispiel mag sich ein Patient über den fehlenden Körperkontakt zu dem Analytiker beklagen, ein Mangel, der »tatsächlich« der Fall ist und an irgendeinem Punkt aufgegriffen werden sollte. Und doch erfährt der Patient vielleicht psychisch in Abwesenheit jeglichen »tatsächlichen« Körperkontakts, wie er gehalten, umarmt, gestreichelt, durchdrungen oder geschlagen wird. Eine »gute Stunde« kann erfahren werden als eine gute Mahlzeit, eine gute Tracht Prügel oder guter Sex. Einsicht kann man erfahren als würde man einen eigenen Penis gewinnen oder vom Penis des Analytikers durchdrungen werden; in diesem Fall kann sich der Analysand gegen die Erfahrung der Einsicht entweder energisch streuben oder ekstatisch für sie einstehen.

Mein Eindruck ist, daß jede Unausgewogenheit in der Zuhörensweise des Analytikers darauf beruht, daß er die analytische An-

und Abwesenheit in der psychischen Realität vernachlässigt und die tatsächliche An- und Abwesenheit überbewertet und ebenso mit der Abstinenz, dem verbalem Dialog und der Einsicht verfährt. Verständlicherweise bewirkt ein solches Ungleichgewicht, daß die analytischen Behandlungen oft steckengeblieben, unnötig turbulent, unverständlich leidenschaftlich, einfach ermüdend oder entmutigend intellektualisiert erscheinen.

Abschließend sei gesagt, obwohl der Umgang des Analytikers mit den Darstellungen der Mitmenschen des Patienten keinesfalls der einzige bedeutungsvolle Aspekt analytischer Arbeit ist, zeigt er doch das Ausmaß, in welchem die analytische Behandlung auf diese pendelnde aber doch beständig analytische Art durchgeführt wird, die ich beschrieben habe. Und darin zeigt sich, in welchem Ausmaß der Analytiker an die zentrale Bedeutung der psychischen Realität glaubt, während er doch gleichzeitig den entwicklungsmäßigen Einflüssen, der unbewußten Kommunikation und der Realitätsprüfung gerecht wird.

14. Kapitel

Widerstand: Die falsche Geschichte?

I. »Der Widerstand« und Freuds Gegenübertragung

Das Ausmaß, in dem wir Freuds »Erfindung« der Psychoanalyse schätzen, sollte nicht an dem Tribut gemessen werden, den wir seinem Genie zollen – an dem es nie gemangelt hat –, sondern daran, inwieweit wir uns an der Debatte über seine Ideen beteiligen wollen, die er selbst in seinen Schriften immer wieder angeregt hat. Er tat dies, um seine Ideen selbst zu überdenken und sie dann entweder zu revidieren und weiter darauf aufzubauen, oder um sie zu verwerfen. Der Gedanke, mit dem ich mich hier befassen will, ist »der Widerstand«. Dabei stelle ich besonders die Erzählung über den Widerstand in den Mittelpunkt, die Freud in seinen Schriften zur Behandlungstechnik (1910–1915) entwickelte. In diesem Zusammenhang werde ich eine empfehlenswerte Variante aus der modernen technischen Betrachtungsweise des Widerstands vorstellen, in dem die Analyse der Gegenübertragung »den Widerstand« als zentralen Faktor im analytischen Prozeß ersetzt.

Lange bevor Freud diese Abhandlungen zur Technik schrieb, bereits zu Zeiten der »Studien über Hysterie« (Breuer und Freud, 1895), hatte er im wesentlichen seine Erzählung der Abwehr aufgebaut: Abwehr von psychischem Schmerz und Abwehr im Dienst eines Ichs, das seine Einheit schützen will; und er hatte damit angefangen, besonders über eine Abwehrform des Ichs nachzudenken, über die Verdrängung. Von Anfang an hat er in seinen psychoanalytischen Schriften jedoch auch den Widerstand als eine unabhängige Kraft hervorgehoben. Mit »Widerstand« beabsichtigte er das Gefühl zu vermitteln, das er mit seinem Patienten teilte, nämlich daß sie beide gegen eine negative Kraft ankämpften. Zunächst betrachtete er ihn als eine Kraft, die der Rückschau auf schmerzvolle oder traumatische Erinnerungen im Weg stand. Freuds Briefe lassen darauf schließen, daß er derselben negativen Kraft in seinen eigenen früheren Bemühungen um eine Selbstanalyse begegnete.

Im Lauf der Zeit stellte Freud diese Kraft als Ursache für eine Blockade der Assoziationen dar. Mehr als das bewußte Unterdrücken durch den Patienten betonte er hierbei die Wirkung der unbewußten Verdrängungsoperationen. Da der Widerstand überwiegend unbewußt zu funktionieren schien, schien ein Großteil des therapeutischen Kampfes gegen eine unsichtbare, oft unergründliche Kraft mit großem Einfluß geführt zu werden. Der Patient erlebte diesen Einfluß hauptsächlich passiv; Freud schloß auf ihre Präsenz sowohl aus der beschränkenden Wirkung, die sie auf den therapeutischen Prozeß ausübte, als auch aus der bewußten Anstrengung, die benötigt wurde, um die Arbeit der Analyse überhaupt leisten zu können. Es war mühsam, sie zu »überwinden«: Diesen Begriff hat Freud wiederholt verwendet, sowohl vor als auch in seinen Abhandlungen zur Methode. Jedoch beharrte er darauf, daß der passiven subjektiven Erfahrung des Patienten nicht erlaubt werden dürfe, die Einsicht zu verschleiern, daß der Patient dennoch aktiv, wenn auch unbewußt Widerstand leistet. Ich glaube, daß Freuds Vorliebe für militaristische Metaphern – Waffen, Schlachten, Kämpfe und so weiter – durch das Gefühl intensiviert wurde, der Analytiker führe einen Kampf gegen eine verschlagene, feindliche und unbarmherzig aktive Kraft.

In seiner voranalytischen klinischen Arbeit hatte Freud die Hypnose verwendet, um einen Zugang zu den störenden Erinnerungen zu finden. Bald erkannte er jedoch in einem großen Sprung nach vorn, daß die Hypnose den Widerstand lediglich umging und somit einen wesentlichen Mitspieler in der Neurose ignorierte. Freud schloß daraus, daß es wesentlicher wäre, den Widerstand zu überwinden statt zu versuchen, ihn zu umgehen. Zu diesem Zweck begann er, sich auf eine Kombination von Beruhigung, didaktischer Erklärung von psychoanalytischen Prinzipien und Befunden, Ermahnungen und physischem Druck zu verlassen. Sein

Interesse für Anzeichen von Widerstand wuchs, und im Lauf der Zeit auch das für typische, irgendwie damit verbundene Motive; allerdings hat er weder zu Anfang noch später jemals die Notwendigkeit in Frage gestellt, mit der er die Präsenz einer so grundlegenden oppositionellen Kraft in der Therapie annahm. Ebensowenig hat er seine fachliche Betonung des psychologischen Drängens, der Beruhigung, Erklärung und anderer Anreize, den Widerstand gegen die Erinnerung aufzugeben, fallengelassen; nur der physische Druck wurde weggelassen. Schließlich räumte er dem Widerstand die gleiche Stellung ein wie der Übertragung, als er feststellte, daß die Analyse beider Merkmale die Psychoanalyse als eine eigenständige Methode der Therapie und Untersuchung definierte. Der harte Kern der Freudschen Analytiker hält bis heute an dieser Darstellung fest; im Lauf der Jahre konnten bis heute viele wertvolle Erfahrungen durch diese Begriffe leichter gewonnen und organisiert werden.

Ungeachtet von Freuds produktivem Anfang und späterer Entwicklung ist hier meine Absicht, die als selbstverständlich angesehene Notwendigkeit für den Gedanken des Widerstands und den Gebrauch, der davon gemacht wird, in Frage zu stellen. Ich behaupte, der Gedanke des Widerstands ist diffus und überflüssig, zu stark auf einen relativ manifesten Inhalt ausgerichtet und zu sehr von theoretischen Lehrsätzen über den therapeutischen Prozeß abhängig, die die bewährte Freudsche analytische Praxis längst nicht mehr dominieren. Als Konsequenz daraus sehe ich den Gedanken des Widerstands als technisch verwirrend an. Mein zweites Hauptziel ist, darauf hinzuweisen, daß Freuds Betonung des Widerstands in bedeutendem Maße, wenn auch nicht gänzlich, darauf schließen läßt, daß sich Freud in eine generalisierte, gegnerische Gegenübertragung verstrickt hatte.

Diese beiden Vorhaben sind recht umfangreich, so daß ihnen selbst ein erweitertes Kapitel kaum genügt. Auch sollte man sie idealerweise durch viele Zitate aus den Formulierungen Freuds unterstützen. Dennoch glaube ich, auch ohne diese Unterstützung für meine beiden Behauptungen eintreten zu können, wenn auch nur in groben Umrissen.

Nicht integrierte Aspekte in Freuds Ansatz

Das erste, was ich in meiner Kritik betonen möchte ist, daß man nach eingehendem Studium von Freuds Schriften zur Behandlungstechnik erkennen kann, daß er an seinen voranalytischen und frühen analytischen technischen Einstellungen und Methoden festhält. Zusätzlich zu seiner wiederholten Empfehlung, den Widerstand zu »überwinden«, schreibt er vom »Bekämpfen« anfänglicher Widerstände, so als wären sie schwieriges Gestrüpp, das eine Expedition behinderte. Ähnlich empfiehlt er als beste Reaktion auf einen Mißtrauensausdruck, den Patienten zu drängen, dieses Gefühl einfach zur Seite zu schieben und weiterhin die Regel der freien Assoziation zu befolgen. Außerdem solle man dem Patienten erklären, daß sein Mißtrauen nur ein Symptom sei, da Vertrauen für die Analyse unerheblich sei. Somit nimmt er wohl an, der Patient könnte und sollte trotz des Widerstands analytisch arbeiten. Und wir können feststellen, daß Freud in demselben Sinn vom »Durcharbeiten« durch den Widerstand geschrieben hat; hierbei meint er nicht den analytisch anspruchsvollen Gedanken des Durcharbeitens, sondern eher nur das Weiterarbeiten des Analysanden trotz des Gefühls und der indirekten Anzeichen für einen erheblichen Widerwillen, dies zu tun. Demnach, glaube ich, meint er damit einfach: »Machen Sie es trotzdem!«, und nicht: »Wie sollen wir Ihren Widerwillen verstehen?«

Der Vollständigkeit halber muß ich allerdings bemerken, daß Freud noch auf derselben Seite, auf der er das »Durcharbeiten« in diesem drängenden Sinn erwähnt, vom »Durcharbeiten des Widerstands« (1914a, S. 155) zu sprechen beginnt. Wir können diese kleine doch bedeutsame Korrektur der Wortwahl als den beginnenden Übergang zu einem modernen Verständnis dieses Gedankens ansehen. Dennoch wage ich zu sagen, daß er in diesen technischen Abhandlungen sicher noch nicht zu diesem modernen Verständnis gelangt war. Und das ist ihm auch nie ganz gelungen, glaube ich. In seiner Einstellung bevorzugte er weiterhin das Weiterdrängen gegen den Widerstand und trotz des Widerstands; dadurch behielt er auch in seiner neuen analytischen Methode unanalytische Unreinheiten.

Technisch gesehen ist dieser gemischt analytische und voranalytische Aspekt von Freuds Erzählung nicht nur verwirrend, sondern sogar überflüssig. Wie schon gesagt, hatte Freud immer schon die grundlegende Erzählung der Abwehr und eine gut entwickelte klinische Vorstellung von der Verdrängung. Seine Arbeiten über Träume, Fehlleistungen und Witze, die früher als diese technischen Schriften verfaßt wurden, zeigen dies; selbst seine früheren Fallberichte zeigen es. Er hätte eigentlich mit folgendem Schema recht zufrieden sein können: In der Therapie sind Analytiker und Patient verpflichtet, die verdrängte Abwehr, die vom Ich des Patienten aufrechterhalten wird, zu identifizieren, zu analysieren und durchzuarbeiten. Freud hätte diesen Schritt tun können, auch wenn er die spätere, weit ausgefeiltere und ausgeglichenere Position, wie sie in seiner 1923 (1923a) und 1926 entstandenen Theorie des Ichs mit seinen Abwehrmotiven und -mechanismen eingenommen wird, noch nicht entwickelt hatte. Doch er war, so folgere ich, in der klinischen Analyse zu sehr in seiner eigenen, subjektiven Erfahrung gefangen: Er hatte das Gefühl, eine mächtige Gegenkraft versperre ihm den Weg.

Welche Mutmaßungen kann man über diese subjektive Erfahrung anstellen? Aus Freuds Erzählung können wir schließen, daß er von seinen Patienten dachte, sie würden nicht angemessen am Behandlungsprozeß mitarbeiten. Besonders assoziierten sie nicht konsequent frei auf die Art, die er von ihnen erwartete, und ihre Erinnerung blieb bestenfalls bruchstückhaft. Wie wir wissen, setzte Freud sehr stark auf die Methode der freien Assoziation, um Zugang zu den pathogenen Erinnerungen zu erhalten, die er als den analytisch entscheidenden Inhalt des Verdrängten ansah. Er glaubte, sein Ziel nur erreichen zu können, wenn er die Absperrung durchbrach, die die Kindheitsamnesie darstellte. Je mehr er diese Amnesie auflösen könnte, folgerte er, desto überzeugender könnte er seinen Patienten die störenden Erinnerungen zeigen, die um die konfliktreiche infantile Sexualität organisiert waren, die unbewußt ihr gegenwärtiges Leben dominierte. Die entscheidenden Einsichten betrafen eine konfliktreiche Sexualität, die das Leben der Patienten in einem solchen Ausmaß dominierte, daß sie die Bildung der Symptome und symptomähnlichen Charakterzüge notwendig machten. Freud glaubte, diese Einsichten in ihre eigenen Geschichten, ihre psychische Natur sowie in ihre gegenwärtigen Schwierigkeiten hätten nicht nur einen heilsamen Einfluß, sondern sie würden die Patienten auch tiefer in ihre eigene Psyche führen. Und damit ihn, Freud, zu dem vergrabenen Schatz von Beweisen führen, mit denen er seine Theorien der psychosexuellen Entwicklung, Neurose, Träume und der Organisation des psychischen Apparats stützen und ausbauen könnte. Mehr noch als für seine Patienten Einsichten herauszuarbeiten wollte er mit diesen Einsichten die Welt beeindrucken: die Welt, die er als schikanierend und ihn ständig unter feindlicher Beobachtung haltend erlebte. Das also war die Grundlage für die bezeichnende verallgemeinerte Gegenübertragung, die ich weiter oben erwähnt habe.

Wie ich glaube, besteht eine Diskrepanz zwischen Freuds scheinbaren therapeutischen Zielen und seiner Einstellung gegenüber seinen manifest und implizit unkooperativen Patienten. In seinen Abhandlungen zur Methode ist seine Einstellung zu seinen Patienten nicht völlig unvoreingenommen. Tief in seine eigenen Zielsetzungen verstrickt, definierte er klinische Phänomene zu stark aus seiner eigenen Sichtweise heraus. Er schreibt, als würde er seine Theorie von der Verdrängung im Dienste des Ichs selbst nicht ganz begreifen oder wertschätzen.

Freuds Vorstellung von der Analyse des Widerstands

Doch wie können wir dann diese Auslegung damit vereinbaren, daß Freud in denselben Abhandlungen auch den Gedanken von der »Analyse des Widerstands« hervorhob? Mit dieser Hervorhebung scheint er über die relative Einseitigkeit, die ich eben unterbreitet habe, hinauszugehen. Um uns dieser Frage zu widmen, müssen wir uns für einen Moment zusätzliche Gesichtspunkte zu Freuds Situation vor Augen führen. Mit einer gewissen Berechtigung kann man sagen, daß die frühen Jahre des zweiten Jahrzehnts dieses Jahrhunderts, als Freud diese technischen Abhandlungen schrieb, in gewisser Weise auch seine frühen »Teenagerjahre« als klinischer Analytiker waren. Relativ gesprochen, und ungeachtet der reichen klinischen Weisheit, die sich durch diese Seiten zieht, ist dies immer noch die Hauptzeit von Freud, dem Konquistador, der tapfer in eine reiche neue Welt eindringt und Widerstand schlecht erträgt. In dieser jugendlichen Rolle ist er noch nicht bereit, so ganz unparteiisch zu sein; er ist allerdings bereit, seine eigenen Verständnisschwierigkeiten ebenso wie die Unausgeglichenheit seiner Ergebnisse dem Widerstand, der ihm vom Patienten entgegengebracht wird, zuzuschreiben. In dieser Hinsicht unterscheidet sich Freuds Haltung gar nicht so sehr von der, die heutige Analytiker manchmal einnehmen, selbst wenn sie keine analytischen Teenager mehr sind und viel mehr intellektuelle Perfektion gegenüber dem Widerstand aufweisen können. Ein Analytiker muß immer noch damit rechnen, ständig der Verlockung zu unterliegen, auf Widerstand zu schließen, wenn er noch nicht versteht, was ausgedrückt wird oder wie er reagieren soll und wenn er über seine Resultate enttäuscht und von seinen Patienten frustriert ist.

Kehrt man nun zu Freuds Schlußfolgerung zurück, daß es wichtig sei, den Gedanken der »Analyse des Widerstands« herauszuarbeiten, so muß man vorerst zugeben, daß Freuds Betonung dieses technischen Prinzips, oberflächlich betrachtet, vollkommen und systematisch analytisch klingt. Ich unterstelle jedoch, daß es an zwei schwerwiegenden Beschränkungen krankt. Zuallererst einmal erscheint es mir viel zu häufig, daß das, was Freud mit dieser technischen Regel meint, sich darauf beschränkt, den Analysanden zu zeigen, daß sie Widerstand leisten; ihnen zum Beispiel zu zeigen, daß ihr leidenschaftliches Verlangen nach der Liebe des Analytikers demselben Zweck dient, wie das einfache Zurückhalten von Assoziationen oder das »Scheitern« beim Assoziieren oder die beiläufige Geringschätzung von Interpretationen, nämlich dem, die Entdeckung des Verdrängten zu blockieren. All diese Ereignisse und Haltungen dienen dem Widerstand. Soweit ist es auf gewisse Art eine Einsicht, vorausgesetzt, es kann dem Analysanden überzeugend vermittelt werden. Doch selbst dann hat die allgemeine Erfahrung gezeigt, daß diese Einsicht in ihrem Umfang sehr begrenzt, gewöhnlich ohne großen Einfluß und instabil ist, insofern als sie auf einer immer noch unanalysierten Grundlage von Übertragung und unbewußten Abwehrmaßnahmen beruht. Oft erweist sich, daß in genau dieser Einsicht viel oberflächliche Unterwerfung unter die Autorität des Analytikers als Übertragungsfigur enthalten ist. Freud war mit diesem Phänomen der verschleierten Submission unter diese analytische Autorität vertraut; dennoch scheint diese Submission einen gewissen Reiz auf ihn in seiner Rolle als Konquistador ausgeübt zu haben. Er bezeichnete sie wohlwollend als »Befolgung« seiner Methode.

Die zweite Beschränkung von Freuds Vorstellung von der Analyse des Widerstands liegt in der inkonsequenten Art, in der er mit der Dynamik des Widerstands umgeht. Einerseits bezieht er sich auf diese Dynamik verschiedentlich als Motiv für den Widerstand, Motive, die den Widerstand zur Aktion anregen oder ihn verstärken, und Motive, die der Widerstand zu seinen eigenen Zwecken verwendet. Er behauptet auch, daß die mit dem Widerstand in Zusammenhang stehenden unbewußten Motive, wie alle anderen unbewußten Motive oder Wünsche auch, ihre eigenen Gründe haben, um sich dem Bewußtwerden zu widersetzen; hier bezieht er sich darauf, was er in früheren Schriften als den Sog des Verdrängten, den sogenannten Sog von unten postuliert hatte. Somit führt er in dieser Hinsicht noch eine weitere Kraft – keine abwehrende – in seine Erzählung vom Widerstand, die um Verdrängung organisiert ist, mit ein. Zusätzlich deutet er eine Kenntnis der Motive des sekundären Gewinns an, womit er in diesem Zusammenhang einen auf dem Ich basierenden Aspekt der Suche nach Lust einführt und seine Vorstellung von einem repressiven Widerstand damit weiter kompliziert. Zur Unterstützung der vielfältigen Freudschen Formulierungen könnten wir den Gedanken der Überdetermination bemühen oder eine Sichtweise des Widerstands als Kompromißbildung, aber ich glaube nicht, daß Freuds Schriften diese Rationalisierung seiner begrifflichen Weitschweifigkeit unterstützen würden. »Der Widerstand« behält seinen Status einer elementaren Kraft und eines herausragenden Spielers in Freuds gesamten Werk.

Wichtiger noch als diese Weitschweifigkeit ist jedoch Freuds begriffliches Wildern auf dem Gebiet der Übertragung – was er sogar noch vor den technischen Abhandlungen betrieb. In seiner Studie über den »Kleinen Hans«, zum Beispiel, schrieb er, nachdem er Hans erst einmal über seine feindlichen und eifersüchtigen Gefühle gegenüber seinem Vater aufgeklärt habe, hätte er damit den mächtigsten Widerstand von Hans beiseite geschafft. Nicht seine Übertragung: seinen Widerstand! Der Hintergrund dieser Formulierung ist folgender: Unter den Motiven, die im Widerstand des Mannes einbegriffen sind, wie Freud es ausgedrückt hat, befinden sich Furcht vor und Trotz gegenüber väterlicher Autorität sowie Unglaube ihr gegenüber. Hier verlieren Übertragung und Widerstand ihre eigenständigen Identitäten.

Während Freud dann diese fachlichen Abhandlungen verfaßt, vertieft er auch sein Verständnis der erotischen und der negativen Übertragung, und er beginnt, sie größtenteils als etwas zu sehen, was den Widerstand verstärkt: Sie sind, sagt er, »Nebenmotive«, die der Patient benutzt, um seinen Widerstand zu rationalisieren. Als solche schützen sie den Patienten, indem sie als Warnung dienen vor den Gefahren, die ein Übermaß an Emotionen und deren Ausdruck mit sich bringen kann. An anderen Stellen deutet Freud an, daß diese Übertragungen größtenteils ein Werk des Widerstands seien; zum Beispiel stellten sie destruktive Angriffe auf den analytischen Pakt selbst dar.

Ich glaube, Freud hatte ein Gefühl für diese neuen begrifflichen Schwierigkeiten, denn er begann jenen implizit zusammengeschriebenen Begriff »Übertragungswiderstand« zu verwenden. Meiner Meinung nach ist Übertragungswiderstand jedoch einer jener Brückenbegriffe, die vielleicht als sehr saloppes Fachkürzel nützlich sind, aber nichts erklären können, weil sie dem begrifflichen Problem nur einen unhandlichen Namen geben und nichts dazu beitragen, es zu lösen. Ich glaube, selbst damals hätte Freud all diese Phänomene, einschließlich einiger Kernaspekte der erotischen Übertragung unter der negativen Übertragung zusammenfassen können – wie es Analytiker heute wahrscheinlich tun. Ebenso hätte Freud die fachliche Herausforderung, der er hier begegnete, mit einschließen können und ebenso die Anstrengung, die eine Auseinandersetzung mit diesen Übertragungen unter zahlreichen anderen verständlichen Problemen in der analytischen Arbeit erfordert. Genau dies tat er ja, als er Übertragung und Agieren aufgriff: Während er sich vorankämpfte, fuhr er fort, sie brillant zu erklären. Nicht so bei Widerstand und Übertragungswiderstand, und das Ergebnis war eine in der Qualität seiner fachlichen Abhandlungen spürbare erzählerische Unebenheit.

Freuds negative Gegenübertragung

Ich habe versucht aufzuzeigen, daß Freud in seinen Pioniertexten über die Analyse der Dynamik des Widerstands Unklarheiten und Klarheiten gemeinsam eingeführt hat. Während das Problem zu der Zeit, als Freud den Gedanken entwickelte nicht so wichtig war, ist es für diejenigen von uns wichtig, die heute ständig mit den Augen dieses Genies ihre Patienten betrachten. Eben habe ich die Unklarheiten erläutert. Was die Klarheiten angeht, würde ich sagen, daß diese lose organisierten Motive und Beziehungen zusammengenommen Analytikern geholfen haben, eine Reihe interpretativer Möglichkeiten zu erkennen, mit deren Hilfe es ihnen oft gelingt, die sogenannte Kraft des Widerstands zu verringern und so dazu beizutragen, sie, in Freuds Begriffen, zu »überwinden«. Auch wenn die Erzählung im wesentlichen mangelhaft ist, ist sie doch verwendbar.

Es genügt jedoch nicht, diese Unausgewogenheit der Qualität nur zu erkennen. Wir müssen, so glaube ich, weitergehen und uns die folgenden Fragen stellen: Weshalb mußte Freud den Widerstand als eine *unabhängige* mächtige Kraft darstellen? Weshalb war er so bereit, die allgemeine subjektive Erfahrung des Analytikers und seines Patienten, daß analytische Arbeit mühsam ist, als entscheidende Prämisse in sich und aus sich selbst heraus anzusehen? Was kann begründen, daß er es unterlassen hat, sein eigenes Verständnis der begrenzten Bedeutung des manifesten Inhalts anzuwenden? Denn die fragliche Mühseligkeit liegt, relativ gesprochen, in oder dicht am Bereich des manifesten Inhalts: bewußte oder vorbewußte subjektive Erfahrung, die einen unbewußten Konflikt sowohl andeutet als auch verschleiert.

Wir können sagen, Freud hat dem manifesten Inhalt gegenüber überreagiert, selbst wenn wir seiner Erkenntnis Rechnung tragen, der Widerstand operiere ebenfalls unbewußt und benötige daher seine eigene Interpretation, bevor er, wie Freud sagte, aufgedeckt werden kann; es gibt, meinte er, Widerstand gegen das Aufdecken von Widerständen. Unsere Attribuierung ist gerechtfertigt, da Freud den Widerstand wiederholt als Phänomen beschreibt, und nicht als eine Theorie oder eine Schlußfolgerung; die Verdrängung hingegen ist für ihn Theorie. Sie ist außerdem gerechtfertigt, da der Widerstand in seinen Augen den Inhalt, den er für äußerst wichtig hält, nur überdeckt, und zwar die verdrängte infantile Sexualität. Freuds Beweisführung für den Widerstand kann daher funktionell und deskriptiv als sich in oder dicht an dem Bereich des manifesten Inhalts befindlich lokalisiert werden.

Es ist nicht zu leugnen, daß es Mühe kostet, gegenüber den unzähligen Formen von Übertragung und Abwehr wachsam zu bleiben, sich Mittel und Wege auszudenken, um sie aufgreifen zu können und gleichzeitig die eigenen Tendenzen zur Gegenübertragung fest im Griff zu behalten. Freud wußte dies und hat uns, in groben Umrissen, gelehrt, daß dies so sei. Weshalb also war er nicht bereit, folgenden Schritt zu tun: all diese dynamischen Faktoren unter den konfliktreichen positiven und negativen Übertragungen und den Abwehrfunktionen des Ich zusammenzufassen? Den Boden hatte er bereits vorbereitet. Hätte er diesen Schritt getan, wäre er zu dem Schluß gekommen, daß es eben die Analyse sowohl der Übertragung als auch des abwehrenden Ichs ist, die die Psychoanalyse von anderen Therapien unterscheidet. Er hätte erkannt, wie unangemessen und analytisch ungeeignet es war, so stark zu betonen, daß die »Widerstände« aufgedeckt werden müssen und der Patient ermahnt werden sollte, diese zu bekämpfen.

Wir kommen nun zu meinem Vorschlag, wie die Frage beantwortet werden kann, weshalb Freud die Konzeption des »Widerstands« brauchte und sich in diesen Gedanken und seine Vorstellungen vom Umgang damit verrannt hat: Vom Beginn seiner kreativen Arbeit an blieb Freud unter dem Einfluß einer negativen Gegenübertragung. Ich glaube, daß Freud, weil er meinte, er befinde sich in irgendeiner Debatte, glaubte, er müsse eine Gegenkraft in seine klinischen und theoretischen Erzählungen einführen. Dieser Vorschlag stimmt mit den Werken jener Autoren überein, die Freuds Schwierigkeiten in seiner Arbeit mit Dora bereits untersucht haben: Nachdem er ihren feindlichen Übertragungswiderstand, wie er es später genannt hätte, endlich klar erkannt hatte, gab es dennoch kein Anzeichen dafür, daß er die Rolle, die seine eigene komplexe Gegenübertragung in der Durchführung der Behandlung und bei deren Ergebnis gespielt hat, erkannt hätte.

Eine moderne analytische Betrachtungsweise des Widerstands

Ich halte Freuds Ausarbeitungsversuch dessen, was es bedeutet, Widerstand zu analysieren und die Rolle der Gegenübertragung in diesem Prozeß, für begrenzt. Daher lege ich als nächstes in einer kurzen, verallgemeinerten Skizze dar, was ich für eine adäquatere und weniger von Gegenübertragung belastete moderne analytische Betrachtungsweise des fraglichen Phänomens halte. Dabei werde ich gleichzeitig auch genauer untersuchen, wie die weitschweifigen, verschwommenen und überflüssigen Aspekte von Freuds Erzählung des Widerstands es erleichtern und dabei helfen können, die Gegenübertragung in der analytischen Arbeit zu rationalisieren.

Ich glaube, daß wir als Analytiker selbst in der angemessensten analytischen Betrachtungsweise dem Gedanken des Widerstands kaum irgendwelche Bedeutung beimessen. Statt dessen denken wir in den allgemeinen Begriffen von Übertragung und Abwehroperationen. Besonders denken wir im Sinne von Inszenierungen innerhalb der analytischen Beziehung, die von der analytischen Beziehung selbst handeln. Diese Inszenierungen kann man als unbewußt entworfene Kommunikationsversuche ansehen; sie vermitteln die Phantasien darüber, die von der Erfahrung des Patienten sowohl unbewußt als auch bewußt beherrscht werden, wie sich die beiden Beteiligten in der analytischen Beziehung verhalten. Diese Erfahrung und dieses Verhalten können jede Variante der Selbst- und der Objektdarstellung betreffen: liebend, hassend, mißtrauisch, omnipotent, bedrückt, verschmolzen, einsam, sexuell erregt oder frigide oder impotent, sadistisch, masochistisch und so weiter. Der Analytiker geht an sie heran als konkrete Manifestationen von unbewußt ausgearbeiteten Übertragungsphantasien. Aus dieser Sicht würden wir das Zurückhalten von Assoziationen, das Freud so sehr betonte, nicht so sehr als ein Zeichen des Widerstands, als Oppositionshaltung, die der Analysand erkennen und überwinden muß, betrachten, sondern zum Beispiel als implizit provokativen Schritt in der Übertragung, vielleicht als einen verführerischen Schritt, der eine sadomasochistische Übertragungsphantasie in Szene setzt; oder vielleicht als einen versteckten Hinweis auf das Wahren eines von Schuldgefühlen belasteten Geheimnisses in einer Übertragungsinszenierung von mit Schuldgefühlen befrachteten Geheimnissen aus der Kindheit. Der Analytiker wählt vielleicht ähnliche interpretative Orientierungen für den Versuch eines Patienten, durch gutes Verhalten zu entwaffnen oder durch direkte Angriffe auf die Empathie des Analytikers Distanz zu schaffen oder aber durch die Verwendung analytischer Werkzeuge, die sich gegen die Analyse selbst richten oder den Analytiker entbehrlich machen, Omnipotenz zu beweisen.

Analytiker betrachten diese und andere ähnliche Phänomene als Kommunikationen, die der Patient wiederholt und unter vielen unterschiedlichen Masken durchführen muß. Ständig wägt der Analytiker die Frage ab, ob solche Inszenierungen wie zum Beispiel gut sein, zurückhaltend, verliebt, oberflächlich oder die Analyse kontrollierend zu sein, zu diesem Zeitpunkt im Leben des Analysanden eine wichtige Rolle spielen, die zu erforschen gut wäre. Weit entfernt davon, es wie eine Alternative zur Analyse zu behandeln, nähert sich der Analytiker jeder Handlungslinie wie einer Erzählung und Darstellung, die sich beispielsweise auf symbolische Gasförmigkeit oder Verstopfung beziehen könnte; ebenso reagiert er auf die Annahme einer unschuldigen Haltung, um ein schlechtes Gewissen zu verbergen, auf die Initiierung einer Verführung, auf das Fallenlassen einer Bemerkung, daß man einen gestohlenen oder versteckten Penis besitzen würde, auf das Großtun mit einer manischen Verleugnung der eigenen Destruktivität oder auf ostentative Reinheit als einer Form von analytischer Frömmigkeit.

Die klinische Frage zum »Widerstand« bleibt in jedem Fall bestehen: Wie soll man den manifesten oder impliziten Widerwillen verstehen? Verstehen ist ein feststehender Bestandteil der modernen analytischen Haltung. Wie auch immer sucht der Analytiker weiter nach dem unbewußt Konfliktreichen, das heißt danach, wodurch abwehrende, befriedigende und selbststrafende Elemente zusammenkommen. Und wie immer gibt es keine Garantie dafür, daß analytische Antworten auf diese Fragen gefunden werden oder daß sich die analytische Beziehung irgendwann einmal wieder verändert. Doch auch diese Ungewißheit, und selbst die gelegentliche völlige Stasis wird zu einem Teilgegenstand der analytischen Behandlung; statt sie als Hindernisse zu betrachten, die es zu beseitigen gilt, werden sie zu Gelegenheiten der Nachforschung. In dieser Hinsicht tun wir heute dasselbe wie Freud, als er nicht lang nach dem Verfassen seiner Schriften zur Behandlungstechnik über diese negative therapeutische Reaktion nachsann: Klinisch betrachtete er diese Reaktion als weiteres analytisches Material, das auf die Übertragung Einfluß hat. Er verstand sie als einen Ausdruck von unbewußten Schuldgefühlen, und er machte sich daran, sie in das Gerüst seiner Strukturtheorie einzubauen – jene Erzählung, in der das Überich in so majestätischer Weise auftritt. Selbst da hielt Freud jedoch seine Fixierung auf den Gedanken des Widerstands aufrecht, denn einige Jahre später benannte er eine neue Form des Widerstands: den Widerstand des Überichs.

Ich erhebe mit dieser Formulierung einer modernen Betrachtungsweise der Analyse von Widerstand keinen Originalitätsanspruch oder finde sie einzigartig. Obwohl sie in verschiedenen analytischen Kontexten erscheint, in ganz unterschiedlichen »Sprachen« ausgedrückt wird und man sich in einer beachtlichen Anzahl von Erklärungen und Hervorhebungen darauf bezieht, kann diese Betrachtungsweise sowohl in der modernen Kleinschen Objektbeziehungstheorie wie in der Kohutschen Selbstpsychologie und in der Freudschen Charakteranalyse aufgefunden werden. Man findet sie ebenfalls in gewissen post-Ich-psychologischen Begriffsrevisionen, wie ich sie dargestellt habe in Zusammenhang mit dem, was ich die bestätigende analytische Einstellung, Handlungssprache und eine erzählerische und dialogische Sicht der Analyse nannte (1976, 1978, 1981, 1983). Im wesentlichen lehnt jede dieser Entwicklungen die Vorstellung von einer unabhängigen gegnerischen Kraft, die die analytische Behandlung laut Freud »Schritt für Schritt« begleitet, ab; und alle tun dies, ohne zu leugnen, daß Aggression zusammen mit Begehren, Selbstschutz und Selbstbestrafung nicht nur jede Analyse durchdringt, sondern sogar ihr Lebenselixir und damit einer ihrer wichtigsten Gegenstände ist. Und keine einzige dieser Theorien greift auf die militaristischen Metaphern und Handlungsstränge zurück, die Freud zur Beschreibung der analytischen Beziehung bevorzugte.

Negative Gegenübertragung: Hilfe und Hindernis

In diesen alternativen und bestätigenden Betrachtungsweisen, ist der Analytiker, wenn er zu spüren beginnt, daß er in einen Streit oder einen Machtkampf verwickelt ist, darauf vorbereitet zu erkennen, daß er begonnen hat, sich von der analytischen Einstellung zu entfernen. Oft sieht er diese Veränderung als ein Zeichen dafür, daß man ihn erfolgreich zu einer Gegenübertragung manipuliert hat, die in die Übertragungsphantasie des Patienten paßt. An diesem Punkt erkennt er, daß eine Selbstanalyse der Gegenübertragung erforderlich ist, nicht nur, um die analytische Einstellung wieder zu stabilisieren, sondern auch, um den gegenwärtigen emotionalen Stand und die Ziele des Patienten zu erhellen. Unter gewöhnlichen Arbeitsbedingungen – das heißt, wenn der Analytiker nicht aus neurotischen Gründen unter ernster Gegenübertragung leidet – wird er verstehen, daß der Analysand unbewußt Konflikte oder Leiden im Hier und Jetzt der analytischen Behandlung in Szene setzt. Der Patient zieht den Analytiker in diesen Konflikt hinein, indem er gegen ihn gerichtete Einstellungen auslöst und vielleicht sogar als unkooperativ und einigen Ansporns und verschiedener Schmeicheleien bedürftig erscheint, womit er »weiterzukommen« glaubt.

Mit dieser Arbeitsweise zeigt der zeitgenössische Analytiker, daß er frühe Stadien der Gegenübertragung schätzt, indem er sie als essentielle Elemente in einem Kommunikationsnetz sieht, das während jeder laufenden Analyse entsteht. Er übernimmt nicht automatisch die traditionelle, aber falsche gegnerische Haltung gegenüber Anzeichen von Gegenübertragung; statt dessen tut er, was er auch mit Anzeichen des sogenannten Widerstands tun würde: Er interessiert sich analytisch dafür. Folglich wird der heutige Analytiker wahrscheinlich nicht nur die Frage stellen: Wie kann ich den Widerwillen des Patienten verstehen? sondern auch sein eigenes Gefühl hinterfragen, warum in einem gewissen Augenblick ein Kampf gegen einen Widerstand stattfindet oder warum überhaupt irgendeine Art von zwischenmenschlichem Kampf besteht. Indem er sich selbst befragt, zeigt der Analytiker seine Wachsamkeit gegenüber der Möglichkeit, in der Phantasie seines Patienten eine ihm zugeschriebene Rolle zu spielen.

Dieses Nachfragen wird weitergeführt, wenn der Analytiker nach Möglichkeiten sucht, wie er vielleicht durch seine eigene Methode, die Botschaften, die ihm von der Couch vermittelt werden, zu deuten und auf sie zu reagieren, dazu beiträgt, den Patienten zu Inszenierungen zu stimulieren. Viele dieser Botschaften werden eher in der Form von Inszenierungen mitgeteilt als in Worten, und sie werden auf dieselbe Art beantwortet – durch Veränderungen in der Aufmerksamkeit oder Stimmung des Analytikers, durch einen Wandel des Tonfalls und der Reaktionsgeschwindigkeit, durch einseitige Interpretation und so weiter. Wie man weiß, und wie unter anderen Gill (1982) wiederholt darauf hinwies, kann dieser Aspekt des analytischen Dialogs nur allzu leicht verpaßt oder mißdeutet werden. Jedoch würde ich hier zur Vorsicht raten: Oft ist der Aspekt des Hier und Jetzt einer Übertragungs-Gegenübertragungs-Interaktion voll von Vieldeutigkeiten, wenn er bemerkt wird, so daß es leichter ist, Fragen darüber aufzuwerfen, als sie entschieden und prompt zu beantworten. Dennoch mag der Analytiker gegenwärtige Probleme in der analytischen Behandlung klären, indem er solche Fragen entweder nur sich selbst oder bei Gelegenheit zusammen mit dem Analysanden stellt. Ich glaube, daß die ständig wachsende Aufmerksamkeit und Neugier gegenüber frühen und impliziten Anzeichen von Gegenübertragung in Zukunft höchst wichtige Bestandteile des analytischen Dialogs werden. Und so können wir einen weiteren wichtigen Schluß ziehen: *Anstelle der Analyse des Widerstands können wir die Analyse der Gegenübertragung neben der Analyse der Übertragung und der Abwehrfunktionen als einen der drei Schwerpunkte einführen, die eine Therapie als psychoanalytisch definieren.* In dieser Hinsicht hinkt die analytische Terminologie hinter der Praxis her.

Diskussion

Wenn der Analytiker einem Patienten zuhört, ist er ständig bereit, Fragen zu stellen, sowie auch im richtigen Moment einige Antworten vorzuschlagen bezüglich dessen, was der Patient mit Depression, Angst, Liebe, Haß, Mißbrauch, Schuldgefühl, Begehren, Frustration, Befriedigung, Abhängigkeit, Offenheit, Zuspätkommen, Sauberkeit, Stolz, Wahrheitsliebe und so weiter meint. In diesem Kapitel habe ich dieses methodologische Prinzip auf die Sprache von Freuds Erzählung vom analytischen Prozeß ausgedehnt, speziell auf seine Verwendung vom »Widerstand« und anderer, meist militaristischer Ausdrücke, die Freud in bezug auf diese Konzeption benutzt hat. Nachdem ich – wie ich finde, legitim – Freud so gelesen habe, wie ich einem Patienten zuhören würde, komme ich zu dem Schluß, daß diese Sprache auf eine bedeutsame Verwicklung in eine generalisierte negative Gegenübertragung auf seiten Freuds hindeutet.

Es ist nicht meine Absicht, den Ausdruck *Widerstand* als den Missetäter in der Analyse zu behandeln und vorzuschlagen, man solle ihn ausmerzen. Ich erkenne die Nützlichkeit des »Widerstands« zu deskriptiven Zwecken an, und ich erkenne ebenfalls, daß das Wort im klinischen Lexikon so gut etabliert ist, daß man es kaum streichen wird. Mein Anspruch hier ist ein anderer; er lautet, »Widerstand« ist ein zu gefährliches Wort, um es mit Nachdruck und in einer erklärenden Weise zu verwenden, als wolle man sagen, was die Psychoanalyse letztendlich von anderen Therapien unterscheide, sei die Analyse des Widerstands und der Übertragung, und weiter, der Widerstand sei die dynamische Ursache eines klinischen Phänomens. Diese spezielle Verwendung lenkt unsere Aufmerksamkeit von intrapsychischen Konflikten und Kompromissen, die abwehrende und selbstbestrafende Operationen beinhalten, ab; ebenso lenkt sie uns von der Analyse der Gegenübertragungen ab. Überdies scheint es, wenn man die Verwendung von »Widerstand« betrachtet, als sei der Begriff dazu bestimmt, eine ausgesprochen zwischenmenschliche wie auch eine stark negative Konnotation anzunehmen. Keine von beiden ist für einen tiefenanalytischen Ansatz geeignet, denn beide unterstützen die Rationalisierung negativer Gegenübertragungspositionen, welche die empathische Konzentration des Patienten auf das konflikthafte Bemühen um psychisches Gleichgewicht und Veränderung verringern.

Wir könnten versuchen, Freuds begriffliche Schwierigkeiten mit »dem Widerstand« zu erklären, indem wir betonen, daß er sich in den »Geburtswehen« kreativer Aktivität befand. Doch führt dieser Vorschlag zu einer fragwürdigen Spaltung zwischen den kreativen »Geburtswehen« und der Übertragung. Mir scheint es die konsequentere analytische Haltung, zu bestätigen, daß starke Übertragungsprozesse in den gesteigerten und fließenden emotionalen Zuständen stimuliert werden, die für kreative Arbeit charakteristisch sind, und zwar wohl eher mit größerer Wahrscheinlichkeit als mit geringerer. Ich glaube, als Freud davon abriet, an laufenen Behandlungsfällen Forschung zu betreiben, tat er dies aus derselben Überlegung heraus, obwohl dabei störende Gegenübertragungen eher die Gefahr wären als Übertragungen. Und als Ernst Kris (1952) die kreative Arbeit vom Standpunkt der Ich-Psychologie aus erörterte, betonte er die regressiven (und damit unvermeidlich eine stärkere Übertragung fördernden) Aspekte der Inspirationsphasen. Ich würde hinzufügen, daß eine Aufspaltung von Freuds Kreativität und seiner Gegenübertragungen nur jene unterwürfigen, idealisierenden Einstellungen gegenüber Freud fördern würde, die die Entwicklung der Psychoanalyse schon immer beeinträchtigt haben.

Man kann meine Akzeptanz der weitreichenden Verwendung des Gedankens einer Gegenübertragung in Frage stellen. Da meine Verwendung des Begriffs auf die Bedeutung, die die Ich-Psychologie der externen Realität, der Realitätsprüfung, der Anpassung und der Ich-Autonomie zumißt, verzichtet, könnte man behaupten, sie signalisiere eine Rückkehr zu prä-Ich-psychologischem reduktivem Denken. Auf diese Herausforderung würde ich erwidern, daß diese Ich-psychologischen Faktoren im System des analytischen Unternehmens immer schon vermutet wurden und eingeführt waren; eindeutig wurden sie von Freud, Abraham und anderen Autoren in ihren prä-Ich-psychologischen Zeiten angenommen (siehe auch Teil II, weiter unten). Diese Faktoren werden nur dann in Frage gestellt, wenn sie sich als so sehr von Konflikten und Kompromißbildung durchdrungen erweisen, daß man ihre Reduktion oder Beeinträchtigung als Äquivalent zu Inszenierungen ansehen kann, die eine Interpretation verlangen (zum Beispiel mangelndes Verständnisvermögen als eine Weigerung, gefüttert oder penetriert zu werden).

Man betrachte zum Beispiel die Autonomie von Ich-Funktionen. Zuallererst sollte man sich erinnern, daß Autonomie immer relative Autonomie ist; das heißt, neurotische oder regressive Komplikationen sind niemals völlig ausgeschlossen. Wir Analytiker begegnen regelmäßig in unserer Arbeit mit relativ unversehrten Neurotikern bemerkenswerten Fällen von einer konfliktbeladenen Veränderbarkeit der Realitätsprüfung und der Anpassung. Folglich haben wir gelernt, mit ungeprüften Vermutungen über konfliktfreie therapeutische Bündnisse und »unanstößig positive Übertragungen« äußerst zurückhaltend zu sein (M. Stein, 1981). Es ist ein wichtiger Teil unserer analytischen Einstellung, in diesem Bereich wie in allen anderen nichts für selbstverständlich anzusehen. Das Problem der Autonomie reicht weiter als die störende Beeinträchtigung von Ich-Funktionen in Konfliktsituationen. Der Analytiker sollte die Gegenübertragung nicht von einer akzeptablen Realitätsprüfung oder altbewährten Moralwerten abspalten; hier schließt die Annahme des autonomen Funktionierens eine komplexere Analyse nicht aus. Man kennt die »Realität« als gute Abwehrmethode. Es ist ebenso bekannt, daß Analytiker, die gleichermaßen gut angepaßt zu sein scheinen, die sogenannte gleiche Situation immer noch anders und trotzdem nicht unrealistisch sehen können; und man erwartet, daß eine analytische Untersuchung zeigen könnte, einige bedeutsame Elemente der Gegenübertragung würden zu diesen Unterschieden beitragen. Somit ist es in der klinischen Situation, selbst wenn erkannt wird, daß der Patient einen Charakterzug des Analytikers oder sogar eine Gegenübertragungsmanifestation korrekt wahrgenommen hat, in der Regel dennoch das Beste, den Fokus weiterhin auf die Übertragungsbedeutung dieses Stückchens guter Realitätsprüfung zu richten. Das Timing, die Hervorhebung, Ausdrucksweise und Selektivität dessen, was der Patient richtig wahrgenommen zu haben scheint: Alles kann eine bedeutsame Übertragung und einen unbewußten Konflikt signalisieren. Wahrheit, Übertragung und Gegenübertragung schließen sich gegenseitig nicht aus.

Schließlich sollte noch mehr über das Thema der Inszenierung gesagt werden. Weiter oben in diesem Kapitel habe ich angedeutet, daß die Inszenierung im Zentrum meiner Vorstellung von der sogenannten Analyse des Widerstands steht. Nun möchte ich hinzufügen, daß ich Inszenierungen als eine Konzeption ansehe, die den Analytiker und schließlich auch die Patienten von der Tyrannei des gesprochenen Wortes, besonders von der konventionellen Rolle des gesprochenen Worts als bloßem Inhaltsträger sowie von der Verbalisierung als dem einzigen Mittel der Erzählung befreien kann. Der analytische Dialog und der analytische Handlungsstrang werden nicht nur ausschließlich durch die verbale Übermittlung von kognitiven und emotionalen Erfahrungen entwikkelt, die von bekannten, semantisch klaren, ausdrucksvollen Gesten begleitet werden. Unter »Inszenierung« können wir die Kommunikation mit einbeziehen, die durch das Timing und die Art, etwas zu sagen beziehungsweise nicht zu sagen, sowohl innerhalb als auch außerhalb der analytischen Sitzung entsteht; den Gebrauch oder Nichtgebrauch, der von Interpretationen gemacht wird; Zuspätkommen, Abwesenheit, symptomatische Regressionen, Flucht in die Gesundheit und so weiter. Inszenierung ist ein Begriff, der mit »Acting in« verwandt ist, obwohl er den Vorteil hat, daß ihm die herabsetzende Implikation fehlt, die »Acting in« wie »Acting out« anzunehmen neigen – in beiden Fällen eine irrige Implikation, doch weitverbreitet genug, um sie in dieser Erörterung zu berücksichtigen.

Sind wir erst einmal von der Tyrannei des gesprochenen Wortes befreit und denken konsequent im Sinne von Inszenierungen, dann können wir den Analysanden als ständig arbeitend betrachten und nicht als sich der Arbeit widersetzend; ferner erinnern wir uns, daß der Patient auf die ihm einzig mögliche Art und Weise arbeitet, nämlich auf seine eigene Art, und wir sind bereit, zu erkennen, daß der Patient teilweise sogar hofft, als ein Mitarbeiter erkannt zu werden, wie ambivalent er diese Zusammenarbeit aus Furcht, Haß, Neid Verzweiflung, Mißtrauen oder Grandiosität auch empfinden mag. Die Dinge auf diese Art zu sehen, kann einen weiteren Fortschritt in der Analyse weder garantieren noch ausschließen, aber es ist eine positive Möglichkeit, um die Details des analytischen Prozesses zu berücksichtigen. Diese positive Möglichkeit stärkt die analytische Einstellung gegenüber den Risiken einer störenden Gegenübertragung. Sie trägt außerdem zu dem flexiblen und taktvollen Rahmen analytischer Deutungen bei, der Art von Interpretationen, die die besten Chancen haben, von Analysanden als solche auch gehört zu werden.

Von Freuds billigendem Hinweis auf die »Compliance« mit den Anweisungen des Psychoanalytikers und von seiner antagonistischen Erzählung vom Widerstand mit ihren unselbstkritischen militaristischen Metaphern haben wir uns weit entfernt. In dieser Hinsicht, wie auch in vielem anderen, haben Analytiker Freuds Genieleistung fortgeführt; indem sie im Sinne seiner Arbeiten weitermachten, haben sie seine fachlichen wie auch seine theoretischen Erzählungen überarbeitet, erweitert und bereichert.

II. Eine klinische Kritik am Begriff des Widerstands

Ich möchte nun meine Kritik an der Einbeziehung des Widerstands (verglichen mit Abwehr und Gegenübertragung) in jegliche formale Definition der Analyse ausbauen, indem ich eine Reihe von klinischen Beispielen vorstelle, in denen Widerstandsphänomene, nachdem man sie erst einmal als weitere Beiträge zur Analyse behandelt hat, anscheinend einen großen Schatz an Erinnerungen, Affekten und Konflikten preisgaben. Ich werde diese Beispiele nach einigen weiteren Kommentaren zu Freuds Vermächtnis und seinen technischen Diskussionen als ein Modell für die Praxis vorstellen.

Daß Freud die Konzeption »der Widerstand« sehr schätzte, zeigte er beinah von Anfang seiner kreativen Arbeit an, indem er sich sehr intensiv mit den vielen Problemen der Theorie und Technik, die er diesem Bereich zuordnen konnte, beschäftigte. Bereits in seinen »Studien über Hysterie« (1895) hatte er sich stark darauf gestützt, und in seinen großartigen Schriften zur Übertragung (1912b), etwa siebzehn Jahre später, verwendete er viel Zeit auf »den Widerstand.« Um diese Hervorhebung zu begreifen, müssen wir uns vorstellen, wie wichtig es ihm in jenen Jahren war, den Gedanken entwickelt zu haben, daß die Menschen unbewußt verbissen gegen die Behandlung und gegen eben jene Gesundung zu kämpfen schienen, um deretwillen sie überhaupt erst zum Analytiker gekommen waren. Nach und nach begriff Freud, daß es nötig war, »den Widerstand« zu analysieren, statt ihn nur zu bekämpfen oder zu versuchen, ihn zu umgehen. Wie ich jedoch im ersten Teil dieses Kapitels argumentiert habe, erklärte er den Gedanken, »den Widerstand« zu analysieren, nie völlig und erforschte ihn auch nicht weiter. Und er erkannte nie, daß »der Widerstand« eher eine fakultative Konzeption ist als eine notwendige; das heißt, es ist nur eine Möglichkeit, um einige subtile wie auch dramatische, oberflächlich obstruktive Phänomene im analytischen Prozeß zu beschreiben.

Freud legte den Grundstein für ein modernes Verständnis einer Analyse des Widerstands in seiner Monographie von 1926, »Hemmung, Symptom und Angst« vor. Darin legte er die entscheidende Reihung infantiler Gefahrensituationen dar. In der psychischen Realität werden diese Situationen unbewußt in der Gegenwart fortgesetzt. Sie verlangen von uns allen, immer auf Abwehraktivitäten zurückzugreifen. Auf diese Art trägt der Analysand viel an Motivation für »den Widerstand« in die psychoanalytische Situation mit hinein. Daher konnte es nach 1926, wenn man von der Analyse »des Widerstands« sprach, nur bedeuten, den Ausdruck aller Wünsche und Ängste der frühen Kindheit in der Gegenwart zu erforschen sowie die Bewältigungs- und Beherrschungsstrategien, die der Patient im Laufe der Jahre entwickelt hat und die bis heute weiterhin psychisch real sind. Unter diesem Verständnis betrachten wir den Versuch, Interpretationen zu verwenden, um die Angst, Schuldgefühle und Scham zu reduzieren, die die Abwehraktivitäten nötig machen und in einem Verhalten kulminieren, das manifest einfach oppositionell zu sein scheint (»der Widerstand«). Die analytische Betonung liegt darauf, psychische Bedingungen zu verändern, nicht darauf, irgend etwas zu entfernen und ganz sicher nicht darauf, es zu bekämpfen.

Doch wenn dies so ist, ist das nicht dasselbe Verständnis und dieselbe Praxis, mit denen sich der Analytiker beschäftigt, wenn er die gesamte Aufgabe einer klinischen Analyse übernimmt? Bedeutet das nicht dasselbe, oder fast dasselbe, wenn er davon spricht, die Übertragung zu analysieren oder Wiederholungen, Agieren oder Kompromißbildungen, die ganz allgemein unbewußte Konflikte ausdrücken, zu analysieren? Wenn sich in der modernen Praxis »den Widerstand zu analysieren« auf alles in der analytischen Behandlung zu beziehen scheint, dann verliert es seine sprachliche Identität; es unterscheidet sich von nichts, so daß allein aus sprachlichen Gründen der Begriff nicht länger als nützlich betrachtet werden kann. Selbstverständlich tun Patienten nach den Standards des normalen gesunden Menschenverstands Dinge, die manifest das zu stören scheinen, was der Analytiker als den Fortschritt der analytischen Behandlung betrachtet. Dennoch kann man nun argumentieren, daß »der Widerstand« nicht mehr die beste Möglichkeit ist, über dieses Verhalten nachzudenken. Zwischen der Praxis des Analytikers und den Fachbegriffen, die er verwendet, scheint ein Widerspruch zu bestehen. Unser nächster Schritt muß daher sein, uns zu fragen, wie der »Widerstand« als ein nicht in Frage gestellter Ich-psychologischer Freudscher Begriff im psychoanalytischen Diskurs bestehenbleiben konnte.

Meiner Ansicht nach gibt es für diese kontinuierliche Hervorhebung viele Gründe. Ein Grund, allerdings nicht der wichtigste, ist die idealisierende Unterwerfung der Analytiker unter die Autorität von Sigmund Freuds wortgewandtem Schreibstil. Ein weiterer ist, daß die Analytiker viel an Erfahrung, Fachkenntnis, Lehre, Veröffentlichung und beruflicher Identifikation um »den Widerstand« herum organisiert haben, ebenso wie um andere traditionelle Hauptbegriffe, wie zum Beispiel »die Übertragung«. Einen dritten Grund habe ich schon im ersten Teil dieses Kapitels herausgearbeitet: »Der Widerstand« als Ausdruck für eine negative Gegenübertragung. Hier mißversteht der Analytiker es als Opposition, wenn Patienten in der analytischen Behandlung nicht so mitzuarbeiten scheinen, *wie der Analytiker es wünscht oder erwartet oder verlangt;* der Analytiker glaubt fälschlicherweise, der Analysand verfolge einen Kurs, der in konventionellen Begriffen nur mit widerspenstig, einschränkend, unnötig verwirrend, teilnahmslos, oberflächlich oder belanglos beschrieben werden kann. Im Kontext dieses dritten Grundes gebe ich zu bedenken, daß das Problem in vielen Fällen beim Analytiker liegen könnte, speziell darin, daß er noch nicht begreift, was der Analysand mit seinem Verhalten vermitteln will. Vielleicht wird der Analytiker Zeuge von alten, unbewußten, auf Perseveration beruhenden Versuchen, infantilen Gefahrensituationen zu entkommen oder sie wiederherzustellen. In diesem Fall glaubt der Patient, dies sei zu diesem Zeitpunkt die einzig sichere Möglichkeit zu handeln, da er sich in Gefahr fühlt. Alternativ dazu setzt der Patient vielleicht unbewußt alte Muster von Familienbeziehungen in Szene, die auf realen und vorgestellten, physischen und emotionalen Erfahrungen mit sich selbst und anderen beruhen, und vielleicht versucht der Patient sogar, sich eben an diese Muster zu erinnern und sie dem Analytiker mitzuteilen. Oder vielleicht ist es ein Teufelskreis, in dem die Gegenübertragung des Analytikers zu einem Mißverständnis führt, aus dem dann mehrere Mißverständnisse folgen und schließlich das verursachen, was man einen Machtkampf mit Patt bezeichnen könnte. In diesem Fall protestiert der Analysand gegen das Mißverstehen des Analytikers und gegen die mißverstandenen Forderungen des Analytikers nach einer bestimmten Verhaltensweise. Diese Alternativen schließen sich nicht gegenseitig aus, und andere Punkte, zu zahlreich, um hier erwähnt zu werden, können ebenfalls an dem störenden und verwirrenden Verhalten des Analysanden – oder des Analytikers? – beteiligt sein.

Klinische Beispiele

Wie ich schon sagte, wenn wir uns den folgenden klinischen Beispielen auf die traditionelle Art nähern würden, müßten wir sie als Beispiele für das Wirken »des Widerstands« betrachten, wobei diese Kraft die Arbeit in der analytischen Behandlung stören würde. Meine Absicht ist jedoch, diese Beispiele zu verwenden, um so viel an Komplexität und Fülle der Analyse herauszuarbeiten, daß die Nützlichkeit des »Widerstands«-Gedankens ernsthaft in Frage gestellt werden kann. Die Beispiele, die aus meiner eigenen Arbeit sowie der einiger Supervisierten stammen, unterscheiden sich sowohl in der Stärke des »Widerstands« als auch in der Form, die er anzunehmen scheint. Extreme Beispiele, die eine ausführliche Fallstudie nötig machen würden, um sie nutzbringend in diese Erörterung einbringen zu können, habe ich gemieden. Da die meiste therapeutische Arbeit eher mit weniger extremen Phänomenen zu tun hat, sollte es überdies vorteilhafter sein, das Mittelfeld zu bearbeiten; in der Regel helfen Extreme nicht, technische und begriffliche Schwierigkeiten zu klären.

Ein schwerfälliger, schweigsamer Mann

Noch im Anfangsstadium der analytischen Behandlung eines jungen Mannes gibt es eine Sitzung, in der der Patient mit seinen Gedanken ungewöhnlich stark zu wandern scheint. Der Analytiker reagiert nicht darauf. Am nächsten Tag folgt eine ähnliche Sitzung, in welcher Sprache und Verhalten des Patienten so schwerfällig sind, daß sie wie in Zeitlupe wirken. Schließlich, nachdem der Analytiker einige Zeit geschwiegen hat, stellt er fest, daß er, der Patient, sich an diesem Tag träge zu fühlen scheine. Dieser erwidert, daß er möglicherweise etwas hinauszögern möchte. Daraufhin wird ihm nahegelegt, falls dies so wäre, zu überlegen, ob er sich vielleicht von etwas bedroht fühle. Er fürchte wohl, es könne ihm, wenn er nicht vorsichtig sei, etwas spontan in den Sinn kommen. Daraufhin erzählt er, daß ihm an diesem Tag auf für ihn ungewöhnliche Art kurz der Gedanke gekommen sei, die analytische Sitzung zu schwänzen, und fragt daraufhin, ob Abwesenheit eine Möglichkeit sei, etwas hinauszuzögern. Er bekommt zur Antwort, dies sei eine Möglichkeit von vielen, die von Patienten ergriffen würden, wenn sie sich wegen ihrer Sitzungen Sorgen machten. Es sei also zu erforschen, wovor er sich fürchte. Der Analytiker stellt die vom Patienten gezeigte Arglosigkeit nicht in Frage. Die Sitzung endet hier.

Am nächsten Tag bringt er langsam seinen Ärger auf den Analytiker zum Ausdruck. Verstandesmäßig sei ihm klar, sagt der Patient, daß der Analytiker ihn am Vortag nicht habe kritisieren wollen, aber er fühle sich dennoch kritisiert. Es fühle sich an wie die Kritik seines Vaters: Gewöhnlich würde sein Vater ja einfach nur einen Wutanfall bekommen, doch manchmal würde er lediglich eine Bemerkung machen, verstummen und dann manchmal tagelang schweigen. Daraufhin sagt der Analytiker, daß der Patient zu der betreffenden Zeit nicht erwähnt habe, daß ihn das Schweigen beziehungsweise die Bemerkung über seine Trägheit ärgerlich gemacht habe. (Der technische Punkt hierbei ist, zuerst die Angst, in den Sitzungen mitteilsam zu sein, in den Mittelpunkt zu stellen.) Daraufhin entgegnet der Patient, er habe seinen Ärger erst nach Ende der Sitzung bemerkt. Darauf wird geantwortet, er müsse gefürchtet haben, sich dessen während der Sitzung bewußt zu werden und habe deshalb seine Selbstwahrnehmung dämpfen müssen, wie er sich selbst auch in Reaktion auf seinen Vater abgestumpft habe. (Daß er als Junge gelernt hatte, sich selbst teilnahmslos werden zu lassen, hatte er in früheren Sitzungen berichtet.)
Als nächstes erzählt er von der Gewalttätigkeit der Wutausbrüche seines Vaters und von seiner eigenen ängstlichen reaktiven Politik des Keine-Wellen-Schlagens, das heißt, des Stillbleibens. Der Analytiker sagt: »Sie haben den Mund gehalten, aber Ihr Groll gegen ihn ist immer weiter angewachsen, wie der gegen mich auch.« Das bringt ihn dazu zu erzählen, wie er in der Pubertät von einem Einserschüler abgesackt ist zu einem, der in Kursen durchfiel und in der Schule gerade noch so durchgekommen ist. Sein Verstand hätte einfach nicht arbeiten wollen. Dazu bemerkt der Analytiker, er, der Patient, habe damals ebenso versucht, seinen Verstand lahmzulegen, wie er es hier, in der analytischen Behandlung, getan hätte. »Ja«, bestätigte der Patient. »Ich konnte einfach nicht mehr denken. Zu der Zeit machte ich mir auch viel Sorgen um meine Mutter, da der Vater sie bestrafte, wenn ich ihn enttäuschte. Und wenn ich in der Schule war, konnte ich nicht zu Hause sein, um Frieden zwischen ihnen zu stiften. An dieser Stelle wird erwähnt, daß er zuvor einmal erzählt hatte, man habe ihn in der Pubertät völlig gegen seinen Willen und nur, weil sein wütender Vater es

verlangt hatte, in eine spezielle private Tagesschule geschickt. Spontan verfolgt der Patient diesen Gedanken weiter und sagt, daß seine Haltung rebellisch gewesen sei und daß es in jener Zeit diese Art Rebellion bei vielen Jungen gegeben habe. »Wahrscheinlich in der Hoffnung, von der Schule geworfen zu werden«, wird vom Analytiker vermutet, und der Patient stimmt zu, erwähnt dann aber erneut, wie sehr ihn die verbalen Attacken seines Vaters auf seine Mutter beschäftigt hätten.

Dieses Beispiel könnte man einfach als Widerstand betrachten, sogar als doppelten Widerstand: Erstens der Widerstand, der durch seine wandernden und abgestumpften Gedanken impliziert wird, und als Folge darauf seine geistige Trägheit, die auf nicht ausgedrückten Ärger und Rebellion gegen etwas beruhte, was er als eine kritische Forderung verstanden hatte. Ich möchte hier daran erinnern, daß Freud Furcht vor und Trotz gegen väterliche Autorität als eine Dynamik für den Widerstand des Mannes – vielleicht sogar die Hauptdynamik seines Widerstands – anführte, doch würde ich sagen, daß weit mehr als dieses eine Autoritätsproblem in den Sitzungen ans Licht gekommen ist, und daß es sogar ziemlich rasch an die Oberfläche getreten ist. Wie der Patient sein Schweigen einsetzte und die Selbstsabotage seiner Denkfähigkeit teilweise benutzte, um bei seinem Analytiker keine Wellen zu schlagen, kann man als Teil einer Übertragung von dem gefürchteten Vater bezeichnen, einem Mann, der oft in drohendes Schweigen verfallen war. Diese Faktoren berühren beide die unbewußte Identifikation des Patienten mit seinem gewalttätigen Vater und die damit assoziierte Furcht vor der eigenen Gewalttätigkeit. In seiner negativen Übertragung war unbewußte Gewalt enthalten. Diese beiden Faktoren – Schweigen und Geistesdestruktivität – fallen auch unter die Überschrift der Übertragung, die wir als wertvollen Beitrag zu der Arbeit der Interpretation und der Rekonstruktion betrachten müssen. Nur oberflächlich sieht es wie eine Interferenz aus.

Obendrein hat der Patient auf etwas hingewiesen, was eine frühe Schulphobie sein kann, die sich auf die Angst um die Sicherheit seiner Mutter während seiner Abwesenheit konzentrierte. Diese

Phobie könnte vielleicht teilweise auf sadistischen Urszenen-Phantasien basieren, und ihre Erwähnung zu genau diesem Zeitpunkt bereitet den Weg für eine geeignete Übertragungsinterpretation von Urszenen-Material sowie vielleicht einem Bedürfnis, auch den Analytiker zu beschützen.

Wenn man all diese Hinweise und plausiblen Vermutungen zusammennimmt, kann man sagen, daß das Wandern der Gedanken, die Trägheit, das Abgestumpftsein und das Schweigen Bände sprach über seinen inneren Kampf, die eigene Unruhe und Gewalttätigkeit zu kontrollieren. Wäre irgendein weiteres Verständnis gewonnen worden, wenn man all dies als die Analyse von Widerstand abgestempelt hätte? Ich glaube nicht. Statt dessen, denke ich, hätte die Verwendung dieses Begriffs auf eine gewisse Ungeduld und Blindheit seitens des Analytikers hingedeutet, die man nur vom Standpunkt einer störenden Gegenübertragung her hätte erklären können. Und der Analytiker hätte die analytische Handlung nur noch mit überflüssigen Details undurchsichtig gemacht.

Eine Frau erzählt einen beunruhigenden sexuellen Traum

Bei dieser Patientin handelt es sich um eine Akademikerin mittleren Alters. In der Sitzung, die derjenigen vorangegangen war, auf die ich mich hier konzentriere, hatte sie von einem zweiteiligen Traum berichtet: Im ersten Teil befand sie sich nackt im Behandlungszimmer des Analytikers; im zweiten wußte sie, daß sie dem Analytiker eine Unwahrheit erzählt hatte, wußte jedoch nicht mehr, was es war. Dann erklärte sie, wie schwer es ihr gefallen war, den Traum zu erzählen, weil er suggerierte, sie hätte sexuelle Gedanken in bezug auf die analytische Beziehung. Ihre Assoziationen wandten sich dann ihrer momentanen Erkältung zu und wie ihre Mutter, die sie am vorangegangenen Wochenende besucht hatte, typischerweise viel Aufhebens darum gemacht hatte. Sie assoziierte auch zu der Tatsache, daß sie neuerdings mehr sexuelles Interesse an Männern hätte. Da sie dies erst gegen Ende der vorangegangenen Sitzung eingestreut hatte, hatte sich der Analytiker darauf beschränkt zu sagen, ihre Gedanken würden darauf hindeuten, daß sie sich nicht im klaren wäre, ob sie nun ein stärkeres sexuelles Interesse an ihm hätte als zuvor oder ob sie ein wenig

von ihm bemuttert werden wollte; ebenfalls unklar war, weshalb sie nicht über diese Themen sprechen wollte.
Zur nächsten Sitzung tritt die Patientin mit einem Lächeln auf den Lippen ein. Sie sagt, sie würde lächeln, weil sie im Wartezimmer nicht so weit von der Tür zum Behandlungszimmer entfernt gesessen hätte wie sonst, und daß der Analytiker nicht zu denken brauchte, sie wäre überglücklich, ihn wiederzusehen. Dann spricht sie wieder von dem zweiteiligen Traum, den sie am Vortag berichtet hatte. Seit der vorangegangenen Sitzung hatte sie viel darüber nachgedacht, möchte diese Gedanken nun jedoch nicht offenlegen, da es eigentlich Sache ihres Analytikers sei, ihre Träume zu interpretieren, und nicht ihre. Weiter berichtet sie, daß sie, obwohl sie am Wochenende dem Trubel, den ihre Mutter um sie machte, hatte entrinnen wollen, sich keine Sorgen darum mache, sie könnte sich nach einer Bemutterung durch den Analytiker sehnen; was sie vielmehr beunruhigte sei, daß es ihm unangenehm sein könnte, in diese Lage gebracht zu werden. Dann sagt sie, in ihren Beziehungen zu Männern sei es ihr wichtiger als Sex, daß man sich um sie kümmere, daß man sie umarme, daß sie Nähe spüre, und sie glaube, diese Art von Gefühlen gelte für die Frau im allgemeinen.
An diesem Punkt bemerkt der Analytiker, sie habe Angst, er könnte ihr Interesse an größerer Nähe für einen Ausdruck von sexuellem Interesse halten. Und er erinnert sie an eine Einsicht, an der sie in früheren Sitzungen gearbeitet hatten, und zwar, daß sie sich für ihre engen Beziehungen im wesentlichen Männer aussuche, deren Charakter ihr half, das unbehagliche Thema Sex zu vermeiden und zu verleugnen. Als Reaktion auf diese Bemerkung kommt ihr eine Kollegin in den Sinn, gegenüber der sie, wie in der Beziehung zu ihrer Mutter, die Kranke, Schwache und Bedürftige sein soll, um ihrer Kollegin auf diese Art zu helfen, sich stark zu fühlen. Diese Rollenverteilung bestätige ihrer Kollegin, daß sie kein kalter Mensch sei. Dann berichtet die Patientin, ihre Mutter sei als Kind kränklich gewesen und hätte einige der Erfahrungen selbst durchgemacht, die sie nun ihr, der Tochter, aufzwinge. Die Patientin fragt sich, ob sie ihre augenblickliche Krankheit, die Erkältung, nicht übertreibe. Der Analytiker entgegnet, wenn dies der Fall sei, würde es ihren Wunsch zeigen, sich seines Interesses und

seiner Sorgen zu versichern. Ein wenig beschämt reagiert sie mit dem Gedanken, daß er, wenn er unter ihren Umständen aufgewachsen wäre, sich auch so verhalten würde wie sie. An dieser Stelle fühlt sie sich offensichtlich in der Defensive.
Daraufhin macht der Analytiker eine breitere, interpretative Bemerkung. Er sagt, es müsse ihr ebenso als Last erscheinen wie als Bedrohung, gesund zu wirken, wie wenn sie ihre Freude zeige, ihn wiederzusehen, oder wenn sie ihre eigenen Interpretationen vorbringen würde. Darauf antwortet sie, sie freue sich tatsächlich darüber, sich in seiner Gegenwart nun soviel sicherer zu fühlen, so daß sie ein gutes Gefühl dabei haben könne, zu ihm zu kommen, und sie macht eine Bemerkung dazu, wie anders sie sonst sei; dennoch ist sie nicht von dem Gedanken abzubringen, sie müsse krank sein, damit der Analytiker warm zu ihr und besorgt um sie sei. An dieser Stelle fügt er hinzu, daß sie ebenfalls Angst habe, er würde es als sexuellen Akt mißverstehen, wenn sie gute Gefühle und Nähe zeige. Während dieses gesamten Austauschs über ihre Angst vor einer Gesundung und vor Nähe hatte die Patientin viel gehustet, als wäre ihre Erkältung schlimmer geworden, doch wirkt sie am Ende der Sitzung wesentlich gefaßter als zu Anfang, als sie nett aber dennoch zurückhaltend gelächelt hatte. Ihr Bedürfnis, ihm sowohl den Rücken zu stärken als ihn auch vor ihren Gefühlen zu schützen, hatte der Analytiker nicht erwähnt, da dieser Faktor ihm zu jenem Zeitpunkt noch nicht klar gewesen war.

Meiner Meinung nach hat diese Analysandin in den beiden Sitzungen nicht nur ihre Angst vor dem Gesundwerden und vor größerer emotionaler Nähe vermittelt, sondern auch gezeigt, daß sie bemerkte, wie sich eben jene Veränderungen in ihr vollzogen. Sie hatte die Negativa wie Scham, Unehrlichkeit, Krankheit und Unfähigkeit herausstreichen müssen. Für sie bestand die Gefahr, daß ihre positiven Veränderungen die analytische Beziehung entweder abkühlen oder sie überhitzen würden und sie würden das eine oder andere Ergebnis herbeiführen durch die Art, in welcher der Analytiker sowohl als Mutterfigur als auch als Mann berührt wurde. Somit mußte die Patientin Teile ihres Selbst ablehnen: ihren Enthusiasmus, ihre Erregung, ihre Dankbarkeit und ihren

Wunsch, sich sowohl emotional als auch intellektuell freier zu zeigen und näherzukommen. Sie könnte also gefährlich werden.
Dieses gesamte Verhalten der Patientin als Widerstand zu bezeichnen, würde meiner Ansicht nach das Ziel weit verfehlen. Auf analytische Art anzufangen, darüber nachzudenken, würde bedeuten, die folgenden Fragen zu formulieren: Was inszenierte sie in der Übertragung, das ihre Wünsche, ihre Angst, die Art ihrer Gefahrensituation und ihre Abwehrstrategien ausdrückte? Was war ihr Konflikt? Auf der einen Seite, die angesprochen worden war, stand sie in dem Konflikt, sich sehr lebendig zu zeigen oder sich hinter Krankheit, Hemmung und Distanziertheit zu verstecken; auf der anderen Seite stand sie in einem Vertrauenskonflikt. Konnte sie dem Analytiker vertrauen, daß er sie wirklich verstand, daß er nicht nur ihre Wünsche verstand, sondern auch ihre Ängste und ihren Selbstschutz, so daß er weder übertriebenen Wirbel um sie machte, noch sich vor der Möglichkeit sexueller Erregung in der neuen, offeneren Begegnung zurückzog oder andernfalls zu stark darauf reagierte? Überdies war ihr manifester Konflikt, der sich durch ihren stärker werdenden Husten zeigte, selbst eine Bitte an ihn, ihr in ihrer Rolle als Patientin analytische Sorge entgegenzubringen, was da heißt, daß er Wind um sie macht, indem er Interpretationen liefert, und daß er nichts von ihr zu befürchten hat.
Gleichzeitig würde ich schlußfolgern, daß es auch ein Zeichen für ihre fortschreitende Gesundung war, dieses umfangreiche Material einzubringen: Sie war besser in der Lage, analytische Interpretationen auch als analytische zu hören als von einem Standpunkt restriktiver mütterlicher Übertragung aus. Wenn sie das nun auch als besorgniserregendes Anzeichen dafür wertete, daß der Analytiker als Reaktion auf ihren Fortschritt in Richtung darauf, sich selbst als ganze Frau zu erleben, analytisch/sexuell erregt sein könnte. In anderen Worten, ich schlußfolgere, daß für sie eine Weiterentwicklung sowohl sublimierte als auch direkt heterosexuelle Implikationen aufwies, während eine Rückentwicklung oder ein Verharren an derselben Stelle Implikationen von körperlichem Gebrechen und oraler Unterwerfung gemischt mit omnipotenter Kontrolle zeigte. In dieser Sitzung hatte sie den unbewußten Konflikt darüber, in welche Richtung und auf welchem Entwicklungsniveau sie sich bewegen solle, inszeniert.

Daher wäre es weder richtig noch hilfreich gewesen zu denken, daß sie Widerstand leiste, indem sie einen Teil ihres Traums vergaß, indem sie Unehrlichkeit andeutete, indem sie ihre eigenen Interpretationen zurückhielt und indem sie sich an die Rolle der geschädigten, ängstlichen und präsexuellen Patientin klammerte. Es war wohl eher der Fall, daß sie sowohl erzählte als auch zeigte, wo sie in diesem Moment in der analytischen Behandlung psychisch stand; auf diese Art trug sie zum weiteren Fortschritt der Arbeit bei.

Verzögerung des Handelns aufgrund von Einsichten

Die Patientin ist eine junge Erzieherin, geschiedene Mutter mehrerer Kinder. In den vorangegangenen Wochen war eines der besprochenen Themen gewesen, weshalb sie es vermied, zu ihren Sitzungen in den kurzen Röcken und knappen Tops zu kommen, die sie normalerweise bei heißem und »schweißtreibendem« Wetter tragen würde. Analytisch stand dieses Vermeiden in Verbindung mit ihrer Furcht vor sexuellen Begegnungen mit Männern. Ebenso hat sie endlos lange nicht ihrem eigentlichen Wunsch nach Situationen gesucht, in denen sie zu ihr passende Männer treffen könnte. In der vorangegangenen Sitzung hatte der Analytiker eine Bemerkung über ihre Zurückhaltung gemacht, sowie dazu, daß sie nicht gemäß den vielen einsichtsvollen Diskussionen, die sie über all diese Probleme gehabt hatten, handeln würde, und er hatte vorgeschlagen, sie sollten über diese Verzögerung des Handelns ein wenig nachdenken.

In der laufenden Sitzung bringt sie nun den Gedanken auf, es sei für Patienten nicht hilfreich, sie zu Handlungen zu treiben, zu denen sie noch nicht bereit wären. Der Analytiker erwidert, sie habe seine Bemerkung und Frage anscheinend als eine Aufforderung zum Handeln verstanden und habe nun das Gefühl, sich mit ihm zu streiten. Die Patientin bestätigt, daß sie tatsächlich dieses Gefühl hätte, obwohl sie rational verstehen würde, daß er, der Analytiker, sie nicht zum Handeln aufgefordert habe. Dann erklärt sie, sie habe bei dem Gedanken, sie würde es vermeiden, aktiv zu werden, ein Lächeln an sich bemerkt. Als sie über ihr Lächeln nachdenkt, fällt ihr das verächtliche Lächeln einer Frau ein, der sie kurz zuvor begegnet war, und sie sagt: »Der Gedanke gefällt mir nicht; ganz ist es das nicht; in Verbindung mit diesem Lächeln denke ich jetzt an Spielen.«

Da der Analytiker schließt, offener Streit sei ein zu starker Begriff für das Thema dieses Augenblicks, greift er ihr Stichwort auf und deutet an, daß sie vielleicht von den Ergebnissen der analytischen Arbeit keinen Gebrauch mache, um ihrem Groll Ausdruck verleihen zu können, indem sie den Analytiker neckte oder in der Luft hängenließ. Daraufhin erwähnt – oder gesteht – sie, daß sie sich vor kurzer Zeit bei einem Einkaufsbummel ein hübsches, sexy Kleid gekauft habe und stolz darauf sei. Laut stellt der Analytiker fest, daß sie das sexy Kleid in einer früheren Darstellung nicht erwähnt habe. Da erzählt sie erneut, wie sie jedesmal angespannt und ängstlich werde, sobald ein Mann physisch oder emotional seine Gefühle zeige. Der Analytiker spricht die Frage aus, ob sie befürchtete, daß sie sexuell bis zum Ende mitgehen würde, wenn sie sich attraktiv herrichten und kokett benehmen würde. Dieser Vermutung stimmt sie zu und beschreibt dann, was ihr in den Sinn kommt, und zwar das Bild ihrer jugendlichen, eitlen, attraktiven, konkurrierenden Mutter, und sie denkt daran, wie sehr ihre Mutter immer mit ihren vielen männlichen Eroberungen geprahlt hat.

Nachdem sie die Eitelkeit ihrer Mutter kritisiert hat, kehrt die Patientin zu ihrer Angst vor Sex zurück. Sie fragt sich, weshalb sie Angst davor hat, denn wenn sie nun so darüber nachdenkt, scheint es ihr zart und warm zu sein. Sie denkt, daß sie immer ein ähnliches Gefühl habe, wenn sie in der populären Presse etwas liest, das mit Psychologie zu tun hat. Dann erinnert sie sich an eine frühere Diskussion über ihre Furcht, dieses Gelesene »in sich aufzunehmen« und es zu genießen, da es sich zu nahegehend und zu sexuell anfühlte. Als nächstes denkt sie an Geschlechtsverkehr und daran, wie der Mann sich nach dem Vollzug zurückziehen würde und sie mit einem Gefühl der »Leere« zurücklassen würde. Der Analytiker deutet an, sie könnte fürchten, diese lustvolle Erfahrung nicht lebendig erhalten zu können, daß sie sie irgendwie abtöten und sich am Ende schließlich leer fühlen würde. Und würde das nicht darauf hinweisen, führt er den Gedanken weiter, daß sie wegen der Lust und Befriedigung Schuldgefühle empfand? Tatsächlich waren Schuldgefühle dieser Art während der analytischen Behandlung wiederholt aufgekommen; typischerweise pflegte etwas, das sich zuerst gut in ihr anfühlte, sich irgendwie in etwas Schlechtes zu verwandeln und zu einem Grund für Selbsttadel zu werden. An diesem Punkt erinnert sich die Patientin spontan an diese Interpretationsarbeit, und sie sagt, sie erkenne, daß sie ihrer guten sexuellen Erfahrung etwas Schlechtes zugefügt haben könnte oder dies möchte. Sie beendet die Sitzung damit, daß sie über die negative Wahrnehmung ihrer sexuellen Körperlichkeit spricht.

In diesem Beispiel hat der Analytiker das Verzögern des Handelns und die Kritik der Patientin, als er ihre Aufmerksamkeit darauf lenkte, weniger als Widerstand betrachtet, denn als Anfang, zuerst ihre Aggression ihm gegenüber zu erforschen, dann ihre Angriffe auf ihre eigene Lust am Sex ebenso wie auf anderes, und dann ihre Schuldgefühle, die diese Angriffe sowohl stimulierten als auch von diesen verschlimmert wurden. Dabei tauchten neue Hinweise auf die Identifikation der Patientin mit ihrer stark gefürchteten und eitlen Mutter und deren Eintreten in die analytische Beziehung in Form eines subtilen und verächtlichen Kontrollierens des Analytikers auf. Zu dieser Zeit und in diesem Zusammenhang griff der Analytiker das Thema der Identifikation nicht auf, obwohl es in anderem Zusammenhang bereits zur Sprache gekommen war, da er den Zeitpunkt nicht für geeignet hielt. Ebensowenig bezog er sich direkt auf die vielen Implikationen von Übertragung, da es sich bei dieser Frau als hilfreich erwiesen hatte, etwas langsamer vorzugehen. Alles in allem waren Analytiker und Patientin jedoch gemeinsam damit beschäftigt, zu klären, wie sie, die Patientin, bedeutsame Teile ihrer grundlegenden Übertragung in Szene setzte. Beide behandelten die Assoziationen der Patientin als wichtige Beiträge zur Analyse und nicht als Interferenz derselben. Weit entfernt davon, Gegner zu sein, verhielten sie sich vielmehr ausgesprochen kooperativ.

Abneigung, zu den Sitzungen zu kommen und frei zu assoziieren

Mein letztes und längstes Beispiel hat die Anfangsphase der analytischen Behandlung einer Frau zum Mittelpunkt, die, nachdem sie auf relativ niedriger Stufe in Büros gearbeitet hatte, eine kaufmännische Ausbildung für Fortgeschrittene absolvierte und sich in einer dynamischen Headhunter-Organisation* hochgearbeitet hatte. Erst kurze Zeit zuvor hatte man ihr dort einen neuen und lukrativen Posten übertragen. Die rothaarige Frau, die allein schon durch ihr gutes Aussehen die Männer anzog, war bereits vierzig Jahre alt und hatte sich kurz zuvor von ihrem Mann getrennt. Die Behandlung hatte sie begonnen, weil sie sich wegen ihrer gescheiterten Ehe mit Ted bedrückt fühlte.

Ihrer eigenen Darstellung zufolge war sie die Tochter einer hyperkritischen Mutter und eines schwachen, teilnahmslosen Vaters. Sie schien eine scharfe innere Kritikerin verinnerlicht und ausgearbeitet zu haben, im wesentlichen, um den Angriffen ihrer Mutter standhalten zu können. Ihre charakteristisch niedrige Selbstachtung war als Folge auf ihre zerbrochene Ehe noch tiefer gesunken. Während ihrer frühen ödipalen Jahre hatte sich ihr bei verschiedenen Gelegenheiten ein Onkel sexuell genähert. In Zusammenhang mit diesen Begebenheiten erinnerte sie sich an ihre Lust an seinen Aufmerksamkeiten, ihre Angst dabei und daran, daß sie alles geheimgehalten hatte.

Ich bin der Meinung, daß meine Teildarstellungen zweier aufeinanderfolgender analytischer Sitzungen leicht in jede traditionelle Schrift oder Vorlesung über den Widerstand in der analytischen Behandlung passen würden. In diesen Sitzungen wurden die folgenden Themen aufgegriffen oder zumindest erwähnt oder wiedererwähnt: Schwierigkeiten bei der freien Assoziation, ein als Abwehr benutztes Ordnungsbedürfnis, ein Gefühl von emotionalem Gefroren- oder Totseins und das Spielen einer Rolle, um ihr wahres Selbst zu verbergen.

Die Analysandin beginnt mit der Bemerkung, daß sie wieder nur widerstrebend gekommen sei. Warum das so ist, weiß sie nicht, vor allem, da die Behandlung ihr bisher geholfen hat. Langsam gibt sie zu verstehen, daß sie sich kritisiert fühlt. Der Analytiker fragt: »Wie kommt das?« und sie erklärt: »Weil ich wütend auf

* Als Headhunter werden in Amerika private Arbeitsvermittlungen bezeichnet, die sich auf die dort übliche Abwerbung von Spitzenkräften spezialisiert haben.)

mich selbst bin, da ich wegen Ted immer noch auf der Stelle trete.« Der Analytiker fragt, wie sie das mit ihm in Verbindung bringe. Sie antwortet, er habe in der vorangegangenen Sitzung gesagt, sie würde weiterhin ihre Beschäftigung mit Ted dazu benutzen, um andere Gedanken und Gefühle abzuwehren. Damit bezog sie sich darauf, daß er gesagt hatte, er fände, sie würde sich ohne ein spezielles Thema, auf das sie sich konzentrieren könnte, sehr unwohl fühlen, so als würde sie sich von der Aussicht, einfach auszusprechen, was ihr in den Sinn kam, bedroht fühlen, egal, worum es sich handelte. Und so hatte sie immer wieder über Ted nachgedacht, und er, der Analytiker, hielt es für wichtig, zu begreifen, wovor sie sich fürchtete. Nun erwidert der Analytiker, ihre Gefühle seien verletzt worden, da sie diese Bemerkung als Kritik aufgefaßt hatte, doch sowohl damals als auch jetzt hätte sie, statt offen wütend auf ihn zu sein, von sich aus nur ihren Ärger über sich selbst erwähnt. Die Patientin erkennt, daß dies so ist und erinnert sich dann an einen dreiteiligen Traum in der vorangegangenen Nacht.

Zuerst war da irgend etwas mit einem Gefriergerät im Keller, das eine Tür hatte, welche sich nicht schließen ließ. Zweitens kletterten einige Kinder an der Seite des Hauses hoch, in dem sie als Kind gelebt hatte; sie zogen den Rolladen am Fenster des Zimmers hoch, in dem der sie sexuell mißbrauchende Onkel gewohnt hatte, wenn er die Familie besuchte. Sie, die Patientin, beobachtete all dies von einem Haus auf der anderen Straßenseite aus. Auf dem Bett in dem nun einsehbaren Zimmer lag eine Frau; sie sah aus wie eine ihrer Schwägerinnen. Die Analysandin beeilte sich, hervorzuheben, daß diese Frau bekleidet war, als wollte sie klarstellen, daß der Traum nicht von sexuellem Voyeurismus oder sexuellem Exhibitionismus handelte; die Jungen, meinte sie, waren einfach nur frech. Im dritten Teil des Traums kam eine Menge in zweiter Reihe geparkter Autos vor; sie und noch jemand setzten sich in die Autos und stellten sie innerhalb der Parklinie in eine Reihe.

Der Analytiker bittet um Assoziationen zu diesem dritten Traumsegment. Die Patientin meint, im Traum habe sie Freude darüber empfunden, Ordnung zu schaffen, und weiß dann nichts mehr zu sagen. Der Analytiker erwähnt dann das Hochziehen des Rolladens. Sie fügt hinzu, im Traum habe sie gedacht, ihre Mutter sei gekommen und habe die Sache mit den Jungen in Ordnung gebracht, und verstummt dann erneut. Als nächstes erwähnt der Analytiker den Gefrierschrank mit der Tür, die nicht schließen wollte. Zuerst denkt die Patientin daran, daß die Sachen im Gefrierschrank auftauen würden. Dann assoziiert sie, wie sie immer Essen dazu benutzt hat, um ihre Einsamkeit auszufüllen. Sie erklärt, daß ihre Kindheit voller Einsamkeit gewesen sei. Manchmal, wenn sie allein gewesen war, habe sie jedoch mit Plastikpuppen gespielt, darin habe sie sich sehr vertiefen können und sei sehr kreativ geworden, und dann seien ihre schlechten Gefühle verschwunden. Während sie von ihren chronischen Einsamkeitsgefühlen berichtet, rinnen ihr Tränen über die Wangen – kein ungewöhnliches Ereignis – und sie nimmt sich einige Taschentücher aus der extra großen Kleenexschachtel neben der Couch und wischt sich die Augen trocken. Sie sagt, daß die Gedanken und Gefühle, die in ihr aufsteigen, sie beunruhigen.

Daraufhin interpretiert der Analytiker, er glaube, ihre Abneigung, zu den Sitzungen zu kommen, hänge damit zusammen, daß sie in der letzten Zeit berichtet habe, sie würde ein gewisses Freierwerden ihrer Gefühle erleben. Er bemerkt, daß dieses Freiwerden jedoch zwei Seiten habe. Einerseits verringere es zwar ihre Einsamkeit und bewirke, daß sie sich ihrer Kreativität näher fühle, andererseits jedoch sei es schmerzlich für sie und mache ihr Angst vor ihren Assoziationen, da sie nicht wüßte, wohin sie diese führen würden, wenn sie sie weiter auftauen lassen würde. Daraufhin gibt die Patientin zum erstenmal in der analytischen Behandlung zu: »Etwas in mir ist eingefroren, sogar tot.« In früheren Sitzungen hatte sie nur immer ihr Bedürfnis danach, sich geliebt zu fühlen, betont, indem sie andeutete, sie sei voller warmer Gefühle, habe jedoch niemanden, mit dem sie diese teilen könnte. An diesem Punkt beendet der Analytiker die Sitzung, und sie verabschiedet sich mit einem gewinnenden Lächeln und, ganz untypisch für sie, mit einer Bemerkung auf dem Weg zur Tür. Sie sagt: »Mir gefällt Ihre große Kleenexschachtel.«

Die folgende Sitzung beinhaltet die Weiterarbeit an dem Traum. Nachdem die Patientin zuerst denkt, sie käme in ihrer Arbeit und dem gesellschaftlichen Leben zu rasch voran, und dann erwähnt, sie habe es aufgeschoben, ihrer Mutter Fragen nach ihrer Kindheit zu stellen, wie sie es in einer früheren Sitzung vorgeschlagen hatte, beklagt sie sich über die Unordnung ihrer Gedanken und verleiht ihrem Bedürfnis nach Ordnung Ausdruck. An dieser Stelle wirft der Analytiker ein, daß das, was sie herausgearbeitet hat, auch für die Probleme gelte, die sie während der Sitzungen assoziiert habe. Besonders hegt sie das Bedürfnis, ihre Assoziationen hintereinander aufzureihen, wie sie es tun kann, wenn sie ein bestimmtes Thema hat, über das sie sprechen kann. Ihr Problem ist, sich frei ihren Assoziationen zu überlassen, die ihr so durcheinandergewürfelt erscheinen; das stellt ein Problem für sie dar, obwohl sie nach allem, was sie zuvor schon gesehen hat, begreift, daß die ungeordneten Assoziationen zumindest genauso nützlich sein können wie die, welche an der Entwicklung eines Themas beteiligt sind.

Bald verweilt sie bei unnötigen Sorgen und Unsicherheiten wegen ihrer äußerlichen Erscheinung, von der Zeit als Heranwachsende an bis heute – unnötig, da sie viel bewundert und beneidet wird. Der Analytiker verweist in dem Zusammenhang darauf, daß sie sich befangen fühle, wie sie auf der Couch preisgegeben sei und beobachtet werde (die hochgezogenen Rolläden in dem Traum), aber daß sie sich tot oder gefroren fühlt, selbst während sie sich ihrer Attraktivität vergewissert. Und der Analytiker deutet darauf hin, es könnte ein Zusammenhang bestehen zwischen »durcheinandergewürfelt« und sexuell erregt zu sein. Darauf entgegnet sie: »Nein ... nun ja ... ja, das stimmt, aber ich habe Wege gefunden, mich beim Sex zu erregen, indem ich phantasiere, jemand anderer zu sein. Das tue ich schon seit einigen Jahren. Ich weiß, wenn ich an mich selbst denken würde, wäre ich ungeliebt und würde zurückgewiesen.« Sie erzählt dann, ihre Phantasien bezögen sich auf eine Frau, die vergewaltigt, gedemütigt und zur Schau gestellt werde. Sie beteuert, immer nur nach Anerkennung und Liebe gesucht zu haben, doch die Männer in ihrem Leben hätten immer Druck auf sie ausgeübt, sie müsse sexuell aktiv sein: »Direkt gezwungen haben sie mich nicht, aber sie haben mich manipuliert, mich auf Akte einzulassen, in denen ich mich öffnen und bloßstel-

len mußte, ohne daß ich etwas zurückbekommen hätte. Das war völlige Demütigung.«
Es ist nun Zeit, die Sitzung zu beenden, und der Analytiker beschließt, etwas zur Angst der Patientin zu bemerken, indem er sagt, all dies müsse auf ihr Erleben dessen, wie die analytische Behandlung aufgebaut sei, abfärben; das könnte dazu führen, daß sie nur widerstrebend kam und nicht wußte, worüber sie sprechen sollte. Es fühle sich wesentlich sicherer und schrecklich wichtig an, einfach nur über etwas zu reden, statt sich selbst die Freiheit zu geben, diese schmerzlichen Gedanken, Gefühle und Erinnerungen aufzubringen, sowie all die Sorgen, die sich eben jetzt auf sie und ihn beziehen würden.

In diesen beiden Sitzungen, würde ich sagen, wurde die Einführung der Analysandin in die analytische Behandlung fortgeführt, indem die anfänglichen Schwierigkeiten der Patientin mit der Bewältigung der analytischen Situation geklärt wurden. Sie erlebte die Behandlung vom Standpunkt der Gefahrensituationen ihrer frühen und späteren Kindheit aus, einschließlich des sexuellen Drucks, der auf sie ausgeübt wurde, sowie einer drangsalierenden Mutter und damit, daß sie mit der analytischen Behandlung auf die charakteristische Art umging, die sie in ihren frühen Jahren entwickelt hatte. Diese Art umfaßte die Verinnerlichung einer hyperkritischen, herabsetzenden, kontrollierenden Mutterfigur, welche die Patientin nun, durch projektive Identifikation, im Analytiker zu lokalisieren begann. Folglich konnte sie, wenn er ihr helfen wollte, über ihre Schwierigkeiten mit den Sitzungen zu reflektieren, nur hören, daß er sie als widerspenstige Patientin kritisierte, und sie reagierte mit einer Depression als abwehrendem Schutzmantel für Zorn, und mit Vermeidung, also ihrer Abneigung, zu den Sitzungen zu kommen. Tatsächlich war es also die Patientin, die den Gedanken des Widerstands eingeführt hatte, nicht der Analytiker. Widerstand war ihre Art, ihre Übertragung und ihre projektive Wiedergabe, den Analytiker als drangsalierende, versagende und ganz gewiß unempathische Figur zu verstehen.
Weshalb zeigte er nicht auf, daß er als ihr Analytiker der voyeuristische, verführerische, sexuelle Mißbraucher war, den sie einer-

seits fürchtete und verabscheute, aber auch anziehen beziehungsweise bei ihm beliebt sein wollte, indem sie sich bloßstellte, und den sie ruhigstellen und in Reih und Glied halten wollte? Weil sie sich in einem sehr frühen Stadium der Arbeit befanden, und die Patientin bereits das Gefühl hatte, zu rasch voranzueilen und außerdem unter Druck zu stehen; weil sie sehr ängstlich war und befürchtete, eine sexuelle Annäherung seitens des Analytikers auszulösen und das nicht hätte bewältigen können. Zu diesem Zeitpunkt gab es keine Möglichkeit, wie er sexuelles »Agieren« von einem wirklichen sexuellen Inhalt hätte unterscheiden können; da ihre sexuellen Anspielungen sadomasochistisch und narzißtisch geladen waren; weil die Sitzung zu Ende war, ein Zeitpunkt, an dem er die Patientin lieber nicht fortschicken wollte, nachdem er sie mit beunruhigenden Interpretationen versorgt hatte; und weil er noch nicht bewußt all die Verbindungen und Hintergründe zusammengefügt hatte, die ich hier aufgeführt habe. Folglich begnügte er sich damit, sie mit seiner Abschlußbemerkung auf das Hier und Jetzt hinzuweisen: Diese konnte sich auf sie und auf ihn beziehen. Ich betrachte diese Entscheidung als anfechtbar; die Bemerkung könnte die Schwierigkeiten der Patientin vergrößern. Doch stelle ich dieses Beispiel nicht vor, um Feinheiten in der Technik zu illustrieren; sondern ich versuche aufzuzeigen, wieviel komplexe Anspielungen und Inszenierungen von Hier-und-Jetzt Übertragung und Abwehr in Einstellungen und Verhaltensweisen enthalten sein können, die traditionell unter »der Widerstand« zusammengefaßt werden könnten.

Abschlußbemerkung: Wessen Idee ist der »Widerstand«?

Zum Abschluß möchte ich wiederholen, was ich bereits weiter oben darüber gesagt habe, weshalb »der Widerstand« in unserem psychoanalytischen Lexikon ein nicht in Frage gestellter Eintrag geblieben ist. Zusätzlich zu Tradition und anderen derartigen Faktoren, und auch zusätzlich zu seiner Nützlichkeit als Anzeichen einer negativen Gegenübertragung, die auf mangelndem Verständnis beruht, kann eine Betonung »des Widerstands« darauf hinweisen, daß der Analytiker von Introjektionen aus Übertragungen des Patienten kontrolliert wird. Speziell zeigt diese Betonung möglicherweise, daß der Schuldgefühle empfindende Patient durch projektive Identifikation den Analytiker als unempathische, kritische, undankbare Figur porträtiert, dessen Interventionen einfach nur Vorwürfe wegen seiner Lasterhaftigkeit und Weigerung sind; in anderen Worten, der Patient sagt oder deutet an, daß der Analytiker derjenige ist, der den Patienten des Widerstands beschuldigt. Auf diese Art muß der Analytiker die Last tragen, die aus der Selbstkritik und den Schuldgefühlen des Patienten besteht. In solchen Situationen mag die unbewußte Übertragung von Schuldgefühlen des Analysanden im Analytiker eine ergänzende feindliche Gegenübertragung stimulieren. In einem Versuch, die Oberhand zu gewinnen, könnte der Analytiker dann die Überzeugung entwickeln, daß es »da draußen« und »im« Analysanden wirklich etwas gibt, ein Etwas, das »der Widerstand« genannt zu werden verdient und als solcher neutral und ausführlich analysiert werden muß.

Ich schlage jedoch vor, daß es einleuchtender ist, diese Zuschreibung von Widerstand als einen Fehler zu betrachten, der die äußerliche Form einer Reaktion auf einen manifesten Inhalt annimmt, als wäre es Tiefenmaterial. In diesem einen Aspekt ist es ein Fehler, der auf einer induzierten störenden Gegenübertragung beruht. Der Analytiker entdeckt gar keine andere Kraft im Patienten, die zudem eine Kraft sein soll, deren Analyse zusammen mit der Analyse der Übertragung ein wesentliches Identifikationsmerkmal der wahren Analyse darstellt; eher spielt der Analytiker eine zugewiesene Rolle in der projektiven Inszenierung der Übertragung des Patienten. Es ist ein Fehler, der oberflächlich betrachtet sehr analytisch zu sein scheint, während er tatsächlich zeigt, daß die analytische Arbeit aus der Bahn geworfen wurde. Man könnte sagen, der Analytiker hat begonnen, die falsche Geschichte über den analytischen Dialog zu erzählen.

15. Kapitel

Die Probleme der Lehranalyse

Harold Bloom (1973), der bekannte Literaturtheoretiker, hat argumentiert, daß gute Literaten unweigerlich das Gefühl haben, sie seien zu spät in die kreative Dichterszene eingetreten. Nur allzu deutlich sind sie sich der großen, von anderen geschriebenen Werke bewußt und haben daher das Gefühl, sie würden sich in die Gesellschaft der wahren Meister hineinschmuggeln, welche bereits die wichtigsten dichterischen Möglichkeiten ausgeschöpft und erforscht haben. Umgeben von all diesen beispielhaften Gestalten und Werken, müssen gute Literaten an der »Angst vor Beeinflussung« leiden. Während sie einerseits aus ihren Vorgängern Kraft ziehen, müssen sie dennoch auch gegen diese Figuren kämpfen, um ihre eigene dichterische Stimme zu finden und kühn genug zu sein, sie auch hören zu lassen. In diesem Kampf, hebt Bloom hervor, befindet sich eine beunruhigende vatermörderische Unterströmung. Der Dichter ist ein weiterer Ödipus.

Ich zitiere diese konfliktzentrierte Darstellung der Kreativität deshalb in einem Kapitel über die Ausbildung von Analytikern, weil sie sehr gut die Erfahrung beschreibt, die man als angehender Analytiker macht, der einerseits innerhalb der analytischen Tradition bleibt, andererseits aber auch »seine eigene Stimme hören läßt« – in anderen Worten, der ein guter Analytiker wird. Es besteht eine deutliche Parallele zwischen dem Kampf des Dichters und der Angst des analytischen Kandidaten vor einer Beeinflussung durch den Lehranalytiker, die Supervisoren, andere Lehrer, Freud und die gesamte analytische Tradition, wie sie von dem Pantheon der großen Analytiker verkörpert wird. Ernst Kris, selbst ja nicht gerade ein Nichts unter den kreativen Analytikern, war in dieser Beziehung so befangen und zurückhaltend – in

Blooms Begriffen, so ödipal furchtsam, so sehr darum bemüht, keine Andeutung von Vatermord aufkommen zu lassen – daß er letztlich alles von Analytikern nach Freud Geschriebene als nicht viel mehr denn Fußnoten zu den Werken des Meisters bezeichnet hat.

Für die im psychoanalytischen Diskurs Zuspätgekommenen geht es jedoch nicht nur darum, das Genie von Freuds Pionierleistung und die Beiträge all jener anderer Analytiker anzuerkennen, denen wir persönlich oder durch Lektüre begegnet sind und die unsere eigene analytische Entwicklung stark geprägt haben. Ein Großteil dieses Gefühls des Zuspätkommens kann auf Übertragungen zurückgeführt werden. Wir können sagen, daß das ödipale Kind verspätet auf der Szene elterlicher Sexualität und Zeugungsfähigkeit eingetroffen ist. Und wir können hinzufügen, daß das präödipale Kind ein Nachzügler auf der Bühne der Erziehung und Macht ist, mit all deren bedrohlichen wie auch beruhigenden Aspekten. Diese frühe Erfahrung des Verspätetseins hinterläßt in uns allen auf ewig das Gefühl, daß, wenn erst einmal alles gesagt und getan ist, wir doch die Kinder unserer Eltern und sekundär unserer Mentoren und der Autoren, die wir während unserer Ausbildung gelesen haben, geblieben sind. Auch unsere intensivsten Bemühungen, uns mittels Vergeßlichkeit, schonungslosem Konkurrenzdenken oder grandiosen Phantasien dieses Gefühls zu erwehren, können es niemals völlig unterdrücken.

Jede Lehranalyse sollte diese Mischung aus persönlichem und beruflichem Zuspätkommen berücksichtigen. Sie sollte jedoch nicht kraß das Berufliche auf das rein Persönliche reduzieren. Wir leben schließlich alle auch in einer intellektuellen und einer sozialen Geschichte, wie personalisiert die Sicht auch sein mag, die wir von unserem Platz in dieser Geschichte haben. Diese Überlegung war es, der sich Kris, der ja zunächst einmal Kunsthistoriker war, so überaus deutlich bewußt war. Wir denken uns unsere Ideen nicht völlig neu aus; ebensowenig erfinden wir unsere eigenen Praktiken. Niemand tut dies und niemand hat es je getan, weder in der Kunst noch in der Psychoanalyse. Aber ich bin mir nicht sicher, ob Lehranalysen die Angst vor beruflichem Einfluß immer differenziert berücksichtigen; hierbei habe ich zum Beispiel die Tatsachen vor Augen, daß in unserem Feld Anpassung gewöhnlich reicher belohnt wird als Originalität, fünfzigjährige Kollegen weiterhin junge Analytiker genannt werden, und viele Analytiker an einem Unbehagen leiden, das sie abhält, Neuerungen und explosive Kontroversen selbst in Theorie und Technik einzubringen. Wahrscheinlich wird die Angst vor einer Beeinflussung in der Analyse in ihren persönlichen Aspekten, wie dem Einfluß dominanter Identifikationen, aufgegriffen.

Natürlich gibt es in einer Lehranalyse weit mehr durchzuarbeiten als das Thema des beruflichen »Zuspätkommens« und die damit zusammenhängende Angst vor einer Beeinflussung; ich werde auch bald zu einigen anderen Anforderungen kommen. Zuvor muß hier jedoch noch mehr an Einführungsarbeit geleistet werden. Zuallererst eine kurze Anmerkung über mein eigenes Gefühl des Zuspätkommens beim Schreiben über Lehranalysen: Es sind bereits einige ausgezeichnete Abhandlungen über die Lehranalyse geschrieben worden, die ihrerseits wiederum in anderen ausgezeichneten Abhandlungen durchgekaut wurden, so daß die analytische Literatur insgesamt das Thema recht gut abzudecken scheint. Um uns dieser Sachlage voll und ganz bewußt zu werden, müssen wir nur die Kritiken und Darstellungen in den jüngsten Monographien über die Lehranalyse nachschlagen, die von der Internationalen Psychoanalytischen Vereinigung (1985, 1986) veröffentlicht wurden. Vielleicht kann ich jedoch, indem ich an dieser Diskussion teilnehme, einige wichtige Punkte noch umfassender, deutlicher oder folgerichtiger herausarbeiten, als dies bisher geschehen ist. Überdies sehe ich mich genötigt zu versuchen, ein Gegengewicht zu einigen gut eingeführten Positionen zu schaffen, die ich für problematisch halte.

Eine zweite einführende Bemerkung: Sich die Lehranalyse zum Thema zu nehmen heißt, sich mitten in das Dickicht aller größeren psychoanalytischen Kontroversen zu stürzen – in die klinische, die theoretische, die pädagogische, die ideologische und die politische. Und es bedeutet gleichzeitig, sich in die Metakontroverse darüber zu stürzen, ob diese fünf Kontroversen deutlich voneinander abgegrenzt oder untrennbar miteinander verflochten sind, oder ob sie im Grunde so ziemlich dasselbe sind und eigentlich auf ein Thema hinauslaufen, dem man sich nur auf unterschiedliche Weise nähert. Zum Beispiel ist Theorie in gewisser Hinsicht eine politische Angelegenheit; ebenso die Auswahl der Lehranalytiker und die Auswahl und Förderung einiger Kandidaten. Phyllis Greenacres (1966) bekannte Erörterung darüber, wie gewisse Kandidaten in der Ausbildung »protegiert« werden, deutet an, welche wichtige Rolle Machtpolitik in der analytischen Ausbildung spielen kann. Dem von Phyllis Greenacre hervorgehobenen Aspekt möchte ich hinzufügen, daß »Protektion« von anderen oft aus Respekt, wenn nicht sogar aus Angst vor den mächtigen Figuren auf diesem Gebiet geleistet wird, oder um sich die Gunst derselben zu erschmeicheln.

Ferner an Stelle einer Einleitung: Wer über dieses Thema schreibt, stürzt sich ebenfalls in das Dickicht von Übertragungsresten und Übertragungskrisen jener Leser, die Analytiker und analytische Kandidaten sind. Ihre »Leserreaktion« muß unweigerlich starke Gefühle über ihre eigene Analyse ausdrücken. Mehr als andere Leser müssen sie »die Axt schwingen« oder eigennützige Zwecke verfolgen und Illusionen aufrechterhalten. Demnach ist zu erwarten, daß ein gewisses Maß der unerledigten analytischen Geschäfte eines jeden Lesers sein Verständnis der Debatte färbt. Tatsächlich müssen diese unerledigten Geschäfte die Debatte bereits gefärbt haben, obgleich es mir nicht zusteht, zu entscheiden, inwieweit dies der Fall ist.

Einige Anmerkungen zur Methodik: Da jeder einzelne Analytiker nicht viele analytische Kandidaten behandelt haben kann, und da jede Lehranalyse, wenn sie einigermaßen gründlich und gut durchgeführt wird, wahrscheinlich ebenso viele einzigartige Charakteristika hat wie solche, die mehrdeutig bleiben, kann argumentiert werden, daß kein Lehranalytiker in der Lage ist, allgemeingültige Schlüsse über die Lehranalyse ziehen zu können. Doch führt diese warnende Überlegung nicht zu der Schlußfolgerung, daß wir einfach den Mund halten sollen. In diesem Zusammenhang sollten vier Erwägungen berücksichtigt werden. Erstens: Obwohl kein einziger Analytiker während seiner gesamten Berufslaufbahn eine wirklich große Anzahl gewöhnlicher klinischer Analysen zur völligen Zufriedenheit beider Beteiligten abschließen kann, hat diese Tatsache doch nicht viele Analytiker davon abgehalten, wertvolle Abhandlungen und Bücher über jedes denkbare analytische Thema zu schreiben, und das an jedem beliebigen Punkt ihrer Laufbahn. Zweitens: Jede einzelne Analyse liefert so viele Wiederholungen und vielschichtige Variationen der Themen und Probleme, die in der Analyse zentral wurden, daß sie sich als eine Goldmine an Daten erweist, wenn sie erst einmal einer umsichtigen, aufschlußreichen und systematischen Bearbeitung unterzogen wurde. In der Psychoanalyse kommt man zu wertvollen Schlußfolgerungen auf Wegen, die mit traditionellen Experimentiermodellen nicht übereinstimmen und es auch nicht können. Drittens: Veröffentlichte Abhandlungen und Symposien haben ebenso wie informelle Diskussionen unter Kollegen bereits zu einem Konsens in vielen Punkten bezüglich der Lehranalyse geführt.

Die vierte und letzte methodische Anmerkung betrifft die Tatsache, daß jede psychoanalytische Schule eine ganze Menge standardisierter Theorien liefert, um Analytiker bei der Ausarbeitung ihrer interpretativen Erwartungen und Handlungsstränge anzuleiten. Diese Erwartungen und Handlungsstränge helfen ihnen, ein Gefühl dafür zu entwickeln, was einen Sinn ergibt und wie etwas einen Sinn bekommt. Die Realität ist demnach, daß Analytiker ihre Arbeit niemals ganz ohne Vorgabe mit ihren individuellen Analysanden beginnen; statt dessen, und zum Glück für alle Betroffenen, sind die Freiheiten des Analytikers begrenzt, da ein gutes Stück des Wegs zu seinen klinischen Schlußfolgerungen bereits für ihn geebnet wurde. Folglich kann und muß klinische Erfahrung, einschließlich der Erfahrung bei der Durchführung von Lehranalysen, niemals als eine ungemein gefährliche unabhängige Variable betrachtet werden. Ebenso muß die Tatsache berücksichtigt werden, daß Lehranalytiker eben auch ihre ersten, zweiten und dritten Lehranalysen durchführen müssen, und wer kann behaupten, daß diese analytischen Behandlungen weniger effektiv seien als jene, die von anderen, oftmals viel älteren Lehranalytikern durchgeführt werden?

Auf der Grundlage dieser vier methodischen Anmerkungen betrachte ich es nicht als vermessen, sich dem fundamentalen, faszinierenden und problematischen Thema der Lehranalyse zu widmen. Ich werde versuchen, mich an dem Gespräch zu beteiligen, indem ich die Umstände kritisiere, unter denen Lehranalysen durchgeführt werden und die Einflüsse darlege, die diese Umstände auf die Übertragungen des Analysanden sowie die Gegenübertragungen des Analytikers ausüben können – in analytischen Instituten ein Gegenstand allgemeinen Interesses.

Der Einfluß der Umstände

In Lehranalysen kann man es sich nicht leisten zu vernachlässigen, in welchem Ausmaß diese Analysen merklich von der komplexen Interaktion der intellektuellen, beruflichen und persönlichen Umstände beeinflußt werden. Diese Interaktionen machen den Kontext der Lehranalyse aus. Ich nehme einen Kontext von Umständen an, der weithin, wenn auch nicht universell, an analytischen Instituten vorherrscht. Einerseits sind meine Bemerkungen daher nicht in gleichem Ausmaß auf alle Aspekte jeder Lehrsituation anwendbar; andererseits sind sie dennoch auf die durchschnittliche zu erwartende Lehranalyse anwendbar.
Was macht den verhängnisvollen Kontext der Umstände aus, in dem Lehranalysen durchgeführt werden? Die Lehranalyse dauert während eines Großteils oder der gesamten Ausbildungszeit des Kandidaten an. Die Ausbildung findet im Rahmen eines Instituts statt. Es wird verlangt, daß der Lehranalytiker ein sorgfältig ausgewähltes Mitglied dieses Instituts ist. Er unterbreitet dem Institut keine Berichte über die Probleme und Fortschritte des Kandidaten, nimmt nicht an Entscheidungen teil, die den Fortschritt des Kandidaten beeinflussen, und vermeidet administrative und pädagogische Diskussionen, die Informationen über das Verhalten und den Stand des Kandidaten beinhalten könnten. Mit diesen Mitteln versuchen der Lehranalytiker und das Institut gewissenhaft, nicht nur die Regeln der Vertraulichkeit einzuhalten, sondern auch die analytische Beziehung vor Beobachtungen und Einflüssen durch Dritte zu schützen. Sie sehen diese Einwirkungen als hinderlich und ablenkend an. Dies sind jedenfalls die Ideale.

Doch selbst wenn die Lehranalyse unter Bedingungen durchgeführt wird, die sich dem Ideal annähern, wird man dabei zwangsläufig auf mehr als ein paar potentiell störende Umstände stoßen. Zunächst einmal ist da die Tatsache, daß die Lehranalyse vom Kandidaten verlangt wird, statt daß er sich freiwillig dafür entscheidet. Außerdem erwarten alle Beteiligten, daß die Lehranalyse eine wichtige Rolle bei der Aneignung von professioneller Kompetenz, Sicherheit und Identität innerhalb der analytischen Schule durch den Kandidaten spielen soll. Diese Tatsachen allein tragen dazu bei, die Idealisierungen, negativen therapeutischen Reaktionen, abwehrenden Identifikationen und rebellisches Kontrollieren des Analytikers zu verschlimmern – nicht jedoch zu verursachen. In anderer Hinsicht wird die Analyse als eine Auflage betrachtet, als eine weitere Pflichtstunde, als Chance, zu zeigen, was für ein guter, braver Junge oder ein gutes, braves Mädchen man doch ist, als eine erzwungene Infantilisierung, Kastration oder Gehirnwäsche, als eine Gelegenheit, das ödipale Elternteil zu besiegen, oder, am ehesten, als eine Kombination oder schichtweise Anordnung dieser Sichtweisen. Daher kann man sagen, daß die Lehranalyse, da sie institutionalisiert ist, sogar problematischer ist als die gewöhnliche klinische Analyse.

Zu diesen Problemen kommen jene hinzu, die aus den sowohl dem Kandidaten als auch dem Analytiker offenstehenden Möglichkeiten entstehen, sich gegenseitig zu beobachten und gelegentlich außerhalb des Sprechzimmers miteinander zu interagieren. Und dann ist da noch der Klatsch über den Analytiker, der dem Kandidaten oft von anderen Kandidaten, Kollegen und Freunden zugetragen wird: Angeblich eine freundliche Geste gegenüber einem manifest passiven Empfänger, wird dieser Klatsch analytisch sehr nützlich als aufdringliches, kontrollierendes, voyeuristisch verführerisches und feindliches Agieren aller Beteiligten verstanden. Vom Analysanden kann man erwarten, daß er sowohl seine unvermeidlichen Beobachtungen des Analytikers in der Öffentlichkeit als auch die auf Klatsch beruhende Information benutzen wird, um Übertragungsphantasien zu rationalisieren und ihre Analyse dadurch um so schwieriger zu machen. Hier wie anderswo wird die »Realität« in der Übertragung abwehrend, verführerisch und aggressiv benutzt.

Obendrein sind dem Kandidaten Veröffentlichungen und Darstellungen des Lehranalytikers in vielen Fällen leicht zugänglich. Auch diese können von dem Kandidaten auf voyeuristisch verführerische und feindselige Art und Weise verwendet werden, ebenso wie als intellektualisiertes Bollwerk gegen beängstigende Übertragungsphantasien und rekonstruierte traumatische Erfahrungen. Selbstverständlich kann diese ganze »Information« auch zu einer lohnenden Realitätsprüfung verwendet werden (zum Beispiel, daß es auch im Leben des Analytikers Probleme gibt), doch schließt diese Verwendung nie die problematischen Verwendungsmöglichkeiten des »Wissens«, das der Analysand zufällig erfährt, aus.
Hier tritt nun auch der relative Status des Lehranalytikers in dem Institut und in der gesamten Welt der Psychoanalyse in Erscheinung. Hier gibt es nicht nur eine Unmenge leicht zugänglicher und fast unvermeidbarer Information, sondern, wie der Analytiker von der Couch her zu hören bekommt, auch eine ganze Menge an falscher Information. Die Kandidaten neigen oft dazu, untereinander die Prominenz und das analytische Verhalten ihrer Analytiker, die Länge ihrer Analysen, die Intensität ihrer eigenen Freuden und ihres Leidens während der Ferien und anderer Zeiten, in denen sie Befreiung und Deprivation erfahren, ihre übertragungsbedingte Liebe und ihren Haß und so weiter zu vergleichen. Und oft, wenn der Lehranalytiker all dies hört und sich an seine eigenen Tage als Kandidat erinnert, klingt es, als würden die Kandidaten Brustumfang, Penislänge, persönliche Leidenschaft und Liebenswürdigkeit, moralische Zeugnisse, elterliches Versagen, Würde des Leidens und Tugend unter Druck vergleichen. Die Sprache, die Metaphern, die Einstellungen scheinen mit infantiler Bedeutung angefüllt. Was natürlich alles potentielles analytisches Material ist und daher empathisch und sorgfältig untersucht werden muß. Aber diese Kontakte, Enthüllungen, Entstellungen und manchmal auch Erfindungen, die nach Beendigung der Lehranalyse typischerweise fortdauern, müssen zwangsläufig auch in gewissem Ausmaß Typ und Grad der Auflösung von Übertragungskonflikten und Abwehrstrategien einschränken. Daher mag sich das Endergebnis signifikant davon unterscheiden, was oft genug in Fällen beobachtet wird, die nicht der Ausbildung dienen. Diese einschränkenden Umstände dürfen nicht mißachtet werden.

Aber auch die Lehranalytiker sind einer Reihe von Umständen unterworfen, die als Druck oder Verführung fungieren. Zum Beispiel scheint ihnen so ziemlich jeder an dem Institut über die Schulter zu schauen und entscheiden zu wollen, wie gut sie sind. Diese Beobachter gründen ihre Qualitätseinschätzungen oft unbedacht darauf, wie einsichtsreich, verantwortungsbewußt, klinisch effektiv oder ganz einfach attraktiv die Kandidaten eines Analytikers sind oder zu sein scheinen. Sie können diese Einschätzungen auch darauf gründen, wie lang die Analysen eines jeden Lehranalytikers durchschnittlich dauern, wie freundlich er in der Öffentlichkeit zu sein scheint und wie hoch er als Lehrer, als Diskussionsteilnehmer oder als analytischer Autor geschätzt wird. Somit sitzen die Lehranalytiker in demselben Glashaus wie ihre Kandidaten. Und nicht nur das, sondern sie werden auch wie ihre Kandidaten vor einem Publikum ausgestellt, das immer bereit ist, sowohl persönliche Deutungen abzugeben als auch professionelle Urteile zu fällen, die auf die Moral, den allgemeinen Ruf, den Lebensunterhalt und gelegentlich sogar auf die Freundschaften des Lehranalytikers einwirken können.
Zum vorliegenden Zweck brauche ich jedoch keine weiteren Umstände aufzulisten, die einen bedeutenden Einfluß auf die analytische Beziehung sowie den analytischen Prozeß ausüben. Ich wollte eigentlich nur darauf hinaus, einige wichtige Punkte zum Verständnis und Umgang mit diesen Umständen anzuführen, Punkte, die ich in meinen Bemerkungen über den Institutsklatsch und einiges mehr bereits angedeutet habe. Mein Hauptpunkt hinsichtlich beeinflussender Umstände ist dieser: In der Analyse hängt alles davon ab, in welchem Ausmaß sich der Lehranalytiker darauf konzentriert, die Wichtigkeit von psychoanalytischen Deutungen dessen, was über diese einflußreichen Umstände zur Sprache gebracht wird, herauszuarbeiten, und auch, wie und wann es zur Sprache gebracht wird. Es besteht allgemeine Übereinstimmung darüber, daß es eine Analyse nicht fördert, Behauptungen einfach zu glauben oder erst einmal zu bestätigen beziehungsweise von sich zu weisen oder die Natur und die Kraft der maßgeblichen Umstände selbst zu ignorieren. Der Analytiker muß Deutungen der unbewußt konstruierten, infantilen Wahrnehmungen und

Wunschphantasien des Kandidaten zu diesen Umständen sowie seine Abwehrmaßnahmen dagegen herausarbeiten. Soweit möglich geht der Analytiker an Hinweise auf diese Umstände als noch mehr als nur dem manifesten Inhalt heran. Diese Hinweise sind Material derselben Art wie ein manifester Traum. Die Lehranalyse hängt davon ab, daß der Analytiker diese Umstände niemals einfach oder zunächst einmal unbesehen glaubt.

Damit will ich sagen, daß alles davon abhängt, welche Bedeutung der Lehranalytiker jener anderen Realität, der psychischen Realität, zuschreibt. Um es noch deutlicher auszudrücken, das Entscheidende ist, daß der Analytiker begreift, daß die »äußere Realität« nicht einmal ein psychoanalytisches Konzept ist: Aus diesem Grund habe ich es auch vermieden, diesen Begriff zu verwenden, obwohl mir klar ist, daß Worte allein in dieser Hinsicht nicht entscheidend sein können. Für den Analytiker ist das, was man konventionell die äußere Realität nennt, etwas, das man nur *analytisch* definieren und verstehen kann; das heißt, erst nachdem herausgearbeitet wurde, wie der Wahrnehmende sie auf vielen subjektiven Ebenen verarbeitet und durch die vorherrschenden unbewußten Phantasien gefiltert hat, die in verschiedenen Kognitionsmodi und in Beziehung auf verschiedene psychosexuelle Perspektiven organisiert sind (Arlow, 1969a, b; siehe auch Kapitel 13). Was für den Analytiker zwingend sein mag, hat für den Ausbildungskandidaten als die dem gesunden Menschenverstand entsprechende äußere Realität möglicherweise nicht diese Bedeutung, und umgekehrt. Die Realität, die zählt, ist die, welche durch die Analyse herausgearbeitet wird. Dieser Respekt für die psychische Realität ist ein grundlegender Bestandteil der analytischen Einstellung (Schafer, 1983).

Stellt man für einen Moment die Berücksichtigung des Einflusses einer Gegenübertragung zurück, ist das Entscheidende, daß der Lehranalytiker – ohne dies zu forcieren – daran glaubt, daß sich die Ausbildungssituation für den Kandidaten unweigerlich für Familiendrama, Phantasiebildung und Neuinszenierung eignet: Urszenen; sowohl heterosexuelle als auch homosexuelle inzestuöse Verführungen; Vergewaltigungen, Kastrationen, Schwängerungen und Abtreibungen; auf Eltern und Geschwister gerichtete Todeswünsche sowie Todeswünsche von diesen; erzwungene Fütterungen, traumatische Entwöhnungen und Hungern; Verstopfung, Inkontinenz und Klistiere; abruptes Verlassen und segensreiche Verschmelzungen und Wiedervereinigungen; Gefangenschaft, Sklaverei, Folter und Rettung – was Sie wollen. Die Analyse dieses Materials sollte den Kern der Lehranalyse darstellen. In diesem Licht gesehen sind die maßgeblichen Umstände, die ich erörtert habe, nicht so sehr störende Interferenzen, sondern sie sind eher analytische Möglichkeiten ähnlich denen, die in Träumen, Tagträumen, Symptomen und dergleichen angeboten werden, um die Analyse in die Tiefe entwickeln zu können.

Es ist jedoch hilfreich, dasselbe Material in anderem, weniger hellem Licht zu betrachten, denn oft ist es nicht leicht erreichbar, und wenn es doch erreicht wird, ist es nicht leicht oder nicht vollständig analysierbar. Einige Analytiker sind in diesem Punkt sicher anderer Meinung. Sie scheinen zu glauben, daß alles in der Praxis auch ans Tageslicht gebracht und durchgearbeitet werden kann, da es prinzipiell für eine Analyse offensteht. Sie glauben, wenn man über etwas reden kann, kann es auch mit der Methode des Durcharbeitens analysiert werden. In seinen hitzigeren polemischen Augenblicken scheint Merton Gill (1982) zu diesen Analytikern zu gehören. Ebenso wie all jene Lehranalytiker, die bezüglich ihres analytischen Inkognitos völlig gleichgültig sind. Ich gehöre zu denen, welche diesen Glauben und das aufdringliche Benehmen, zu dem dieser führen kann, von sich weisen. Ich glaube zum Beispiel, daß Schwierigkeiten in der Analyse unüberwindbar werden können, und zwar wenn die stimulierenden Umstände ungewöhnlich stark oder anhaltend sind. Denn dann ist in der psychischen Realität des Analysanden soviel Verführung, Feindseligkeit und Deprivation in der analytischen Beziehung und, als Folge daraus, soviel Grund vorhanden, sich an ursprüngliche Abwehrstrategien zu klammern, daß selbst die geduldigste und geschickteste Interpretationsarbeit gegen die Übertragungen und Abwehrbewegungen des Kandidaten keine klar ersichtlichen Fortschritte macht.

Ein einschlägiges Beispiel sind jene Situationen, die es mit sich bringen, daß ein Kandidat das analytische Lieblingskind oder das verfolgte Opfer von jemandem in analytischer Machtposition wird; daß ein Kandidat durch Konfrontationstaktiken dazu gezwungen wird, sich vorzeitig mit schwerwiegenden und schmerzlichen Problemen zu befassen; daß vom Kandidaten verlangt wird, wichtige Berufs- und Familienplanungen an kritischen Punkten in seinem Lebenszyklus zu modifizieren, um in der Lage zu sein, alle Anforderungen erfüllen und alle Kosten der analytischen Ausbildung bezahlen zu können; und daß der Kandidat durch Ausbildungserfordernisse gebunden ist, die Analyse über den Zeitpunkt hinweg fortzusetzen, an dem sie nach Ansicht sowohl des Analytikers als auch des Analysanden den Punkt erreicht hatte, an dem sie zu ihrem natürlichen Ende gekommen wäre. Faktoren wie diese können ödipale Siege und Niederlagen und andere Kontexte von Überstimulation, Deprivation, Verzweiflung und psychischem Schmerz so rekapitulieren, daß man sich nicht darauf verlassen kann, daß der Kandidat selbst mit Hilfestellungen die notwendigen Unterscheidungen zwischen dem Hier und Jetzt und dem Dort und Damals macht und aufrechterhält. Es ist allgemein anerkannt, daß eine exzessive und ununterbrochene Gegenübertragung größtenteils deshalb für eine Analyse gefährlich ist, weil sie viele der grundlegenden Schwierigkeiten, die in dieser und möglicherweise einer folgenden Analyse berührt werden, unanalysierbar macht. Ich bin der Meinung, daß sich dieser Gedankengang gleichermaßen auf alle anderen starken und andauernd stimulierenden oder Druck ausübenden Umstände anwenden läßt, die eine Analyse umgeben und auf sie einwirken. Interpretation hat ihre Grenzen.

Zusätzlich zu übermäßigem Vertrauen in die Macht der Deutung kann auch eine zweite Haltung zu kontraproduktiven Wirkungen auf die Lehranalyse führen. Es gibt Kandidaten, die einer Analyse ausgesetzt sind, in welcher der Analytiker das Prinzip der Gleichheit im manifestesten und oberflächlichsten Sinn als Argument benutzt für eine Vielzahl an konventionell freien und offenen Kontakten und Interaktionen, sowohl innerhalb als auch außerhalb des Behandlungszimmers. In diesen Fällen können durch diese analytische Dreistigkeit infantile Wünsche, Ängste und Abwehrstrategien so stimuliert und scheinbar befriedigt oder in ihrer Natur bestätigt werden, daß deren tiefere Aspekte sich einer Interpretation und einem Durcharbeiten völlig entziehen. Diese Kandidaten werden aus der Ausbildung hervorgehen, ohne auch nur ein paar fundamentale, unbewußt aufrechterhaltene Phantasien erkannt zu haben und ohne einige grundlegende konfliktreiche Schwierigkeiten erfahren und gemeistert zu haben. Folglich werden sie nicht angemessen darauf vorbereitet sein, wirksam mit diesen Schwierigkeiten umzugehen, wenn sie in den analytischen Behandlungen ihrer folgenden unabhängigen Berufslaufbahnen auftauchen. Manchmal wird dieser Gleichheitsgrundsatz als eine Möglichkeit rationalisiert, den Kandidaten nicht zu infantilisieren, zu versklaven, zu verlassen oder zu kastrieren. Letzten Endes ist diese Denkweise jedoch unanalytisch oder sogar antianalytisch in ihrem Prinzip, ihrer Praxis und ihrer Konsequenz, indem sie einen analytisch naiven Glauben an die Macht des konventionalisierten sozialen Verhaltens vermittelt. Dieser Glaube ermuntert latent zu weiteren Repressionen der infantilen Wünsche, Phantasien und Konflikte und einer weiteren Bagatellisierung der psychischen Realität; außerdem ermutigt er oft zu gewissen Formen eines dramatischen Agierens. Und in bezug auf die Gegenübertragung kann es eine gewisse sadistische Verführung manifestieren, die die masochistischen Tendenzen des Kandidaten hervorlockt und diese gleichzeitig beschönigt.

Die Gegenübertragungen des Lehranalytikers

Nicht nur den Kandidaten allein betrifft die situationsbedingte intensivierte Turbulenz in der psychischen Realität. Wie die Turbulenz des Kandidaten wird auch die des Lehranalytikers von den Umständen der Lehrsituation zwar nicht geschaffen, kann jedoch sehr stark von ihr intensiviert werden. Als Reaktion auf diese Intensivierung wird der Analytiker möglicherweise Abwehrstrategien benutzen und Konfliktwahrnehmungen und -phantasien derselben allgemeinen Art wie der Kandidat konstruieren. Zum Beispiel kann der Analytiker Übertragungen auf die Personen entwickeln, die das Institut ausmachen, einschließlich aller Kandidaten, und nicht nur des einen auf der Couch; diese Übertragungen werden dann sicherlich in die Gegenübertragung zu dem augenblicklichen Kandidaten einfließen oder diese verstärken. Analytiker haben jedoch gelernt, mit diesen Gegenübertragungen zu leben – zumindest haben sie gelernt, es zu versuchen, indem sie ihre störende Wirkung interpretieren, um somit Informationen über den Analysanden zu erhalten: was wird inszeniert und weshalb und so weiter.

Im günstigsten Fall ist der Analytiker auch seinen eigenen charakterlich bedingten Gegenübertragungen gegenüber wachsam, jenen, die Annie Reich (1951) in ihrem grundlegenden Aufsatz über Gegenübertragung so anschaulich erörtert hat. Charakterbedingte Gegenübertragungen haben ihren Ursprung in der Dynamik, die zum einen dazu geführt hat, daß eine Person überhaupt den Beruf des Therapeuten und Analytikers gewählt hat. Diese Dynamik spielt auch weiterhin in den Beziehungen des Analytikers zu seinen Analysanden eine Rolle. Diese Gegenübertragungen haben, in unterschiedlichem Ausmaß, voyeuristische, wiedergutmachende, sadomasochistische, paranoide, perfektionistische und ähnliche Züge. Sie können die Motivation, Kraft, Standhaftigkeit, das Wahrnehmungsvermögen, die Empathie, das Können und den persönlichen Arbeitsstil bedeutend beeinflussen. Da die Gegenübertragungen aber immer im konfliktreichen Boden der Kindheit wurzeln, können sie auch jede einzelne dieser Motivationen in einen Dschungel aus Verwirrungen und Behinderungen verwandeln. Daher sind diese charakterbedingten Gegenübertragungen ein zweifelhafter Segen oder bestenfalls eine Versündigung gegen das Gebot der Neutralität.

Gut analysierte und aufmerksame Analytiker erfahren während ihrer eigenen Lehranalysen eine ganze Menge über diese Form der Gegenübertragungen. Später, während ihrer eigenen freien analytischen Arbeit können sie noch viel mehr darüber lernen, vorausgesetzt, sie sind nicht nur aufgeschlossen für alles, was die Analysanden über ihre Erfahrung mit der analytischen Behandlung durch diesen Analytiker zu sagen haben, sondern auch für das, was sie selbst bei der Durchführung der Analyse erleben. Die Durchführung einer analytischen Behandlung ist niemals völlig frei von dem Einfluß der Dynamik, die zur Wahl dieses Berufs geführt hat. Kein »Arbeits-Ich« ist völlig autonom, und das sollten wir auch nicht erhoffen, da in dieser Hinsicht die Kerndynamik von Talent und Problemen dieselbe ist. Schon Freud (1937b) bemerkte in »Die endliche und die unendliche Analyse«, daß, so sehr die eigene Analyse dabei auch helfen mag, die ernsthaft schädigenden Konsequenzen dieser Kerndynamik zu bewältigen, die Verwundbarkeit bleibe, und mit ihr die Abwehrmaßnahmen, die sie notwendig gemacht hat, wenn auch in abgeschwächter Form. Viel früher (1913) hatte Freud die Widerstände hervorgehoben, die von denjenigen aufgebaut werden, die bereits als Therapeuten tätig sind und mit den Widerständen ihrer eigenen Patienten fertig werden müssen.

Wie ich bereits erwähnt habe, kann man von einer Lehranalyse, die unter den stressreichen und übertragungsgeladenen Bedingungen der Institutsausbildung durchgeführt wird, sagen, sie sei von Anfang an institutionalisiert. Diese Institutsumgebung kann den Lehranalytiker ständig zu charakterbedingten Gegenübertragungen stimulieren. Folglich muß der Lehranalytiker, um die Dinge im Griff zu behalten, immer wieder versuchen, seine eigenen Übertragungen auf Personen der analytischen Welt am Ort, auf alle anderen Analytiker in seinem Pantheon und auf alle Protagonisten in den theoretischen und technik-relevanten Kontroversen auf dem Gebiet der Analyse zu berücksichtigen. Durch die Übertragung kann das Institut selbst eine gute oder schlechte Familie werden sowie ein gutes oder schlechtes Zuhause. Der Lehranalytiker wirkt in einem sozialen System, das sich zur Inszenierung jeder Art von Familiendrama eignet, und das einem Sturm im Wasserglas gleichkommt, da alles auf engstem Raum und unter dem Druck der inzestuösen, voyeuristischen, exhibitionistischen und feindseligen Tendenzen und Konflikte aller Beteiligten stattfindet. Man könnte es als vollkommenes analytisches Theater betrachten.

Innerhalb dieses Sozialsystems wird der Lehranalytiker feststellen, daß einige, die es verdient hätten oder Freunde, die den Ausschluß schlecht ertragen, den Rängen der Gesalbten nicht angehören, während denselben Rängen andere angehören, die er für ungeeignet oder unangenehm hält oder einfach zu anders um *sympathisch* zu sein findet. Das System oder die Familie scheint Macht und Anerkennung ungleich und manchmal sogar launisch zu verteilen. Das Institut wird seinen Anteil an Scheinheiligkeit, Anmaßung, grenzenlosem Ehrgeiz, Parteigeist, an Speichelleckern, geächteten Ketzern, Außenseitern und Nichtskönnern haben. In dieser Hinsicht und entgegen unseren Hoffnungen und vielleicht auch unseren Illusionen unterscheidet sich die Welt des Instituts in nichts von der sogenannten wirklichen Welt.

In einer charakterlich begründeten Reaktion auf all diese Eindrücke, Verwicklungen und vielleicht Enttäuschungen und der daraus resultierenden Bitterkeit kann der Lehranalytiker bei jedem Ausbildungskandidaten dazu neigen, einige Faktoren überzubetonen und andere zu bagatellisieren. Um ein Beispiel zu erwähnen – eines, das für die Vitalität unseres Gebietes besonders wichtig ist –, kann ein Lehranalytiker auf Originalität überreagieren und sie einfach als abweichendes Ausagieren ödipaler Rebellion und Vatermord oder als auf pathologischem Narzißmus oder defekten Ich-Funktionen basierende Unverbesserlichkeit betrachten. Dieser Lehranalytiker wird nur allzu bereitwillig und gern Gefallen an einem sich anpassenden Kandidaten finden, der keine Wellen schlägt und somit weder zu der beruflichen und persönlichen Unsicherheit des Analytikers beiträgt noch das institutionelle Boot ins Wanken bringt.

Ein sich rigide anpassender Kandidat wehrt ab, indem er bewußt gegenüber den überladenen und oft widersprüchlichen Umständen blind bleibt, unter denen die Ausbildung stattfindet. In dieser Hinsicht kann die Abwehr des Kandidaten auch darauf hinauslaufen, »gutes Benehmen« zu demonstrieren, um durch- und aus der Ausbildung herauszukommen, so als würde er eine Strafe absitzen. Darin kann jedoch auch eine gewisse Spaltung der Übertragungen enthalten sein, ebenso wie eine abwehrende Idealisierung des Analytikers oder die heimliche Identifikation mit ihm; auf diese Weise beschränkt sich der Kandidat darauf, der Analyse nur ein »falsches Selbst« zu präsentieren. Durch eine Analyse äußerst schwierig auszulöschen sind die unbewußten Phantasien, auf denen diese Abwehrstrategie beruht. Dieses Problem wird um so schwerwiegender, wenn diese Phantasien reichlich durch Beobachtungen am Institut von so fragwürdigen administrativen und klinischen Praktiken wie dem »Protegieren« oder dessen schikanierendem Gegenteil genährt werden. Für die Zwecke der Lehranalyse ist es besonders wichtig, dem Kandidaten durch geeignete Deutung zu helfen, seinen Sinn für die Realität unter Berücksichtigung der an dem Institut vorherrschenden Praktiken zu befreien und außerdem seine Kapazität zu Ausdruckskraft und zu angepaßtem Handeln (nicht mit passiver Duldung zu verwechseln) innerhalb dieses Systems freizusetzen.

Es gibt eine beachtenswerte Alternative dazu, Originalität und Wahrnehmungsvermögen zu unterdrücken, während Anpassung belohnt wird. Im Namen der Empathie, der Antiautorität und der Förderung von kreativem Selbstausdruck, kann der Analytiker Originalität so überbewerten, daß er, aufgrund einer Gegenübertragung, eine Verschiebung jeglicher Art von negativer Übertragung auf das Institut oder auf das Gebiet der Analyse im allgemeinen begünstigt. Diese Ausflucht wird hervorgerufen, wenn nicht analysiert wird, was es für den Kandidaten bedeutet, Originalität als eine Möglichkeit zu benutzen, die Analyse abzuwehren, wenn dies der Fall sein sollte. In Frage kommt hier die Analyse der ambivalenten, neidischen und vatermörderischen Übertragungen des Studenten, da der Kandidat in der Verkleidung eines Freigeistes eine Rolle ausagieren könnte, in der er sich selbst als Gebärmutter, Brust, väterlicher Phallus und Quell analytischer Weisheit dient. Das ist die Rolle, die in der Eine-Person-Tradition steht wie das Wunderkind und, mit der Zeit, vielleicht der gekreuzigte Retter. Dann ist weit mehr als das Geltendmachen von Talent und Originalität in das Benehmen des Kandidaten eingegangen.

Es lohnt sich hervorzuheben, daß auf diese Art die selbstgenerative Phantasie eines Talentierten zu Tode analysiert oder durch nachlässige Handhabung kontraproduktiv gefördert werden kann. Von allgemeinerer Bedeutung allerdings ist die Frage, ob institutionell verstärkte charakterbedingte Gegenübertragungen unvermeidbar auf die Reaktionen des Analytikers auf Manifestationen von geistiger Unabhängigkeit abfärben. Diese lebhaften Manifestationen, die auf lange Sicht beim Analysanden nur durch effektive analytische Arbeit gefördert werden können, entwickeln sich unterwegs möglicherweise zu Barrieren für eine weitere Analyse. Daß sie zu Barrieren werden, kann einfach an ihrer abwehrenden Verwendung durch den Kandidaten liegen, doch vielleicht beruht diese Entwicklung auch auf den Gegenübertragungen des Lehranalytikers, die dem Inhalt nach auf Konformität, Individuation oder Gruppenzugehörigkeit einwirken; höchstwahrscheinlich ist die Ursache jedoch eine komplexe Kombination all dieser Faktoren.

Wer behauptet denn, daß man es nicht im geringsten tolerieren und respektieren dürfe, wenn der Analyse durch den Analysanden gewisse Grenzen gesetzt werden? Wissen Analytiker so genau, was auf lange Sicht gesehen einen guten Analytiker ausmacht oder einen kreativen Analytiker besser macht? Können Analytiker alle Kandidaten in dieser Beziehung über einen Kamm scheren? Können sie überhaupt hoffen, alle Barrieren und jegliche Blindheit völlig zu eliminieren? Während es keinen Ersatz für die analytische Daueraufmerksamkeit gibt, ist der Übergang zwischen Aufmerksamkeit und hyperwachsamem sowie perfektionistischem Zwang fließend und variiert von einem Fall zum anderen. Ganz gewiß können institutionell verstärkte charakterbedingte Gegenübertragungen eine Toleranz gegenüber einer derartigen Ambiguität behindern, indem sie Druck auf den Analytiker ausüben, er solle versuchen, etwas hervorzubringen, das zweifellos wie ein »Endprodukt« aussieht.

Es ist viel darüber diskutiert worden, ob die Lehranalyse die Herstellung eines »Endprodukts«, das heißt eines erkennbaren, akzeptablen und sicheren Mitglieds eben der analytischen Gemeinschaft, die die Ausbildung durchführt, generell zum Ziel haben soll. Meiner Ansicht nach läuft es dem grundlegenden Konzept der Psychoanalyse völlig zuwider, daß der Analytiker ein solches analytisches Ziel haben sollte. Fragen bezüglich der Sorgfalt und Korrektheit bei der Auswahl der Kandidaten lasse ich hier beiseite. Danach jedoch ist in jedem Fall die beste Möglichkeit, einen guten Analytiker hervorzubringen, einfach die, die beste klinische Analyse durchzuführen, die wir durchführen können; der Rest sollte dem Kandidaten und der übrigen Ausbildung überlassen bleiben. Mit anderen Worten, die beste Art, als Analytiker Engagement zu zeigen, und die beste Art, unserer Verantwortung gegenüber der Disziplin der Psychoanalyse, der wir uns verschrieben haben, nachzukommen, ist, die unanalytische Rolle des Wachhundes, des Erzwingers oder des mahnenden Moralisten von uns zu weisen; denn in dieser Rolle wird der Analytiker gleichzeitig zu einem Verführer und zu einer Überich-Figur.

Gewiß würde es die analytische Glaubwürdigkeit strapazieren zu glauben, daß eine merkliche Abweichung des Kandidaten von der in der analytischen Gemeinschaft vorherrschenden Orientierung und Ethik in Form von konfliktreichen Erfahrungen innerhalb und unberechenbarer Handlung außerhalb der Übertragung niemals zur Analyse auftauchen würde. Trotzdem erfordert eine erfolgreiche Analyse dieser Abweichungen eine flexible Vorstellung des Lehranalytiker davon, was nötig ist, damit ein Analytiker »das gewisse Etwas« hat; ansonsten zeigt er einen Mangel an Vertrauen in die Analyse selbst und in die zukünftige und unabhängige Verwendung der eigenen analytischen Erfahrung durch den Kandidaten.

Gegenpositionen zu meinem Standpunkt gibt es jedoch zur Genüge. Um nur ein Beispiel zu nennen: In Edith Weigerts (1955) ausgezeichnetem Aufsatz über die Probleme der Lehranalyse endete sie nach der klugen und offenen Erörterung zahlreicher Gegenübertragungsprobleme mit etwas, das ich als kaum verschleierten, gegenübertragungsbedingten Sermon über die exemplarische Gestalt, welche die Lehranalyse hervorbringen sollte, betrachte. Die von mir vertretene, im Gegensatz dazu stehende Position ist weder leicht zu erreichen, noch einfach konsistent aufrechtzuerhalten, aber dennoch möchte ich sie als Ideal empfehlen. Sie ist jedoch eine ideale Art, analytisch zu arbeiten, und kein idealisiertes Endresultat.

Ich glaube, daß alle von mir erwähnten Gegenübertragungsschwierigkeiten zugenommen haben, und zwar als Folge der rasch anwachsenden Zahl der Schulen und der Unterschiede in den analytischen Theorien und Techniken. Es scheint, daß die Einstellung der Ausbildungsanfänger gegenüber Strenge, Beschränkung, Tradition und manchmal sogar Integrität sowohl kontroverser als auch lässiger geworden ist. Und das scheint auch für die Patienten zu gelten. Folglich werden die Kandidaten eher als je zuvor die hingebungsvollen Bemühungen der Älteren, die konventionell strengen Standards der Vergangenheit aufrechtzuerhalten und dies auf die althergebrachte Art und Weise zu tun, als Manifestationen von empathischem Versagen, tyrannischer Rigidität, Elitedenken und Unterdrückung betrachten. Heutzutage wird die sonst übliche Achtung vor der Kontinuität der Ideale und der Praxis oft als unkritische Unterwerfung unter »das Establishment« oder unter »das medizinische Modell« betrachtet. Die Kandidaten beschränken das Lesen von analytischer Literatur vielleicht sogar auf ein Minimum oder boykottieren es während der Ausbildung ganz. Und die gestiegene Wachsamkeit der Kandidaten gegenüber den Gegenübertragungen als einem diskutierbaren Streitpunkt kann dazu verwendet werden, störende Übertragungsdeutungen in Frage zu stellen.

Engagierte Lehranalytiker, die sich bemühen, ihre alten Orientierungen an die sich ändernden Zeiten und Sittenkodizes anzupassen, brauchen in dieser Hinsicht analytisch nicht unsicher zu werden, da Provisorien ohnehin zeitgemäßer sind als feste Gewißheiten. Und wenn sie doch unsicher werden, werden sie eher mit einer Gegenübertragung auf die neuen Ambiguitäten von Übertragung, Abwehr und Agieren reagieren, so wie auf jene Ambiguitäten, die darauf abzielen, als Resultat einer effektiven Analyse sein eigener Mensch zu werden.

Auf diese Erwägungen könnte man erwidern, daß es so jedoch niemals gewesen sei; viele Mitglieder jeder älteren Generation sind entmutigt und vielleicht gekränkt über das, was sie als den Eigensinn der Jugend betrachten. Ich wage es dennoch, eine alternative Sicht zu erwähnen: Das Tempo der Veränderungen hat sich in den letzten Jahren beschleunigt, und traditionelle Methoden der Qualitätskontrolle sind eher zu einem Problem in der Psychoanalyse geworden statt zu einer scheinbar gegebenen Tatsache. Ich sage »scheinbar«, weil ich glaube, daß eine gewisse Kluft zwischen den Generationen in bezug auf Werte und Praktiken unvermeidlich ist und daß, außer den Verleugnungen und Verdrängungen auf seiten der Kandidaten und den wenig überzeugenden offiziellen Erklärungen zu Einheit und Stabilität von seiten der psychoanalytischen Bürokratie, nichts in der Psychoanalyse jemals völlig »gegeben« gewesen ist.

Weiterhin glaube ich, daß das beschleunigte Tempo der Veränderung von Werten und Praktiken die Gefahren von Gegenübertragungen für Lehranalytiker vergrößert hat. Die Unentscheidbarkeit vieler technischer und interpretativer Fragestellungen ist zu einem deutlicher hervortretenden Umstand der analytischen Arbeit geworden (Schafer, 1985a). Aus diesem Grund ist es nützlich geworden, die Phantasiebedeutung dieser Unentscheidbarkeit wichtiger analytischer Streitfragen für den Analysanden zu erforschen. In diesem Zusammenhang kann sich eine Gegenübertragung dadurch zeigen, daß der Analytiker unpräzise ist oder unflexibel oder zwischen beidem hin und her pendelt. Wenn der Analytiker zu unentschieden ist oder zu rasch zu traditionellen Schlußfolgerungen kommt, wird der Kandidat nicht angemessen in einen grundlegenden Teil der zeitgenössischen psychoanalytischen Arbeit eingeführt, nämlich dem des konsistenten Umgangs mit der qualitativen und quantitativen Ambiguität in klinischen, theoretischen und beruflichen Angelegenheiten von großer Tragweite. Auf diesem wichtigen Gebiet ist es jedoch nicht sehr wahrscheinlich, daß ein allgemeiner Konsens unter den Lehranalytikern entsteht, und ganz gewiß nicht unter den Kandidaten.

Bevor ich zum Schluß komme, möchte ich noch einen weiteren bedeutenden Aspekt der Gegenübertragung aufgreifen. Die Erörterung dieses Faktors wird nötig durch meine Erwähnung der Heterogenität auf dem Gebiet der Psychoanalyse. Man kann durchaus die Meinung vertreten, daß die gewachsene psychoanalytische Toleranz gegenüber der Heterogenität zu einer relativen Verschiebung der Betonung geführt hat, fort von der Überich-Analyse und hin zu einer Prä-Überich-Analyse oder zu einer Analyse von Vorstadien des Überichs (wie zum Beispiel Introjekterfahrungen, die aus frühen Objektbeziehungen stammen sowie Störungen in der Bildung von Selbst- und Objektkonstanz). Folglich wird der tolerante Lehranalytiker, da er weniger zu einer Gegenübertragung von Überexaktheit neigt, einer Gegenübertragung, die vom modernen Kandidaten auf wohl gerechtfertigte Weise nur als anklagend, strafend und unzeitgemäß erlebt werden kann, kaum einen

anhaltenden Fokus auf ödipale Rebellion oder ödipale Schuldgefühle in der Übertragung entwickeln.
Es gibt jedoch auch eine positive Seite dieser Veränderung. Indem der Analytiker gegenüber den archaischen Erfahrungs- und Funktionsebenen und -typen des Analysanden offener ist, wird er mit geringerer Wahrscheinlichkeit auf den Kandidaten Druck ausüben, ein gewöhnliches ödipales Selbst zu präsentieren, das in einigen entscheidenden Punkten ein falsches Selbst ist. Es ist nicht deshalb ein falsches Selbst, weil es darin nichts Ödipales zu analysieren gäbe, sondern weil es zuviel aus der Analyse ausgeklammert, was zu zeitlosen, dyadischen und intensiv körperlichen Erfahrungen gehört wie sich zerrüttet, leer, verlassen, verfolgt, deprimiert, paranoid, ängstlich und traumatisch überstimuliert zu fühlen. Diese neue Offenheit erweitert den Umfang der individuellen Lehranalyse, um mehr von der präödipalen Verrücktheit des Kandidaten mit einzuschließen. Gut, diese Erweiterung findet möglicherweise auf Kosten einer adäquaten Überich-Analyse statt und damit natürlich auch auf Kosten ödipaler Themen und all dessen, was damit in Verbindung steht. Ich tendiere zu der Meinung, daß dies der Preis ist, der für die sensiblen Aspekte der Arbeit Kohuts (1984) und seiner Schüler bezahlt werden muß.
Wenn wir diese Veränderungen berücksichtigen, können wir dazu übergehen, in der Neutralität des Analytikers eine andere »Äquidistanz« als die zu Es, Ich und Überich, die traditionell empfohlen wird, zu spezifizieren. Nun müssen wir darauf abzielen, zu ödipalen und präödipalen Schwierigkeiten äquidistant zu sein. Nicht, daß die Analytiker es versäumt hätten, eine solche Position einzunehmen; eher ist es eine Frage der ausdrücklichen Betonung einer weiteren Facette der Neutralität.
In einigen Fällen mag es unvermeidbar sein, daß sich die Betonung größtenteils vom Ödipalen weg entwickelt, wenn man sich intensiv mit dem Präödipalen befaßt. Meiner Ansicht nach sind die Sprache und die erzählerische Organisation der gesamten Analyse und die dementsprechende Form der analytischen Beziehung möglicherweise nicht dazu in der Lage, beide Entwicklungsphasen voll und gleichberechtigt zu umfassen. Um einen Punkt zu wiederholen, der nicht genug hervorgehoben werden kann: Nicht

alles im Prinzip Interpretierbare kann in der Praxis effektiv durchgearbeitet werden. Wo anscheinend eine Wahl getroffen werden muß, ist es, glaube ich, in der Regel wünschenswert, sich dem archaischeren zuzuwenden und der gestärkten präödipalen Funktion oder dem gestärkten »Ich« des Analysanden eine förderliche Modifizierung sowie ein zukünftiges Wachstum von nützlichen Überich-Funktionen zuzutrauen, was sowieso die Grundlage für eine angemessene Überich-Funktion ist. In diesem Zusammenhang sollte man nicht vergessen, daß in der Geschichte der Psychoanalyse viele Analytiker eine zweite oder manchmal dritte Analyse aufsuchen mußten, um alles zu behandeln, was in einer ersten, »korrekten« Freudschen Analyse, die einseitig auf ödipale und Überich-Schwierigkeiten ausgerichtet war, ausgelassen worden war. Doch, wie bei so vielen anderen analytischen Fragestellungen auch, kann ich nicht einfach behaupten, daß die Kriterien für Entscheidungen dieser Art sehr klar wären oder leicht für alle Fälle verallgemeinert werden könnten. Die Frage, wie man wichtige Probleme auf allen Entwicklungsebenen adäquat durcharbeiten sollte, ist leichter zu stellen als sie mit völliger Gewißheit zu beantworten.

Mit diesen letzten Bemerkungen habe ich mich gar nicht so weit von der Gegenübertragung entfernt wie es scheinen mag. Nimmt man nur einmal an, daß sich die Lehranalyse auf präödipale Schwierigkeiten konzentrieren würde, dann scheinen sich solche Konzepte wie der Analytiker als neues Objekt, als das stützende Umfeld, die depressive Position und ähnliches unvermeidlich anzubieten. In der Praxis ist die Konsequenz davon, daß sich alle Türen für störende Erfahrungen und für den Ausdruck von Gegenübertragungen weiter öffnen, während der Lehranalytiker womöglich schlecht rationalisierte, nur für diesen Fall bestimmte, voreilige Abweichungen von seiner eigenen Version des traditionellen technischen Standpunkts vornimmt.

Viele Analytiker scheinen zu dem Schluß gekommen zu sein, daß sie sich ihren Analysanden gegenüber offener und flexibler verhalten müssen als selbst die liberalste veröffentliche Version der Tradition es zu erlauben scheint. Sie glauben, daß eine Methode, die fast völlig auf Interpretation und deren gewissenhaft gehandhabte vorbereitende Maßnahmen beschränkt ist – zuhören, fragen, konfrontieren und klären – eine unangemessene Reaktion auf alle klinischen Manifestationen früher Entwicklungsschäden, -hindernisse und -spannungen ist; fast wird es als so etwas wie eine Behinderung der fundamentalen Analyse betrachtet (siehe zum Beispiel Loewald, 1960). Ihre Erfahrung scheint ihnen zu sagen, daß ihre Analysanden kein Vertrauen darauf entwickeln, daß der Analytiker völlig und empathisch für sie da ist und für jedwede Nahrung zur Verfügung steht, die in der psychischen Realität erforderlich ist: Verschmelzung, Halt, gegenseitige Inkorporation ebenso wie Identifikation. Nicht durch dramatische Inszenierungen, sondern durch subtile Manifestationen der Präsenz kann der Analytiker dieses Vertrauen fördern und den gestörten und überreizten Analysanden dazu befähigen, frühe infantile Schrecken, Wut, Paranoia, Depression, Rückzug und Hypochondrie anzunehmen und analytisch zu verstehen. Bleibt diese Gründlichkeit seitens des Analytikers aus, kann die Analyse zu einer Pseudoanalyse werden, in welcher der Analysand die Rolle eines braven, blinden Kindes spielt. Folglich wird den zukünftigen Analysepatienten dieses Kandidaten sehr wahrscheinlich nicht dazu verholfen, zu ihrem eigenen präödipalen Ödland vozustoßen oder darüber hinaus zu gelangen; und so weiter durch alle Generationen.

Andererseits sind, wie ich bereits angedeutet habe, Analytiker, die mit größerer Präsenz arbeiten, ihrer eigenen gesteigerten Emotionalität und störenden Gegenübertragung ausgesetzt. Dann spielen sie möglicherweise zu bereitwillig und rigide die Rolle der guten Mutter oder des guten Vaters, oder des Trösters und Retters und vernachlässigen die traditionelleren, formalisierten, relativ unpersönlichen Annäherungsweisen an Kastrationsangst, Penisneid, Gebärmutter- und Brustneid, sadomasochistische Analität und Über-ich-Grausamkeit; statt dessen bevorzugen diese Analytiker vielleich sentimentalisierte und externalisierte Wiederannäherung und wohltuende Atmosphäre. Es ist, glaube ich, eine ziemlich weitverbreitete charakterbedingte Gegenübertragung, besser als die eigenen Eltern sein zu wollen und dies auf eine Art, mit der man sich gleichzeitig an ihnen rächen, ihnen Wiedergutmachung leisten sowie stellvertretende und verspätete Anerkennung von ihnen erhalten will. Es ist nicht leicht für den Analytiker, sein Augenmerk auf diese Gegenübertragung beizubehalten, wenn er eingehend mit präödipalem Material arbeitet, und genau hier können charakterbedingte Gegenübertragungen überhandnehmen.

Kontroversen, die sich auch in dieser toleranteren Ära der Psychoanalyse bereits lange hinziehen, drehen sich möglicherweise nicht nur um schlagkräftige Beweise, sondern um das Für und Wider von radikal anderen charakterbedingten Gegenübertragungen und die »klinische Erfahrung«, die sie geformt haben und die nun als schlagender Beweis verwendet wird. Vielleicht ist das ein Hauptgrund, weshalb diese Kontroversen über Technik nicht mit theoretischen Argumenten, klinischen Beispielen und der Rhetorik von Podiumsdiskussionen entscheidbar zu sein scheinen.

Ich merke, daß ich diese Erörterung der Lehranalyse zu spät beende, nachdem ich trotz meiner Bemühungen, die Zusammenhänge von Umständen und Gegenübertragungen im Blickwinkel zu behalten, das ganze Gebiet durchwandert habe. Und dennoch kann ich mich nicht des Gefühls erwehren, daß ich zu bald abschließe, da ich weder den Hauptpunkten, die ich aufgegriffen habe, noch alternativen Standpunkten gerecht werden konnte. Meine Geschichte der Lehranalyse ist nicht die ganze Geschichte, aber ich denke, es ist eine, die erzählt werden sollte, wie ich sie erzählt habe.

16. Kapitel

Psychoanalyse, Pseudoanalyse und Psychotherapie

Ich glaube folgendes: Was manchmal als Freudsche Psychoanalyse dargestellt wird, erweist sich bei näherer Untersuchung als etwas, das viele Merkmale der eklektischen Psychotherapie besitzt. Was scheinbar eine psychoanalytische Psychotherapie ist, kann sich als etwas erweisen, das viele Merkmale einer Freudschen Psychoanalyse besitzt. Manche Analytiker, die psychotherapeutisch arbeiten, führen dabei, zumindest mit manchen Patienten, mehr Analysen durch als andere, wenn sie eine konventionelle Analyse durchführen. Und manche Patienten in Psychotherapie befinden sich, zumindest bei manchen Therapeuten, mehr in einer Analyse als andere Patienten in einer ordentlichen Psychoanalyse; in diesem Fall kann man argumentieren, daß diese Therapie verdient, Psychoanalyse genannt zu werden, selbst wenn sie für einen Puristen ungenau und unvollständig ist. Wie viele Analysen erfüllen denn schon einen idealen Standard an Reinheit und Vollständigkeit?

Es mag daher von Vorteil sein, die drei therapeutischen Kategorien unter dieser Kapitelüberschrift als therapeutische Ansätze zu behandeln, die sich eher im Grad als in der Art unterscheiden. Sich auf graduelle Unterschiede zu konzentrieren, verletzt allerdings die Annahme, die von vielen oder den meisten Analytikern geteilt wird, nämlich daß diese drei unterschiedliche Kategorien seien. Wir begegnen hier einigen Schwierigkeiten, die durch *Erzählungen der Unterschiede* dargestellt werden sollen. Typischerweise werden diese Erzählungen auf eine Art und Weise entwickelt, die entschieden und vielleicht sogar ernstlich aburteilend ist: »Das ist überhaupt keine Analyse!« – »Das ist wilde Analyse!« – »Das ist nur Psychotherapie!« und so weiter. Diese Erzählungen der Unterschiede werden in offiziellen Darstellungen verbreitet, wie in den »besten« Zeitschriften oder in Kommentaren ihrer Referenten ebenso wie auf Tagungen und bei informellen Fachsimpeleien. Doch beruhen sie auf der eigenmächtigen Annahme, daß alle Analytiker sich im Einzelfall einig wären; insofern sind sie deshalb willkürlich, als es tatsächlich die Analytiker selbst sind, die ihre Arbeiten gegenseitig mit eben diesen Begriffen kritisieren. Zunächst einmal sind die gewöhnlich vorherrschenden Urteile diejenigen, die von den Analytikern mit der größten Macht (dem Ruf oder der beruflichen Position nach) geäußert werden. Zusätzlich verhindern diese eigenmächtigen Erzählungen der Unterschiede weiteres Nachdenken, und das sollte man als ihren schwerwiegendsten Fehler betrachten. Schließlich und endlich scheinen diese strikten Trennungen und Beurteilungen nahezulegen, daß die notwendigen Kriterien bereits klar formuliert seien und zur Verfügung stünden. Tatsächlich, glaube ich, würde vermutlich jeder Richter, den man in dieser Streitfrage bedrängen würde, adäquate und überzeugende Argumente zur Untermauerung darzulegen, denselben Schwierigkeiten begegnen und dann vielleicht explizit oder implizit bei der nicht zufriedenstellenden Äußerung Zuflucht suchen: »Ich erkenne das, wenn ich es sehe!« – an diesem Punkt steht der autoritäre Impuls unverhüllt vor uns.

Um uns den drei »Kategorien« als Überschriften zu Geschichten des graduellen Unterschieds annähern zu können, müssen wir, wie es scheint, mit einer allgemeinen Zusammenfassung des idealen Standards für die klinische Psychoanalyse beginnen. Erst dann und in Beziehung zu diesem Standard können wir uns mit den anderen befassen. Auf diese Art vorzugehen heißt, eher eine Position der Vergleiche zu entwickeln.

Man sollte jedoch nicht erwarten, daß diese vergleichende Annäherung alle Schwierigkeiten beseitigt, die auftauchen, wenn scharfe Grenzen gezogen werden. Wir müßten, zum Beispiel, immer noch Fragen stellen wie diese: Wenn die wilde Analyse eine Form von Pseudoanalyse ist, wie weit können wir beim Interpretieren gehen, bevor man es als »wild« verurteilt statt es als intuitiv oder kreativ oder höchst individualistisch im Stil, aber immer noch solide, zu akzeptieren? Auch: Wenn unfundierte Analyse eine andere Form von Pseudoanalyse ist, wie weit sollten wir die begrenzte Fähigkeit eines Patienten zur Veränderung, auf die Freud (1937b) in »Die endliche und die unendliche Analyse« hingewiesen hat, akzeptieren, bevor man als jemand eingeordnet wird, der eine unfundierte Analyse durchführt? Wenn wir auch nur anfangen, über diese Fragen nachzudenken, stürzen wir in schreckliche Kalamitäten bezüglich der Methodologie und der Epistemologie. Meine Erzählungen der Unterschiede werden sich sehr weit vorwagen, besonders in Verbindung mit meiner Behauptung, daß die extravagante Förderung von kurzzeitiger dynamischer Psychotherapie eine Form von Pseudoanalyse sein kann: Ich wage mich soweit vor, nicht so sehr, um zu versuchen, zu zwingenden Schlüssen zu kommen, als vielmehr um die Vorarbeit zu einer echten und produktiven Debatte in diesem leidigen Gebiet klinischen Urteils zu leisten.

Die Psychoanalyse

Meine Liste der allgemeinen Kriterien für die Freudsche Psychoanalyse beginnt mit der stetigen Förderung einer frei-assoziativen Atmosphäre. Um diese Atmosphäre zu schaffen, muß der Analytiker einen neutralen, empfänglichen und interpretativen Standpunkt einnehmen. Der hauptsächliche Interpretationsschwerpunkt des Analytikers muß auf unbewußt ausgedachten Abwehroperationen und Inszenierungen von Übertragung und Gegenübertragung liegen. Mit Übertragungsinszenierungen sollte man sich am besten ausführlich befassen und sie nicht hastig auf Erfahrungen und Phantasien aus der Kindheit reduzieren; mit »ausführlich befassen« beziehe ich mich auf eine vollständige Entwicklung in der Beziehung im Hier und Jetzt, obwohl ich die Analyse von verlagerten Übertragungsinszenierungen nicht ausschließe, so lang diese nicht als stellvertretend für Verpflichtungen im Hier und Jetzt benutzt werden. Die Interpretation wird gelenkt durch die Suche nach Konflikten und Kompromißbildungen unter dem Schirm des Prinzips der multiplen Funktion. Der Analytiker wird wohl die genetischen und entwicklungsorientierten Ansätze der Psychoanalyse verwenden, um das Interesse des Analysanden an der kohärenten, psychoanalytisch bedeutungsvollen Geschichte seiner konfliktreichen Konstruktionen der psychischen Realität in der Vergangenheit zu stärken: alles jedoch, um ihn zu einem besseren Verständnis der Gegenwart zu führen. Bei diesem Prozeß wird der Analysand mehr oder weniger heftige, komplexe, primitivierte und wiederholte Übertragungsreaktionen auf den Analytiker entwickeln, die die Bezeichnung Übertragungsneurose rechtfertigen, so lang sie nicht durch die eigenen Gegenübertragungen des Analytikers ernstlich vergiftet und rigide verstärkt werden und somit interpretierbar bleiben als auf Phantasien basierend, die die eigene Persönlichkeit des Analysanden ausdrücken.

Der Analytiker erkennt, daß der analytische Prozeß nicht allein durch die Interventionen des Analytikers definiert werden kann, denn es gibt viele nicht-interpretative Elemente in einer analytischen Situation, wie zum Beispiel, daß dem Analysanden aufmerksam, nicht urteilend und empathisch zugehört wird. Leo Stone (1961) hat viele dieser nicht-interpretativen Faktoren untersucht. Der Analytiker wird in seiner Theorie über die therapeutische Wirkung der Analyse diese nicht-interpretativen Elemente dementsprechend berücksichtigen. Ebenso berücksichtigt werden müssen die vielen nicht-interpretativen Elemente, die der interpretativen Aktivität selbst innewohnen: die Auswirkungen von aufmerksamem und interessiertem Zuhören; die Beschäftigung mit Takt, Zeitwahl und Dosierung; die Bereitschaft nicht nur zu beobachten, sondern auch teilzunehmen; und die Bereitschaft sowohl zu empathischer Erfahrung wie zu bewußter Überlegung. All diese Elemente besitzen eine gewisse Eigenheit, die den therapeutischen Prozeß selbst sowohl sichtbar als auch, zumindest für den Augenblick, unsichtbar vorantreiben kann.

Überdies nimmt ein Analytiker an, daß der therapeutische Prozeß nicht einfach auf der Basis dessen, was er denkt, sagt, tut oder beabsichtigt als Analyse definiert werden kann – das heißt, durch Methoden und Zielsetzungen. Ebensowenig wird er die Analyse einfach durch die Verfahrensweisen wie Frequenz und Verwen-

dung der Couch, Behandlungsdauer, Betonung der Grundregel, Aufrechterhaltung eines relativen Inkognitos und sogenannte Abstinenz sowie andere häufig erwähnte Empfehlungen analytischen Verhaltens definieren wollen. Genausowenig wird er die Analyse einfach nach dem definieren, was die hilfesuchende Person meint oder sich wünscht, daß es sein soll oder glaubt, daß es ist. Nachdem er all diese Faktoren berücksichtigt hat – wie wir es auch tun sollten – schreibt der Analytiker nun der Art von Teilnahme an dem Prozeß, die der Patient zu entwickeln bereit ist, eine entscheidende Rolle zu: die Veränderungen, die er bereit ist zu suchen, durchzumachen sowie analytisch zu verstehen, und die Methode, die anzunehmen und zu nutzen er willens ist. Wie ich bald zeigen werde, indem ich die Pseudoanalyse aufgreife, sind diese Fragen der Bereitschaft auch auf den Analytiker anwendbar, wenn auch gewöhnlich nicht in demselben Grad wie auf den leidenden, aber bisher unanalysierten Patienten.
Indem ich mich zunächst der Pseudoanalyse und dann der Psychotherapie zuwende, werde ich die Ausführung meiner allgemeinen Sicht der Psychoanalyse weiter vervollständigen.

Die wilde und die unfundierte Pseudoanalyse

Ich benutze den Begriff *Pseudoanalyse,* um eine Anzahl von Fällen zusammenzufassen, die nur ein Merkmal gemeinsam haben: Sie stellen sich in Form und Inhalt als Analyse dar, obwohl sie entweder auf eine fundamentale Art die Prinzipien der Psychoanalyse verletzen oder nur den Anschein erwecken, Analyse zu sein. Zu der ersten Gruppe gehören die Spielarten der wilden Analyse; zu der letzteren die Analysen, die zwar der Form nach existieren, nicht jedoch im aktiven Prozeß. Beide Gruppen sind nicht so selten, wie man es sich wünschen würde.

Die wilde Analyse

Die wilde Analyse als eine Charakterisierung von interpretativer Therapie ergibt nur einen Sinn innerhalb eines Kontextes von dem einen oder anderen psychoanalytischen System, denn was im einen System wild ist, mag im anderen nicht so scheinen und umgekehrt (Schafer, 1985a). Da dieses Kapitel den Kontext meiner Version der zeitgenössischen Freudschen Analyse betrifft, beziehe ich mich ohne weitere systematische Kontextualisierung auf die wilde Analyse (siehe auch Schafer, 1985a).

Die Charakterisierung wilde Analyse wird gewöhnlich angewandt auf das Geben von Deutungen, die weder dem vorliegenden Material nach gerechtfertigt sind, noch von der grundlegenden, wenn vielleicht auch wechselnden Akzeptanz und Anwendung der analytischen Methode und der Mitarbeit, die sie verlangt, gefordert werden. Gewöhnlich wird der Vorwurf einer wilden Analyse gemacht, wenn der Analytiker rasch tiefgehende Interpretationen unbewußter Konflikte gibt oder sich vorschnell auf reduktive Rekonstruktionen einläßt. Auf allgemeine Weise scheint sich diese Art von Arbeit mit dem sogenannten Es zu beschäftigten. Meiner Ansicht nach sollte man die Bezeichnung wild jedoch gleichermaßen auf Überich- und Ich-zentrierte Interpretationen und Rekonstruktionen anwenden, ebenso wie auf relativ oberflächliche und tiefliegende Schwierigkeiten. Der entscheidende Faktor sollte sein, daß die Intervention weder durch die zur Verfügung stehenden Beweise gerechtfertigt wird noch dem Vorbereitungszustand des Patienten für diese Art von Intervention angemessen ist. Dementsprechend teile ich wilde Interpretationen in strukturelle Typen auf – Es, Überich und Ich –, obwohl ich erkenne, daß in der Praxis keine dieser Typen in seiner reinen Form auftritt. Eher beziehe ich mich auf Unterschiede in ihrer Betonung und Ausprägung.

Um mit dem Bekanntesten anzufangen: Wilde Es-Analyse zeigt sich durch hastige, schlecht begründete, taktlose Interpretationen z. B. von Güte als einfache Reaktionsbildung gegen analen Sadismus, Neugier als Urszenen-Voyeurismus und ein forderndes Wesen als Ausdruck von übertriebener Oralität oder von psychischer Leere. In ähnlicher Weise wild sind mechanische Interpretationen, z. B. politischen Radikalismus als hauptsächlich ödipale Rebellion zu klassifizieren; oder den Feminismus einer Frau als bloßen oder ausschließlichen Ausdruck von Penisneid zu klassifizieren; oder die Überzeugungen eines männlichen Feministen als dessen selbstkastrierende Identifikation mit Frauen einzuordnen, die ja bekanntlich unter Penisneid leiden.

Wilde Überich-Analyse wird erläutert anhand der Beispiele hastiger, schlecht begründeter, unangemessener Interpretationen von unbewußten Schuldgefühlen und dem Bedürfnis nach Bestrafung, von ursprünglich Objekt-bezogenen Phantasien über Schaden oder Vergeltung (als Überich-Vorläufer) und durch die Zurückführung der offensichtlichen Abwesenheit jeglicher Schuldgefühle auf eine defekte Überich-Entwicklung.

Wilde Ich-Analyse kann die Form annehmen, daß intrasystemische Konflikte zu rasch und eingeschränkt interpretiert werden, wie zum Beispiel diejenigen zwischen Ehrgeiz und Demut. Vielleicht werden zu stark vereinfachende Interpretationen nur hinsichtlich vergangener und gegenwärtiger interpersoneller Konflikte erstellt. Möglicherweise werden Darstellungen anderer Menschen unbesehen geglaubt und in der Interpretation verwendet, als wäre der Analysand grundsätzlich ein verläßlicher Informant. Oft wird dies in Erörterungen über Ich-Autonomie, über konfliktfreie Bereiche des Ichs und über die Sublimierung offenkundig. Meiner Meinung nach gehören viele Erörterungen über das konfliktfreie und übertragungsfreie therapeutische Bündnis ebenfalls zur wilden Ich-Analyse.

Wir sollten auch komplexe Formen der wilden Analyse erkennen, wie beispielsweise frühe, übermäßig spezifische, inhaltsreiche, deterministische Formulierungen zur Psychodynamik. Diese implizit allwissenden Formulierungen taugen lediglich dazu, den Patienten einzuschüchtern und zu indoktrinieren und vielleicht dazu zusätzlich und irrational die Überzeugung des Analytikers zu stützen, daß er verstünde und sich der Sachlage angemessen verhielte. Anhand des Materials, mit dem Analytiker arbeiten, läßt sich keine Bestätigung für diese Art der Intervention finden; denn dies ist eine Intervention aufgrund einer Formel oder einer vorgefaßten Meinung, die rücksichtslos über die vielschichtigen und oft unklar zusammenhängenden Phänomene der Analyse hinweggeht. Auch mißachtet diese Intervention die Beweise dafür, daß dasselbe Material auf mehrere Arten interpretiert werden kann, je nach der eigenen analytischen Schule und den eigenen Vorlieben innerhalb dieser Schule.

Einen speziellen Fall von wilder Interpretation und formelhafter Deutung kann man oft in Berichten über zeitlich begrenzte dynamische Therapien beobachten. Bestenfalls geben diese zeitlich begrenzten Therapien zu, nicht mehr als eine eingeschränkte Form angewandter Psychoanalyse zu sein. Oft können sie helfen, akutes Leiden zu verringern, Symptome zu beseitigen, beeinträchtigte funktionale Effizienz zu verbessern und augenblickliche Lebenskrisen besser zu bewältigen. Und in vielen Fällen sind Veränderungen dieser Art für den Patienten sehr hilfreich. Doch muß ein Analytiker darauf bestehen, daß diese Therapien keine angemessen umfassende Rechenschaft darüber abgeben können, wie die heilsamen Veränderungen zustande gekommen sind; ebensowenig können diese Therapien überzeugend und tiefgehend spezifizieren, was diese Veränderungen im einzelnen Fall für den Patienten bedeuten. Nur auf der Grundlage der allgemeinen und speziellen Methoden und Theorien der Psychoanalyse können wir überhaupt erst hoffen, diesen Rechenschaftsbericht liefern zu können. Doch selbst dann muß dieser Bericht mit Vorsicht verfaßt werden, da die Methoden und Theorien die Anerkennung der Tatsache erfordern, daß zeitlich begrenzte Arbeit eine derartig eingeschränkte Auswahl an Phänomenen zur Folge hat, daß sie keine dezidierten Formulierungen vorgeben kann. Selbst vollständige Analysen scheinen keine Daten zu liefern, die völlig hinreichend dafür sind, ihre eigene Wirkung zu erklären: Man denke nur an die Meinungsverschiedenheiten unter Freudschen Analytikern in diesem Punkt.

In erzählerischen Begriffen ausgedrückt: Die leidenschaftlichen Befürworter der zeitlich begrenzten dynamischen Therapie verwenden die Haupterzählungen der Psychoanalyse, um die Geschichte einer Aktivität zu erzählen, die den eben von mir erwähnten Kriterien der Psychoanalyse nicht gerecht wird. Als grobe Analogie könnte man sagen, es ist dasselbe, als würde man eine musikalische Komödie erzählen als wäre sie eine große Oper, oder vielleicht wie eine Verwechslung von Fast Food mit einer Gourmetmahlzeit.

Ein Analytiker kann die Behauptungen von Malan (1979), Davanloo (1978) und anderen einfach nicht akzeptieren, daß ihre Kurz-

oder Teiltherapien dieselben durchgearbeiteten Einsichten und sogenannten Strukturveränderungen herbeiführen können, die für die Psychoanalyse charakteristisch sind. Wie beeindruckend stabil und umfassend die von diesen Therapien bewirkten Veränderungen auch scheinen mögen, sie können keine Vorrechte gegenüber der Theorie und Methodologie der Psychoanalyse beanspruchen. Wenn wir diese Theorie und Methodologie akzeptieren, müssen wir darauf bestehen, daß von Kurzzeittherapien bewirkte Veränderungen ihrer inneren Natur nach nicht dasselbe sein können wie psychoanalytische Veränderungen; sie können diesen nur oberflächlich ähneln. Jede andere Schlußfolgerung läßt im Grunde die Psychoanalyse samt ihrer langen und komplexen Geschichte einfach fallen. Daher müssen wir sagen, daß die glühenden Verfechter von Kurzzeittherapien nicht nur wilde klinische, sondern auch wilde theoretische Analyse befürworten: Sie nehmen sich zuviel Freiheiten gegenüber Theorien und ihrer Geschichte heraus und zuviel Freiheiten gegenüber der sauer verdienten Methodologie und den interpretativen Ressourcen der Psychoanalyse. Sie beanspruchen für sich Legitimität und respektvolle Anhörung auf der Basis ihres scheinbar adäquaten Umgangs mit Übertragung und Widerstand und behaupten, auf diese Weise Freuds bekannte Kriterien für die Durchführung einer Psychoanalyse zu erfüllen. Jedoch beruht dieser Anspruch auf einem grundlegenden Irrtum, da er nicht einmal den Geist von Freuds knapper (meiner Meinung nach zu knappen) Definition der Psychoanalyse erfüllt, den Geist, den man nur im Kontext aller Schriften Freuds über den psychoanalytischen Prozeß und die psychoanalytische Theorie der psychischen Prozesse des Menschen erkennen kann.

Um in Einklang mit den Haupterzählungen der Psychoanalyse (ihrer Theorie treu) zu bleiben, müssen wir annehmen, daß die Heilwirkung, die von einer zeitlich begrenzten Therapie bewirkt wird, auf einer Mischung aus Folgendem basiert. In gewissen Grenzen bringt eine Klärung von Problemen eine merkliche Erleichterung und gesteigerte Anpassungsfähigkeit mit sich. Schwankende Abwehrkräfte werden durch Intellektualisierung gestützt. Wilde analytische Interpretationen grundlegender Konflikte schüchtern den Patienten so sehr ein, daß er in die Gesundheit oder in eine unauffälligere Form seiner Neurose flüchtet. Übertragungsbedingte, möglicherweise masochistische Unterwerfung unter die dominierende Überich-Figur des Therapeuten führt zu scheinbarer Heilung usw. Obwohl diese Gedankengänge spekulativ sind, entsprechen sie doch den Beobachtungen, die von Analytikern im Laufe sorgfältigster und sehr langer Analysen wiederholt gemacht wurden. Die Patienten halten ständig, wenn auch hauptsächlich unbewußt, Ausschau nach diesen Alternativen zu herausgearbeiteter Einsicht und Veränderung und auch nach Gelegenheiten, ihre Kernprobleme und ihre Übertragungen zu inszenieren, statt zu einem Verständnis davon zu gelangen und sie zu modifizieren.

Ich habe mich mit diesen methodologischen und epistemologischen Aspekten des Anspruchs der zeitlich begrenzten Therapie nicht befaßt, um sie auszuklammern, denn wie ich bereits geltend gemacht habe, hat dieser Ansatz durchaus seine klinischen Verwendungsmöglichkeiten. Eher möchte ich aufzeigen, daß die Psychoanalyse mehr als eine spezielle, auf das Empirische konzentrierte Technik zu betrachten ist. Die Psychoanalyse liefert einen systematischen Blickwinkel auf alle klinischen Praktiken, selbst auf jene wie die Verhaltenstherapie; von diesen Therapieformen wurden viele als eine überlegene Alternative zur Psychoanalyse präsentiert. Um welche interne Variante es sich auch handeln mag, die Psychoanalyse ist eine gut etablierte Tradition, eine organisierte Basis für das Bemühen um Verständnis, eine Möglichkeit, die Welt, von der sie erzählt, durch die Verwendung ihrer Haupterzählungen und den Handlungssträngen, welche diese bilden, zu konstruieren. Und sie ist außerdem eine Möglichkeit, sich des Urteils über Phänomene, die anscheinend nicht erfaßt werden können, zu enthalten. Auf all diese Arten hat die Psychoanalyse den Anspruch erhoben, eine grundlegende Disziplin zu sein.

Um die klinische Sachlage rational, instruktiv und produktiv erörtern zu können, müssen wir einen systematischen Standpunkt einnehmen. Ein solcher Standpunkt ist von epistemologischer Notwendigkeit. Ohne ihn können wir nur zu offensichtliche oder versteckte Äußerungen machen, die auf inadäquater oder irrelevanter Beobachtung und persönlicher Macht beruhen, und wir hatten auf dem Gebiet der Psychoanalyse bereits mehr als genug von diesen ungesunden Vorgehensweisen. Die Betonung von dramatisierten Daten und persönlicher Autorität bezieht ihre Wirksamkeit daraus, die Übertragungen des Publikums zu manipulieren. Freud sagte, daß man niemals die innere Unschlüssigkeit der Menschen und ihre Sehnsucht nach Autorität unterschätzen sollte, das heißt, ihre Bereitschaft zu einer unterwürfigen Übertragung. Analytiker sind von dieser Verallgemeinerung nicht ausgenommen; wenn überhaupt, dann machen uns die Angst weckenden Aspekte der therapeutischen Arbeit anfällig für diese übertragungsbedingten Manipulationen – soweit der Vorteil, selbst tiefgreifend behandelt worden zu sein. Von den Übertragungen des Therapeuten abgesehen sollten wir jedoch nicht anstreben, die rhetorische Überzeugungskraft aus unseren Debatten zu streichen, und wir brauchen nicht so zu tun, als würden wir nur mit völlig eindeutigen Daten arbeiten. Folglich ist es unsere Pflicht, unsere Erzählungen so systematisch und überzeugend wie möglich herauszuarbeiten. Auf diese Art können wir unser Publikum sowohl auf die Ziele hin orientieren, für die wir unsere Erzähltechniken einsetzen als auch darauf, was wir den Zielen gemäß als bedeutende Tatsachen, plausible Argumente und beachtenswerte Resultate herausstellen.

Ist das System erst einmal an Ort und Stelle, hat es Vorrang vor neuen, anscheinend abweichenden Funden. Wenn sich die Freudsche Theorie verändert, so deshalb, weil sie in ihrer existierenden Form nicht den Herausforderungen gewachsen ist, die von einigen neuen Entdeckungen erhoben werden, gleich, wie sehr diese Herausforderungen auch in den Begriffen der Theorie selbst neu definiert werden. Selbst dann jedoch sind die vorgenommenen theoretischen Veränderungen darauf ausgerichtet, die Theorie zu reparieren, und nicht, sie zu ersetzen; sie bringen die Theorie sozusagen auf den neuesten Stand. Zum Beispiel gab Freuds (1914b) Neuerwägung der Phänomenologie der Psychose den Anstoß zu seiner neuen, systematischen Darstellung des Narzißmus, in welcher die Ich-Instinkte begannen, den libidinösen Beiträgen zur Ich-Entwicklung Platz zu machen. Das war eine Veränderung, die immer noch ein erkennbarer Teil der Entwicklung von Freuds System der Psychoanalyse war. Seinerseits wiederum spielte diese theoretische Veränderung eine Rolle in Freuds (1923a) späterer Revision und seiner weiteren Entwicklung der Ich-Psychologie und der Einführung der Strukturtheorie. Dennoch blieben die Grundlagen dieselben: Triebe, Abwehrmechanismen, Konflikte, infantile Sexualität und Amnesie, Primär- und Sekundärprozeß, unbewußte psychische Prozesse und so weiter. Die Theorie hatte weiterhin Vorrang: Sie formte die »Daten«, die gebraucht wurden, um den Wert der Theorie sicherzustellen, ebenso wie um sie weiter auszudehnen, zu vertiefen und zu artikulieren sowie in einigen Fällen, um zu helfen, sie von ihren unnötigen Komplikationen und hervorstechenden Mängeln zu befreien.

Die unfundierte Analyse

Jedem Analytiker sind jene Möchtegernanalysanden wohlbekannt, die zwar fünfmal pro Woche auf der Couch liegen und ausführlich erzählen, jedoch kaum jemals frei assoziieren. Nur gelegentlich hören sie in den Interventionen des Analytikers etwas anderes als Kritik, Ausbeutung oder Belehrung. Und sie scheinen auch nur selten den Gedanken zu akzeptieren, daß Gedanken, Gefühle und Verhalten neutral interpretiert werden können als etwas, das entscheidende, unbewußt konfliktreiche, libidinöse und aggressive Bedeutungen hat. Diese Bedeutungen müssen einerseits in die Vergangenheit zurückverfolgt werden und andererseits muß von ihnen gezeigt werden, daß durch sie eine sehr bedeutungsvolle, reale oder vorgestellte Interaktion mit dem Analytiker entstanden ist. Nur dann sind es analytische Bedeutungen.

Vorausgesetzt, diese Möchtegernanalysanden verfügen über die erforderliche Intelligenz und geistige Gesundheit für eine analytische Behandlung, muß man ihre Unempfänglichkeit für eine Analyse als Manifestation einer starr konservativen Strategie verstehen, die zu mächtig ist, um sie analytisch zu behandeln. Indem sie sich nicht beirren lassen, deuten sie unbewußt an, daß die Analyse und die Aussicht auf persönliche Veränderung eine zu große Gefahrensituation für sie darstellt. Sie sind nicht bereit, die Ambiguität, das offene Ende und den offenkundigen Schmerz der freiassoziativen Atmosphäre mit ihren sowohl progressiven als auch regressiven Formen des Drucks zuzulassen. Von denjenigen, die diese Haltung unnachgiebig einnehmen, sagt der Analytiker schließlich, sie seien nicht analysierbar.

Meistens sind es diese Möchtegernanalysanden, welche die analytische Behandlung abbrechen; manchmal muß der Analytiker es tun. Manchmal hält jedoch der Analytiker korrekter- oder inkorrekterweise die analytische Form in dem Glauben aufrecht, es würde einer schwachen persönlichen Integration die dringend gebrauchte Unterstützung liefern. Solche Fälle sind aller Wahrscheinlichkeit nach statische, unfundierte, pseudoanalytische Beziehungen, die viele, viele Jahre andauern können. Einerseits kann diese statische Natur die Manifestation einer nicht analysierbaren, ambivalenten, abhängigen Übertragung sein oder vielleicht auch einer verdeckten, ausbeuterischen, sadomasochistischen Kollusion, die der Analytiker eingegangen ist. Andererseits kann es jedoch auch eine Manifestation des vom Analytiker nach reiflicher Überlegung erlangten Verständnisses dafür sein, daß der Möchtegernanalysand ein Bedürfnis nach Unterstützung durch regelmäßigen Kontakt in analytischem Rahmen hat. Daher ist es nicht leicht, eine kompetente von einer inkompetenten Verfahrensweise zu unterscheiden, obwohl es für Dritte nur allzu einfach ist, trotz ihrer für Beweise ziemlich inadäquaten Grundkenntnisse hyperkritisch zu werden.

Die Unempfänglichkeit anderer Möchtegernanalysanden kann eine Form annehmen, die nicht sofort ins Auge sticht. Sie passen sich manifest an das Bedürfnis des Analytikers an weiterzumachen und spielen dabei die Rolle des Analysanden, so als würden sie bei der analytischen Behandlung mitarbeiten. Latent jedoch muß man ihr scheinbares Eingehen auf die Interventionen des Analytikers als Mittel erkennen, den Analytiker abzuwehren: Bereitwillige Zustimmung ist gewöhnlich keine überzeugende Reaktion auf die Interventionen eines Analytikers.

Die Gefahr einer erfolgreichen, aber unechten Analyse wird besonders groß, wenn der Analytiker von dem reservierten Freudschen Modell abweicht und überaktiv und persönlich aufdringlich wird. Damit meine ich jene Analytiker, die ständig konfrontieren, klären und interpretieren, ganz egal, worum es sich handelt: Übertragung, Abwehr, das gegenwärtige Leben des Patienten außerhalb der Analyse, die infantile Vergangenheit oder eine Kombination all dessen. Der überaktive Analytiker glaubt, daß diese unvermeidlich aufdringliche Art des Arbeitens früher oder später Wirkung zeigen wird. Es gibt viele Gründe, weshalb ein Analytiker am Glauben an den letztendlichen Sieg der Interpretation festhält, unter anderem aus narzißtischem Streben nach allmächtiger Herrschaft, Betonung der Wiedergutmachung aufgrund von Schuldgefühlen und Nicht-Aushalten von Gefühlen der Langeweile oder Hilflosigkeit. Analytiker mit diesen Problemen rationalisieren dann vielleicht ihre Überaktivität auf der Basis eines fraglichen theoretischen und technischen Dogmatismus wie beispielsweise der Zentralität der frühen Kindheitserfahrung und den Bedürfnissen des Patienten nach Kontakt oder »gehalten werden«. Es hilft diesen Analytikern auch nichts, triftige Gründe zu finden, wenn sie hervorheben, daß der verbale Inhalt ihrer Interventionen von herkömmlicher analytischer Art wäre und dies durch die Reaktionen des Analysanden bestätigt werden würde. Der einseitige Versuch einer Analyse erfüllt einfach nicht die Anforderungen des Freudschen analytischen Dialogs. Er wird zu Recht als ein Mißlingen der Analyse betrachtet, und das nenne ich eine Spielart der Pseudoanalyse.

Viele oder die meisten analytischen Behandlungen haben natürlich ihre Perioden, in denen sie wie eine Pseudoanalyse erscheinen. In diesen Perioden weist der Analysand implizit alle weiteren Einsichten oder Veränderungen von sich, oder der Analytiker fällt hinter den Fortschritt des Analysanden zurück. Solang dies jedoch in der Analyse nur periodisch auftritt, rechtfertigt es nicht die Bezeichnung »Pseudoanalyse« oder »unfundiert«. Doch nicht jede Pseudoanalyse ist den analytischen Grenzen des Analysanden zuzuschreiben. Nur allzuoft ist es auch der schlecht ausgestattete Analytiker, der eine Pseudoanalyse fördert, indem er unangemessen mit der Übertragung und den damit verwandten Abwehrmaßnahmen umgeht. Es ist möglich, daß die emotionalen Grenzen dieses Analytikers ihn zwingen, bei der Arbeit einen großen Abstand zu der emotionalen Direktheit der Hier-und-Jetzt Übertragungsbeziehung und -situation einzunehmen. In diesen Fällen wird das analytische Paar unbewußt in heimlichem Einverständnis den Anschein aufrechterhalten, sie würden miteinander Analyse machen.

Weitreichende Erörterungen über die Rolle, die Analysanden bei der Entwicklung von unfundierten Analysen spielen, kann man in der umfassenden Literatur über Widerstand finden; die Rolle des Analytikers in der umfassenden Literatur über störende Gegenübertragungen. Hier beabsichtige ich nur, den Kontrast zwischen Psychoanalyse und Pseudoanalyse zu skizzieren und anzumerken, daß es sich hierbei um ein Thema handelt, das sorgfältige Überlegung und Untersuchung verdient.

Bevor ich mich der Psychotherapie als dritter Hauptüberschrift zuwende, wäre es von Vorteil, die unfundierte und die wilde Analyse, die Unterarten der Pseudoanalyse, nebeneinanderzustellen. In vielen Punkten unterscheidet sich die unfundierte Analyse vielleicht gar nicht so stark von der wilden Analyse. Was die beiden möglicherweise gemeinsam haben, ist die Mißachtung der Abwehroperationen des Analysanden. Diese Mißachtung dürfte in jenen Fällen am offensichtlichsten sein, in denen der Analytiker eifrig interpretiert oder wissentlich versucht, den »Durchbruch« zu schaffen oder den »Widerstand« zu besiegen. Es kann immer der Fall sein, daß der Patient diese Interpretationen auch abwehrt, möglicherweise durch eine oberflächliche Anpassung, die der Analytiker nicht erkennt. Der Analytiker ist insofern »wild« als er nur *zu* einem unvorbereiteten Patienten interpretiert, statt *mit* einem wirklich kooperativen Analysanden zu sprechen. Das Problem kann selbst dann fortdauern, wenn der Analytiker erkannt hat, daß der Patient sich nur anpaßt und das dem Patienten gegenüber interpretiert. Wie gesagt können diese Möchtegernanalysanden vielleicht fast alles nur auf eine starre Art hören, einschließlich dieser neuen Interpretationen über ihre Abwehr, und bleiben somit fähig, gefürchtete Einsichten und grundlegende Veränderungen abzublocken.

Wie Freud (1910a) in seiner Erörterung der wilden Analyse und ebenso an vielen anderen Stellen hervorhob, kann jemand etwas zwar intellektuell wissen, aber es doch nicht in die Art Wissen umsetzen, die für die analytische Einsicht charakteristisch ist. Zu einem unvorbereiteten Patienten zu interpretieren vermittelt analytischen Inhalt, der tot und, höchstwahrscheinlich, abstumpfend ist. Freud sagte, daß Interpretation nicht alles und jedes erreichen kann. Daß dies so ist, ist ein weiterer wichtiger Grund, weshalb man eine Analyse als eine Sache des Grads betrachten sollte: Der Analytiker findet immer und notwendigerweise heraus, wie weit und auf welche Art der jeweilige Analysand in der Lage sein wird, die beste aller Interpretationen zu nutzen (siehe Freud, 1937b).

Die Psychotherapie

Die Anzahl der Möglichkeiten, Psychotherapie zu praktizieren, scheint unbeschränkt zu sein. Selbst die psychoanalytische Psychotherapie – unser gegenwärtiges Anliegen – kommt in vielerlei Gestalt daher. In dieser Hinsicht stoßen wir auf ein beachtliches Hindernis, was eine Erörterung der psychoanalytischen Psychotherapie in bezug auf die Psychoanalyse angeht. Und bei so vielen Unterschieden ergibt es gar keinen Sinn, eine hypothetische oder ideale Norm aufstellen zu wollen. Eine solche Norm kann indessen für die Freudsche Analyse aufgestellt werden, so wie ich es weiter oben in diesem Kapitel getan habe, trotz ihrer Unterschiede in der Praxis.

Wie ich bereits angedeutet habe, hindert den Psychotherapeuten grundsätzlich nichts daran, analytisch und gut zu arbeiten. Damit meine ich, daß der Psychotherapeut, ohne Druck auszuüben einen neutralen, konsistenten Fokus auf Übertragung und Gegenübertragung und Abwehrmaßnahmen aufrechterhalten kann, sowohl im Hier und Jetzt als auch in bezug auf ihre Herkunft und ihre Umwandlungen im Verlauf eines Lebens. Und nichts hindert den Patienten nachdrücklich und vollkommen in diesem Kontext daran, relativ frei zu assoziieren, an Träumen, Tagträumen, Übertragungen und Abwehrformen zu arbeiten, einige Elemente einer Übertragungsneurose zu entwickeln; und auch einige wichtige Einsichten auf der Basis einer begrenzten Veränderung zu erarbeiten und sich dann weiter und vielleicht tiefgreifend zu ändern. Auf dieser Grundlage, und vorausgesetzt, daß keine zeitliche Begrenzung vorliegt, können Therapeut und Patient eine ganze Menge an analytischer Arbeit erledigen, sogar dann, wenn sie sich nur zweimal pro Woche treffen und von Angesicht zu Angesicht arbeiten. Dieser Effekt wird wahrscheinlich eher erreicht, wenn der Patient jemand ist, der eigentlich in einer richtigen Analyse wäre, wenn die Lebensumstände ein solches Arrangement nicht verhindern würden.

Eine solche Wirkung wird weit weniger wahrscheinlich erzielt, wenn der Patient nur eine strukturiertere und begrenztere Form akzeptieren will, obwohl die Lebensumstände eine herkömmliche Freudsche Analyse nicht ausschließen würden; dies gelingt meist trotz der größten Bemühungen des Therapeuten nicht, das Problem durch Interpretation zu lösen. In diesem Fall ist die unnachgiebige Entscheidung des Patienten, die Arbeit zu begrenzen, manchmal nur durch eine Weigerung, die Couch zu benutzen, höchstwahrscheinlich Ausdruck einer ziemlich verzweifelten Abwehr, möglicherweise mit merklichen paranoiden Tendenzen. Auf jeden Fall basiert sie auf Angst, Schuldgefühlen, Schwäche oder Rigidität, und höchstwahrscheinlich auch auf von der Umwelt unterstützten Mustern der Anerkennung und der Sicherheit, die der Patient vor dem forschenden Blick des Therapeuten verbergen möchte. Niemand kann besten Gewissens behaupten, daß diese Patienten schlecht beraten sind, wenn sie der Therapie diese Grenzen setzen.

Nehmen wir einmal an, wir berücksichtigen alle von mir erwähnten Faktoren. Nehmen wir an, daß Analyse immer eine graduelle Sache, daß vieles, was als Analyse gilt, Pseudoanalyse ist, daß manche Psychotherapie der richtigen Analyse sehr ähnlich ist usw.: Warum nennen wir dann nicht einfach jede psychoanalytische Psychotherapie *Psychoanalyse?* Wenn wir zugeben, daß selbst psychoanalytische Behandlungen in ihren Wirkungen variieren, wo können wir dann die Grenze zwischen ihnen und vergleichbaren Psychotherapien ziehen? Ich glaube, es gibt zwei Hauptgründe, die Unterscheidung zwischen Psychoanalyse und Psychotherapie aufrechtzuerhalten, obwohl viele Fälle in einen schlecht definierten Zwischenraum zu fallen scheinen.

Erstens erfordern die gesamten Freudschen Theorien, daß eine solche Unterscheidung gemacht wird. Wenn die meisten oder alle traditionellen Bedingungen für die Psychoanalyse nicht erfüllt werden, ist es unwahrscheinlich, daß die Therapie jenen veränderten und erleichternden Funktionsmodus erreichen wird, der von beiden Teilnehmern gefordert wird. Dieser veränderte Funktionsmodus wurde auf viele Arten beschrieben. Eine Möglichkeit, es auszudrücken, ist, daß die Beteiligten den erforderlichen, anhaltenden Wechsel zu einem eher traumähnlichen oder primären Funktionsmodus des Prozesses gar nicht erreichen können. Bestenfalls werden sie diesen Modus nur ausprobieren; schlimmstenfalls werden sie ihn mittels viel Intellektualisierens und mehr oder weniger wilder Analyse simulieren. Nur in beschränktem Ausmaß ist der Analytiker in der Lage, einen fließend rezeptiven und reaktiven Teilnahmemodus herzustellen, bei dem das Zuhören vorherrscht. Was den Patienten angeht, so hat er nicht die häufige und regelmäßige Gelegenheit, die nötige Sicherheit und den Situationsdruck, der eine Verlagerung zu jenen primitiveren Formen des Selbstausdrucks hin fördert und den Zugang zu unbewußt aufrechterhaltenem, infantilem, konfliktreichen Material ermöglicht. Also können die Phänomene und die Ergebnisse des Prozesses nicht ganz dieselben sein, und die Probleme der Interpretation und des Durcharbeitens können nicht identisch sein. Und wenn dasselbe auch für einige Analysen gilt, dann wäre es besser, einen Grenzbereich oder eine Grauzone zwischen den beiden Ansätzen anzuerkennen als die Unterscheidung völlig zusammenstürzen zu lassen. Besser wozu und für wen? Besser für die Analytiker, die dem Grad der Analyse, den sie in ihren ordentlichen Psychoanalysen erreichen, ihre Aufmerksamkeit schenken sollten, und aus diesem Grund auch besser für alle ihre gegenwärtigen und zukünftigen Patienten.

Aus dieser Perspektive könnte man psychoanalytische Psychotherapie als eine andere Form der begrenzten oder unvollständigen Analyse charakterisieren. Sie ist nicht nur in dem Sinn begrenzt oder unvollständig wie im Hinblick auf ein hypothetisches Ideal jede Analyse, sondern weil die Gestaltung der Therapie zu unterschiedlichen Erwartungen an den Prozeß führen muß. Ich stelle nicht in Frage, daß psychoanalytische Therapie ungemein hilfreich sein kann. Was man aber erkennen muß ist, daß jede Kombination von verringerter Häufigkeit und Kontinuität der Sitzungen, die Arbeit von Angesicht zu Angesicht, die eher aktive, diskussionsähnliche Beteiligung des Therapeuten und andere Abweichungen von der traditionellen psychoanalytischen Gestaltung dem entgegenwirkt, daß dieser Prozeß dasselbe ist wie eine traditionelle Analyse.

Aus diesem Blickwinkel heraus stehe ich gewissen psychoanalytischen Psychotherapien kritisch gegenüber, da sie überehrgeizig sind. Aus zu großem therapeutischem Eifer und inadäquater Wertschätzung des Grundprinzips der psychoanalytischen Methode heraus beschließen diese Psychotherapeuten – blauäugig, würde ich sagen –, soviel konventionell analytische Arbeit wie möglich erledigen zu wollen. Ich sage »blauäugig«, weil sie die Beschränkungen, die durch die Abweichungen von der traditionellen psychoanalytischen Form und deren Grundprinzip herbeigeführt werden, nicht ernst nehmen. Statt dessen machen sie frei und vorschnell vorgeblich analytische Interpretationen auf der Basis beliebiger Stichworte, die eben mal auftauchen. Häufig befassen sie sich mit der Interpretation von manifesten Traum- oder Phantasieinhalten, von zufälligen Einstellungsäußerungen durch Wort oder Tat, von unverarbeiteten Berichten von lebensgeschichtlicher Erfahrung und von ähnlichem Material. In dieser Hinsicht verhalten sie sich genauso wie die Praktiker der wilden, zeitlich begrenzten Therapie.

Eine etwas subtilere, doch gleichermaßen problematische Form von Wildheit wird möglicherweise von jenem Psychotherapeuten praktiziert, der auf der Basis einer diagnostischen Einschätzung einer schwerwiegenden Ich-Schwäche lieber eine Therapie von Angesicht zu Angesicht empfiehlt als eine Psychoanalyse, und dem Patienten gegenüber von da an eine äußerst reservierte, nichtinterventionistische, pseudoanalytische Haltung annimmt. Indem er dies tut, läßt dieser Therapeut den Patienten sich vielleicht unproduktiv und oft recht schmerzhaft und selbstzerstörerisch abquälen. Es ist, als hätte dieser Therapeut (meiner Erfahrung nach gewöhnlich ein Mann) beschlossen, daß zumindest er sich »analytisch« verhalten will, auch wenn der Patient es nicht kann, da er zu dem Schluß gekommen ist, es sei besser, wenn sich wenigstens einer von ihnen »korrekt« verhielte als gar keiner. Dieses Verhalten würde ich insofern »wild« nennen, als es eine unangemessene analytische Behandlung für einen Patienten wählt, der darauf nicht vorbereitet sein kann.

In dieser Hinsicht sind Entscheidungen nicht immer leicht zu fällen. Gewisse Psychotherapie-Patienten scheinen sich am besten zu entwickeln, wenn man sie so ziemlich sich selbst überläßt. Diese Patienten neigen dazu, paranoid oder deprimiert zu werden, wenn sie, so wie sie es erleben, von den üblichen therapeutischen Interventionen überrollt und erniedrigt werden.

In vielen Fällen von psychotherapeutischer Behandlung werden, wenn überhaupt, nur wenige Kriterien der Psychoanalyse erfüllt. In diesen Fällen sollten wir nicht einmal von psychoanalytischer Psychotherapie sprechen. Ein Beispiel ist, wenn der Therapeut absichtlich und manifest Bedürfnisse erfüllt, wie jene nach Rat, Beruhigung, Beseitigung von Unwissenheit; personalisierte Bemerkungen einführt und ausdrücklich ernste Beschränkungen bei der Erforschung und Aufdeckung akzeptiert. Dies ist ebenso der Fall, wenn der Patient nicht auf die frei-assoziative Atmosphäre eingehen kann und wenn die Vorstellung des Patienten von dem gesamten Prozeß die Erforschung und Interpretation seiner psychischen Realität gänzlich ausschließt. Wenn Analytiker diese Form von Therapie anbieten, werden sie sich immer noch so weit wie möglich von psychoanalytischen Erwägungen lenken lassen; solche Fälle besagen jedoch lediglich, daß der Analytiker stützende Therapie praktiziert, und nicht, daß es psychoanalytische Therapie ist.

Es gibt einen zweiten Grund, die Unterscheidung zwischen eigentlicher Analyse und psychoanalytischer Therapie beizubehalten. Dieser Grund betrifft den Ausbildungs- und Berufsstandard. Wenn diese Unterscheidung abgeschafft wäre, was würde jemanden, der sich einer begrenzten Form der psychoanalytischen Therapie unterzogen hat, davon abhalten, zu behaupten, er wäre analysiert worden und würde die Voraussetzungen erfüllen, um andere zu analysieren, wobei bei dem Versuch dazu dann oft die Couch, freie Assoziation und regelmäßige Sitzungen benutzt werden? Diejenigen, welche die Unterscheidung ablehnen, würden vielleicht sagen: »Was macht das schon, solang er eine analytische

Erfahrung gemacht hat?« Wieder müßte der Freudsche Analytiker auf die gesamten Freudschen Theorien zurückgreifen und sagen, daß dieser Therapeut aller Wahrscheinlichkeit nach nicht optimal darauf vorbereitet ist, eine umfassende Analyse auf zeitgemäße Art und Weise durchzuführen.

Abschließende Bemerkungen

Zum Schluß möchte ich hervorheben, daß der grundlegende Faktor, der entscheidet, was Analyse, Pseudoanalyse und psychoanalytische Psychotherapie genannt werden soll, das Verständnis des Analytikers ist: speziell sein Verständnis für die Art von Dialog, der im Behandlungszimmer geführt wird sowie sein Verständnis für die mutativen Wirkungen und die Grenzen dieses Dialogs. Oft, wahrscheinlich sogar typischerweise, entwickelt sich dieses Verständnis erst im Laufe der Arbeit. Daß dies so ist, steht völlig in Einklang mit den allgemeinen und den speziellen Theorien der Psychoanalyse, da die Psychoanalyse die grundlegende Disziplin für die Entdeckung tieferer Schichten ist. Unter anderem ist sie eine Möglichkeit, in jedem individuellen Fall herauszufinden, was herausgefunden werden kann, was herausgefunden wird, was sich dem Verständnis und Einfluß entzieht und was, nachdem alles gesagt und getan wurde, unentscheidbar bleiben muß.

Nicht daß »Herausfinden« nur eine Sache des gesunden Menschenverstands wäre; es ist in erster Linie eine Sache des mehr oder weniger systematischen Festhaltens der Haupterzählungen, die wir anerkennen, und was wir durch das Festhalten der Handlungsstränge, die durch diese Haupterzählungen niedergelegt wurden, zeigen. In der Praxis besteht immer eine Spannung zwischen dem Herausfinden im empirischen Sinn und dem Suchen nach den Faktoren, die zu unserem erzählerischen Können passen; das heißt, es besteht eine Spannung zwischen einerseits aufdecken, entdecken und wiederentdecken und andererseits der Konstruktion jener Interpretationen, die unserer Methode und erzählerischen Bereitschaft angemessen sind.

17. Kapitel

Psychotherapie erzählen

I. *Mit Patienten sprechen*

Mit Patienten zu sprechen ist ein therapeutischer Faktor, auf den psychoanalytisch orientierte Psychotherapeuten, meiner Beobachtung nach, weder so häufig zurückgreifen, wie sie könnten, noch ihn so meisterhaft anwenden, wie sie sollten. Von den vielen Gründen für diese Selbstbeschränkung will ich hier nur einen hervorheben – Psychotherapeuten gestalten ihre therapeutische Aktivität meist unkritisch im Sinne des sogenannten psychoanalytischen Modells. Diesem Modell entsprechend konzentriert sich der Psychoanalytiker darauf, Interpretationen zu geben; ansonsten bleibt er so nondirektiv wie möglich. Weder leitet er an, noch äußert er sich persönlich. Er glaubt, durch seine Anleitung intensiviere er den Widerstand seines Analysanden, indem er ihn ermutigt zu rationalisieren. Außerdem denkt er, persönlich oder emotional zu sprechen, würde die Übertragungsanalyse beeinträchtigen. Wer sich auf dieses Modell stützt, verrät mangelndes Verständnis für die subtilen und komplexen Rhythmen in der Arbeit eines Psychoanalytikers: nondirektiv zu sein und dennoch aktiv neugierig, Laissez-faire-Stil zu praktizieren und auch Eindringlichkeit zu zeigen, neutral und emotional zu sein.
Doch selbst aus diesem modifizierten Modell können wir nur eine Richtlinie mit Sicherheit ableiten: Der Psychotherapeut wird die Exploration in der Regel hauptsächlich durch nachdenkliches Zuhören fördern und meist nur dann intervenieren, wenn er die Äußerungen wichtiger Konflikte unvoreingenommen hervorheben und vielleicht interpretieren kann, die ihm in der bewußten und vorbewußten Kommunikation mit dem Patienten deutlich

werden. Obwohl ich den Wert dieser Richtlinie nicht in Frage stelle, möchte ich ausdrücklich betonen, daß Psychotherapeuten, die dieses künstliche und unangemessene psychoanalytische Modell auf eben diese Weise befolgen, die Ressource, mit den Patienten zu sprechen, nicht systematisch erwogen haben und daher diese Technik weder verstanden noch getestet haben und sie somit auch nicht beherrschen.

In der folgenden Darstellung psychotherapeutischer Arbeit beschreibe und erkläre ich zwei Hauptaspekte des Gesprächs mit dem Patienten: das pädagogische Gespräch und das persönliche Gespräch. Beide zielen darauf ab, die Untersuchung zu erleichtern und das Verständnis zu verbessern. Meiner Meinung nach sind sie jedoch nicht universell einsetzbar. Da ich sie bei der Durchführung von zeitlich begrenzten Therapien als besonders nützlich empfunden habe, beziehe ich mich hauptsächlich auf diese Therapien, obwohl ich glaube, daß meine Vorschläge durchaus auch auf breiterer Ebene angewendet werden können.

Pädagogische Gespräche mit Patienten

Ein Psychotherapeut beginnt mit keinem Patienten jemals ganz von vorne. Er weiß bereits eine ganze Menge über Patienten im allgemeinen, bevor er über den einzelnen irgendwelche faktischen Informationen erfährt. Er weiß eine Menge über die psychologische Entwicklung und Existenz der Menschen beiderlei Geschlechts. Selbst in einer Anfangsbemerkung könnte der Therapeut – obwohl er dies wohl kaum tun wird – einem Patienten alles mögliche über ihn mitteilen. Jedoch wird der Therapeut deshalb nicht unbedingt grundlos überflüssige Bemerkungen machen; das heißt, er wird Allgemeingültiges, das nichts vermittelt, da es auf jeden paßt, nicht mitteilen, wie sehr es den Angesprochenen auch beeindrucken mag.

Erstens wissen nur wenige soviel wie ein Psychotherapeut über diese »allgemeinen« Faktoren und ihre Beziehungen untereinander; in diesem Punkt stehen die meisten Patienten dem Therapeuten wie Amateure dem Profi gegenüber. Zweitens werden Patienten das Wissen, über das sie verfügen, kaum intakt und bewußt zugänglich aufrechterhalten können, wenn sie gerade im Bereich ihrer größten Konflikte arbeiten; man kann nicht von ihnen erwarten, daß sie ihren Jammer und ihr Elend ständig aus der richtigen Perspektive betrachten. Drittens müssen wir zugeben, daß die Tatsache, etwas für universell zu halten, es nicht unbedeutend werden läßt; beispielsweise ist es allgemeingültig, relevant und von Bedeutung, daß alle Menschen zum Leben Sauerstoff brauchen und daß alle Erwachsenen einmal Kinder waren, und es kann sehr sachdienlich sein, diese Feststellung in gewissen therapeutischen oder anderen Kontexten zu betonen.

Und schließlich wissen wir, daß Patienten, in dem Ausmaß, in dem sie neurotisch sind, in statischen existentiellen Positionen gefangen sind, und zwar als Folge davon, große Teile ihrer subjektiven Erfahrungswelt ausgeschlossen zu haben. Daher sind sie zweifellos immer ambivalent, wenn es um die Reduzierung ihrer emotionalen Not geht. Sie fühlen sich herausgefordert, sich zu verändern, ihre Wertungen und ihre Verständniskategorien zu modifizieren und nach so langer Zeit eine persönliche Entwicklung wiederaufzunehmen, die sie als gefährlich betrachtet haben. Die Aufgabe des Psychotherapeuten ist es, den Patienten zu helfen, ihre chronischen Ängste vor Lust, Veränderung und Entwicklung zu begreifen und zu überwinden; ebenso sollen sie ihre bevorzugte Art und Weise, diese Ängste zu bewältigen, kennenlernen, um dann in subjektiven und objektiven Welten leben zu lernen, die zwar offener, aber nicht so instabil sind wie jene, mit denen sie sich bisher abgefunden haben. Übrigens vermitteln diese Punkte über Wissen und Veränderung einige der Einsichten, die dem Psychotherapeuten zur Verfügung stehen, bevor er die Therapie mit einem Patienten beginnt.

Psychotherapeutisches Wissen über den Patienten ist sowohl allgemein als auch spezifisch. *Allgemeines Wissen* umfaßt:

1. Die *Komplexität* der menschlichen Probleme: die Stellung, die in diesen Problemen »gemischte Gefühle« und multiple Perspektiven einnehmen, besonders in Hinblick auf die Psychotherapie selbst.

2. Die *Kontinuität* dieser Probleme: der Gedanke, daß man sie in seinem ganzen Leben, einschließlich in der Psychotherapie, immer wieder wiederholt, wie bewußt schmerzhaft sie auch sein mögen.

3. Ihre *Kohärenz:* die üblichen Beziehungen zwischen problematischen Situationen, Erfahrungen und Handlungen, die der Patient wahrscheinlich in Gedanken voneinander trennt.
4. Die *Signifikanz von Phantasien,* sowohl von angsterfüllten als auch von sehnsüchtigen, die größtenteils in ihren archaischen und bedrohlichsten Aspekten unbewußt und gewöhnlich sexuell oder aggressiv, oder beides, und gleichzeitig gegen sich selbst und gegen andere gerichtet sind.
5. Die *Signifikanz der Abwehr,* besonders der Bereitschaft der Patienten, das Ausmaß zu überschätzen, in dem unabhängiges bewußtes Denken über ihre psychischen Kernprobleme beständig objektiv und einflußreich sein kann.

Spezifisches prätherapeutisches Wissen umfaßt die verschiedenen problematischen emotionalen Reaktionsweisen, die regelmäßig mit bestimmten Ereignistypen oder gewissen Lebensperioden in Verbindung gebracht werden. Auf der Grundlage dieses Wissens sind Psychotherapeuten in der Lage, eine ganze Menge über jedes vergangene oder gegenwärtige Fehlen oder extreme Vorhandensein von jenen Handlungs- oder Reaktionsweisen zu sagen. In diesen allgemeinen Fällen sind sie weit davon entfernt, sich auf Raten und Fragenstellen zu beschränken. Therapeuten besitzen ein Wissen über: verschiedene Formen von Begehren, Frustration, Furcht, Anspruch und Wut, die regelmäßig während bestimmter Phasen und unter typischen Umständen in der Entwicklung auftreten; die weitreichende Bedeutung von Selbstachtung, Angst und Schuldgefühl; unentrinnbare Verlustängste und das Vorherrschen lähmenden Schmerzes; und die vielen entwicklungsbedingten Konflikte, welche um die Fragen von maskulin kontra feminin, passiv kontra aktiv und Erfolg kontra Versagen kreisen – welche Bedeutung man diesen Worten auch in ihren speziellen Fällen beimessen mag, und wie immer auch die psychoanalytische Haupterzählung sein mag, die der Therapeut in seiner Arbeit verwendet.

Ich kann nicht oft genug betonen, daß der Therapeut, wenn er eine kurze explorative Psychotherapie durchführt, mit einem entschiedenen Nachteil arbeitet – ebenso wie die Patienten –, denn einerseits sind Patienten gewöhnlich relativ schlecht auf eine Psychotherapie vorbereitet, während ihnen andererseits nur eine kurze Zeit und eine begrenzte Anzahl von Stunden zur Verfügung stehen, um Einsichten zu erreichen und Veränderungen zu festigen. Es ist wichtig, daß sich der Psychotherapeut von diesen Tatsachen nicht zu hastigem Handeln verleiten läßt – wie zum Beispiel sich auf eine wilde Analyse einzulassen, nur um »Ergebnisse zu erzielen«. Dennoch kann man argumentieren, daß der Therapeut unter gewissen Umständen, und *indem er immer der erzählerischen Führung der Patienten folgt,* diesen einige hilfreiche Instruktionen bei der zu bewältigenden Arbeit anbieten kann. Mit Instruktion meine ich nicht, eine Lektion zu erteilen, »wo es lang geht«; ebensowenig meine ich, eine Reihe von Demonstrationen vorzuführen. Vielmehr meine ich, die Patienten dahin zu führen, daß sie die Blickwinkel kennen- und schätzenlernen, die bei der Betrachtung ihrer Probleme am wahrscheinlichsten nützlich sein können. Die »Instruktion« kann den Sinn des Patienten für Relevanz erweitern sowie seinen Zugriff auf die Art von Fragen, die zu persönlichen Problemen gestellt werden müssen, und den Zugang zu den Informationsquellen, die nötig sind, um diese Fragen produktiv zu beantworten.

Ich will es anders ausdrücken: Müssen Patienten in einer Kurztherapie alles über die Durchführung ihrer eigenen Behandlung selbst herausfinden? Müssen sie jeden Aspekt der Arbeit selbst gestalten? Bietet ihr eigener Sinn für Autonomie und ihre jeweils eigene Konflikt-aufdeckende Art, die Behandlung zu gestalten, nicht immer noch genügend Spielraum, selbst nachdem der Psychotherapeut seine pädagogischen Bemühungen angeboten hat? Ich bin überzeugt, daß ihre Probleme so lange ziemlich deutlich hervortreten werden, besonders in der Form von Abwehroperationen und Übertragungsinszenierungen, so lange der Psychotherapeut diesen Reaktionen gegenüber wirklich empfänglich bleibt. Wir können auch davon ausgehen, daß die Patienten diesen pädagogischen Bemühungen gegenüber nicht weniger Respekt entgegenbringen als anderen Handlungen ihres Therapeuten wie schweigen, fragen und sich kompetent zu äußern.

Man überlege sich auch einmal, daß effektive Exploration einen sicheren Rahmen erfordert, und zwar sowohl eine funktionierende Beziehung mit einem unvoreingenommenen Psychotherapeuten als auch ein gewisses Verständnis für die Natur der Arbeit, die es zu tun gilt. Der Patient fühlt sich nie einsamer als zu Beginn einer

Psychotherapie und braucht niemals stärker eine Brücke zum Therapeuten, um nicht immer perseverierend die Gefahren der Selbstexploration in Gegenwart eines rätselhaften Fremden abzuwehren. Die Vermittlung von allgemeinem und speziellem Wissen über den Patienten durch den Psychotherapeuten, das Teilhabenlassen an einigen Einsichten, und zwar auf eine wirklich empathische Art: Dies sind Mittel, den Patienten sowohl zu erziehen als auch seine Position innerhalb der Therapie zu sichern. Folglich können diese Bemühungen helfen, eine kurze Psychotherapie vielversprechend zu beginnen. Möglicherweise werden Patienten, die anfänglich schüchtern, zurückhaltend, von Zweifeln geplagt oder anderweitig »verschlossen« oder »festgefahren« sind, nur auf dieser Basis in der Lage sein, die Arbeit produktiv zu beginnen.

Jede dieser Einsichten ist eher eine Einführung in das Verstehen als ein voll entwickeltes Verstehen. Bevor diese besonders nützlich sein können, müssen sie detailliert beschrieben und qualifiziert werden hinsichtlich subjektiver Erfahrung und offensichtlichem Verhalten, sowohl in der Vergangenheit als auch in der Gegenwart.

Hier eine repräsentative Liste dieser Einsichten: »Es ist frustrierend, sich immer um einen Haufen jüngerer Geschwister kümmern zu müssen.« – »Eine Niederlage wie diese muß deprimierend sein.« – »Es kann einem Mädchen nicht gleichgültig sein, wenn seine Eltern sich scheiden lassen.« – »Das ist die Art von Schuldgefühl, das man sich selbst niemals würde eingestehen wollen.« – »Viele Menschen finden es beunruhigend, über einen gewissen Punkt hinaus sexuell erregt zu sein, und so leugnen sie, überhaupt erregt zu sein – sogar vor sich selbst.« – »Sie können Ihren Vater nicht immer verabscheut haben.« – »Wenn Sie das so sehr deprimiert hat, könnten Sie ziemlich wütend darüber gewesen sein, jedoch ohne sich dieser Tatsache zu stellen.« – »Vermutlich gibt es einen Zusammenhang zwischen Ihrer Zurückhaltung mir gegenüber und Ihrem allgemeinen Mißtrauen anderen Menschen gegenüber.« – »Ihre Mutter scheint eine der Frauen zu sein, die ihre Kinder mit dem Gefühl belasten, daß sie entweder ihre geistige Stabilität schützen oder andernfalls sich schrecklich schuldig fühlen müssen.« – »Es muß große Bedeutung für Sie gehabt haben, als Sie zum erstenmal Ihre Menstruation bekamen.«

In gewisser Hinsicht sagen Bemerkungen dieser Art eine ganze Menge. Sie können sogar so bedrohlich für den Patienten werden, daß der Psychotherapeut in besonderen Fällen gut beraten ist, zumindest für lange Zeit davon abzusehen, so zu sprechen. Und dennoch kann man diese Bemerkungen als einführend bezeichnen, da der Psychotherapeut nicht direkt sagt, daß sie auf den Patienten zutreffen oder, insoweit dies der Fall ist, wie sie auf seinen Fall zutreffen – wie intensiv, vorherrschend, konfliktreich, bewußt oder folgerichtig, im Hinblick auf bestimmte Situationen. In unserer Rolle als Psychotherapeuten denken wir beim Zuhören über solche Dinge nach; indem wir sie aussprechen, denken wir buchstäblich laut. Und doch ist lautes Denken nicht dasselbe wie vorherwissend zu sagen: »Sie sind so und so«; »Das bedeutet dies und jenes«; »Der wichtige Zusammenhang ist dieser«; »Der entscheidende Kontext in Ihrer Vergangenheit ist jener.«
An diesem Punkt könnte man die folgende Frage stellen: Was geschieht, wenn zum Beispiel eine Patientin sagt, daß diese vermittelte Information nicht auf sie zutreffen würde? Mit anderen Worten, was ist, wenn sie sich nicht instruieren läßt? Die Antwort ist schlicht und einfach, daß der Therapeut, oder sagen wir, die Therapeutin, ihren Standpunkt behauptet, den Standpunkt, von dem sie ehrlich glaubt, ihn auf Grundlage ihrer Ausbildung, ihrer Erfahrung, ihres allgemeinen Verständnisses und, höchst wichtig, ihrer derzeitigen Selbstbewußtheit zu kennen. Und wenn sie auch sonst nichts wüßte, weiß sie, was sie denkt, selbst wenn es nur das ist, daß sie verwirrt ist und nicht weiß, was sie denken soll. Indem sie ihren Standpunkt verteidigt, zwingt sie ihrer Patientin natürlich kein Geständnis ab. Doch um einen Nutzen daraus zu ziehen, könnte sie sagen, daß sie das Dementi der Patientin überraschend findet, und sie könnte Mutmaßungen anstellen, daß die Patientin vielleicht das Bedürfnis hat, der Therapeutin und sogar sich selbst gegenüber zu leugnen, daß sie auf eine gewisse Art und Weise fühlt oder eine gewisse Erwartung oder einen gewissen Anspruch hat. Als Alternative dazu könnte die Therapeutin sagen, daß es durchaus einige andere Faktoren geben kann, die der Situation der Patientin eher entsprechen und dabei helfen würden, ihr Anderssein in dieser Hinsicht zu erklären. Oder sie könnte eine Reihe anderer Dinge sagen, um den Dialog fortzusetzen, oder sie könnte

einfach nur schweigend abwarten, bis die Patientin beginnt, sich auf ihre anfänglichen Bemerkungen einzuschwingen. Gleich, ob die Patientin zustimmt, anderer Meinung ist, näher darauf eingeht, gar nicht darauf eingeht oder unsicher schwankt, wird man ihre Reaktion auf eine Art auslegen können, welche die besten Fragen und Antworten für diese Behandlung weiter definiert. Und es ist immer möglich, daß die Patientin einen anderen, möglicherweise völlig unerwarteten Faktor einbringt, an dem man dann weiterarbeitet. Dieser Faktor wird eine willkommene Korrektur der Vermutungen der Psychotherapeutin sein. In diesem Zusammenhang muß ich betonen, daß zwischen lautem Denken und einem Alleswisser ein himmelweiter Unterschied besteht. Tatsächlich werden die Unsicherheit, die Eitelkeit und die Ungeduld des Alleswissers die Entwicklung jedes anhaltenden und tief empfundenen therapeutischen Dialogs verhindern. Wie in so vielen anderen Bereichen auch, macht eine respektvolle, kollaborative Einstellung viele schwierige Herausforderungen möglich.

Ich beschreibe praktisch eine Version des Ansatzes, der von Anna Freud (1936) in einer Diskussion über die Analyse von Kindern empfohlen wurde. Sie schlug vor, daß der Kinder-Analytiker nach der Verzerrung oder Abwesenheit von erwarteten affektiven Reaktionen als äquivalentem Material sucht, auf das er seine Interpretationen aufbaut, da er nicht über die freien Assoziationen des Analytikers von Erwachsenen verfügt, mit denen er arbeiten kann. Der Kurzzeit-Psychotherapeut muß sich auf ähnliche Weise an eine ähnliche Beschränkung anpassen.

Ich habe erwähnt, daß es mit Risiken verbunden ist, diesen Ansatz anzuwenden. Das Hauptrisiko besteht natürlich darin, die Patienten zum Intellektualisieren zu ermuntern. Zusätzlich muß sich der Therapeut darüber Gedanken machen, ob er nicht eine allgemeine Intensivierung der Abwehr der verängstigten Patienten stimuliert. Er tut dies, indem er sie vor dem warnt, was ihnen noch bevorsteht und wovon er somit stillschweigend zu verlangen scheint, daß es kommen muß, wenn sich die Patienten als »gute Patienten« erweisen wollen. Weiterhin besteht die Gefahr, daß der Therapeut den Patienten seine Gedanken aufzwingt oder die spontane Entwicklung ihres Materials dadurch blockiert oder vermischt. Ebenfalls Gedanken machen müssen wir uns über die Verführung zur

Mitarbeit, eine Verführung, die vielleicht die Arbeit erotisiert und die ablehnenden Reaktionen der Patienten darauf verdeckt. Und dann besteht noch die Gefahr, daß der Psychotherapeut stärker als gewöhnlich als allwissend idealisiert wird. All diese Risiken gefährden die Aussichten auf das Verstehen der Patienten und auf das spätere Handeln, das sich oft als indiziert erweist – das Bedürfnis nach einer intensiveren und ausgedehnteren Psychotherapie.

Weiter oben habe ich erwähnt, daß laut zu denken sowohl als unterstützende persönliche Brücke als auch als erklärende pädagogische Einführung oder Wegweiser in die explorative Psychotherapie dienen kann. Jedoch gibt es noch andere Seiten des lauten Denkens, welche die therapeutische Arbeit vorantreiben können. Zum Beispiel vermittelt es das eindeutige Angebot, bei der Explorationsarbeit mitzumachen, und es schafft eine angemessen provisorische oder versuchsweise Stimmung für die Therapie. Weit davon entfernt, vom Psychotherapeuten, der ihnen Informationen entlockt und dann Äußerungen an sie richtet, eine passive Rolle zugeschrieben zu bekommen, sind die Patienten dazu eingeladen, gemeinsam mit dem Therapeuten die Äußerungen zu entdecken und zu formulieren, die vielleicht einen therapeutischen Unterschied für sie ausmachen. Darin liegt etwas, das abwehrender Passivität, einschmeichelnder Compliance und extravaganter Idealisierung entgegenwirkt oder sie offenbart; und darin liegt ebenfalls etwas, das zukünftige, ehrgeizigere therapeutische Bemühungen für die Patienten zunehmend verstehbar und annehmbar macht.

Im Hinblick auf die Verführung würde ich sogar fragen, ob es denn mehr ist als die begrenzte Verführung, die Freud (1913, besonders S. 139–141) empfahl, als er riet, eine positive Arbeitsübertragung aufzubauen, bevor man versucht, eine definitive Interpretation vorzulegen. Obwohl es richtig ist, daß eine Psychoanalyse im Gegensatz zu einer Kurztherapie die Zeit und Gelegenheit bietet, die erotischen Untertöne dieser Verführung zu analysieren, glaube ich nicht, daß Psychoanalytiker normalerweise viel Zeit auf diesen Teil der Arbeit verwenden; es ist soviel dringender, fruchtbarer und zeitaufwendiger zu versuchen, die unvermeidlichen und grundlegenden infantilen erotischen Übertragungen und die Formen der Abwehr dagegen zu analysieren, Faktoren, die bis zum

Ende der psychoanalytischen Behandlung einflußreich bleiben. Folglich sollte man darauf achten, die Gefahr einer Kurztherapie nicht überzubetonen, die dadurch entsteht, daß ein Patient wahrscheinlich unbewußt mit einer erotischen Erregung auf die Einladung zur therapeutischen Zusammenarbeit reagiert.

Indem der Psychotherapeut diese einführenden Einsichten anbietet, manifestiert er sowohl sein fachmännisches Können als auch seine Unwissenheit. Dazu braucht er nicht, im Seminarstil, die Fingerspitzen aneinanderzulegen, zur Decke zu schauen und demonstrativ laut zu grübeln. Er sollte seine Patienten nicht mit blitzschnellen, entschiedenen Interpretationssalven psychisch niedermähen; die Angebote, die er macht, sollten Angebote sein, die zurückgewiesen werden können. In der Regel wird der Therapeut eine weitreichende Klärung seiner eigenen Rolle in der Therapie sowie der des Patienten vermeiden; statt dessen wird er hauptsächlich auf die ängstlichen Fragen und Kommunikationslücken warten, die ihm Gelegenheit geben, durch seine Standhaftigkeit und Neugier und sein vorausgehendes Verständnis praktisch zu demonstrieren, was es bedeutet, mit einem Psychotherapeuten zu arbeiten und wie die Rollen der Beteiligten aussehen, wie sie die Hauptbeschäftigung in der Therapie sind und deren Rahmen bilden. Und schließlich wird er sich nicht auf jene hastigen, ungeordneten, anmaßenden, »nebulösen« und ängstlichen Versuche einlassen, empathisch zu sein, wie manche Psychotherapeuten, besonders Neulinge, sie machen in der Hoffnung, auf diese Weise schnelle, starke und angenehme therapeutische Beziehungen herzustellen. Eine stabile therapeutische Beziehung ist schwer aufzubauen und wird oft auf völlig unerwartete Art und Weise erreicht; auf den guten Willen kann man sich niemals vollkommen verlassen. Ganz gewiß kann die therapeutische Beziehung nicht so beschrieben werden, daß der Psychotherapeut sich ständig und mit Freuden mit dem Patienten einig wäre; Spannungen und kurzzeitiger Verlust des Kontakts werden unweigerlich auftreten. Zu dem Thema Empathie werde ich im nächsten Abschnitt noch einmal kurz zurückkehren.

Als besonders wichtig wird in jeder Psychotherapie hervorgehoben, daß die Patienten eine gewisse Fähigkeit darin erlangen sollten, eine eigene ständige Erforschung ihres Lebens durchzuführen und dies, durch Lernen und Identifikation, mit einer konstruktiven, selbst-unterstützenden Einstellung zu tun. Natürlich werden Patienten beinah immer bis zu einem bestimmten Grad intellektualisieren und idealisieren, und wahrscheinlich werden sie immer durch die nutzbar gemachten pädagogischen Schritte des Psychotherapeuten noch mehr zum Intellektualisieren und Idealisieren stimuliert. Doch wenn sich der Therapeut nicht übermäßig für Intellektualisierung oder dafür, idealisiert zu werden, interessiert, und wenn seine instruierenden Kommentare eine Exploration eher ermöglichen und somit wahrer und inhaltsreicher machen, dann werden ihre instruierenden Bemühungen eine Veränderung durch Verständnis mindestens genauso sehr fördern, wie sie Barrieren errichten werden. Wahrscheinlich wird die Veränderung überwiegen. Die Durchführung einer Therapie, und das sollte man sich ständig vergegenwärtigen, bedeutet immer das Abwägen einer Sache gegenüber einer anderen und das Entscheiden zwischen komplexen, nicht eindeutig festzulegender Wahlmöglichkeiten. Die Behauptung, man kenne den *einen* richtigen Weg und die eine richtige Interpretation, hat in anspruchsvoller und verantwortungsbewußter Arbeit keinen Platz. Es gibt zu vieles, was wir noch nicht verstehen.

Auf persönliche Weise mit dem Patienten sprechen

In vielen Psychotherapien macht der Therapeut von der Möglichkeit, auf persönliche Art und Weise mit den Patienten zu sprechen, nicht genügend Gebrauch. Obwohl es leicht gesagt ist, daß Typ und Grad des »Selbstausdrucks« des Therapeuten auf die Bedürfnisse und Toleranz eines jeden Patienten abgestimmt werden müssen, wissen wir nicht viel darüber, wie diese Einschätzungen und Anpassungen gemacht werden. Für zu lange Zeit waren wir damit zufrieden, automatisch eine fundamental *unpersönliche* Sprache zu verwenden: Sie scheint so sicher und effektiv, so erprobt und richtig. Doch *nur* auf diese Art zu arbeiten scheint der Vielzahl an Situationen, denen wir begegnen oder die wir arrangieren, nicht länger angemessen. Ganz bestimmt stellt es einen Grund zur Sorge dar, wenn man gezwungen sein sollte, so zu arbeiten.

Stellen wir uns eine Arbeitssituation zwischen Therapeut und Patient vor. Die Frage lautet nun: »Worin liegt der Unterschied, wenn der Psychotherapeut zu seinem Patienten sagt: ›Sie drücken sich nicht klar aus‹ oder ›Ich verstehe Sie nicht‹?« Zweifellos gibt es mehr als nur einen Unterschied, doch der eine, den ich hervorheben möchte, ist, daß die erste Intervention den Therapeuten vom Patienten trennt und den Therapeuten, wie wohlwollend auch immer, als Richter über den Patienten erhebt. Spricht er so von oben herab, klammert er sich von einer wahren Interaktion aus. Den Unterschied, auf den ich mich beziehe, trifft es kaum, mit Phyllis Greenacres Wendung als von einer »umgekippten Beziehung« (»tilted relationship« – 1954, S. 674) zu reden. In diesem Zusammenhang sollte man sich an Harry Stack Sullivans (1940) bevorzugte Antwort erinnern, wenn ein psychotischer Patient eine Halluzination enthüllte: »Ich sehe es nicht« und nicht »Es ist nichts da«. Für Sullivan ist das persönliche Sprechen die bevorzugte therapeutische Reaktion. Ich denke, in jeder Psychotherapie sollte der Therapeut bis zu einem gewissen Grade persönlich sprechen. Solches Verhalten unterstützt bei jedem Patienten, daß er von und für sich spricht, während es gleichzeitig klarstellt, daß es dabei Schwierigkeiten gibt. Die Tatsache, daß der Therapeut offen bestimmte persönliche Erklärungen abgibt, befähigt sowohl den Therapeuten als auch den Patienten, sich effektiv mit der Aufgabe zu beschäftigen.

Derselbe Unterschied in der Interaktion besteht, wenn der Psychotherapeut entweder sagt: »Sie müssen sich schrecklich gefühlt haben« oder einfach: »Wie schrecklich!« Ein Therapeut kann die erste Reaktion nicht ehrlich äußern, ohne zuvor oder gleichzeitig mit »wie schrecklich« zu reagieren. Weshalb also sollte der Therapeut sich selbst ausklammern, indem er sich nur darauf bezieht, wie der Patient »sich gefühlt haben muß«? Diese gebräuchliche Form, Empathie zu zeigen, ist dem Wesen nach ungewiß, übervorsichtig oder herablassend, und ihre Wirkung ist, eine nicht wünschenswerte Distanz in der therapeutischen Beziehung zu schaffen. Auf noch eklatantere Weise distanziert sich der Therapeut, wenn er nach der Schilderung eines schrecklichen Erlebnisses einfach fragt: »Wie haben Sie sich gefühlt?« Es erklärt jedoch die Reaktion des Sichausklammerns nicht, wenn man einbezieht, daß entsetzliche und aufregende Geschichten oft manipulativ erzählt werden, zum Beispiel als schlichtweg erotische oder masochistische Verführungen oder als subtile Angriffe auf den Therapeuten eingesetzt werden. Wenn es klar ist, daß sie auf solche Art und Weise erzählt werden, kann der Psychotherapeut dies sagen (wenn er beschließt, an diesem Punkt überhaupt irgend etwas zu sagen); wenn es noch nicht klar genug ist, wird er Zeit haben, es klar werden zu lassen, vielleicht nach nur wenigen Minuten. Es wird seine Stellung nicht gefährden, wenn er einfach und direkt auf diese grausigen oder erfreulichen Darstellungen reagiert, und es gibt keinen vernünftigen Grund dafür, die Fassung zu verlieren, wenn er entdeckt, daß es ihn »gepackt« hat. Weshalb sollte er auch? In der Tat, wie hat es ihn denn tatsächlich »gepackt«? War er so entzückt von seiner vorangegangenen empathischen Reaktion? Hat er sich ungewöhnlich stark mit dem Patienten identifiziert? Fiel er auf dieselben Abwehrformen zurück wie der Patient? Rühmt er sich, absolut unmanipulierbar oder unfehlbar korrekt zu sein? Falls eines davon zutrifft, wird auch die korrekteste therapeutische Ausdrucksweise der Welt die Therapie nicht mehr retten können.

Es ist jedoch richtig, daß der Psychotherapeut, der auf diese Art frei spricht, dazu neigt, die Situation emotionaler zu erleben als wenn er anders spricht. Zum einen oder anderen Zeitpunkt muß er darauf gefaßt sein, häufiger einen »Kloß im Hals« zu haben, mehr Wankelmütigkeit, Reizbarkeit, Angst und andere emotionale Reaktionen zu erleben, als er gewöhnt ist oder sich damit sicher fühlt. Diese bedeutsame, beunruhigende, bereichernde und verwirrende Komplikation in der Expressivität des Therapeuten verdient eine eigene ausführliche Erörterung. Offensichtlich ist der Psychotherapeut besser dazu in der Lage, bei emotionalen Interaktionen das innere Gleichgewicht zu wahren, wenn er selbst den Vorteil eines seine Persönlichkeit nicht verleugnenden Psychoanalytikers hatte oder hat sowie einige gut supervisierte Berufserfahrung.

Hier noch ein paar weitere illustrative Gegensatzpaare: »Ich frage mich, was das bedeuten könnte«, anstatt fortgesetztes nachdenkliches Schweigen. »Herzlichen Glückwunsch!« im Gegensatz zu:

»Sie müssen sehr stolz auf sich sein.« – »Irgendwie ist mir unbehaglich, und ich habe den Verdacht, Sie versuchen dieses Gefühl in mir hervorzurufen«, im Gegensatz zu: »Sie versuchen, ein unbehagliches Gefühl in mir zu wecken.« – »Das ist ein schreckliches Leben«, im Gegensatz zu: »Ihr Leben scheint nicht sehr zufriedenstellend oder leicht zu sein.« Und: »Ich bin nicht überrascht«, im Gegensatz zu: »Das war zu erwarten.«

Ich bevorzuge die Aussagen, in denen der Psychotherapeut die Patienten direkt anspricht. Er wird den Patienten natürlich nicht alles sagen (ich weiß, daß es Psychotherapeuten gibt, die nun mein »natürlich« in Frage stellen würden); tatsächlich sagt er den Patienten sogar sehr wenig. Er sagt nur einfach das, was er unter gewöhnlichen Umständen bei einer Gelegenheit wie dieser, auf die er hier reagiert, auch sagen würde. Er spricht wie er es sonst auch tut. Jeder intellektuelle Beobachter würde sich zumindest stillschweigend oder insgeheim wundern, wenn ein Therapeut *nicht* auf diese Art reagieren würde. Schließlich sollten die oben von mir erwähnten Reaktionserwartungen, die auf den Patienten anzuwenden sind, in gewissem Maße auch auf den Psychotherapeuten anzuwenden sein.

Da viele verschiedene Menschen Psychotherapie praktizieren, gibt es ebenso viele verschiedene Arten, persönlich wie auch pädagogisch zu sprechen. Ich schreibe keinen speziellen Stil und keine spezielle Sprache vor. Behauptet man, Bemerkungen im persönlichen Stil seien nur einführend und unvollständig, heißt dies nicht, sie zu verdammen. Zum Beispiel: »Das wundert mich«, ist im Grunde ziemlich unverbindlich und ungerichtet; es muß auf eine bestimme Art und Weise gesagt werden, um ermutigend und ausbaufähig zu sein. Im Grunde unterscheiden sich die von mir empfohlenen Bemerkungen dadurch von den anderen, daß sie nicht »professionalisiert« wurden. Ihr Beziehungsreichtum wurde nicht unnötigerweise geopfert. Wenn der Psychotherapeut für und von sich selbst spricht, schafft er persönliche Präsenz – jene Qualität, welche die Räder aller Therapien zu ölen scheint. Und Aussagen feinfühlig und sachkundig auszuwählen gefährdet nicht die Authentizität der Bemerkungen – nur die Vortäuschung einer völligen Offenheit könnte dies tun.

Hier braucht nicht argumentiert zu werden, daß der Psychotherapeut ständig nonverbal kommunizieren kann und dies auch tut. Seine Einstellung zu den Patienten und dem gegenwärtigen Material kann durch den Tonfall, das Timing, durch Aufmerksamkeit, Stimmung und so weiter angedeutet, wenn nicht sogar völlig offenbart werden. So kann die empfohlene Aufgabe des persönlichen Selbstausdrucks im Zuge der Untersuchung teilweise durch ein Lächeln, ein Stirnrunzeln, einen fragenden Blick und ähnliches erfüllt werden. Doch wächst das stets vorhandene Risiko, von einem Patienten mißverstanden zu werden, proportional in dem Maß, in dem sich ein Therapeut auf die nonverbale Kommunikation verläßt. Nonverbale Kommunikation ist von Natur aus primitiver, mehrdeutiger und fließender als Worte in Sätzen, die der Organisation dienen und eine definitivere Grundlage schaffen. Sich stark auf nonverbale Kommunikation zu stützen ist auch eine Möglichkeit, emotional auszuweichen. Denn, wie wir alle aus unserem persönlichen Leben wissen, besteht kaum die Gefahr, das emotionenweckende Potential des gesprochenen Wortes überzubewerten, wie auch die Furcht, die uns daran hindert, etwas von dem zu erzählen, was uns am liebsten oder sonstwie für unsere Lebensführung von Bedeutung ist. Auch hier ist der Psychotherapeut nicht in einer Entweder-Oder-Situation.

Die Vorstellung, es gäbe nur eine Möglichkeit, sich in irgendeiner Beziehung natürlich spontan zu verhalten, ist psychologisch unhaltbar. In der Tat sprechen jene Psychotherapeuten, die vermeintlich »natürlich« mit ihren Patienten reden und meine Empfehlungen vielleicht völlig unnötig finden, meiner Beobachtung zufolge nicht in dem auswählenden, selektiven und untersuchenden Sinn mit ihnen, den ich vorschlage. Vielmehr tun sie es routinemäßig, das heißt, meistens oder ständig mit den meisten oder allen ihrer Patienten. Sie verlassen sich genaugenommen darauf, was ich die Kraft der Persönlichkeit nenne – eine eklektische Mischung aus Interpretation, Wärme, Führung, Beruhigung, Standhaftigkeit, Ermahnung und anderen absichtlichen oder unabsichtlichen Manipulationen von Übertragungspotentialen. Meist scheinen sie dies zu tun, um korrigierende emotionale Erfahrungen in der therapeutischen Beziehung herbeizuführen. Ist dies der Fall, neigen sie dazu, ihr Handeln zu rationalisieren, indem sie fragwürdigerweise annehmen, der Patient würde diese Erfahrung auf sein sonstiges Leben in einer stabilen und zufriedenstellenden Art und Weise übertragen. In manchen Fällen befriedigt diese Strategie anscheinend das Bedürfnis der Therapeuten nach Aufregung und Aktivität, erlaubt es dem Therapeuten anscheinend, sich den Eitelkeiten des »weisen Mannes« oder »Gurus« hinzugeben oder vermeidet anscheinend einfach die Spannungen, die in einer anhaltenden explorativen Disziplin und deren Frustrationen entstehen. Es läßt sich nicht leugnen, daß dieses stereotypisierte, im Grund kontrollierende und verdrängungfördernde Verhalten oft dazu führt, daß Patienten eine symptomatische Erleichterung erfahren. So vieles führt dazu! Doch kann es nicht zu der Art von Einsicht und Veränderung führen, die durch eine wirklich explorative Psychotherapie hervorgerufen werden kann.

II. Die Beendigung einer Kurztherapie

Supervisoren von analytischen Kurztherapien muß es unweigerlich auffallen, wie oft während der Endphase alle Gewinne, die zuvor gemacht wurden, ernstlich bedroht, gefährdet oder gar verloren werden. Da diese Entwicklungen aber nicht unveränderlich und automatisch das Ergebnis voraussagen, kann man sie nicht einfach abschreiben als wären sie nur auf die Oberflächlichkeit der Therapie zurückzuführen, wobei die Illusion einer Besserung nur auf einer verstärkten Abwehr und der Übertragungsbefriedigung sowie auf der unvermeidlichen Macht eines unbewußten infantilen Konflikts beruhen würde. Wir erwarten natürlich den Einfluß dieser zweifellos mächtigen beschränkenden und regressiven Einflüsse in jeder Therapie, einschließlich der Psychoanalyse, und wir erwarten, daß sie nur schwer präzise und vollständig definiert und in der Kurztherapie besonders schwierig zum Besseren hin modifiziert werden können. Doch diese Punkte einfach nur anzuerkennen und dann weitere Nachforschungen und Überlegungen einzustellen bedeutet, den Patienten wie den Therapeuten gleichermaßen unrecht zu tun.

Obwohl ich sehr wohl weiß, daß es verschiedene Arten gibt, eine analytische Kurztherapie durchzuführen, werde ich mich hier auf die Art und Weise beschränken, in der ich sie praktiziert und gelehrt habe. Nachdem ich diese Art kurz beschrieben habe, werde ich die Veränderungen erörtern, die sie herbeizuführen scheint, die Krise, die regelmäßig um den Zeitpunkt des Therapieendes herum entsteht und die Probleme des Therapeuten, mit dieser Krise umzugehen. Dann werde ich zu einer genaueren Erforschung der Veränderungen zurückkehren, die aufzutreten scheinen, und ich werde schließen mit einigen Bemerkungen zu den Problemen, die in der analytischen Kurztherapie auftreten, wenn man versucht, ihre Ansprüche zu validieren. Es ist sehr gut möglich, daß ich mich dabei nur auf wohlbekanntem Boden bewege; meiner Erfahrung nach ist jedoch das, was wohlbekannt sein sollte, oft gar nicht so gut bekannt, selbst nicht in den besten Ausbildungszentren, und selbst wenn es wohlbekannt ist, gibt es immer noch weitere wichtige Punkte, die es zu erforschen, klären oder diskutieren gilt. Meine Erzählung soll ihren eigenen Beitrag dazu leisten.

Analytische Kurztherpaie

Unter analytischer Kurztherapie verstehe ich eine Therapie, in welcher der Patient einzeln, einmal pro Woche, für etwa fünfzig Minuten zu einem persönlichen verbalen Austausch erscheint, bei dem die Schwierigkeiten des Patienten in seinem Leben im allgemeinen und in der Therapie im besonderen im Mittelpunkt stehen; und ich meine eine Therapie, die sich über einige Monate, vielleicht sogar über ein ganzes Jahr erstreckt. Eine solche Therapie ist mehr oder weniger definitiv zeitlich begrenzt, wie es oft in Kliniken und anderen institutionellen Einrichtungen der Fall ist und auch bei privater Arbeit aufgrund begrenzter Mittel oder geringer Motivation oder einer rapiden Zunahme der Abwehr. Gesteigerte Abwehr setzt oft ein, nachdem eine gewisse Erleichterung erfahren wurde und die Aussicht auf eine tiefere Verwicklung bedrohlich näherrückt (Ernst Prelinger, persönliche Mitteilung).
In dieser Therapie bemüht sich der Therapeut, oder sagen wir, die Therapeutin, eine möglichst explorative oder nachspürende Atmosphäre und Disziplin aufzubauen. Sie ist besonders wachsam gegenüber Anzeichen dafür, daß der Patient Schwierigkeiten mit der therapeutischen Beziehung hat. Ich meine speziell solche

Schwierigkeiten, die Angst, Schuldgefühle oder Scham sowie das offensichtliche Zurückhalten, Umgehen oder Verbergen gewisser Erfahrungen aufgrund dieser Beziehungsschwierigkeiten mit sich bringen. In anderen Worten, die Therapeutin widmet den Manifestationen von Konflikt, Abwehr und Übertragung besondere Aufmerksamkeit. Diese Aufmerksamkeit bringt sie in Form von Bemerkungen und vielleicht Fragen zu diesen Manifestationen zum Ausdruck. In dieser Hinsicht werden sexuelle, ablehnende Gefühle und Abhängigkeitsgefühle berührt oder angedeutet oder direkt benannt, zusammen mit Angst, Schuldgefühlen und Scham. Die Häufigkeit, Direktheit und Beharrlichkeit dieser Interventionen werden von Überlegungen zum Takt, zur Angsttoleranz, zu den Reaktionen des Patienten (soweit sie vernünftigerweise vermutet werden können) auf diese Interventionen und von anderen Erwägungen, die aus der klassischen psychoanalytischen Technik bekannt sind, bestimmt.

Oft ist die Annäherung indirekt, erfolgt über Verschiebungen und auf anderen Umwegen. Es besteht keine Eile, irgend etwas zu erklären, weder hinsichtlich derzeitiger Lebensfragen des Patienten, noch hinsichtlich der Entstehungsgründe, da das Herausziehen der unartikulierten, unentwickelten Phänomene und besonders der Schwierigkeiten, die dieser Artikulation und Kommunikation im Wege stehen, am wichtigsten ist. Dem Patienten wird geholfen zu beschreiben, wie sein Leben für ihn ist – besonders nach den Grundsätzen, die, wie oben erwähnt, durch die Psychoanalyse bekanntgemacht wurden. Ausführliche oder weitreichende Interpretationen sollten gewöhnlich nicht versucht werden. Eine Art psychoanalytisch geformte Phänomenologie wird entwickelt. Wenn der Patient praktische Fragen erhebt, zum Beispiel um Rat fragt oder Richtlinien für sein Leben draußen oder sogar für sein Verhalten während der Sitzungen fordert, wird die Therapeutin gewöhnlich zum Nachdenken über die Natur, die Implikationen und den Hintergrund oder die Gründe für diese Bitten oder das Dilemma, die sie betreffen, ermuntern. Oder sie regt zum Nachdenken über die Gefühle an, welche diese Bitten und Forderungen begleiten, sie spricht ihre eigenen Gefühle an, die diese Bitten und Forderungen hervorrufen sollen oder mit denen der Patient zu spielen scheint. Doch indem die Therapeutin dies tut, bleibt sie flexibel und versucht nicht, völlig das »Inkognito« eines klinischen Psychoanalytikers auszuspielen, was oft sowohl innerhalb als auch außerhalb des Gebiets der Psychoanalyse übertrieben wird. Normalerweise braucht man für eine Psychotherapie dieser Art einen Patienten, der einigermaßen intelligent ist, eine gewisse Fähigkeit zur Reflexion besitzt, sich ausdrücken kann und weder akut psychotisch oder einer Psychose gefährlich nahe ist noch in einer extremen Lebenskrise steht, in welcher Familie, Gemeinschaft oder Gesetzeshüter aktiv sind. Mit anderen Worten, man braucht dazu einen Patienten, der sich idealerweise in einer Analyse befinden sollte – oder es zumindest könnte – der jedoch, aus welchen Gründen auch immer, sich keiner Analyse unterziehen will oder kann. Solche Patienten klagen typischerweise über Unfähigkeit zu arbeiten oder mangelnde Freude an der Arbeit, Unsicherheit oder mäßige Verzweiflung über die Richtung, die ihr Leben genommen hat, über neurotische Symptome, Angstattacken oder eine mäßige Depression oder über nicht zufriedenstellende Beziehungen zu den Eltern, zu Gleichrangigen, zu Mitgliedern des anderen Geschlechts, zu Kindern, Lehrern oder Vorgesetzten. Es sind Menschen mit akuten psychologischen Problemen, die bewußt eine psychologische Therapie gewählt haben, obwohl sie aufgrund ihrer Abwehrhaltung sich darüber nicht immer gleichermaßen im klaren oder diesbezüglich gleichermaßen kooperativ sind. Mit einigen Patienten mit einem Borderline-Syndrom kann man auf die beschriebene Art und Weise arbeiten, wenn man dabei auch oft noch eine andere Methode braucht, um Verständnis entwickeln zu können – eine Methode, die ich hier nicht weiter ausführen möchte.

Veränderungen während einer effektiven Therapie

Was geschieht nun normalerweise, während eine effektive Therapie dieser Art voranschreitet? Das folgende ist nur ein zusammengesetztes Bild; es gibt beträchtliche individuelle Abweichungen. Am deutlichsten ist, daß der Patient eine eindeutigere und umfassendere Vorstellung von Umfang, Vielfalt und Komplexität seiner Probleme entwickelt. Er entdeckt Symptome und Hemmungen, die er niemals bewußt anerkannt hatte, ebenso wie Einstellungen und Gefühle aller Art – Furcht, Reue, Resignation, Mißtrauen, überheblichen Stolz, ebenso wie hoffnungsvolle, zärtliche, sentimentale, mitleidsvolle, bewundernde und loyale Empfindungen, die er früher nie hätte zugeben können, weil er sich dafür zu sehr geschämt hätte oder zu unglücklich gewesen wäre. In gewisser Hinsicht erkennt er das Ausmaß seiner Krankheit deutlicher. In anderer jedoch erkennt er auch das Ausmaß seiner menschlichen Existenz mit ihrem Leiden und ihren Möglichkeiten, die sowohl in seiner subjektiven Erfahrung als auch bei objektiver Betrachtung vergrößert sind. Vor allem kann er vielleicht anfangen – besonders durch die Erforschung seiner Probleme in der therapeutischen Beziehung –, etwas von dem Ausmaß zu erkennen, in dem er aktiv daran beteiligt ist, die Schwierigkeiten herbeizuführen, die er zunächst einmal passiv erlebte, wie zum Beispiel seine soziale Isolation, die Entfremdung von seiner Familie, sein Versagen beim Sex, seine schlechte Leistung in der Arbeit, seine insgesamt düstere Weltanschauung. Auf diesem Wege erkennt er die Zentralität des persönlichen Konflikts in seiner Existenz.

Es ist beeindruckend, wie der Patient oft mittels und in Verbindung mit großem Leiden, anfängt, sich besser zu fühlen und besser zu funktionieren, sobald diese Veränderung in der Selbstwahrnehmung seiner Person eintritt. Seine Symptome verringern sich in Umfang und Hartnäckigkeit; seine Stimmung hellt sich auf; seine sozialen und sexuellen Beziehungen bessern sich. Wie es scheint, kann es einen Gewinn bedeuten, einfach nur in der Lage zu sein, die eigene neurotische Misere zu erkennen.

Ein skeptischer Betrachter der Psychotherapie könnte leicht anzweifeln, daß sich all diese Veränderungen vollziehen können, obwohl keinerlei explorative Arbeit der Art, wie ich sie beschrieben habe, unternommen wurde oder aufgrund anderer Faktoren als der Exploration selbst. Ich glaube jedoch nicht, daß man diesen Einwand gelten lassen kann; während die Menschen sich als Reaktion auf alle möglichen Interventionen oder Nichtinterventionen, und sei es nur, einfach auf einer Warteliste für eine Therapie zu stehen, ganz gewiß besser fühlen und besser funktionieren, unterscheiden sich die Bedingungen, unter denen es ihnen besser geht und unter denen sie dieses Bessergehen betrachten und der Kon-

text, in welchem es ihnen besser geht, beträchtlich. Die zunehmende Anerkennung von Aktivität in scheinbarer Passivität beispielsweise oder die Koexistenz von sowohl größerem Leiden und Zweifel *als auch* angenehmem und effektivem Leben – all dies begleitet von einem gesteigerten Gefühl für den zentralen Konflikt – ist meiner Ansicht nach nicht charakteristisch für andere Formen von Besserung.
Der Test für diese Veränderungen kommt, wenn sich das Ende der Behandlung nähert, denn dann scheint es, wic ich erwähnt habe, als ob alles nur auf Sand gebaut wäre. Wenn dann der Patient scheinbar ebenso bedrückt, verdrießlich, provokativ oder hilflos von Symptomen geplagt ist wie zu Beginn der Arbeit, kann sich der Therapeut sehr wohl fragen, ob des Patienten verbesserte und aktive Sicht seines Lebens überhaupt etwas wert war. Vieles entzieht sich an diesem Punkt dem Verständnis, und wo das Verstehen versagt, blüht der Unmut. Der Therapeut kann dann seine negative Gegenübertragung rechtfertigen als der passiven Aggression des Patienten oder seinem Masochismus oder seiner negativen therapeutischen Reaktion angemessen. Er kann der Oberflächlichkeit der Therapie die Schuld zuschieben. Er kann dazu tendieren, die Therapie verlängern zu wollen; offensichtlich, so rationalisiert er, ist es zu früh, um aufzuhören; ein paar weitere Sitzungen nach dem geplanten letzten Termin sollten den Durchbruch bringen. Oder er kommt vielleicht zu dem Schluß, daß er nun endlich seinen neutralen forschenden Ansatz durch eine Darstellung persönlicher Gefühle ersetzen oder zumindest stark modifizieren muß; das wird die Situation retten … hofft er. Das sind alles Anzeichen für eine Krise in der Beziehung und im Beruf; hier wird ernsthaftes Aussortieren von Schwierigkeiten und Vermutungen notwendig, um die Art von grausamem Versagen zu vermeiden, die den Verlauf solcher Krisen und deren versuchte Auflösung kennzeichnet.

Die Position des Therapeuten in der Endphase

Der Therapeut beobachtet natürlich eine Regression. Diese ähnelt sehr den Regressionen, die von klassischen Analytikern wiederholt in laufenden, effektiven analytischen Behandlungen beobachtet werden und ist als solche keineswegs ein Grund zur Verzweiflung. Wie alles andere in der Behandlung auch, lehrt uns die Regression, wenn man sie richtig deutet, etwas über die derzeitigen Schwierigkeiten des Patienten und deren Geschichte. Es hilft beträchtlich weiter, wenn der Therapeut an diesem Punkt nicht zaudert, sondern die Forschungsarbeit fortsetzt. Unter anderem muß er, zumindest in Gedanken, so gut er kann die verschiedenen oralen, analen und phallischen Bedeutungen verfolgen, die der Patient dem Ende der Behandlung zuschreibt (zum Beispiel, abrupt entwöhnt zu werden, voll Abscheu fallengelassen zu werden oder entsetzt als zu »instinktgetrieben« oder »animalisch« fortgestoßen zu werden). Und er muß verfolgen, wie die Erkenntnis dieser Bedeutungen und die damit verbundenen Gefühle abgewehrt werden. Damit dies geschehen kann, muß jedoch die eigene narzißtische Investition des Therapeuten in die therapeutischen Resultate von einer bestimmten Art sein und darf ein bestimmtes Maß an Intensität nicht überschreiten. Vor allem muß er erkennen, daß es sein Ideal sein sollte, sein Bestes zu tun, und nicht unbedingt, »Resultate« zu erhalten. Dies werde ich später weiter erörtern.

Doch hier steht mehr als eine narzißtische Forderung nach »Heilung« zur Debatte. Während der Endphase können all die unausgesprochenen Versprechen, Erwartungen, Übertragungen und Abwehrmaßnahmen beider an der therapeutischen Beziehung Beteiligter ans Licht kommen: all ihre grundlegenden Annahmen über Krankheit und menschliche Existenz sowie über die Rolle und die Pflicht und den Wert von Therapeuten und ebenso über die Befriedigung in der Arbeit und den Stolz darauf; und all die Kollusionen, mit deren Hilfe Schwierigkeiten während der Therapie umgangen werden. All dies tritt auf so unterschiedlichen und gewundenen Wegen in Erscheinung, daß Patient und Therapeut leicht verwirrt und entmutigt werden. Die objektive Einschätzung des Wandels, des Verlaufs der Arbeit und ihrer vernünftigen Aussichten leiden dann beträchtlich.

Zu den auftretenden Problemen ist auch zu zählen, sich den Grenzen dessen, was eine Therapie überhaupt erreichen kann, zu stellen. Diese Grenzen treffen den Therapeuten auf eine recht mächtige Art persönlich. Durch sie muß er erkennen, daß seine Wirksamkeit als Heiler ziemlich begrenzt ist, was bedeutet, daß wichtigen narzißtischen Vorstellungen von sich selbst und eigenen Idealen durch die Erfahrung energisch widersprochen wird. Die Wurzeln dieser Vorstellungen und Ideale liegen in infantilen Omnipotenzphantasien, die man niemals völlig aufgibt. Sehr wahrscheinlich haben diese Vorstellungen und Ideale auch bei der Berufswahl des Therapeuten eine Rolle gespielt. Diese Vorstellungen und Ideale beziehen sich darauf, Aktivität weit höher zu schätzen als Passivität (zumindest im Hinblick auf die Probleme »anderer Leute!«) und im Extrem »sich zu entscheiden«, lieber omnipotent zu sein als hilflos, lieber ein Retter zu sein als eine destruktive Kraft und/oder lieber eine Brust von unendlicher Kapazität als ein gefräßiger Parasit zu sein. Daher muß der Patient, der in der Endphase der Behandlung immer noch mit Problemen beladen ist – und durch eine Regression vielleicht auch mit scheinbar akzentuierten Problemen – und der sehr wahrscheinlich Unzufriedenheit mit dem Therapeuten ausdrückt, unweigerlich zu einer Enttäuschung und Bedrohung für den Therapeuten werden. Dieses Problem wird oft noch verschärft durch die gesteigerte Wahrnehmung des Patienten, was Ausmaß und Komplexität seiner Probleme angeht, was ja, wie ich erwähnt habe, eine der nützlichen Errungenschaften der Kurzpsychotherapie zu sein scheint.

Da es zu komplex ist, um hier näher darauf einzugehen, erwähne ich nur im Vorbeigehen das zusätzliche Problem, das durch den Widerwillen des Therapeuten entsteht, die Beziehung zu Patienten, die er kennengelernt hat und mit denen und für die er fühlen kann, aufzugeben. Eine der besten Schutzmöglichkeiten gegen störende Gegenübertragungsreaktionen auf den Patienten in der Behandlungsendphase ist ein vernünftiges und stabiles Gefühl für das eigene Gutsein. Ich meine »Gutsein« in zweierlei Bedeutung. Die erste Bedeutung ist das Gutsein als Therapeut im Sinne von etwas Gutes geboten zu haben, eine ernsthafte Anstrengung unternommen zu haben und sogar Ergebnisse erzielt zu haben (falls dies der Fall ist) unter erschwerten Bedingungen – und die Kurzpsychotherapie ist Arbeit unter erschwerten Bedingungen. Die zweite Bedeutung von Gutsein ist die archaische oder infantile Empfindung, man sei, im großen und ganzen, ein wertvoller, guter Mensch, welche Fehler und Grenzen man auch haben mag.

Hier adaptiere ich in gewisser Hinsicht Edith Jacobsons (1964) Punkt über die »gute wie auch schlechte Mutter«, welche die notwendige konstante Objektrepräsentanz bildet, die das Kind für eine zufriedenstellende Entwicklung erreichen muß. Ich spreche auch von der Tatsache, daß das Kind, und später der Therapeut selbst, ein »guter wie auch schlechter Mensch« ist. Wenn das Selbstvertrauen des Therapeuten in dieser Hinsicht fehlt oder leicht zu untergraben ist, müssen die Wechselfälle der Behandlungsendphase ihn unweigerlich treffen, und er wird die Krise der Endphase wahrscheinlich eher intensivieren als sie vorteilhaft nutzen.

Genau in diesem Kontext sind all die unausgesprochenen Abmachungen, beiderseitigen Übertragungen und Kollusionen, die ich weiter oben erwähnt habe, relevant, da sie alle vorübergehende Hilfsmittel sind, derer sich der Therapeut bedient hat, um seine narzißtische Verletzbarkeit zu schützen. Denn, im Gegensatz zu dem, was er angedeutet oder erklärt hat, ist der Therapeut nicht unendlich und absolut dem elementaren Wohlergehen bestimmter Patienten ergeben, kann es nicht sein und sollte auch nicht versuchen, es zu sein. Ebensowenig ist er dazu in der Lage, all und jede wünschenswerte Veränderung zu bewirken, die er möglicherweise vage versprochen hat, oder kann auch nicht immer mit gleichbleibendem Verständnis, gleichbleibender Akzeptanz und gleichbleibendem Wohlwollen gegenüber seinen Patienten fühlen und handeln.

Der Therapeut seinerseits benötigt ebenfalls eine entsprechende Sicht der Patienten als »sowohl gut wie auch schlecht«. In Krisenzeiten, wie derjenigen am Ende der therapeutischen Behandlung, ist es das »Gute«, zumindest im Sinne der Hoffnung, mehr Person zu werden, was von Patienten und Therapeuten so leicht aus den Augen verloren wird. Und an dieser Stelle erfordert es eine Basis aus Geduld und Beständigkeit.

Weiter oben habe ich erwähnt, daß zu den möglichen Störfaktoren in der Endphase einer therapeutischen Behandlung gewisse Annahmen über Krankheit und menschliche Existenz gehören. Viele Therapeuten, und meiner Ansicht nach auch viele Analytiker, stellen sich nur ungern der Aussicht – ich würde es nennen, der Tatsache –, daß auf Irrationalem basierende oder neurotische Probleme selbst von der besten Therapie nicht völlig ausgelöscht werden können; es gehört mehr dazu, wie Freud es ausgedrückt hat, um Menschen von ihrem neurotischen Elend zu befreien, so daß sie effektiver mit dem unentrinnbaren objektiven Elend des Lebens umgehen können; mit anderen Worten, das, was wir Krankheit nennen und was wir das menschliche Leben nennen, ist außer in Lehrbuchdefinitionen nicht scharf und deutlich trennbar. Es gibt keinen Zweifel, daß man vielen Menschen durch eine Therapie helfen kann, stabilere, effektivere und zufriedenstellendere Positionen einzunehmen, und ganz gewiß auch weniger angstbesetzte Positionen. Jedoch gibt es keinen Beweis, daß alle infantilen neurotischen Probleme völlig und endgültig lösbar sind; ganz sicher können sie nicht durch eine Kurztherapie gelöst werden.

All dies bringt beunruhigende Implikationen für den Therapeuten mit sich, denn wenn er die Behandlung mit seinen Patienten beendet, die – bestenfalls – teilweise Fortschritte gemacht haben, muß er sich erneut der Aussicht stellen, daß sein eigenes Leben nur teilweise verbessert werden kann. Besonders in den Vereinigten Staaten mit ihrem traditionell grenzenlosen melioristischen Enthusiasmus und ebensolchen Erwartungen, glaube ich, ist mit dieser Aussicht schwer fertig zu werden. Fortschritt ist beinah eine Staatsreligion. Psychotherapeuten müssen einem so naiven Enthusiasmus widerstehen, um das richtige *Maß* ebenso wie die richtige Perspektive zu behalten. Beides ist für eine gute Arbeit essentiell, besonders während der zweifelgeplagten Krisen der Behandlungsendphase. Vielleicht muß der Psychotherapeut vor allem daran glauben, daß große Schwierigkeiten bedeutungsvollen Veränderungen im Wege stehen, an den großen Wert der Symptome und anderer Probleme für die Patienten, wie sehr die Patienten auch bewußt wünschen mögen, sie los zu werden. Diese Schwierigkeiten und der Wert der Symptome gehören zu den großen Lektionen, die die Psychoanalyse lehrt.

Ich kann die verschiedenen Übertreibungen und Mißverständnisse nicht verhindern, für die diese kurzen Bemerkungen zu einem sehr komplexen und emotional aufwühlenden Thema anfällig sind, aber ich kann fortfahren, zwei sehr wichtige, wenn auch begrenzte Errungenschaften zu erörtern, die nicht selten in einer kurzen psychoanalytischen Psychotherapie beobachtet werden. Eine klare

Vorstellung dieser Veränderungen und ihres Werts kann eine mächtige Stütze sein gegen die Zweifel und Enttäuschungen, die während der Endphase in der Luft liegen können. Bestätigungen sind schließlich immer angebracht.

Weitere Bemerkungen zu den Veränderungen während einer Kurztherapie

Zwei der Veränderungen, die während einer Kurztherapie auftreten können, habe ich bereits erwähnt: (1) Die Patienten erkennen die weitreichende und komplexe Natur der Probleme, mit denen sie es zu tun haben; und (2) sie erkennen die Aktivität ihrerseits, die dazu beigetragen hat und weiterhin dazu beiträgt, diese Probleme entstehen zu lassen und ihr Weiterbestehen zu unterstützen. Und ich habe darauf hingewiesen, daß diese Veränderungen, obwohl sie in mancher Hinsicht beschwerlich und schmerzvoll sind, eine befreiende und stärkende Wirkung zu haben scheinen. Ich betone besonders das Ausmaß, in dem diese Gewinne von der beständigen Aufmerksamkeit abhängen, die während der Therapie dem Mißbehagen und den Störungen der Beziehung sowie der Zusammenarbeit mit dem Therapeuten gewidmet wurde – das heißt, den Ängsten, Unehrlichkeiten, Ausflüchten, Fluchten und Manipulationen, derer sich der Patient als Reaktion auf die Ängste der Therapiesituation bedient hat.

Im Prinzip müssen diese Ängste denen am Kern seiner Störung entsprechen oder zumindest Ableger davon sein. Dieses Unbehagen und diese Störungen werden durch Unregelmäßigkeiten im Zeitplan der Termine wie Nichterscheinen, Feiertage, Zuspätkommen und Unterbrechungen sowie durch die relative Kürze der Therapie selbst gesteigert. Sie werden verstärkt durch die Rolle des Therapeuten, die einerseits – was spezielle Themen angeht – wenig strukturierend ist: andererseits ist sie hinsichtlich der Erscheinungsweisen der Erfahrungen, des sogenannten »inneren Lebens« des Patienten, relativ prägend, besonders auch auf die Implikationen des »inneren« Konflikts von Zweck, Ziel oder Wert dessen, was zu Anfang einfach als Problem erschien in einer wenig entgegenkommenden Umwelt in Vergangenheit oder Gegenwart.

Dem Patienten wird es durch die Rolle des Therapeuten und der Vorgehensweise, die diese definiert, unbehaglich, da beides die gewohnten Abwehr- und Anpassungsmethoden des Patienten bedroht. Doch wie sieht diese Vorgehensweise aus, die definiert wird? In einer entscheidenden Hinsicht ist dieses Vorgehen Einladung und Druck für die Patienten, sich selbst besser kennenzulernen und die Entdeckung ihrer selbst durch das Medium der Kommunikation mit einer anderen Person zu erreichen und zu erfahren. Es ist genau diese Entdeckung durch das Medium der wohlwollenden Beziehung, mit der jeder Patient auf seine eigene Art und aus seinem spezifischen Grund gelernt hat, sich hoffnungslos zu fühlen. Die Patienten erwarten, daß die Entdeckung unerträglich sein wird und ihre Enthüllung entweder selbst unerträglich ist oder unerträglich ist als sichere Ursache für eine bevorstehende traumatische Reaktion der anderen Person, des Therapeuten. Diese Hoffnungslosigkeit befindet sich am Kern einer radikalen Diskontinuität oder Fragmentierung des Wissens der Patienten über sich selbst und über die Toleranz gegenüber sich selbst. Sie haben sich gegenüber sich selbst blind gemacht; sie haben sich über sich selbst belogen; und, um diese blinden Stellen und Lügen aufrechtzuerhalten, haben sie sowohl wichtige Errungenschaften ihres vergangenen Lebens als auch wichtige Möglichkeiten in ihrem gegenwärtigen und zukünftigen Leben aufgegeben. Sie haben ein Interesse daran, ihr Leben als unverständlich oder chaotisch zu begreifen, wie bestürzend dies auch sein mag.
Um den Therapeuten zu besänftigen und in der Übertragung von ihm geliebt zu werden, beginnen die Patienten mit Unterstützung der wohlwollenden aber zähen Neugierde des Therapeuten nun zu erforschen, zu organisieren und auszudrücken, während sie zuvor das Gefühl gehabt hatten, es sei aussichtslos, irgend etwas in dieser Richtung zu unternehmen. Sie *entdecken* – tatsächlich entdecken sie oft von neuem – und sie *verbinden* Furcht, Haß, Scham, Begehren, Sentimentalität, Stolz, Ansprüche und Sehnsüchte und *drücken* dies auch *aus.* Sie erkennen, daß diese Gefühle von Bedeutung für sie sind, daß sie erträglich sind und daß ihre Schwierigkeiten mit den Gefühlen und ihre Art, mit diesen Schwierigkeiten umzugehen, verstehbar, lenkbar und änderbar ist. Zumindest machen sie einen Anfang in diese Richtung. Und in gewissem

Ausmaß erkennen die Patienten, daß diese Tendenzen und Schwierigkeiten, statt nur der Therapiesituation eigen zu sein, praktisch ein Destillat aus chronischen Problemen in allen wichtigen Beziehungen ihres Lebens sind. Ich kann nicht genug betonen, daß die fraglichen Kernprobleme nicht völlig definiert und ganz gewiß nicht aufgelöst werden. Oft erhaschen die Patienten nur einen kurzen Blick auf die Probleme und möglichen Lösungen. Dennoch ist etwas Neues und Entscheidendes hinzugetreten: die Möglichkeit, etwas gegen die Probleme zu tun, die man begonnen hat, auf eine neue, organisiertere und hoffnungsvollere Art zu definieren. Allein die Neudefinition macht schon Aktivität und Hoffnung für den Patienten annehmbarer.

Somit wird die Hoffnungslosigkeit als Prämisse eingeschränkt, gemildert, ja sogar in Frage gestellt. Damit können sich die Patienten die Möglichkeit vorstellen, vollständigere und begreifbare Wesen zu werden. Und während es bestenfalls erst ein Anfang ist, ist es doch ein Anfang, der in des Patienten Sicht dieser Situation einen großen Unterschied zu machen scheint. Hier scheint wenig viel zu bewirken, besonders wenn der Patient noch jung ist. Obwohl es korrekt wäre, reicht es nicht aus, einfach zu sagen, wir würden eine »Neuausrichtung der Abwehrkräfte«* beobachten. Und es ist ja nicht nur, daß die Patienten erkennen, daß sie aktiv dabei waren, ihr eigenes Elend herbeizuführen, obwohl sie meinten, nur passiv zu sein. Sie erkennen auch, daß sie auch auf eine andere Art aktiv sein können, die ihre Vergangenheit, Gegenwart und Zukunft auf einen Schlag ändern würde.

Dieser Hinweis auf eine Änderung der Vergangenheit dient als Überleitung zur zweiten der beiden zusätzlichen Errungenschaften, die, wie ich gesagt habe, durch eine Kurztherapie möglich wären. Als Überleitung sollte ich noch eine andere Bemerkung wiederholen, die ich weiter oben gemacht habe: nämlich, daß die radikale Diskontinuität und Fragmentierung des Wissens über sich selbst und ihrer Toleranzgrenzen von den Patienten reduziert werden kann, so wie ihre Hoffnungslosigkeit reduziert wird. Diese Diskontinuität oder Fragmentierung verläuft im wesentlichen im Querschnitt. Der Punkt, auf den ich zusteuere, ist die Reduktion einer längsverlaufenden oder historisch radikalen Diskon-

* Von Anna Freud in einer Mitarbeiterkonferenz erwähnt.

tinuität oder Fragmentierung. Was da auf dem Spiel steht, ist eine unterbrochene persönliche Entwicklung aufgrund früherer massiver Verdrängung, Verleugnung oder anderer Abwehrformen – Strategien, um mit unerträglichen Lebenssituationen fertig zu werden. Solche Lebenssituationen können den Tod oder den psychotischen Zusammenbruch eines Elternteils oder Geschwisters, ernsthafte Verletzung oder langwierige Krankheit, Elternkonflikt und Scheidung, die Geburt eines Geschwisters oder grausam unehrliches, ausbeuterisches oder verführerisches elterliches Verhaltung in Beziehung auf den zukünftigen Patienten beinhalten. Es ist nichts Ungewöhnliches, wenn in einer Therapie zu Tage kommt, daß in Zusammenhang mit solchen Störungen im Leben, eine wichtige Beziehung, die voller – guter wie schlechter – Gefühle war, angeblich abgebrochen wurde auf Initiative des einen oder anderen oder beider Beteiligter, und daß der spätere Patient versuchte, alles, was sich zuvor ereignet hatte, weitgehend abzulehnen, zu verdrängen oder zu isolieren. In dieser mißlichen Lage schreibt ein Patient seine Geschichte dann neu: zum Beispiel: »Ich habe ihn *nie* geliebt«, oder: »Wenn ich ihn geliebt habe, bin ich *betrogen* worden und hätte es *nicht tun* sollen, und auf jeden Fall tue ich es *nicht* mehr«, oder »Es war keine *wirkliche* Liebe.« Der Therapeut, der mit diesen Desillusionen und Dementi vertraut ist, weiß, daß sie nicht wirklich funktionieren: Die schmerzlich gewordene Liebe dauert fort, die verleugnete Emotion ist um so bedrohlicher und schmerzvoller, da der Betroffene sich ihr nicht stellt und sie nicht durchlebt, und sie kostet die Persönlichkeit als Ganzes um so mehr, da die Abwehr unweigerlich einen Zusammenbruch in dem Gefühl des Patienten für biographische Kontinuität und Authentizität nötig macht und sich die Art von Beziehungen und Gefühlen beschränkt, die von da an erträglich sind. Typischerweise bedeutet diese Beschränkung das bewußte Vermeiden von Beziehungen und Gefühlen, die an die abgelehnten erinnern, während unbewußt die schlimmsten Aspekte eben dieser Beziehungen und Gefühle endlos wiederholt werden.

Dabei denke ich zum Beispiel an verschiedene junge Frauen, die »unwiderruflich« mit ihren Vätern, denen sie sich einmal sehr nahe gefühlt hatten, gebrochen hatten. In einem Fall war der Vater verführerisch und ausbeuterisch gewesen; in einem anderen grausam depressiv; und in einem dritten, sadistisch überkontrollierend und paranoid. Diese Frauen waren nun in einer Reihe von ziemlich unbefriedigenden Beziehungen mit Männern gefangen, die ihren Vätern genaugenommen recht ähnlich waren. Als Therapeut war es für mich keine Frage, daß diese drei Frauen in der einen oder anderen Form stark mißhandelt worden waren. Aber ich mußte ebenso erkennen, wie sehr sie sich mit diesen Vätern verbunden fühlten und wie gestört durch die fortgesetzte Ablehnung von zärtlichen, bewundernden, hoffnungsvollen und sentimentalen Gefühlen für sie ihre Beziehungen zu anderen Männern und zu sich selbst als Individuen waren. Natürlich ist eine Ambivalenz bei so großer Nähe und von solcher Intensität schrecklich, und sie ist einfach schwer auszuhalten. Während der Therapie ist es in diesen und ähnlichen Fällen manchmal möglich, ein Wiedererleben der kontinuierlichen positiven Gefühle für den Vater, die Mutter, das Geschwister oder das Selbst herbeizuführen, indem man der Abwehr von positiven Gefühlen für den Therapeuten, die während der Therapiestunden, besonders in Zeiten von Krisen, Trennung und vor allem in der Endphase auftreten, besondere Aufmerksamkeit schenkt.

Ich sage: »Vor allem in der Endphase«, weil das Potential für wirklich jede bedeutsame menschliche Emotion in der Situation der Therapieendphase enthalten ist – vorausgesetzt natürlich, daß der Patient eine emotionale Beziehung zu dem Therapeuten mit ihren unvermeidlichen Übertragungskomponenten aufgebaut hat. In der idealen Endphase würde man all diese Gefühle erforschen – zum Beispiel Gefühle der Deprivation und der Sehnsucht, Schuldgefühle und Gefühle des Nichts-wert-Seins, Dankbarkeit und Neid, Triumph und Niederlage, Liebe und Verrat, Enttäuschung und Hochgefühl, Zorn und Kummer – aus allen Ebenen der psychosexuellen und der Ich-Entwicklung, sofern sie zugänglich und bedeutsam sind. Doch kann es innerhalb der engen Grenzen einer Kurztherapie nützlich sein, eine oder zwei dieser Empfindungen zu erforschen, wenn auch nur in gewissen Grenzen. Diese Gefühle sind oder sollten diejenigen sein, die zu der Zeit am erkennbarsten sind, da es aller Wahrscheinlichkeit nach Gefühle sind, mit denen sich der Patient in dieser Zeit am besten auseinandersetzen kann, da er diese Auseinandersetzung am ehesten erträgt. Es sind somit nicht die Kernprobleme, mit denen man sich direkt auseinandersetzen sollte, doch sind es aller Wahrscheinlichkeit nach Ableger von ihnen.

Und so hat der Therapeut eine ausgezeichnete Gelegenheit, zu demonstrieren, daß Patienten die Endphase von den Schlüsselkonflikten her begreifen, die während der Therapie identifiziert worden sind; sie wenden diese Interpretation aktiv und eigenmächtig darauf an; sie fragmentieren sich selbst dabei im Quer- und Längsschnitt, genauso wie sie es (der Therapie bis zu diesem Zeitpunkt entsprechend) in kritischen Augenblicken der Vergangenheit getan haben; und reduzieren dadurch erneut die Möglichkeiten ihres eigenen Wesens. Dann ist es wahrscheinlicher, daß Dankbarkeit, Liebe, Trauer und die nüchterne Beurteilung von fortdauernden Problemen eher in die Äußerungen des Patienten einfließen und wahrscheinlich direkter erlebt und vermittelt werden, als es vielleicht zu Anfang der Therapie jemals möglich schien. Diese Veränderung kommt vielleicht nicht dann, wenn sie erwartet wird, und sie dauert vielleicht nicht länger als ein paar Augenblicke an. Doch, wie verwirrt und konfliktreich, wie undeutlich und kurz sie auch sein mag, diese Veränderung in der Endphase demonstriert die Effektivität der therapeutischen Arbeit.

Oft beginnen die Patienten, den Wert einer langdauernden, vielleicht intensiveren Therapie oder Psychoanalyse schätzenzulernen. Möglicherweise brauchen sie jedoch die kundige Führung und Unterstützung des Therapeuten, bevor sie sich ihren weiteren therapeutischen Bedürfnissen stellen können. Und wenn sie dies tun, dann wird, wie ich es im 1. Kapitel erwähnt habe, dieser ganze Grund weitaus detaillierter und tiefergehend durchgearbeitet, und dies recht oft mit unschätzbarem Nutzen für die Patienten.

Validierung

Weiter oben habe ich bereits erwähnt, daß ich zum Schluß das Problem der Validierung der Ansprüche, die für die Kurztherapie erhoben werden, erörtern möchte. Ich werde mich bei diesem

Punkt nicht lang aufhalten, da ich nicht wüßte, was Gültigkeit besser darstellen könnte als das Ergebnis selbst – das heißt, die Erfahrung einer Therapie und ihrer Beendigung. Die Streitfrage geht eher auf historisches Verständnis zurück als auf Vertrauen in irgendeinen wissenschaftlichen Verhaltenstest. Wenn wir die zur Verfügung stehenden Beobachtungen und Darstellungen der früheren Geschichte zusammenfassen, dazu das Wesentliche an Interventionen während der Therapie und die Reaktionen darauf, dazu etwas gesunden Menschenverstand und klinische Verallgemeinerungen, dann haben wir ein erzählerisches Verständnis dessen, wie die Therapie für den Patienten gewesen ist und was sich geändert hat; wir lassen uns führen von Kriterien der Verständlichkeit, Kohäsion und Ökonomie der Exposition entlang gewisser Handlungsstränge und lassen uns davon zufriedenstellen. Wir wissen ebenfalls, daß eine Lebenskrise überwunden oder erträglicher gemacht wurde und zwar mit weniger Schaden und vielleicht sogar mehr Gewinn als es, unter dem gegebenen Darstellungsbild, auch gut ohne Therapie hätte der Fall sein können. Das ist geschichtliches Verständnis.

Mit *Validierung* könnte der Nachweis gemeint sein, daß die Therapie *immer* Resultate und *dieselben* Resultate erzielt. Da hier kein solcher Anspruch erhoben wurde, braucht ein solcher Beweis nicht geführt zu werden. Vielmehr wurde behauptet, daß gewisse Menschen als Reaktion auf diese Therapie mehr oder weniger profitieren oder – in Grenzen – eine gewisse Veränderung durchlaufen.

Validierung kann auch in dem Sinn verwendet werden, eine Antwort auf die Frage zu liefern, wie beständig all diese Veränderungen oder Verbesserungen sind, die dieser Therapie zugeschrieben werden. Ich glaube, daß diese Frage *im Prinzip* unbeantwortbar ist, da ein ganz anderer Verlauf der Therapie notwendig wäre, um die Daten herauszufinden, die zur Beantwortung dieser Frage nötig wären. Denn wie könnten wir zum Beispiel in Erfahrung bringen, daß eine wohlwollende Identifikation mit dem »verlorenen« Therapeuten in der Endphase nicht nur stattgefunden hat, sondern auch über so viele Monate oder Jahre angehalten hat? Und außerdem kann es keinen anderen Verlauf derselben Therapie geben, ebensowenig wie wir in denselben Fluß zweimal hineinsteigen können, da die Geschichte unwiderruflich ist; derselbe Patient ist nicht zweimal zur selben Behandlung da, ebensowenig wie derselbe Therapeut zweimal da ist, obwohl zwei Menschen da sein mögen, die auf dieselben Namen hören wie zuvor. »Dieselben« Daten sind nie verfügbar. Und ganz sicher bleiben Lebensumstände psychologisch nicht auf exakt dieselbe Art bestehen, selbst wenn sie für einen außenstehenden Beobachter gleich zu sein scheinen. Es wird die Frage einer weiteren Geschichte sein, die es zu erzählen gilt. Fragebogen und Interviews können diese Aufgabe nicht erfüllen.

Validierung könnte aber auch bedeuten zu beweisen, daß die aufgetretenen Veränderungen gerechtfertigterweise der Therapie zugeschrieben werden können oder, ehrgeiziger, bestimmten Aspekten der Therapie wie der Beziehung, den Interpretationen oder sogar, in extremem Ehrgeiz, *einer bestimmten* Interpretation. Wieder finde ich, daß die Frage mit den Methoden der Verhaltenswissenschaft *im Prinzip* unbeantwortbar ist, da die Frage selbst, richtig verstanden, eine Frage geschichtlichen Verständnisses ist. Gute Historiker, die gewisse Annahmen über Methode und begriffliche Vorstellung teilen, können sich über Angelegenheiten geschichtlichen Verständnisses einigen; ebenso können dies gute Kliniker *in ihrem Kontext* und aus recht ähnlichen Gründen, wie ich besonders in den Kapiteln 9 und 12 hervorgehoben habe. Diese Art von Wahrheit ist es, mit der wir es hier zu tun haben. Letztendlich ist es die Wahrheit der Psychoanalyse, die seit den Zeiten Freuds gewöhnlich als tatsächliche oder potentielle Verhaltenswissenschaft mißverstanden wird.

18. Kapitel

Analytische Liebe

Unter den bemerkenswerten Autoren der jüngsten Geschichte der Psychoanalyse gibt es nur wenige mit einer erzählerischen Stimme, von der man augenblicklich spürt, daß sie unverwechselbar ist. Hans Loewald gehört zu diesen, Winnicott, Erikson und Kohut ebenfalls. Da die Stimme Loewalds unverwechselbar ist, ist es uns nicht erlaubt, aus seinen Äußerungen nur das Beste herauszupicken oder uns nur auf eine Aussage zu konzentrieren und damit den Menschen selbst hintanzustellen. Seine Stimme widersetzt sich einer Inbesitznahme durch reduzierende Zusammenfassungen und Definitionen. Obwohl seine Stimme durchgängig nachdenklich und bescheiden klingt, wirkt sie, wie jede unverwechselbare Stimme wirkt: Sie will immer durch uns sprechen. Während wir zuhören, zieht sie uns in den Prozeß hinein, auf den Loewald immer wieder zurückgekommen ist – den Prozeß der Internalisation: Und, als direkte entwicklungsbedingte Folge der Internalisation, zieht sie uns in den niemals endenwollenden Prozeß der Emanzipation von einer internalisierten Autorität hinein.

In seiner inzwischen zum Klassiker gewordenen Abhandlung: »Zur therapeutischen Wirkung der Psychoanalyse« (1960) schlug Loewald vor, daß der Analytiker im Lauf der analytischen Behandlung, während die regressiveren Übertragungen analysiert und aufgelöst werden, als neues Objekt für den Analysanden in Erscheinung tritt. In gewisser Weise ist diese erzählerische Wendung durchaus zu begreifen und zu akzeptieren, vor allem heutzutage, rund dreißig Jahre und mehrere analytische Generationen nachdem Loewald es gewagt hatte, sie zu veröffentlichen. Wir neigen fast dazu, dem Handlungsstrang zu folgen, daß eine analytische Behandlung, wenn sie effektiv sein soll, den Analysanden frei macht, sich zu höheren als den bisher erreichten Integrationsebenen hin zu entwickeln. Diese Entwicklung geschieht auf dem Gebiet der analytischen Beziehung. Der primäre und immer einflußreiche Vorgänger auf dem analytischen Gebiet ist die Mutter-Kind-Beziehung, das Gebiet, von dem die Entwicklung notwendig und schicksalhaft ausgeht. Auf diesen Gebieten repräsentieren zuerst die Mutter und später der Analytiker eine höhere Ebene des Seins, der Beziehungen und der beiderseitigen Definition des Selbst; sie behaupten ihr eigenes höheres Niveau und schaffen so eine Spannung in bezug auf die primitiveren Ebenen, womit sie den Entwicklungsbestrebungen des Kindes und später des Patienten Richtung und Fokus geben. Wir könnten sagen, sie machen aus diesen Beziehungen Wachstumsgebiete. Folglich geht der Analysand, indem er sich entwickelt wie nie zuvor, Beziehungsformen mit einer anderen Person – dem Analytiker – ein, die er bisher noch nie probiert, aufrechterhalten oder integriert hat. Eine neue Art und Weise von Bezogenheit wird nun nicht nur als möglich empfunden, sondern als notwendig, sicher und angenehm. Unter dieser Voraussetzung können wir uns auf Loewalds Erzählung einlassen und zustimmen, daß ein neues, bedeutsames Objekt entstanden ist und daß sich, zusammen mit diesem Objekt, ein neues Selbst entwickelt hat, das in bedeutendem Maß die Wahrnehmungen dieses Objekts reflektiert.

Der Analytiker ist auch ein neues Objekt in dem speziellen Muster der Interessen, Fähigkeiten, Funktionen, Ideen und emotionalen Erfahrungen bei deren Wachstumsprozeß er zu helfen anbietet. Darin enthalten ist die Bereitschaft des Analytikers, sich teilweise mit Regression auf das Reaktionsniveau des Analysanden einzulassen, wann und wo es angezeigt ist, um durch Verständnis, Empathie und Interpretation zu helfen, das Wachstumspotential des Analysanden freizulegen. Hier zog Loewald weitere Parallelen zur Mutter des Kindes (er trat nicht für genaue Kopien davon oder Ersatz dafür ein). Und gerade in diesem Zusammenhang haben wir einen klaren Blick auf Loewalds beständiges und brillantes Miteinbeziehen der präödipalen Entwicklungsphasen in seine Erzählung.

Historisch betrachtet waren es gewagte Erzählungen, die dem ultrakonservativen Freudschen Publikum, das um 1960 vorherrschte, vorgetragen wurden. In dem Handlungsstrang vom Analytiker als neuem Objekt mit enthalten waren eine Reihe bedeutsamer Modifikationen der damals allgemein anerkannten Freudschen Theorie über die psychologische Entwicklung und neurotische Psychopathologie. Loewald brachte die Haupterzählung von der Entwicklung in einem zwischenmenschlichen und auf Erfahrung beruhenden Bereich auf: In diesem Bereich sollen beispielsweise Triebe eher als Produkte einer Differenzierung betrachtet werden denn als primäre Kräfte, die sich Objekte suchen, an welchen oder durch welche sie sich auslösen. Im Gegensatz dazu behauptet die konservative Theorie, daß Triebe Beziehungen ins Leben rufen, wo zunächst einmal gar keine existiert haben. Loewalds Vorgänger und Zeitgenossen in dieser Hinsicht sind Sullivan, Fairbairn, Erikson, Winnicott, Kardiner und Heinz Hartmann (besonders in seiner Arbeit über die Anpassung). In Loewalds Erzählungen sind Triebe nicht mehr das, mit dem alles beginnt; sie sind vielmehr angesiedelt zwischen einem Erfahrungsmodus und einer Entwicklungsleistung, obwohl sie ihre propulsive Rolle beibehalten. Gleichzeitig wird Freuds Reflexbogen-Modell von Triebstimulation und -auslösung in Frage gestellt, und der Mensch, oder das menschliche Selbst, erscheint als von Anfang an sozial und interaktiv. Zusätzlich muß man den analytischen Patienten primär aus dem Blickwinkel einer gehemmten Entwicklung betrachten (gehemmt sowohl im zwischenmenschlichen als auch im empirischen Sinn). Abweichend von Freud wird das Ich des Patienten nicht mehr als ein entwickeltes Ich mit im Brennpunkt stehenden Arealen von Fixierung und Regression betrachtet. Und nur in diesem radikal revidierten Kontext können wir Loewalds Erzählung des Analytikers, der als neues Objekt für den Analysanden auftritt, wirklich schätzen. Eine leicht zu akzeptierende, dem gesunden Menschenverstand entsprechende Sicht eines neuen Objekts (zum Beispiel, »endlich eine gütige, bemutternde Person) wird Loewalds Beiträgen nicht gerecht.

In diesem Kontext ging Loewald noch weiter und bezog sich auf die analytische Liebe, das heißt, die Liebe des Analytikers zum Patienten. Loewald schien damit keine übersteigert störende Gegenübertragung im herkömmlichen Sinn zu meinen, obwohl er in seiner Erörterung der Übertragung deutlich machte, daß er der erste wäre, der sagen würde, daß diese Liebe auch eine Übertragung in Beziehung auf den Patienten beinhaltet; sie beinhaltet Übertragung in derselben Art und Weise, in der jede Beziehung Übertragung voraussetzt oder sogar erfordert. (Man erinnere sich hier an eine ähnliche Erörterung der Übertragungsliebe von Freud [1915c].) Ebensowenig scheint es, als würde Loewald dadurch eine Steigerung der Gegenübertragung in Verbindung mit den fördernden, technisch weniger gezwungenen, empathischen Regressionen und Identifikationen des Analytikers mit dem Analysanden ausschließen, besonders wenn man in dem Kontext präödipaler Probleme arbeitet. Ich glaube jedoch, daß Loewald etwas mehr im Sinn hatte als diese Faktoren, als er auf die analytische Liebe verwies. Er näherte sich seinem Ziel, als er zum Beispiel davon schrieb, dem Kern-Ich oder dem potentiellen Selbst des Analysanden durch alle Herausforderungen der analytischen Behandlung hindurch zu vertrauen; er näherte sich ihm, als er sich darauf bezog, daß der Analytiker in dem Patienten mehr sieht als dieser selbst zu diesem Zeitpunkt erkennen kann und somit die Verantwortung übernimmt, für diese Person eine Zukunft zu sichern. Und er drückte sein Ziel mit großem Nachdruck aus, als er die folgende charakteristische Passage schrieb:

Wissenschaftliche Distanziertheit im wahren Sinne schließt Liebe keineswegs aus, sondern beruht auf ihr. Von unserer Arbeit kann wahrlich gesagt werden, daß wir in unseren besten Augenblicken leidenschaftslosen, objektiven Analysierens unser Objekt, den Patienten, mehr lieben als zu irgendeinem anderen Zeitpunkt und uns mit seinem ganzen Sein verbunden fühlen.

Auf unserem Gebiet sind eine wissenschaftliche Haltung und Sorge um das Objekt sicherlich keine Gegensätze – sie entstammen derselben Quelle. Es ist unmöglich, die Wahrheit der psychischen Realität zu lieben, von dieser Liebe angetrieben zu werden – das Lebenswerk Freuds bezeugt es –, und das Objekt, dessen Wahrheit wir entdecken wollen, nicht zu lieben und nicht um es besorgt zu sein. Alle großen Wissenschaftler sind meines Erachtens von dieser Leidenschaft erfüllt. Unser Objekt, so wie es nun einmal beschaffen ist, ist der andere in uns selbst, sind wir selbst im anderen. Die Wahrheit über den Patienten herauszufinden bedeutet stets, daß wir sie mit ihm und für ihn ebenso entdecken wie für uns selbst und über uns selbst. Und es ist die Entdeckung der Wahrheit zwischen uns, da sich die Wahrheit der Menschen in ihren wechselseitigen Beziehungen enthüllt. (1970, S. 297–298)

Um den Sinn von Loewalds Bezugnahmen auf die analytische Liebe weiter hervorzuheben, wird es uns helfen, uns einem Dichter zuzuwenden, und zwar Rilke, der über Cézanne schrieb. In einem Brief an seine Frau beschreibt Rilke seine Bemühungen, den Künstler Cézanne bei dessen Arbeit zu begreifen. Cézannes Werk ist ihm dabei gerade auf eine Art ins Bewußtsein getreten, die ihn, wie er sagt, fühlen läßt: »Ich muß mein Leben ändern.«

Hier nun Rilke:

»Man merkt auch, von Mal zu Mal besser, wie notwendig es war, auch noch über die Liebe hinauszukommen; es ist ja natürlich, daß man jedes dieser Dinge liebt, wenn man es macht; zeigt man das aber, so macht man es weniger gut; man *beurteilt* es, statt es zu *sagen.* Man hört auf, unparteiisch zu sein; und das Beste, die Liebe, bleibt außerhalb der Arbeit, geht nicht in sie ein, restiert unumgesetzt neben ihr: so entstand die Stimmungsmalerei. ... Man malte: ich liebe dieses hier; statt zu malen: hier ist es. Wobei denn jeder selbst gut zusehen muß, ob ich es geliebt habe. Das ist durchaus nicht gezeigt, und manche werden sogar behaupten, da wäre von keiner Liebe die Rede. So ohne Rückstand ist sie aufgebraucht in der Aktion des Machens. Dieses Aufbrauchen der Liebe in anonymer Arbeit, woraus so reine Dinge entstehen, ist vielleicht noch keinem so völlig gelungen wie dem Alten.« (Briefe über Cézanne, Hrsg. Clara Rilke, Insel Verlag Frankfurt a. M. 1952, Erste Auflage 1983, Insel Taschenbuch 672, S. 40–41)

Ich nehme an, daß Rilke in dieser Passage in dem Maße, in dem er über Cézannes Art zu arbeiten schrieb, auch über seine eigenen künstlerischen Aspirationen geschrieben hat. Ich nehme weiter an, daß Rilke gleichsam ein eigenes kleines literarisches Werk über die Liebe wie über die künstlerische Kreativität verfaßt hat. Ich erwähne diese Annahmen, um meinem Glauben Ausdruck zu verleihen, daß es nicht nur eine einzig richtige Möglichkeit gibt, Loewalds Meinung oder überhaupt irgend jemandes Meinung zu übermitteln, wenn es auch einige Wege geben mag, die dazu wesentlich besser geeignet sind als andere.

Zusammengefaßt können diese beide Erzählungen über die Liebe in der Arbeit – Loewalds und Rilkes – als Modellgestaltung für die wesentlichen Komponenten des engagierten Analytikers in Bestform dienen.

Literatur

Arlow, J. 1969a. Unconscious fantasy and disturbances of conscious experience. *Psychoanalytic Quaterly* 38: 1-27.

Arlow, J. 1969b. Fantasy, memory, and reality testing. *Psychoanalytic Quarterly* 38:28-51.

Bibring, G. L.; Dwyer, T. F.; Huntington, D. S. and Valenstein, A. F. 1961. A study of the psychological processes in pregnancy and of the earliest mother-child relationship. *The Psychoanalytic Study of the Child* 16:9-72. New York: International Universities Press.

Bloom, H. 1973. *The anxiety of influence: A theory of poetry.* New York: Oxford University Press.

Brenner, C. 1981. Defense and defense mechanism. *Psychoanalytic Quarterly* 50:557-569.

Breuer, J., and Freud, S. 1895. Studies on hysteria. *Standard Edition* 2:1-309. London: Hogarth Press, 1957.
Deutsche Ausgabe: Studien über Hysterie, In: Freud, Gesammelte Werke (G. W.), Bd. I, London, Frankfurt a. M. 1952

Brierley, M. 1951. *Trends in psychoanalysis.* London: Hogarth Press.

Culler, J. 1975. *Structural poetics: Structuralism, linguistics, and the study of literature.* Ithaca, NY: Cornell University Press.

Davenloo, H. 1978. *Basic principles and techniques in short-term dynamic therapy.* New York: Spectrum.

Erikson, E. 1950. *Childhood and society.* New York: Norton.
Deutsche Ausgabe: Kindheit und Gesellschaft, Pan-Verlag, Zürich, Stuttgart 1957

Erikson, E. 1956. The problem of ego identity. *Journal of the American Psychoanalytic Association* 4:56-121.

Fenichel, O. 1941. *Problems of psychoanalytic technique.* New York: Psychoanalytic Quarterly.

Fish, S. 1980. *Is there a text in this class? The authority of interpretive communities.* Cambridge: Harvard University Press.

Freud, A. 1936. *The ego and the mechanisms of defense.* New York: International Universities Press,1946.
Deutsche Ausgabe: Das Ich und die Abwehrmechanismen. Fischer Verlag, Reihe »Geist und Psyche«, 12. Aufl., Frankfurt. a. M. 1988

Freud, S. 1900. Die Traumdeutung, In: Freud, Gesammelte Werke (G. W.) Bd. II/III, (18 Bde), Bd. 1–17: London 1940–1952, Bd. 18: Frankfurt a. M.; die ganze Edition bei S. Fischer Verlag, Frankfurt

Freud, S. 1905a. Bruchstück einer Hysterie-Analyse. G. W. Bd. V

Freud, S. 1905b. Drei Abhandlungen zur Sexualtherapie. G. W. Bd. V

Freud, S. 1908a. Der Dichter und das Phantasieren. G. W. Bd. VII

Freud, S. 1908b. Über infantile Sexualtheorien. G. W. Bd. VII

Freud, S. 1910a. Über »wilde« Psychoanalyse. G. W. Bd. VIII

Freud, S. 1910b. Über einen besonderen Typ der Objektwahl beim Manne. (Beiträge zur Psychologie des Liebeslebens I) G. W. Bd. VIII

Freud, S. 1911a. Die Handhabung der Traumdeutung in der Pychoanalyse. G. W. Bd. VIII

Freud, S. 1911b. Formulierungen über die zwei Prinzipien des psychischen Geschehens. G. W. Bd. VIII

Freud, S. 1912a. Über die allgemeinste Erniedrigung des Liebeslebens. (Beiträge zur Psychologie des Liebeslebens II) G. W. Bd. VIII

Freud, S. 1912b. Zur Dynamik der Übertragung. G. W. Bd. VIII

Freud, S. 1912c. Ratschläge für den Arzt bei der psychoanalytischen Behandlung. G. W. Bd. VIII

Freud, S. 1913. Zur Einleitung der Behandlung. G. W. Bd. VIII

Freud, S. 1914a. Erinnern, Wiederholen und Durcharbeiten. G. W. Bd. X

Freud, S. 1914b. Zur Einführung des Narzißmus. G. W. Bd. X

Freud, S. 1915a. Das Unbewußte. G. W. Bd. X

Freud, S. 1915b. Triebe und Triebschicksale. G. W. Bd. X

Freud, S. 1915c. Bemerkungen über die Übertragungsliebe. G. W. Bd. X

Freud, S. 1915d. Zeitgemäßes über Krieg und Tod. G. W. Bd. X

Freud, S. 1916. Erfahrungen und Beispiele aus der analytischen Praxis. G. W. Bd. X

Freud, S. 1918. Das Tabu der Virginität. (Beiträge zur Psychologie des Liebeslebens III) G. W. Bd. XII

Freud, S. 1919. »Ein Kind wird geschlagen«. G. W. Bd. XII

Freud, S. 1920a. Jenseits des Lustprinzips. G. W. Bd. XII

Freud, S. 1920b. Über die Psychogenese eines Falles von weiblicher Homosexualität. G. W. Bd. XII

Freud, S. 1921. Massenpsychologie und Ich-Analyse. G. W. Bd. XIII

Freud, S. 1923a. Das Ich und das Es. G. W. Bd. XIII

Freud, S. 1923b. Die infantile Genitalorganisation. G. W. Bd. XIII

Freud, S. 1925. Einige psychische Folgen des anatomischen Geschlechtsunterschieds. G. W. Bd. XIV

Freud, S. 1926. Hemmung, Symptom und Angst. G. W. Bd. XIV

Freud, S. 1930. Das Unbehagen in der Kultur. G. W. Bd. XIV

Freud, S. 1931. Über die weibliche Sexualität. G. W. Bd. XIV

Freud, S. 1933. Neue Folge der Vorlesungen zur Einführung in die Psychoanalyse. G. W. Bd. XV

Freud, S. 1937a. Konstruktionen in der Psychoanalyse. G. W. Bd. XVI

Freud, S. 1937b. Die endliche und die unendliche Pschoanalyse. G. W. Bd. XVI

Freud, S. 1940. Abriß der Psychoanalyse. G. W. Bd. XVII

Gill, M. M. 1976. Metapsychology is not psychology. In *Psychology versus metapsychology: Psychoanalytic essays in memory of George S. Klein,* ed. M. M. Gill and P. S. Holzman, 71-105. *Psychological Issues* Monograph 36. New York: International Universities Press.

Gill, M. M. 1982. *The analysis of transference. Psychological Issues* Monograph 53, vol. 1. New York: International Universities Press.

Glover, E. 1931. The therapeutic effect of inexact interpretation: A contribution to the theory of suggestion. In *The technique of psychoanalysis,* by E. Glover, 353-366. New York: International Universities Press, 1955.

Greenacre, P. 1954. The role of transference: Practical considerations in relation to psychoanalytic therapy. *Journal of the American Psychoanalytic Association* 2:671-684.

Greenacre, P. 1966. Problems of training analysis. *Psychoanaltic Quarterly.* 35:54-567.

Greenberg, J. R., and Mitchell, S. A. 1983. *Object relations in psychoanalytic theory.* Cambridge: Harvard University Press.

Greenson, R. 1954. The struggle against identification. *Journal of the American Psychoanalytic Association* 2:200-217.

Grossman, W. I. 1967. Reflections on the relationships of introspection and psychoanalysis. *International Journal of Psycho-Analysis* 48:16-31.

Grossman, W. 1982. The self as fantasy: Fantasy as theory. *Journal of the American Psychoanalytic Association* 30:919-938.

Grossman, W. I., and Simon, B. 1969. Anthropomorphism, meaning, and causality in psychoanalytic theory. *The Psychoanalytic Study of the Child* 24:78-114. NewYork: International Universities Press.

Hartmann, H. 1953. *Ego psychology and the problem of adaptation.* New York: International Universities Press.
Deutsche Ausgabe: Ich-Psychologie und Anpassungsproblem. Klett-Cotta Verlag, 3. Aufl., Stuttgart 1975

Hartmann, H. 1956. Notes on the reality principle. *The Psychoanalytic Study of the Child* 11:31-53. New York: International Universities Press.

Hartmann, H. 1960. *Psychoanalysis and moral values.* New York: International Universities Press.
Deutsche Ausgabe: Psychoanalyse und moralische Werte. Klett-Cotta Verlag, Suttgart 1973

Hartmann, H. 1964. *Essays on ego psychology: Selected problems in psychoanalytic theory.* New York: International Universities Press.

Horney, K. 1924. On the genesis of the castration-complex in women. *International Journal of Psycho-Analysis* 5:50-65.

Horney, K. 1926. The flight from womanhood: The masculinity complex in women as viewed by men and by women. *International Journal of Psycho-Analysis* 7:324-339.

Horney, K. 1932. The dread of women. *International Journal of Psycho-Analysis* 13:348-361.

Horney, K. 1933. The denial of the vagina. *International Journal of Psycho-Analysis* 14:57-70.

International Psychoanalytic Association. 1985. *Changes in analysts and their training*, ed. R. S. Wallerstein. Monograph Series 4.

International Psychoanalytic Association. 1986. *The termination of training analysis: Process, expectations, achievements*, ed. A. M. Cooper. Monograph Series 5.

Jacobson, E. 1964. *The self and the object world.* New York: International Universities Press.

Joseph, B. 1989. *Psychic equilibrium and psychic change: Selected papers of Betty Joseph*, ed. E. B. Spillius and M. Feldman. London: Tavistock/Routledge.

Kernberg, O. 1975. *Borderline conditions and pathological narcissism.* New York: Jason Aronson.
Deutsche Ausgabe: Borderline-Störungen und pathologischer Narzißmus. Suhrkamp Verlag, Frankfurt a. M. 1980

Kernberg, O. 1982. Self, ego, affects, and drives. *Journal of the American Psychoanalytic Association* 30:893-918.

Klein, G. S. 1975. *Psychoanalytic theory: An exploration of essentials.* New York: International Universities Press.

Klein, M. 1964. *Contributions to psycho-analysis.* New York: Mc Graw-Hill.

Kohut, H. 1971. *The analysis of the self: A systematic approach to the psychoanalytic treatment of narcissistic personality disorders.* New York: International Universities Press.

Kohut, H. 1977. *The restoration of the self.* New York: International Universities Press.

Kohut, H. 1984. *How does analysis cure?* Chicago: University of Chicago Press.
Deutsche Ausgabe: Wie heilt die Psychoanalyse? Suhrkamp Verlag, Frankfurt a. M. 1987

Kris, E. 1952. *Psychoanalytic explorations in art.* New York: International Universities Press.

Kris, E. 1956a. On some vicissitudes of insight in psychoanalysis. In *Selected papers of Ernst Kris*, 252-271. New Haven: Yale University Press.

Kris, E. 956b. The recovery of childhood memories in psychoanalysis. In

Selected papers of Ernst Kris, 301-340. New Haven: Yale University Press.

Kris, E. 1975. *The selected papers of Ernst Kris.* New Haven: Yale University Press.

Lakoff, G., and Johnson, M. 1980. *Metaphors we live by.* Chicago: University of Chicago Press.

Loewald, H. 1960. On the therapeutic action of psycho-analysis. *International Journal of Psycho-Analysis* 41:16-33. Reprinted in *Papers on psychoanalysis,* by H. W. Loewald, 221-256. New Haven: Yale University Press, 1980.

Loewald, H. 1970. Psychoanalytic theory and psychoanalytic process. In *Papers on psychaoanalysis, by* H. W. Loewald, 277-301. New Haven: Yale University Press, 1980.

Loewald, H. 1972. Freud's conception of the negative therapeutic reaction, with comments on instinct theory. *Journal of the American Psychoanalytic Association* 20:235-245. Reprinted in *Papers on psychoanalysis,* by H. W Loewald, 315-325. New Haven: Yale University Press, 1980.

Loewenstein, R. L. 1957. A contribution to the theory of masochism. *Journal of the American Psychoanalytic Association* 5:197-234.

Macmurray, J. 1957. *The self as agent.* London: Faber & Faber.

Malan, D. H. 1979. *Individual psychotherapy and the science of psychoanalysis.* London: Butterworth.

Orwell, G. 1949. *1984.* New York: Harcourt, Brace.
Deutsche Ausgabe: Neunzehnhundertvierundachtzig. Diana Verlag, Zürich 1950

Rado, S. 1956. *The psychoanalysis of behavior:* Vol. I of *Collected papers 1922-1956.* New York: Grune & Stratton.

Rapaport, D. 1967. *The collected papers of David Rapaport,* ed. M. M. Gill. New York: Basic Books.

Reich, A. 1951. On countertransference. *International Journal of Psycho-Analysis* 41:16-33.

Reich, A. 1953. Narcissistic object choice in women. *Journal of the American Psychoanalytic Association* 1:22-44.

Reich, A. 1954. Early identifications as archaic elements in the superego. *Journal of theAmerican Psychoanalytic Association* 2:218-238.

Reich, A. 1960. Pathological forms of self-esteem regulation. *The Psychoanalytic Study of the Child* 15:215-232. New York: International Universities Press.

Reich, W. 1933. *Character analysis.* New York: Touchstone Books, 1974. Deutsche Ausgabe: Charakteranalyse. Kiepenheuer & Witsch Verlag, Köln 1970

Reik, T. 1941. *Masochism in modern man.* New York: Farrar & Rinehart.

Ricoeur, P. 1977. The question of proof in psychoanalysis. *Journal of the American Psychoanalytic Association* 25:835-872.

Rilke, R. M. 1907. Briefe über Cézanne, Hrsg. von Clara Rilke, Inselverlag, Wiesbaden 1952

Sandler, J., with Freud, A. 1984. Discussions in the Hampstead Clinic of A. Freud, *The ego and the mechanisms of defense. Journal of the American Psychoanalytic Association* 31 Supplement: 19-146.

Sandler, J.; Holder, A.; and Meers, D. 1963. The ego ideal and the ideal self. *The Psychoanalytic Study of the Child* 18:139-158. New York: International Universities Press.

Schafer; R. 1960. The loving and beloved superego in Freud's structural theory. *The Psychoanalytic Study of the Child* 15:163-188. New York: International Universities Press.

Schafer, R. 1964. The clinical analysis of affects. *Journal of the American Psychoanalytic Association* 12:275-299.

Schafer, R. 1967. Ideals, the ego ideal, and the ideal self. In *Motives and thought: Psychoanalytic essays in memory of David Rapaport,* ed. R. R. Holt, 129-174. *Psychological Issues* Monograph 18/19. New York: International Universities Press.

Schafer, R. 1968a. On the theoretical and technical conceptualization of activity and passivity. *Psychoanalytic Quarterly* 37:173-198.

Schafer, R. 1968b. *Aspects of internalization.* New York: International Universities Press.

Schafer, R. 1968c. The mechanisms of defense. *International Journal of Psychoanalysis* 49:49-62.

Schafer, R. 1970a. The psychoanalytic vision of reality. *International Journal of Psycho-Analysis* 51:279-297. Reprinted in *A new language for psychoanalysis, by* R. Schafer, 22-56. New Haven: Yale University Press, 1976.

Schafer, R. 1970b. An overview of Heinz Hartmann's contributions to psycho-analysis. *International Journal of Psycho-Analysis* 51:425-446. Reprinted in A *new language for psychoanalysis,* by R. Schafer, 57-101. New Haven: Yale University Press,1976.

Schafer, R. 1972. Internalization: Process or fantasy? *The Psychoanalytic Study of the Child* 27:411-438. New York: International Universities Press. Reprinted in *A new language for psychoanalysis,* by R. Schafer, 155-178. New Haven: Yale University Press, 1976.

Schafer, R. 1973a. Action: Its place in psychoanalytic interpretation and theory. *The Annual of Psychoanalysis* 1:159-196.

Schafer, R. 1973b. The idea of resistance. *International Journal of Analysis.* 54:259-285. Reprinted in *A new language for psychoanalysis,* by R. Schafer, 212-263. New Haven: Yale Universiy Press, 1976.

Schafer, R. 1974. Problems in Freud's psychology of women. *Journal of the American Psychoanalytic Association.* 22:459-485.

Schafer, R. 1976. A *new language for psychoanalysis.* New Haven: Yale University Press.
Deutsche Ausgabe: Eine neue Sprache für die Psychoanalyse. Klett-Cotta Verlag, Stuttgart 1982

Schafer, R. 1978. *Language and insight: The Sigmund Freud memorial lectures, University College London, 1975-1976.* New Haven: Yale University Press.

Schafer, R. 1981. *Narrative actions in psychoanalysis. Heinz Werner lecture series 14.* Worcester, MA: Clark University Press.

Schafer, R. 1982. The imprisoned analysand. In *The analytic attitude, by R.* Schafer, 257-280. New York: Basic Books, 1983.

Schafer, R. 1983. *The analytic attitude.* New York: Basic Books.

Schafer, R. 1985a. Wild analysis. *Journal of the American Psychoanalytic Association.* 33:275-300.

Schafer, R. 1985b. The interpretation of psychic reality, developmental influences, and unconscious communication. *Journal of the American Psychoanalytic Association* 33:537-554.

Schafer, R. 1988. Discussion: Panel presentations on psychic structure. *Journal of the American Psychoanalytic Association* 36 Supplement:295-314.

Segal, H. 1964. *Introduction to the work of Melanie Klein.* New York: Basic Books.

Smith, B. H. 1980. Narrative versions, narrative theories. *Critical Inquiry* 7(2):213-236.

Spence, D. 1982. *Narrative truth and historical truth: Meaning and interpretation in psychoanalysis.* New York: Norton.

Stein, M. 1981. The unobjectionable part of the transference. *Journal of the American Psychoanalytic Association* 29:869-892.

Stone, L. 1961. Notes on the noninterpretive elements in the psychoanalytic situation. *Journal of the American Psychoanalytic Association* 29:89-118.

Sullivan, H. S. 1940. *Conceptions of modern psychiatry.* New York: Norton.

Thalberg, I. 1977. Freud's anatomies of the self. In *Philosophers on Freud: New evaluations,* ed. R. Wolheim, 147-171. New York: Jason Aronson.

Waelder, R. 1930. The principle of multiple function. *Psychoanalytic Quarterly* 15:45-62, 1936.

Weigert, E. 1955. Special problems in connection with termination of training analysis. *Journal of thc American Psychoanalytic Association* 3: 630-640. Reprinted in *The courage to love: Selected papers of Edith Weigert, M.D.,* 264-275. New Haven: Yale University Press, 1970.

Werner, H., and Kaplan, B. 1963. *Symbol formation.* New York: John Wiley.

Wilbern, D. 1979. Freud and the inter-penetration of dreams. *Diacritics* 9: 98-110.

Winnicott, D. W. 1958. *Collected papers: Through paediatrics to psychoanalysis.* New York: Basic Books.

Wood, E., and Wood, C. D. 1984. Tearfulness: A psychoanalytic interpretation. *Journal of theAmerican Psychoanalytic Association* 32: 117-136.

Woolf, V. 1924. *A room of one's own.* New York: Harcourt, Brace.
Deutsche Ausgabe: Ein Zimmer für sich allein. Gerhardt Verlag, Berlin 1978